Dr. Johann Vielberth
Das große Handbuch
Gewerbeparks

Dr. Johann Vielberth

Das große Handbuch Gewerbeparks

Die Deutsche Bibliothek – CIP-Einheitsaufnahme

Das **große Handbuch Gewerbeparks** / Johann Vielberth –
Landsberg/Lech : mi, Verl. Moderne Industrie, 1999
  ISBN 3-478-36800-6

© 1999 verlag moderne industrie, 86895 Landsberg/Lech
  http://www.mi-verlag.de

Alle Rechte, insbesondere das Recht der Vervielfältigung und Verbreitung sowie der Übersetzung, vorbehalten. Kein Teil des Werkes darf in irgendeiner Form (durch Fotokopie, Mikrofilm oder ein anderes Verfahren) ohne schriftliche Genehmigung des Verlages reproduziert oder unter Verwendung elektronischer Systeme gespeichert, verarbeitet, vervielfältigt oder verbreitet werden.
Umschlaggestaltung: Felix Weinold, Schwabmünchen
Satz: Fotosatz Amann, Aichstetten
Druck: Himmer, Augsburg
Bindearbeiten: Thomas, Augsburg
Printed in Germany 360800/019903
ISBN 3-478-36800-6

Vorwort und Danksagung

Dieses Buch ist in erster Linie aus der praktischen Erfahrung entstanden, die ich bei der Entwicklung von Gewerbeparks gewonnen habe, und erst in zweiter Linie durch Literaturstudium und theoretische Auseinandersetzung mit dem Thema.

Da meine praktische Arbeit immer begleitet war vom intensiven Studium grundlegender Fachbücher und aktueller Fachbeiträge und -artikel in Zeitschriften und Zeitungen, enthält das in diesem Buch aufbereitete Fachwissen neben eigener Erfahrung auch Wissen und Erkenntnisse, die ich im Laufe vieler Jahre aus zahlreichen verschiedenen Publikationen gewonnen habe. Weil die Absicht, dieses Handbuch zu verfassen, erst in den letzten Jahren entstand, und ich vorher keine Aufzeichnungen über meine Lektüre gemacht hatte, ließ es sich nicht immer zurückverfolgen, inwieweit hier weitergegebenes Wissen aus der Praxis kommt oder bereits in publizierter und damit zitierbarer Form vorliegt. Wo ich mich bei der aktuellen Abfassung dieses Buches auf Literatur gestützt habe, gebe ich Quellen und Fundstellen gerne an meine Leser weiter. Ziel dieses Handbuches ist es, dem Praktiker Wissen und Erfahrungen zu vermitteln, die für die Entwicklung eines Gewerbeparks hilfreich sein können.

Meiner Tochter Kathrin möchte ich an dieser Stelle sehr herzlich danken für ihre Mitarbeit an diesem Buch. Es ist ihr zu verdanken, daß es übersichtlicher und lesbarer wurde. Herr Diplom-Mathematiker Christian Bretthauer hat die Tabellen erarbeitet, die die Auswirkungen der Inflation und der Indexierung anschaulich machen. Die viele Schreibarbeit und die immer wieder sachkundig durchgeführten Korrekturen haben meine Mitarbeiterinnen Frau Hofstetter, Frau Plankl und Frau Bauer mit großer Ausdauer und Geduld erledigt. Meinen Mitarbeitern, die durch Aufstellungen und Materialaufbereitung sowie durch gute Hinweise nach dem Lesen der Manuskripte mitgeholfen haben, daß dieses Buch so entstehen konnte wie es vorliegt, gilt mein Dank.

Regensburg, im Januar 1999

Dr. Johann Vielberth

Inhaltsübersicht

Einleitung, historische Entwicklung

1. Einführung 21

Definitionen, Gewerbeparktypen, Gewerbeparkkonzept

2. Was ist ein Gewerbepark? 41
3. Gesamtwirtschaftliche Aspekte von Gewerbeparks 63
4. Das Gewerbeparkkonzept 77

Projektprüfung und Projektvorbereitung

5. Prüfung von Gewerbeparkprojekten 95
6. Die Marktanalyse 105
7. Die Standortwahl 121
8. Baurechte 131

Finanzierung

9. Die Kalkulation des Gesamtprojektes 139
10. Die Finanzierung 149
11. Rentabilität und Risiken 165

Errichtung eines Gewerbeparks

12. Der Gesamtprojektplan 175
13. Projektdurchführung 189
14. Das Grundstück 203
15. Die Erschließung des Grundstücks 211
16. Gebäudeplanung 221
17. Detailplanung für den Außenbereich 253
18. Parkplätze 271

Gliederung in Hauptabschnitte

Vermarktung

19. Vermarktung von Gewerbeparks	301
20. Vermietung	333
21. Die Wertsicherung der Miete	353
22. Verkauf von Gewerbeparkparzellen	383
23. Konversion von Industrieanlagen in Gewerbeparks: Überlegungen zur Planung konversionsfähiger Industrieanlagen	389

Annexe 399

Fallbeispiele Gewerbeparks 479

Inhaltsverzeichnis

1.	**Einführung**	**21**
1.1	Charakterisierung von Gewerbeparks	23
1.2	Historische Entwicklung von Gewerbeparks	23
	1.2.1 Historische Entwicklung in angelsächsischen Ländern	24
	1.2.2 Gewerbeparks in Deutschland	30
	1.2.3 Weltweite Verbreitung	34
1.3	Gewerbeparks – Teil der modernen Wirtschaft	35
	1.3.1 Veränderungen unserer Wirtschaft	35
	1.3.2 Gewerbeparks als Teil des Marktgeschehens	36
1.4	Gewerbeparks als Kapitalanlage	39
1.5	Der Gewerbepark als Beitrag zur Wirtschaftsentwicklung	39
2.	**Was ist ein Gewerbepark?**	**41**
2.1	Begriffsbestimmung	43
2.2	Gewerbeparktypen	45
	2.2.1 Gemischt genutzte Gewerbeparks	46
	2.2.2 Industrieparks	48
	2.2.3 Gewerbeparks für Leichtindustrie	49
	2.2.4 Büroparks	50
	2.2.5 Multi-use-Developments	51
	2.2.6 Spezialisierte Gewerbeparks	52
	2.2.7 Differenzierung nach Nutzungen: Vorteile in der Praxis	54
2.3	An der Gewerbeparkentwicklung beteiligte Gruppen	60
	2.3.1 Der Unternehmer	60
	2.3.2 Die Investoren	60
	2.3.3 Die Nutzer	61
	2.3.4 Die Öffentlichkeit und die öffentliche Hand	61
3.	**Gesamtwirtschaftliche Aspekte von Gewerbeparks**	**63**
3.1	Wirkungen eines Gewerbeparks	65
3.2	Einfluß auf den Markt für Gewerbeflächen	66

3.3	Besondere Qualitäten des Konzepts Gewerbepark		67
	3.3.1 Standort- und Agglomerationsvorteile		67
	3.3.2 Finanzierungsvorteile		68
3.4	Volkswirtschaftliche Effizienz des Gewerbeparkkonzepts		69
	3.4.1 Wirtschaftlicher Einsatz von Kapital und Boden		69
	3.4.2 Ressourceneffizienz		70
3.5	Wirtschaftliche Auswirkungen auf die Region		71
	3.5.1 Förderung von Betriebsansiedlungen		71
	3.5.2 Städtebaulich wertvolles Gewerbegebiet		72
	3.5.3 Stärkung der Steuerbasis der Gemeinden		73
3.6	Wirkungen auf den Arbeitsmarkt		73
	3.6.1 Zusätzliche Arbeitsplätze		73
	3.6.2 Entstehung differenzierter und qualitativ hochwertiger Arbeitsplätze		74

4. Das Gewerbeparkkonzept 77

4.1	Unternehmerische Zielsetzung		79
4.2	Inhalte des Konzepts		79
	4.2.1 Standort Gewerbepark: "harte" Standortfaktoren		80
		4.2.1.1 Gute Lage	80
		4.2.1.2 Richtige Größe	80
		4.2.1.3 Gute Verkehrsanbindung	81
		4.2.1.4 Gute innere Erschließung	81
		4.2.1.5 Klärung aller rechtlichen Fragen	82
		4.2.1.6 Funktionsgerechte Gebäude	82
	4.2.2 Standortqualität: "weiche" Standortfaktoren		83
		4.2.2.1 Dienstleister am Standort	83
		4.2.2.2 Gepflegtes Umfeld	83
		4.2.2.3 Werbung und Öffentlichkeitsarbeit	83
		4.2.2.4 Positives Image	85
		4.2.2.5 Dienstleistungen der Gewerbeparkverwaltung	86
		4.2.2.6 Fortlaufende Qualitätsverbesserung	87
4.3	Agglomerationseffekte		88
4.4	Nutzungskonzept		89
	4.4.1 Hauptnutzer verschiedener Gewerbeparktypen		89
	4.4.2 Ergänzende Nutzungen		91
4.5	Zusammenfassung		91

5. Prüfung von Gewerbeparkprojekten ... 95
5.1 Bedeutung der Projektprüfung ... 97
5.2 Entscheidungsrelevante Faktoren ... 98
    5.2.1 Gesellschaftlich-politische Rahmenbedingungen ... 98
    5.2.2 Marktuntersuchung ... 98
    5.2.3 Grundstück ... 99
    5.2.4 Baurechte ... 99
    5.2.5 Vorkalkulation ... 99
    5.2.6 Finanzierung ... 101
5.3 Die Entscheidung über die Verwirklichung des Projektes ... 102

6. Die Marktanalyse ... 105
6.1 Bedeutung und Aufgaben der Marktanalyse ... 107
6.2 Umfang der Marktanalyse ... 108
6.3 Inhalte der Marktanalyse ... 108
    6.3.1 Sozioökonomische Daten ... 110
    6.3.2 Das Verkehrsnetz ... 111
    6.3.3 Die Wirtschaftsleistung des Marktes ... 113
    6.3.4 Öffentlichkeit, Politik und Verwaltung ... 113
    6.3.5 Steuern und Abgaben ... 115
    6.3.6 Bestand und Bedarf an gewerblichen Flächen ... 115
    6.3.7 Konkurrenzanalyse ... 116
6.4 Das Ergebnis der Marktanalyse ... 117

7. Die Standortwahl ... 121
7.1 Bedeutung und Aufgaben der Standortanalyse ... 123
7.2 Faktoren der Standortwahl ... 123
    7.2.1 Lage ... 124
    7.2.2 Verkehr ... 125
    7.2.3 Das Grundstück ... 127
    7.2.4 Kosten des Grundstücks ... 130

8. Baurechte 131
8.1 Bedeutung der Baurechte 133
8.1.1 Kurzer Überblick über das Baurecht in der Bundesrepublik Deutschland 133
8.1.2 Wertung der Baurechte für einen Gewerbepark 134
8.2 Baurechte als Standortkriterium 135
8.2.1 Vorgehen bei der Projektprüfung 135
8.2.2 Wichtige Baurechte für einen Gewerbepark 136
8.3 Prüfung der Nachbarschaftsrechte 137

9. Die Kalkulation des Gesamtprojektes 139
9.1 Die Kalkulation von Gewerbeparks mit Mietobjekten 141
9.2 Vorlauf-, Grundstücks- und Erschließungskosten 142
9.3 Kennzahlen 143
9.4 Kalkulation der Einzelgebäude 144
9.5 Die Kalkulation der Mieteinnahmen und die Rentabilitätsberechnung 146
9.6 Anforderungen an die Kalkulation 147

10. Die Finanzierung 149
10.1 Die Kapitalausstattung 151
10.2 Finanzierungsmodelle 152
10.2.1 Der Entwickler als Investor 152
10.2.2 Der Entwickler als Bauherr mit dem Ziel des Verkaufs 153
10.2.3 Der Entwickler als Beauftragter des Bauherrn 154
10.2.4 Der Entwickler verkauft zu fester Rentabilität an den Investor 154
10.2.5 Gemeinschaftsunternehmen von Entwickler und Investor 155
10.3 Finanzierung am Kapitalmarkt 155
10.4 Umfang der Finanzierung 157
10.4.1 Projektphase 157
10.4.2 Grunderwerb 157
10.4.3 Die Erschließung und Baureifmachung des Grundstücks 157
10.4.4 Finanzierung der Gebäude 158

10.5 Berechnungsgrundlagen der Finanzierung bei Mietobjekten.. 159
    10.5.1 Cash-flow.. 159
    10.5.2 Rentabilität und Verzinsung... 160
    10.5.3 Der Verkauf von Mietobjekten 162
10.6 Finanzplanung 162

11. Rentabilität und Risiken 165
11.1 Faktoren, die den Gewinn bestimmen..................................... 167
    11.1.1 Niedrige Kosten.. 167
    11.1.2 Hohe Erträge durch ein Produkt von hoher Qualität ... 168
11.2 Unternehmerische Risiken 169
    11.2.1 Zu hohe Vorlauf- und Herstellkosten........................... 169
    11.2.2 Konjunktureinflüsse 169
    11.2.3 Marktentwicklung und Konkurrenz.............................. 170
    11.2.4 Finanzierungsrisiken 171
11.3 Wirtschaftlicher Erfolg 172
    11.3.1 Risikominderung als Voraussetzung für den Erfolg...... 172
    11.3.2 Die Feststellung des wirtschaftlichen Erfolgs 173

12. Der Gesamtprojektplan 175
12.1 Inhalte des Gesamtprojektplans.. 177
12.2 Die planerische Umsetzung des Konzepts 178
12.3 Durchführungsplanung: die fachspezifischen Teilpläne 180
    12.3.1 Außenanlagen... 181
    12.3.2 Architektur 182
    12.3.3 Versorgungseinrichtungen 184
    12.3.4 Landschaftsplanung 187
12.4 Zusammenfassung der Teilpläne zum Gesamtprojektplan...... 188

13. Projektdurchführung 189
13.1 Die Beteiligten.. 191
    13.1.1 Das Team des Entwicklers 191
    13.1.2 Ingenieur- und Architekturbüros 192
13.2 Architekten- und Ingenieurleistungen 193
    13.2.1 Erarbeiten von Grundsätzen für den Gewerbepark...... 193

13.2.2 Planung 193
13.2.3 Leistungsverzeichnisse und Ausschreibung 193
13.2.4 Verschickung und Rücklauf der Ausschreibungen 195
13.2.5 Auswertung der Angebote 196
13.2.6 Auftragsvergabe 197
13.2.7 Bauleitung 198
13.2.8 Vorbereitung der Abrechnung 198
13.2.9 Projektsteuerung 200

14. Das Grundstück 203
14.1 Kaufverhandlungen 205
14.2 Ermittlung der Grundstückskosten 206
14.3 Das Grundbuch 206
    14.3.1 Flurstücksbildung 207
    14.3.2 Bereinigung des Grundbuchs 209

15. Die Erschließung des Grundstücks 211
15.1 Öffentliche Straßen 213
15.2 Interne Straßen 214
15.3 Kanalisation 215
15.4 Wasserversorgung 217
15.5 Stromversorgung 218
15.6 Gasversorgung 219
15.7 Fernwärme 219
15.8 Telefon und Telekommunikation 220

16. Gebäudeplanung 221
16.1 Prinzipien der Gebäudekonzeption im Gewerbepark 223
    16.1.1 Wirtschaftlichkeit, Multifunktionalität und
           Flexibilität 223
    16.1.2 Rentabilität und Werterhaltung der Immobilien 223
16.2 Multifunktionalität 225
    16.2.1 Multifunktionale Gebäudeauslegung 225
    16.2.2 Nutzerspezifische Ausbauten 225
16.3 Flexibilität 226

Inhaltsverzeichnis

    16.3.1 Optimierung der Grundrisse 226
    16.3.2 Flexible Flächenaufteilung.. 228
        16.3.2.1 Fenster 228
        16.3.2.2 Erdgeschosse: Eingänge und Anlieferungen.... 229
        16.3.2.3 Zentrale Gemeinschaftsanlagen 229
        16.3.2.4 Innere technische Erschließung...................... 230
        16.3.2.5 Variable Raumaufteilung 234
        16.3.2.6 Leichter Umbau, Ausbau, Rückbau................ 235
16.4 Wirtschaftlichkeit.. 235
    16.4.1 Kostengünstiger Einkauf von Bauleistungen
        und -materialien 235
    16.4.2 Konstruktions- und materialbedingte Kosten.............. 237
    16.4.3 Ökonomische Gebäude 238
        16.4.3.1 Kosten, die vom Wert des Grundstücks
              und des Gebäudes abhängen 239
        16.4.3.2 Kosten des laufenden Betriebs 239
16.5 Gewerbeparkspezifische Gebäudetypen..................................... 242
    16.5.1 Gewerbeblock A 243
    16.5.2 Gewerbeblock B 244
    16.5.3 Gewerbeblock C 245
    16.5.4 Bürogebäude "Stern" 250
    16.5.5 Bürogebäude "Turm" 252

17. Detailplanung für den Außenbereich 253
17.1 Verkehrsanlagen 255
17.2 Abfallentsorgung 258
17.3 Landschaftsgestaltung 259
    17.3.1 Grünanlagen 259
    17.3.2 Gestalterische Akzente 262
    17.3.3 Landschaftsgärtnerische Gestaltung
        von Parkplätzen 264
    17.3.4 Abschirmung von Funktionsflächen 268
17.4 Wartung und Pflege 269

18. Parkplätze 271
18.1 Bedeutung der Parkplätze 273

18.1.1 Parkplätze als Standortkriterium 273
18.1.2 Dimensionen: Flächen- und Investitionsbedarf
  für Parkraum 274
18.2 Stellplatzbedarf 277
  18.2.1 Einflußfaktoren auf den tatsächlichen Bedarf
    an Pkw-Stellplätzen 277
    18.2.1.1 Nutzung 277
    18.2.1.2 Belegschaft 278
    18.2.1.3 Öffentlicher Personennahverkehr 278
    18.2.1.4 Siedlungsstruktur der Umgebung 278
    18.2.1.5 Nutzerspezifische Einflüsse 278
    18.2.1.6 Einlappungseffekte 279
    18.2.1.7 Gezielte Maßnahmen zur Reduzierung
      des Stellplatzbedarfs 280
  18.2.2 Abschätzung des zukünftigen Bedarfs 282
  18.2.3 Bedarf an Stellplätzen für Nutzfahrzeuge 282
18.3 Baurechtliche Stellplatzauflagen 283
  18.3.1 Juristische Grundlage 283
  18.3.2 Genehmigungspraxis 284
  18.3.3 Änderung der Stellplatzauflagen durch
    Nutzungsänderung 285
  18.3.4 Restriktive Stellplatzgenehmigung 286
  18.3.5 Nachweis der geforderten Stellplätze 287
18.4 Konzeptplanung für Parkplätze 289
  18.4.1 Planungsaufgaben 289
  18.4.2 Anforderungen an die Parkplätze 289
  18.4.3 Bauliche Gestaltung 290
18.5 Kosten der Parkplätze 294
  18.5.1 Anteil der Parkplatzkosten an der Gesamtinvestition .. 294
  18.5.2 Kalkulation der Grundstücks- und Herstellkosten
    von Parkplatzflächen 295
    18.5.2.1 Ebenerdige Parkplätze 295
    18.5.2.2 Parkhäuser 297
    18.5.2.3 Tiefgaragen 297
  18.5.3 Abschreibungen 298
  18.5.4 Mietkalkulation der Parkplätze 298
  18.5.5 Kosten des Betriebs und der Verwaltung von
    Gewerbeparkparkplätzen 300

19. Vermarktung von Gewerbeparks 301
19.1 Äußere Einflüsse auf die Entwicklung und Vermarktung 303
19.1.1 Einfluß der Konjunktur 304
19.1.2 Einfluß der Preisentwicklung 305
19.1.3 Einfluß des Marktes 306
19.1.3.1 Die lokalpolitische Situation 306
19.1.3.2 Die lokale Wirtschaftsentwicklung 307
19.1.3.3 Außerordentliche Faktoren 308
19.1.4 Risikoabsicherung 308
19.2 Analysen und Strategien der Vermarktung 309
19.2.1 Marktuntersuchung 309
19.2.1.1 Analyse der konkurrierenden Anbieter 310
19.2.1.2 Analyse der konkurrierenden Produkte und Preise 310
19.2.1.3 Analyse der Aufnahmefähigkeit des Marktes .. 311
19.2.1.4 Das marktgerechte Angebot 313
19.2.2 Konkurrenzfähigkeit des eigenen Produkts 314
19.2.2.1 Qualität 314
19.2.2.2 Wirtschaftlichkeit 315
19.2.3 Struktur und Motive der Kunden 317
19.3 Vermarktungsstrategie 318
19.3.1 Kosten der Vermarktung 319
19.3.2 Ablauf der Vermarktung 319
19.4 Vermarktungsinstrumente 320
19.4.1 Vertriebsorganisation 320
19.4.2 Allgemeine vertriebsfördernde Maßnahmen 322
19.4.2.1 Schaffen eines Images 322
19.4.2.2 Indirekter Vertrieb 323
19.4.2.3 Das Vermarktungspotential des Geländes 324
19.4.2.4 Merchandising 326
19.4.3 Public Relations 327
19.4.3.1 Medienarbeit 328
19.4.3.2 Veranstaltungen 328
19.4.4 Werbung 330
19.4.4.1 Analyse der Zielgruppen und Werbemittel 330
19.4.4.2 Professionelle Gestaltung der Werbung 330
19.4.4.3 Einzelne Werbemittel 331

20. Vermietung 333
- 20.1 Grundsätze für Gewerbeparkmietverträge 335
- 20.2 Die Vertragsparteien 335
  - 20.2.1 Der Eigentümer als Vermieter 335
  - 20.2.2 Vermietung und Verwaltung durch eine Managementgesellschaft 337
- 20.3 Besondere Regelungen im Mietvertrag 339
  - 20.3.1 Nutzung der Mietflächen 339
  - 20.3.2 Nutzungsordnung 339
  - 20.3.3 Parkplätze 339
  - 20.3.4 Nebenkosten 340
  - 20.3.5 Untervermietung 340
  - 20.3.6 Konkurrenzausschluß 341
  - 20.3.7 Umsatzmiete 341
  - 20.3.8 Bauunterhalt 341
  - 20.3.9 Umbauten 342
  - 20.3.10 Sicherheitsauflagen 342
  - 20.3.11 Versicherungen 342
  - 20.3.12 Optionen 342
  - 20.3.13 Laufzeitgestaltung 343
- 20.4 Der Mietpreis 343
  - 20.4.1 Die kalkulatorische Kostenmiete 343
  - 20.4.2 Die Marktmiete 343
  - 20.4.3 Rentabilität 345
- 20.5 Preispolitik 346
  - 20.5.1 Langfristige Preispolitik 346
  - 20.5.2 Mietpreisgestaltung 348

21. Die Wertsicherung der Miete 353
- 21.1 Werterhaltung und Wertsteigerung von Gewerbeimmobilien 355
  - 21.1.1 Einfluß der Inflation 355
  - 21.1.2 Verschiedene Methoden der Wertsicherung 358
- 21.2 Wertsicherung der Mieten durch Indexbindung 360
  - 21.2.1 Verschiedene Indizes 360
  - 21.2.2 Indexregelungen im Mietvertrag 365
  - 21.2.3 Die Entwicklung indexierter und teilindexierter Mieten 369

21.3 Wertsicherung durch Staffelmieten 375
21.4 Einfluß der Wertsicherung der Mieten auf die
     Wertentwicklung von Immobilien.. 376
    21.4.1 Wertsicherung und Renditen... 376
    21.4.2 Auswirkung verschiedener Indexanpassungen auf die
           Wertentwicklung von Immobilien................................ 376
    21.4.3 Der Einfluß der steuerlichen Komponente
           (Stand 1998).. 380

22. Verkauf von Gewerbeparkparzellen.................................... 383
22.1 Verkaufsstrategien.. 385
22.2 Inhalt der Verkaufsverträge.. 386

23. Konversion von Industrieanlagen in Gewerbeparks: Überlegungen zur Planung konversionsfähiger Industrieanlagen 389
23.1 Probleme bei der Konversion alter Industrieanlagen............. 391
23.2 Vorausschauende Planung konvertibler Industrieanlagen...... 391
    23.2.1 Ziele des Industrieanlagenbaus................................... 392
    23.2.2 Vorteile der vorausschauenden Planung.................... 392
    23.2.3 Anforderungen an die Planung von konversions-
           fähigen Industrieanlagen 394
23.3 Management von Industrieimmobilien 396
23.4 Volkswirtschaftlicher Nutzen 397

Annexe 399
Annex 1:   Mieter nach Nutzungsarten................................... 401
Annex 2:   Beispiel für die Kalkulation des Gesamtprojektes
           eines Gewerbeparks.. 403
Annex 3:   Die 34 (von 50) meistgenannten Standortfaktoren
           mit Einfluß auf die Mietentscheidung.................... 409
Annex 4:   Parkplatzanalyse Gewerbepark Regensburg
           (Zusammenfassung).. 411
Annex 5:   Kalkulation der Parkplätze je nach Baurecht
           und Grundstücksgröße 419

Annex 6: Beispiel für einen Verwaltervertrag zwischen
Generalmieter und Verwaltungsgesellschaft 423
Annex 7: Beispiel eines Mietvertragstextes mit Anlagen
(Datenblatt) 427
Annex 8: Beispiele für manipulierte Miete 471
Annex 9: Generalmietvertrag 473

Fallbeispiele Gewerbeparks 479
Fallbeispiel 1: Gewerbepark Regensburg 481
Fallbeispiel 2: Hansapark Düsseldorf-Oberkassel 496
Wahler Park Düsseldorf-Rath 498
Hilden Park Hilden 500
Fallbeispiel 3: Preußen Park Ludwigsfelde 502
Fallbeispiel 4: Brandenburg Park Berlin 505
Fallbeispiel 5: EUROPARC Dreilinden 517

Literaturverzeichnis 527

Stichwortverzeichnis 529

1
Einführung

1. Einführung

Mit dieser Einführung sollen dem Leser eine kurze Zusammenfassung der historischen Entwicklung von Gewerbeparks und ein erster Überblick über die Thematik gegeben werden, die in den weiteren Kapiteln dann vertieft wird.

1.1 Charakterisierung von Gewerbeparks

Industrial Estate, Business Park, Office Park, Research & Development Park (und man könnte diese Aufzählung noch verlängern): Dies sind die englischen Ausdrücke für Gewerbegebiete, die auf privater Basis geschaffen werden. Seit 1896 in Manchester in England der 1.200 acres (ca. 500 ha) große Trafford Park Estate Limited als erstes privates Gewerbegebiet errichtet wurde, hat diese Form der Immobilienentwicklung, die besonders nach 1945 in Amerika sehr stark einsetzte, weltweit an Bedeutung gewonnen. Heute sind große Gewerbegebiete, die nach einem einheitlichen Konzept als Gesamtanlage mit Immobilien entwickelt werden, überall auf der Welt zu finden, selbst in den früheren Comecon-Staaten. Ein solches von privater Hand gestaltetes Gewerbe- oder Industriegebiet wird im Deutschen als Gewerbe-, Industrie-, Büro-, Forschungspark usw. bezeichnet. Ein Gewerbepark wird in diesem Buch als ein Gewerbegebiet verstanden, das als Gesamtprojekt konzipiert, geplant, verwirklicht und verwaltet wird.

1.2 Historische Entwicklung von Gewerbeparks[1]

Die allgemeine Entwicklung von Gewerbegebieten verlief meist ungeplant. Die Gewerbe- und Industriegebiete sind mit den Städten gewachsen. Vor allem im 19. Jahrhundert und in der ersten Hälfte des 20. Jahrhunderts entstanden Gewerbegebiete ungeplant an geeigneten und weniger geeigneten Standorten – und mit Nutzungen, die sich oft gegenseitig störten. Erst in neuerer Zeit werden sie stadtplanerisch konzipiert und stadtgeographisch mit Rücksicht auf die verschiedenen Funktionen in einem Siedlungs- oder

---

[1] Vgl. für die folgende historische Entwicklung: ULI – The Urban Land Institute (Hrsg.), Business and Industrial Park Development Handbook, 2. Auflage, Washington D.C. 1989.

Stadtgebiet zugeordnet; es werden die Anforderungen an Straßen, Schienen und Wasserwege berücksichtigt und die Erschließung des Gebietes durch ein Straßennetz und Versorgungseinrichtungen bedacht. Trotz Stadtplanung sind auch heute noch die meisten Gewerbegebiete nach wie vor ohne eine Konzeptidee, wie sie für geplante Gewerbeparks charakteristisch ist.

Das Erscheinungsbild herkömmlicher Gewerbegebiete wird geprägt durch unterschiedliche Bauqualitäten – von einfachsten Standards bis hin zu guter Architektur ist alles zu finden. Aufstieg und Niedergang von Unternehmen und ganzen Branchen haben ihre Spuren hinterlassen. Die Qualität vieler Gewerbegebiete leidet dadurch über die Jahre hin sowohl durch Übernutzung als auch durch heruntergekommene Bauten und Anlagen von Unternehmen und Branchen in wirtschaftlichen Schwierigkeiten. Dem steht mit Ende des 19. und dem beginnenden 20. Jahrhundert erstmalig ein neues Konzept für die Entwicklung von Gewerbe- und Industriegebieten gegenüber, das darauf abzielt, all die Fehlentwicklungen zu vermeiden, wie sie sich in ungeplanten und nicht gemanagten Gewerbegebieten einstellen.

1.2.1 Historische Entwicklung in angelsächsischen Ländern

Großbritannien als Ursprungsland der Gewerbeparkentwicklung

Die Entwicklung von Gewerbeparks begann Ende des 19. Jahrhunderts in Großbritannien. 1896 erwarb die private Gesellschaft Trafford Park Estate Limited eine Fläche von 1.200 acres (ca. 500 ha) am Manchester ship chanel im Anschluß an die Docks. Der Kanal war zwei Jahre vorher fertiggestellt worden und stellte für Schiffe die Verbindung zwischen dem Meer und Manchester her, das 54 Meilen (86 km) im Inland liegt.

Die neuen Gewerbeflächen wurden dort geschaffen, wo sich damals die englische Industrie im Raum Manchester konzentrierte. Trafford Park Estate ist einer der wenigen Gewerbeparks, der durch eine Wasserstraße bedient wird. Im übrigen war das Gewerbegebiet durch mehr als 35 Meilen (56 km) Gleisanlagen erschlossen. Genutzt wurde der Park hauptsächlich von der Schwerindustrie. Er blieb bis ins Jahr 1950 der größte geplante und privat verwaltete industrielle Gewerbepark der Welt.

Erwähnenswert ist außerdem die Entwicklung von Slough Estate in England 1920. Dort wurde ein früheres Militärdepot von 602 acres (ca. 250 ha) als Gewerbepark gestaltet und gleichzeitig eine neue Siedlung entwickelt. 1997 hatte Slough eine Bevölkerung von über 106.000 Personen.

Einführung

Im 19. Jahrhundert bis zum Ersten Weltkrieg war Großbritannien die führende Industriemacht in der Welt. Es ist daher nicht verwunderlich, daß in dieser Zeit England auch auf dem Gebiet der Gewerbeparkentwicklung führend war.

Die relativ verhaltene wirtschaftliche Entwicklung Großbritanniens nach dem Zweiten Weltkrieg hat auch die Entwicklung von Gewerbeparks gebremst. Erst die geänderte Wirtschaftspolitik, vor allem das geänderte Genehmigungsrecht unter der Regierung Thatcher (von 1979 bis 1990), hat zu einer Belebung geführt (vgl. Tab. 1.1).

	Größe und Bebauungsdichte in Großbritannien					
					Bebauungsdichte	
Nr.	Name	Region	Größe (in ha)	Vermietbare Fläche (in sqft.)	sqft./acre <1>	Bebauungs- dichte "BD" <2>
1	Ansells Park	Ansells	10,1	k.A.		
2	Arlington BP	Reading	19,4	720.000	14.829	0,34
3	Auckland BP	Milton Keynes	19,4	k.A.		
4	Aztec West	Bristol	63,5	2.150.538	13.547	0,31
5	Birmingham BP	Birmingham	59,9	2.150.100	14.363	0,33
6	Coventry BP	Coventry	38,4	k.A.		
7	Crossways BP	Dartford	127,5	k.A.		
8	Edinburgh Park	Edinburgh	55,8	k.A.		
9	Frimley BP	Camerelely	9,7	k.A.		
10	Gadbrook Park	Norwich	24,3	k.A.		
11	Gillingham BP	Kent	48,6	1.500.000	12.358	0,28
12	Gloucester BP	Gloucester	93,1	k.A.		
13	Hatfield	Hatfield	39,3	k.A.		
14	Kings Hill	Maidstone	263,0	3.800.000	12.500	0,29
15	Newbury BP	Newbury	12,1	k.A.		
16	Oxford BP	Oxford	35,6	k.A.		
17	Shire Park	London	22,3	850.000	15.279	0,35
18	Solent Business Park	Southampton	78,9	2.700.000	13.689	0,31
19	St. Andrews	Norwich	10,5	k.A.		
20	Stockley Park	Heathrow	160,0	3.795.699	9.489	0,22
21	Thames Valley	Reading	72,8	1.500.000	12.500	0,29
22	Waterside	Northampton	16,2	k.A.		
	Durchschnitt:		**58,2**	-	-	-

Erläuterung:
<1> übliche britische Kennzahl für die Bebauungsdichte;
<2> "BD" = Bebauungsdichte (= Faktor, vermietbare Fläche zur Grundstücksfläche);

Tab. 1.1: Gewerbeparks in Großbritannien
Quelle: Viehbacher, Alfons, Ein Vergleich deutscher Gewerbeparks mit englischen Business Parks – unter Berücksichtigung bedeutender Kriterien, Diplomarbeit, Fachhochschule Nürtingen 1996/97, S. 99.

Einführung

Weitere Merkmale der oben angeführten Business Parks[2]:

- Birmingham Business Park, Ende 1980, 60 ha, Betonung: Büronutzung
- Crossways Business Park, 128 ha, Nutzung: Leichtindustrie, Lagerung, aber auch Büros und Hotels
- King's Hill Business Park, 242 ha, Nutzung: Multi-use, Büros, Wohnungen, Einzelhandel, Golfplatz etc.
- Solent 1, Arlington, 79 ha, Gesamtgeschoßfläche: 125.000 m^2, Büros, hohe Qualität
- Stockley Park, 1986, 160 ha, Büros mit Golfplatz
- Gillingham Business Park, 1978, 49 ha
- Aztec West, 1979/80, 64 ha
- Arlington Business Park, Reading, 19 ha

Andere wichtige Business Parks in Großbritannien[3]:

- Astrike West, 1980, 64 ha, Gesamtgeschoßfläche nach Fertigstellung: 200.000 m^2, Nutzung: Lagerhäuser, Büros etc.
- Testa Business Park, 55 ha, Nutzung: hauptsächlich Büros (hoher Standard)
- Magna Park, Midlands, 120 ha, Lagerung, Speditionen, Distribution Park
- Abingdon Business Park, 1981
- Kembrey Park, 1980
- Woking Business Park, 1981
- Chiswick Business Park, außerhalb Londons

Die neu entstandenen Geschäftsflächen in Gewerbeparks betrugen nach DTZ-Debenham Thorpe, Großbritannien, in den letzten Jahren[4]:

---

[2] Quelle: Viehbacher, Alfons, Ein Vergleich deutscher Gewerbeparks mit englischen Business Parks, a.a.O., S. 15 und S. 72 – 74.
[3] Quelle: DTZ Debenham Thorpe Research, Special Report – Business Parks, Juli 1993.
[4] Quelle: DTZ Debenham Thorpe Research, Business Parks – Halfway House or Home, Special Report, 1996, S. 1.

Einführung

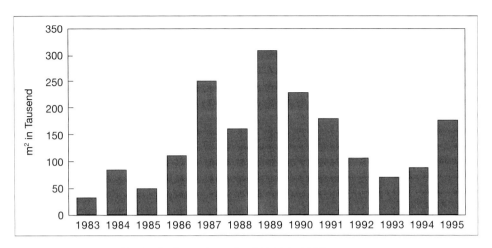

Tab. 1.2: Vermietete Fläche in Gewerbeparks 1983 bis 1995

Mitte 1995 waren in den hundert größten Gewerbeparks in Großbritannien insgesamt 2,74 Mio. m² Büroflächen erstellt.

Gewerbeparks in den USA

Auf die Entwicklung in den Vereinigten Staaten wird hier besonders eingegangen, weil dort das wesentliche Know-how gebildet wurde und sich dort die einzelnen Gewerbeparktypen entwickelt haben, die von USA ausgehend in der ganzen Welt gebaut werden.

Bereits 1902 wurde die Idee in den Vereinigten Staaten aufgegriffen und in Chicago der Central Manufacturing District (CMD) durch Frederik Prinz begonnen und durch die Eisenbahngesellschaften Union Stock Yard und Transit Company entwickelt und betrieben. Das 260 acres (ca. 120 ha) große Gebiet war 3,5 Meilen südwestlich von Downtown Chicago. Die Gebäude waren einheitlich viergeschossig und hatten alle eigenen Bahnanschluß. Der Gewerbepark CMD hatte ein eigenes Kraftwerk für Elektrizität und Dampf. Bereits zu jener Zeit waren Landschaftsgestaltung, Grünanlagen, Gestaltung der Straßen und Gestaltung der Beleuchtung integraler Teil der Planung. Genutzt wurde das Gewerbegebiet durch Produktionsbetriebe, Lagerhäuser etc. Auch der Central Manufacturing District in Chicago war mit einem schiffbaren Wasserlauf verbunden.

Die Eisenbahngesellschaften waren bis in die zwanziger Jahre aktiv in der Entwicklung von Gewerbeparks, um Frachtaufkommen für die Eisenbah-

Einführung

nen zu sichern. Die Verkehrsorientierung der Produktionsstätten förderte diese Entwicklung. Abgebremst durch die große Depression setzte sich die Entwicklung von Gewerbeparks bis in die vierziger Jahre fort, z. B. 1930 Los Angeles Central Manufacturing District.

Nach dem Zweiten Weltkrieg setzte in den Vereinigten Staaten eine starke Entwicklung von Gewerbeparks der verschiedensten Art ein. Die Voraussetzung dafür war, daß durch die Ausweitung des Kraftfahrzeugverkehrs und des dafür geschaffenen Straßennetzes neue Bedingungen für die Standortwahl von Gewerbe und Industrie gegeben waren. Durch die Mobilität sowohl der Arbeitskraft als auch der Güter war es möglich, sich außerhalb der traditionellen Siedlungsgebiete niederzulassen, weil nur dort die großen Flächen gefunden werden konnten, die für die Entwicklung von Gewerbeparks erforderlich waren (vgl. Tab. 1.3).

Name und Ort des Projektes	Gründungsjahr
New England Industrial Center, Needham, Massachusetts	1949
Stanford Industrial Park, Palo Alto, California	1951
Fair Lawn Industrial Park, Fair Lawn, New Jersey	1952
Bohannon Industrial Park, Menlo Park, California	1954
Tampa Industrial Park, Tampa, Florida	1950
Centex Industrial Park, Elk Grove Village, Illinois	1957
Crocker Industrial Park, Brisbane, California	1959
Kent Industrial Center, Grand Rapids, Michigan	1966
Koll/Irvine Center, Irvine, California	1971

Tab. 1.3: Die ersten modernen Industrieparks in den USA
Quelle: ULI – The Urban Land Institute (Hrsg.), Business and Industrial Park Handbook, 2. Auflage, Washington D.C. 1989, S. 18.

Bis zum Jahr 1986 waren in den USA bereits über 6.000 Gewerbeparks errichtet worden. Einige herausragende Beispiele werden wegen ihrer Größe, Art des Developers (z. B. Universität) oder Nutzung des früheren Geländes (z. B. Militärdepot) vom Business and Industrial Park Handbook aufgelistet und im einzelnen beschrieben. Sie seien nachfolgend genannt (vgl. Tab. 1.4):

Einführung

PROJECT NAME / Name des Projekts	YEAR OPENED / Eröffnung	REGION / Region	LOCATION / Lage	SIZE sqft* / Geschoßfl.	ACRES / Grundfl.	TYPE OF CONSTRUCTION / Entwicklung	MAJOR FEATURES / Charakteristika
Arvida Park of Commerce, Boca Raton, Florida	1977	Southeast	Stadtrand Stadtgebiet	1.800.000	856	Neu	C, F, H, Lm, O, R, Rc, Rd, Wd
Braker Center, Austin, Texas	1982	Southwest	Stadtrand Stadtgebiet	1.380.000	193	Neu	C, Is, Rc, Rd, Wd
Building 114-Boston Marine Industrial Park, Boston, Massachusetts	1986	Northeast	Stadt	1.650.000	24	Recycling Gewerbeflächen	In, Is, Lm, P, Rd
Carlsbad Research Center, Carlsbad, California	1983	Far West	Stadtrand außerstädt.	520.000	560	Neu	A, F, Is, Lm, O, Rc, Rd
Chicago Technology Park, Chicago, Illinois	1987	Midwest	Stadt	175.781	56	Neu (Auffüllflächen)	F, In, O, Rd
Chippewa County Air/Industrial Park, Kincheloe, Michigan	1978	Midwest	Ländlich	1.200.000	1.850	Recycling Gewerbeflächen	A, C, F, H, Hi, In, Lm, R, Rc, Rd, Wd
Concourse at Landmark Center, Atlanta, Georgia	1984	Southeast	Stadtrand Stadtgebiet	718.000	64,5	Neu	C, F, H, O, Rc
Dallas Food Distribution Center, Dallas, Texas	1985	Southwest	Stadt	274.428	17,5	Recycling Gewerbeflächen	F, Is, Wd
Fair Lakes, Fairfax, Virginia	1984	Northeast	Stadtrand Stadtgebiet	830.000	657	Neu	C, F, H, O, Rc, Rd, Re
Glaxo Pharmaceutical Manufacturing Facility, Zebulon, North Carolina	1984	Southeast	Ländlich	257.000	82,5	Neu	Lm, O, Wd
Park 10, Houston, Texas	1974	Southwest	Stadtrand Stadtgebiet	3.150.000	550	Neu	F, H, Is, Lm, O, R, Rc, Rd, Wd
Princeton Forrestal Center, Plainsboro, New Jersey	1976	Northeast	Stadtrand außerstädt.	3.900.000	1.750	Neu	C, H, O, Rc, Rd, Re
Rancho Cucamonga Distribution Center, Rancho Cucamonga, California	1980	Far West	Stadtrand außerstädt.	1.990.000	150	Neu	F, R, Wd
Raritan Center, Edison, New Jersey	1966	Northwest	Stadtrand Stadtgebiet	11.000.000	2.350	Neu/Recycling Gewerbeflächen	C, F, H, Is, Lm, O, Rd, Wd
Rivergate Industrial District, Portland, Oregon	1963	Far West	Stadt	3.080.000	2.785	Neu/Recycling Gewerbeflächen	F, Hi, Is, Lm, P, R, Rc, Rd, Wd
Sierra Trinity Park, Dublin, California	1985	Far West	Stadtrand außerstädt.	192.648	13,9	Neu (Auffüllflächen)	C, F, In, Is, Rd
University Technology Center, Minneapolis, Minnesota	1984	Midwest	Stadt	175.000	3,7	Recycling Gewerbeflächen	In, Lm O, Rd
Waterpark, Aurora, Colorado	1983	Southwest	Stadtrand Stadtgebiet	412.000	25	Neu	O, Rc

LEGENDE:
A = Flughafenbezogen
C = Einzelhandel
F = Autobahnanschluß
H = Hotel
Hi = Schwerindustrie
In = Gründerpark
IS = Industrie/Büro/Ausstellungen
LM = Leichtindustrie
O = Büro
P = Hafenbezogen
R = Eisenbahnbezogen
Rc = Freizeitnutzung
Rd = Forschung/Entwicklung
Re = Wohnungen
Wd = Lager/Vertrieb

*Completed gross building area in square feet (*Erstellte Bruttogeschoßfläche in Quadratfuß sqft).
10 sqft entsprechen etwa 1 m², 1 acre = 4.047 m²; 1 ha entspricht etwa 2,5 acres.

Tab. 1.4: Ausgewählte Beispiele von Gewerbeparks in den USA
Quelle: ULI – The Urban Land Institute (Hrsg.), Business and Industrial Park Development Handbook, 2. Auflage, Washington D.C. 1989, S. 172.

Einführung

Die Größe der Gewerparks in den Vereinigten Staaten variiert stark. Die meisten haben zwischen 200 und 600 acres (80 bis 250 ha). Es gibt aber auch, vor allem im Süden der USA, sehr große Anlagen (vgl. Tab. 1.5).

Park – Bezeichnung	Acres
Port of Brownsville, Brownsville, Texas	44.000
The Woodlands, The Woodlands, Texas	23.000
Las Colinas, Dallas, Texas	12.000
Bayport/Clear Lake City, Houston, Texas	10.500
Hastings Industrial Park, Hastings, Nebraska	8.300
Little Mountain Industrial Property, Ogden, Utah	8.000
West Marion Industrial Park, Marion, Indiana	7.612
Mid America Industrial District, Pryor, Oklahoma	7.000
Research Triangle Park, Research Triangle, North Carolina	6.750
Newport Industrial City, Southhaven, Mississippi	6.600
St. Vrain Industrial Park, Longmont, Colorado	5.738
Treyburn, Durham, North Carolina	5.300
Roswell Industrial Air Center, Roswell, New Mexico	5.029
Northland Park, Kansas City, Missouri	5.000
Kebert Industrial Park, Meadville, Pennsylvania	5.000
Cherry Point Industrial District, Seattle, Washington	5.000
* From Database of 6.000 active U.S. business parks	
1 acre = 4.047 m^2; 1 ha entspricht etwa 2,5 acres	

Tab. 1.5: Die größten Gewerbeparks in den USA*
Quelle: ULI – The Urban Land Institute, Business and Industrial Park Development Handbook, a.a.O., S. 18.

1.2.2 Gewerbeparks in Deutschland

In der Bundesrepublik hat die Entwicklung von Gewerbeparks relativ spät begonnen. Mit zu den ersten Projekten gehört der Gewerbepark Regensburg. Bis zu diesem Zeitpunkt gab es für derartige Entwicklungen in Deutschland keinen allgemein eingeführten Begriff. Die Entwickler in Regensburg glaubten, mit der Bezeichnung „Gewerbepark Regensburg" einen

Abb. 1.1: Skizze des auf einer Industriebrache entstandenen Gewerbeparks Regensburg (Stand 1998).

Einführung

Firmennamen gefunden zu haben. Es zeigte sich aber schnell, daß die Bezeichnung Gewerbepark zum Gattungsbegriff wurde.[5]

Der zögerliche Beginn der Entwicklung von Gewerbeparks durch private Entwickler in der Bundesrepublik Deutschland mag darauf zurückzuführen sein, daß die Gemeinden in der Bundesrepublik besonders aktiv in der Bereitstellung von gewerblichen Grundstücksflächen sind und damit als Konkurrenten im Markt auftreten, die nicht kosten- und gewinnorientiert sind.

---

[5] 1979 übernahm die Vielberth-Gruppe von der Familie Richtberg die Anteile an einer Grundbesitzgesellschaft und begann im selben Jahr mit den Planungen für einen großen Gewerbepark in Regensburg. Auf einer Fläche von 22 ha wird seit 1980 ein Gewerbepark errichtet, der im Jahr 1998 fertiggestellt sein soll. Dann werden ca. 160.000 m^2 vermietbare Gewerbefläche zur Verfügung stehen – mit 300 Mietern und über 5.000 Beschäftigten.

Größe und Bebauungsdichte in Deutschland					
			Bebauungsdichte		
Nr.	Name	Größe (in ha)	Vermietbare Fläche in m^2	GFZ < 1 >	Bebauungsdichte „BD" < 2 >
	Berlin:				
1	Brandenburg Park	220,0	(*)	2,4/1,6	
2	Business Park Wildau	39,3	155.000	2,2 bis 2,4	0,39
3	Demex Park	30,0	z.Z.: 21.704	k.A.	
4	EUROPARC Dreilinden	40,0	z.Z.: 15.800	k.A.	
5	Falkenberg Park	2,2	7.001	k.A.	0,32
6	Königspark	80,8	(*)	1,6-1,8	
7	Lilienthal-Park	27,0	z.Z.: 20.550	k.A.	
8	Preußenpark	110,0	(*)	1,4-2,4	
	Durchschnitt	**68,7**	-	-	-
	Düsseldorf:				
1	Erkrath Park	5,0	24.342	0,60	0,49
2	GP „Am Flughafen"	1,4	8.406	1,20	0,60
3	GP Airport	2,4	17.900	1,20	0,75
4	GP Frechen-Ost	80,0	k.A.	k.A.	
5	GP Halskestraße	3,8	25.000		0,66
6	Hilden Park	3,6	22.900		0,64
7	GP Hochdahl	4,5	20.236	0,80	0,45
8	GP Ratinen, Halskestr.	4,4	26.152		0,59
9	GP Ratingen, Kaiserw.-Str.	2,6	17.900		0,69
10	Hansapark	8,4	60.000		0,71
11	Wahler Park	4,8	30.000		0,63
	Durchschnitt	**11,0**	-	-	-

Tab. 1.6: Gewerbeparks in Deutschland

Einführung

Nr.	Name	Größe (in ha)	Vermietbare Fläche in m²	GFZ < 1 >	Bebauungs-dichte „BD" < 2 >
	Frankfurt:				
1	Acorum	13,7	(**) 40.686	1,07	0,30
2	Bischofsheim Park	1,7	19.226	1,11	1,11
3	Dietzenbach-Park	2,9	16.000	0,56	0,55
4	Dreieich-Park	1,2	9.000	0,74	0,75
5	Eschbach-Park	0,8	6.300	0,83	0,84
6	EUROPARC Dietzenbach	3,0	11.000	k.A.	0,37
7	GIP, Liederbach	4,4	33.400	0,76	0,76
8	GP Dietzenbach	6,5	32.000	0,58	0,49
9	GP Langen	0,9	7.000	0,69	0,76
10	GP Groß-Gerau	1,2	6.800	0,55	0,55
11	Hayn Parc	2,5	25.000	1,19/1,41	1,01
12	Isenburg-Park	2,3	13.500	0,62	0,59
13	Langen-Park	1,5	12.000	0,78	0,80
14	Limes Park	2,5	23.000	0,91	0,92
15	Monza Park	8,3	36.000	0,85	0,43
16	Mörfelden I	0,9	6.700	0,64	0,76
17	Mörfelden II	1,3	7.800	0,59	0,60
18	Mörfelden III	0,9	6.300	0,69	0,69
19	Neurott-Park	0,9	9.300	k.A.	1,03
20	Pallaswiesenpark	1,1	16.700	1,52	1,52
21	Raunheim-Park	3,1	17.500	0,57	0,56
22	Rheinpark I	1,0	5.020	0,56	0,49
23	Rheinpark II-IV	3,5	13.208	0,56 -1,1	0,38
24	Rödermark-Park	4,0	41.000	0,97	1,03
25	Steuben Park	1,2	9.000	0,73	0,75
26	Volta-Park	1,5	11.000	0,71	0,73
27	Weiterstadt Park	1,2	6.054	0,52	0,50
	Durchschnitt	2,7	-	-	-
	Sonstige:				
1	Airport Center, Hamburg	4,0	34.200	k. A.	0,86
2	Airport-GP Glesien, Leipzig	14,8	z.Z.: 19.000	2,00	(*)
3	Businesspark Niederrhein, Ruhrgebiet	40,0	k.A.	k. A.	
4	GP Aachen-Heerlen	100,0	k.A.	k.A.	
5	GP Puchheim, München	4,0	26.000	k.A.	0,65
6	GP Regensburg***	22,0	150.000	k.A.	0,59
7	ParkStadt am Rhein, Speyer	165,0	k.A.	k.A.	
8	Süd-West-Park Nürnberg***	14,0	170.000	k.A.	0,89
	Durchschnitt	45,5	-	-	-

Erläuterung:
< 1 > laut Planungsrecht; < 2 > "BD" = realisierte GFZ (vermietbare Fläche zur Grundstücksfläche);
(*) Kein spekulativer Vorratsbau, deswegen keine Berechnung;
(**) inklusive 20.822 m² Büro- und Servicefläche in Planung;
(***) nach Fertigstellung

Tab. 1.6: (Fortsetzung)
Quelle: Viehbacher, Alfons: Ein Vergleich deutscher Gewerbeparks mit englischen Business Parks, a.a.O., S. 98, und eigene Ergänzungen für den Gewerbepark Regensburg.

Einführung

Die gewerblichen Grundstücksflächen werden sehr oft nicht zum Gestehungspreis abgegeben, sondern subventioniert, weil die Kommunen interessiert sind, einerseits zur Schaffung von Arbeitsplätzen, aber auch andererseits zur Stärkung ihrer Steuerbasis, Betriebe in ihre Gemeinde zu holen.

Eine breitere Entwicklung von Gewerbeparks begann in den achtziger Jahren, als die Gesellschaft „Gewerbe im Park" im Ruhrgebiet mit ihren Projekten startete und auch andere Entwickler sich dieser Investition annahmen. Heute gibt es eine größere Anzahl von Gewerbeparks in Deutschland, insbesondere deshalb, weil die Entwicklung von Gewerbeparks nach der Wiedervereinigung eine große Dynamik erhielt, als in den neuen Bundesländern eine Vielzahl von Projekten begonnen wurde.

Vergleicht man die Grundstücksflächen der Gewerbeparks in der Bundesrepublik Deutschland mit denen im Ausland, stellt man fest, daß sie verhältnismäßig klein sind, insbesondere in Westdeutschland (vgl. Tab. 1.6)

Einige Projekte sind so klein, daß sie eigentlich den Namen Gewerbepark nicht führen sollten, weil sie die Charakteristiken nicht haben, die einen Gewerbepark ausmachen (vgl. Kap. 2).

Viele Gemeinden bezeichnen ihre Gewerbegebiete inzwischen als Gewerbeparks. Nachdem diesen Gewerbegebieten die für einen Gewerbepark notwendigen konzeptionellen und organisatorischen Voraussetzungen fehlen, können sie allerdings nicht im Sinne dieser Abhandlung als Gewerbeparks eingestuft werden.

1.2.3 Weltweite Verbreitung

Nach der boomartigen Entwicklung von Gewerbeparks in den Vereinigten Staaten nach dem Zweiten Weltkrieg wurden die dort gesammelten Erfahrungen und das Know-how von Developern aus der ganzen Welt übernommen. Überall sind nach dem Muster amerikanischer Gewerbeparks in privater Regie große Gewerbegebiete entstanden, entweder derart, daß Gewerbegebiete erschlossen wurden, um dann Parzellen an Unternehmer zu veräußern, oder daß Komplettanlagen erstellt wurden und Flächen darin zur Vermietung angeboten wurden.

Auch in den Entwicklungsländern gibt es Gewerbeparks, in denen sich Gewerbetreibende und Industrie bevorzugt niederlassen. In vielen Ländern sind gute Gewerbeparks eine Anlaufadresse für international operierende Unternehmen, die die Zusammenarbeit mit professionellen Anbietern von

Geschäftsflächen suchen, um Niederlassungen, Zweigbetriebe oder Servicebüros zu eröffnen.

Neben Deutschland wurde nur die Entwicklung in den USA und Großbritannien behandelt. England ist angeführt, da von dort die Entwicklung ausgegangen ist, die USA deshalb, weil dort die Fortentwicklung der Gewerbeparks stattgefunden hat.

1.3 Gewerbeparks – Teil der modernen Wirtschaft

1.3.1 Veränderungen unserer Wirtschaft

Unsere Wirtschaft unterliegt einem raschen Wandel. Auch Gewerbeparks sind Teil dieser Veränderung. Die zunehmende Mobilität seit Ende des Zweiten Weltkrieges sowohl der Güter als auch der Bevölkerung hat die Anforderungen an die Verkehrsinfrastruktur verändert. Durch die Zunahme der Lkw-Transporte und die weitgehende Motorisierung der Bevölkerung liegen gewerbliche Standorte nicht mehr, wie früher, nahe an den Siedlungsgebieten und nahe an den Verkehrswegen Wasser und Schiene; vielmehr entstehen heute neue Standorte an den dominierenden Verkehrswegen, nämlich Autobahnen und anderen wichtigen Verkehrsstraßen.

Der Bedarf an gewerblichen Flächen nimmt ständig zu. Der Platzbedarf je Beschäftigten ist gestiegen, vor allem aber haben sich die Produktion, der Vertrieb und die Dienstleistungen in unserer Wirtschaft geändert: Die zunehmende Automatisierung der Produktion verlangt nach mehr Fläche, der Flächeneinsatz beim Vertrieb wird größer, die Platzbedürfnisse für Büroarbeiten nehmen zu.

Unsere Wirtschaft wird immer arbeitsteiliger und bringt eine Vielzahl von spezialisierten Betrieben hervor; z. B. sind Geräte, Maschinen und Anlagen so kompliziert, daß sie eigene Service- und Wartungsspezialisten brauchen. Also bauen die Hersteller dieser Maschinen ein weiträumiges Netz von Serviceniederlassungen auf, was wiederum zu einer höheren Nachfrage nach gewerblichen Flächen führt.

Besonders offensichtlich ist die Tendenz zu größeren Flächen im Handel, wo der höhere Flächenbedarf zum einen auf das gestiegene Handelsvolumen und zum anderen auf neue Handelsformen zurückzuführen ist, die viel mehr über die Fläche vermarkten.[6]

Auch in der Industrie und im produzierenden Gewerbe zeigt sich die gleiche Tendenz: im Verhältnis weniger Beschäftigte, aber immer größere Flächen, um die Produktionsvorgänge ablaufen zu lassen. So läßt sich auf allen Gebieten der gewerblichen Wirtschaft ein enormes Anwachsen des Bedarfs an gewerblichen Flächen feststellen.

Daneben gibt es Verschiebungen in den einzelnen Wirtschaftsbereichen. Während die Produktion immer effizienter automatisiert wird und immer größere Produktionsmengen mit immer weniger Leuten geschaffen werden, ist der Vertrieb, die Verteilung dieser Güter, von immer größerer Bedeutung. In diesen Bereichen entstehen neue Arbeitsplätze, ebenso wie im sich ausweitenden Dienstleistungssektor.

Der Hersteller eines Gewerbeparks nimmt teil an der Spezialisierung und Arbeitsteilung innerhalb der Wirtschaft. Arbeitsteilung und Spezialisierung heißt, daß jeder Anbieter nur mehr eine Teilleistung innerhalb des gesamten volkswirtschaftlichen Prozesses leistet. Der Hersteller eines Gewerbeparks ist der Anbieter von gewerblichen Flächen, die er, weil hochspezialisiert, günstiger produzieren und dem Markt effizienter zur Verfügung stellen kann als ein nicht spezialisierter Eigeninvestor. Darüber hinaus schafft er durch die sorgfältige Wahl der Lage, durch ein Konzept und zusätzliche Einrichtungen einen Standort mit besonderen Qualitäten.

Die einzelnen Unternehmen der modernen gewerblichen Wirtschaft stellen hohe Anforderungen an ihre Geschäftsräume und an die Qualität des Standorts, da sie nur unter optimalen Bedingungen konkurrenzfähig arbeiten können. Sie sind die potentiellen Kunden eines Gewerbeparks.

1.3.2 Gewerbeparks als Teil des Marktgeschehens

Die besondere Struktur des Marktes für gewerbliche Grundstücke in Deutschland wirkt auf die Art der entstehenden Gewerbeparks. Anders als in den USA und andernorts konnte sich in der Bundesrepublik Deutschland

---

[6] Der deutsche Einzelhandel in den alten Bundesländern hatte:

	1960	1993
Umsatz	87,6 Mrd. DM	786,6 Mrd. DM
Verkaufsfläche	9 Mio. m^2	90 Mio. m^2
Verkaufspersonal	2,13 Mio. Personen	2,90 Mio. Personen
Umsatz pro m^2	9.733 DM/m^2	8.740 DM/m^2
Umsatz pro Person	41.126 DM	271.241 DM
Fläche pro Person	4,22 m^2	31,03 m^2

Quelle: EHI, Handel aktuell, 1994

bisher[7] eine Form von Gewerbeparks nicht durchsetzen: Es ist jener Typus, bei dem der Entwickler die Baurechtsbeschaffung, die Erschließung, den Verkauf der Parzellen an Einzelinvestoren und später dann die Verwaltung des gesamten Gewerbeparks übernimmt. Dieser Markt wird vor allem durch die von den Kommunen zur Verfügung gestellten subventionierten Grundstücke in Gewerbegebieten herkömmlicher Art abgedeckt.

Auf dem Markt für Gewerbeimmobilien gibt es jedoch viele Nachfrager, die keine Immobilien bauen oder erwerben wollen, sondern die fertige Räume mieten wollen. Hier gibt es Möglichkeiten für private Gewerbeparkentwicklungen. Diese konzentrieren sich heute besonders auf die Kombination von Ausstellungsflächen, Werkstätten, Büros und Lagerräumen.

In Deutschland hat sich besonders jene Spielart des Gewerbeparks durchgesetzt, bei der Gebäude errichtet werden, um sie dann an Gewerbebetriebe als zukünftige Nutzer zu vermieten. Es werden dabei Einzelprojekte nach den speziellen Wünschen des Mieters geschaffen oder multifunktionale Komplexe errichtet, in denen viele Mieteinheiten untergebracht werden können. Auf diesem Gebiet sind die privaten Entwicklungen durchaus konkurrenzfähig gegenüber öffentlich erschlossenen Gewerbegebieten.

Natürlich könnten Gewerbeparks auch auf Grundstücksflächen im Eigentum von Kommunen errichtet werden. Leider sind die Gemeinden zögerlich, die ausgewiesenen Flächen einem Gesamtinvestor in die Hand zu geben, weil sie glauben, dadurch die „Kontrolle" über die Gewerbeansiedlung zu verlieren. In vielen Fällen sind daher Gewerbeparks nicht auf den Grundstücken im Eigentum der Gemeinde entstanden, sondern auf Gewerbeflächen, die von Privateigentümern verkauft wurden, auf gewerblichen Recyclingflächen[8] oder auf Grundstücken in Privathand.

Am Rande sei noch bemerkt, daß städtische und gemeindliche Gewerbegebiete hier nicht als Gegenpol zu privaten Gewerbeparks gesehen werden, denn auch sie würden davon profitieren, wenn sie nach ähnlichen Grundsätzen wie Gewerbeparks durch eine Managementgesellschaft geplant, entwickelt und vermarktet würden. Dies läge im Interesse der Investoren in einem solchen Gewerbegebiet und wäre z. B. auch wegen der architektonischen Qualität förderlich.

---

[7] Einige Ausnahmen gibt es in den neuen Ländern, z. B. Brandenburg Park, Preußen Park, Königspark; alle nahe Berlin.
[8] Gewerbepark Regensburg: ehemaliger Holzbearbeitungsbetrieb seit Mitte des 19. Jahrhunderts, Süd-West-Park Nürnberg: ehemaliger pharmazeutischer Betrieb.

Einführung

Zusammenfassend kann man sagen, daß Gewerbeparks in Deutschland, bei denen Grundstücksentwicklung betrieben und Parzellen verkauft werden, in Konkurrenz zu öffentlich subventionierten Gewerbegebieten stehen. Daher haben sich die Developer besonders auf das Anbieten von fertigen Mietflächen konzentriert.

Ein Gewerbepark hat meist eine über einige Jahre hingezogene Erbauungszeit. Sein kontinuierliches Angebot an Mietflächen zu Marktpreisen trägt zu einem funktionierenden Markt für gewerbliche Mietflächen bei. Die Nachfrager nach Immobilien und Geschäftsräumen in Gewerbeparks sind zum einen große Unternehmen aus dem Gewerbe- und Dienstleistungsbereich. Sie erstellen auch eigene Immobilien, sind aber auch starke Nachfrager in Gewerbeparks. Zum anderen aber treten als Interessenten eine Vielzahl von kleinen Betrieben auf, die auf kleinere Flächen angewiesen sind, die sie nicht selbst herstellen können oder wollen. Sie sind von der Zahl her die überwiegende Mehrheit der Nachfrager und profitieren besonders von den Standortqualitäten eines Gewerbeparks.

Ein Gewerbepark ist dann erfolgreich im Markt, wenn sein Angebot für die Nachfrager attraktiv ist. Dies ist natürlich der Mietpreis oder Grundstückspreis, aber vor allem das Gesamtkonzept. Dazu gehören unter anderem eine gute geographische Lage und Erschließung, optimierte Gebäude, die optimale Funktionsabläufe zulassen, ausreichend Parkplätze und zusätzliche Angebote (z.B. Supermarkt, Imbiß, Kleindruckerei, Steuerbüro). Man kann einen Gewerbepark auch als gezielte Zusammenführung von verschiedenen Branchen an einem Standort betrachten. Für die Nutzer ergeben sich daraus Agglomerationsvorteile und Synergieeffekte. Durch seine Größe und sein Konzept schafft sich ein guter Gewerbepark eine eigene Standortqualität, wovon die Nutzer profitieren.

Für Unternehmen, die ihre Arbeit und ihr Kapital in ihren eigentlichen Geschäftszweck investieren wollen, bietet gerade auch das Anmieten in einem Gewerbepark viele Vorteile:

- Flächen sind individuell zugeschnitten und kurzfristig verfügbar;
- es werden keine Managementkapazitäten, die dafür auch nicht das Know-how haben, durch den zeitaufwendigen Bau von eigenen Immobilien gebunden;
- es ist keine kostspielige Reservehaltung von Grundstücken oder Räumen nötig, da der Mieter in angemessener Zeit innerhalb des Gewerbeparks expandieren kann;

- die Mietvertragsgestaltung und Mietdauer können auf die Bedürfnisse des Nutzers zugeschnitten werden, und der Mieter muß keine langfristige und kapitalintensive Investition in Immobilien tätigen.

Ein Gewerbepark als Anbieter von Mietflächen hat also deshalb einen Markt, weil er ein Angebot schafft, das für viele Nutzer attraktiv ist. Aufgrund der Vorarbeiten, der Planungen, Sicherung der Baurechte etc. kann er gewünschte Bauten (selbst größere Einheiten) relativ schnell und als Spezialist auf diesem Gebiet auch billig herstellen. Für viele Firmen ist es im Interesse ihres wirtschaftlichen Erfolges sinnvoller, sich für die Bereitstellung ihrer Geschäftsräume an einen Spezialisten zu wenden als selber zu bauen.

1.4 Gewerbeparks als Kapitalanlage

Ein gut konzipierter Gewerbepark ist langfristig eine gute Immobilieninvestition mit geringerem Risiko als andere Immobilien, was von vielen Investoren geschätzt wird. Wichtig für die Rendite ist eine nachhaltig erzielbare Miete. Sie ist möglich, weil ein guter Gewerbepark eine geringe Leerstandsquote hat, denn durch seine Standortqualitäten werden die Flächen leichter vermietet. Die Vielzahl der Mieter bringt einen Risikoausgleich. Gutes Management erhält und erhöht zusätzlich den Wert der Immobilien und kann die Standortqualität unabhängig von der Nachbarschaft halten und steigern. Ein Gewerbepark entwickelt aufgrund seiner Größe eine eigene Standortqualität.

1.5 Der Gewerbepark als Beitrag zur Wirtschaftsentwicklung

Ein Gewerbepark ist eine von Spezialisten geplante Immobilienentwicklung, um Gewerbeflächen anzubieten. Er versucht, seinen gewerblichen Nutzern optimale Bedingungen zu schaffen und kann diese als Großanlage günstiger herstellen oder bestimmte Einrichtungen überhaupt erst anbieten, die für einzelne zu aufwendig wären. Daher ist er für einzelne Unternehmen als Standort interessant, da sie dort besser und kostengünstiger wirtschaften können.

Einführung

Volkswirtschaftlich effizient ist er, weil sein Konzept beinhaltet, daß z.B. seine Infrastruktur einer Vielzahl von Nutzern zur Verfügung steht und Ressourcen an Boden und Kapital durch die Planung als Gesamtanlage optimal eingesetzt werden. Durch die schnelle und intensive Nutzung von Grund und Boden und Gebäuden und durch die günstigeren Herstellungskosten aufgrund rationeller Planung und Produktion ist der Gesamtaufwand an Kapital meist geringer als bei der Summe vergleichbarer Einzelprojekte. Ist der Gewerbepark durch das richtige Konzept und professionelles Management erfolgreich, so ist er für den Investor eine rentable Investition und volkswirtschaftlich sinnvoll und effizient.

2

Was ist ein Gewerbepark?

2. Was ist ein Gewerbepark?

2.1 Begriffsbestimmung

In diesem Kapitel soll zunächst versucht werden, anhand allgemeiner Kriterien zu bestimmen, was ein Gewerbepark ist, dann werden verschiedene Typen von Gewerbeparks unterschieden und schließlich die an einem Gewerbepark beteiligten Personengruppen vorgestellt.

Es gibt eine Vielzahl von Definitionen für Gewerbeparks. Alle stellen heraus, daß ein Gewerbepark dann gegeben ist, wenn

- das Areal groß genug ist, um eine eigene Standortqualität zu entwickeln,
- das Projekt unter einer einheitlichen Planung und Konzeptidee entsteht,
- das Projekt in Art und Größe dem Marktgebiet angepaßt ist,
- das Projekt unter einer Gesamtleitung verwirklicht wird,
- das Konzept langfristig durch ein gutes Management erhalten und durchgesetzt wird,
- die Interessen der Allgemeinheit und der Gemeinde berücksichtigt werden.

Von den üblichen Gewerbe- und Industriegebieten unterscheidet sich ein Gewerbepark in erster Linie dadurch, daß er nach einer Konzeptidee von einem privaten Investor, einer privaten Entwicklungsgesellschaft oder auch von der öffentlichen Hand als Gesamtanlage geplant, erstellt und später auch gemanagt wird.

Definition:
"Ein Gewerbepark ist ein als Einheit konzipiertes Gewerbegebiet auf einem ausreichend großen Grundstück, das nach einem umfassenden Konzept verwirklicht wird. Dieses Konzept sieht die Nutzung durch ausgewählte Sparten von Gewerbe-, Dienstleistungs- oder Industriebetrieben vor, für die optimale Betriebsvoraussetzungen geschaffen werden. Dabei können die einzelnen Immobilien sowohl im Eigentum des Einzelnutzers als auch im Besitz eines Investors sein, der die Immobilien vermietet. Das Konzept beinhaltet auch, daß sich der Gewerbepark mit seiner Nutzung in die bestehenden gewerblichen Aktivitäten und den Charakter der Umgebung einfügt. Der Gewerbepark wird von einem Management verwaltet, dessen Aufgabe die Ver-

Was ist ein Gewerbepark?

besserung und langfristige Sicherung des Gewerbeparks als Standort ist, weiterhin die Erhaltung und Verbesserung der Immobilien und die Anpassung der Immobilien und des Konzepts an sich ändernde Anforderungen. Alle Nutzer des Gewerbeparks werden auf dieses gemeinsame Konzept verpflichtet."

Ein Gewerbepark soll ein Standort sein, der genau den Bedürfnissen und Anforderungen eines Gewerbebetriebs entspricht, wobei diese Anforderungen natürlich je nach Branche sehr unterschiedlich sind. Das Konzept ist daher aufgebaut auf der Art der Nutzung, z.B. Industrie, Büro, Lagerung und Spedition, R und D (research and development) oder Kleingewerbe. Wichtige Merkmale des Gewerbeparks richten sich nach den Voraussetzungen, die diese Nutzer brauchen:

- die Wahl des Standortes,
- die Grundstücksgröße,
- die innere Erschließung,
- die Art der baulichen Gestaltung.

Je nach Art der Nutzung sind diese Punkte dann so ausgestaltet, daß sie auf die Bedürfnisse der jeweiligen Nutzer zugeschnitten sind. Auch die weiteren Merkmale eines Gewerbeparks dienen immer dem Ziel, ein Standort zu sein, an dem ein Gewerbe- oder ein Industriebetrieb seine Geschäfte möglichst effizient abwickeln kann:

- funktionale Gebäude,
- richtige Straßendimensionierung,
- ausreichend Parkplätze und Ladezonen,
- keine oder fast keine Umweltprobleme,
- gut gestaltete Umgebung,
- leichte Erreichbarkeit,
- Standort mit gutem Namen und Bekanntheitsgrad.[1]

---

[1] Die hier aufgezählten Merkmale folgen im wesentlichen: ULI – The Urban Land Institute (Hrsg.), Business and Industrial Park Development Handbook, 2. Auflage, Washington D.C. 1989.

2.2 Gewerbeparktypen

Die Nutzung ist ein Kriterium für die Typisierung und Systematisierung von Gewerbeparks. Oft wird auch eine Charakterisierung nach Gewerbeparks der ersten, der zweiten oder dritten Generation usw. vorgenommen. Eine solche Klassifizierung unterstellt eine Art Evolution, die in der hundertjährigen Geschichte der Gewerbeparks wohl auch in dem Sinne stattgefunden hat, daß die jeweils neuen Projekte verbessert wurden, z. B. in der Funktion, in der Spezialisierung, in der Ein- oder Ausgliederung von Nutzern. Hier sollen Gewerbeparktypen aber rein nach ihrer Nutzung klassifiziert werden.

Welche Ausprägung, welche Nutzung und welches Konzept ein Gewerbepark hat, hängt von vielen Faktoren ab. Nehmen wir noch einmal den bereits erwähnten Trafford Park Estate aus Manchester, der 1896 begonnen wurde. Ende letzten Jahrhunderts dominierte die industrielle Fertigung; für den Transport der Güter war man auf Schiene und Wasserwege angewiesen, die Beschäftigten kamen zu Fuß oder mit der Eisenbahn. Daher lag ein „industrial estate" am Schiffskanal, hatte Eisenbahnanschluß und befand sich darüber hinaus in direkter Nachbarschaft zu Wohnsiedlungen. Heutzutage dagegen kommen oft ganz andere Faktoren zum Tragen, z. B. hat die Mobilität durch Pkw und Lkw andere Bedingungen geschaffen, der Dienstleistungssektor hat eine größere Bedeutung bekommen und vieles mehr.

Die ersten Gewerbeparks begannen mit der Bereitstellung von industriellem Gelände. Im Laufe der Jahre zeigte sich, daß jede Nutzergruppe ganz spezielle Anforderungen an ihre gewerblichen Immobilien stellt. Die Entwickler von Gewerbeparks gingen auf diese Anforderungen ein, so daß sich nach Nutzungen spezialisierte Parks ergaben. Ein Lager- und Speditionspark z. B. braucht breite Straßen und große Lieferhöfe und hat ganz andere Anforderungen an den Standort als etwa ein Forschungspark in der Nähe einer Universität. Eine ähnliche Diversifizierung gibt es auch für die Art der Gebäude, die Qualität der Architektur und viele andere Merkmale eines Gewerbeparks, da es immer das Ziel ist, den Nutzern optimale Verhältnisse für ihre geschäftlichen Angelegenheiten zu bieten. Daraus folgt auch, daß Betriebe ausgeschlossen werden, auf die der Park nicht zugeschnitten ist, die stören oder selbst gestört werden würden.

Wenn hier eine Typisierung nach verschiedenen Nutzungen vorgenommen wird, so dient als Vorbild die Situation in den Vereinigten Staaten, wo nach dem Zweiten Weltkrieg eine breite Entwicklung von Industrie- und Gewerbegebieten unter privater Initiative einsetzte. Ende der neunziger

Was ist ein Gewerbepark?

Jahre gibt es in den Vereinigten Staaten mehrere tausend Gewerbeparks in vielen verschiedenen Typen und für verschiedene Kategorien von Nutzern (vgl. Tab. 2.1).

Art der Nutzung	Flächenanteil in %
Leichtindustrie	30,5
Büros/Verwaltungen	20,1
Speditionen/Lagerhäuser	17,9
Büros/Lagerhäuser	13,1
Schwerindustrie	7,5
Forschung und Entwicklung/Gründerparks	5,4
andere Nutzungen	5,5

Tab. 2.1: Aufgliederung der Nutzung in Gewerbeparks in den USA nach Grundstücksflächen (1986)
Quelle: ULI – The Urban Land Institute, Business and Industrial Park Development Handbook, a.a.O., S. 3

Gewerbeparks lassen sich unterteilen in:

- gemischt genutzte Gewerbeparks,
- Industrieparks,
- Gewerbeparks für Leichtindustrie,
- Büroparks,
- Multi-use-Developments,
- spezialisierte Gewerbeparks:
    – Lager- und Speditionsparks (Logistikzentren),
    – Gründerparks,
    – Forschungs- und Entwicklungsparks,
    – Güterverteilzentren,
    – andere hochspezialisierte Parks.

2.2.1 Gemischt genutzte Gewerbeparks

Die Charakteristika eines gemischt genutzten Gewerbeparks ergeben sich zum einen aus den oben aufgeführten allgemeinen Merkmalen eines jeden Gewerbeparks und zum anderen aus dem Konzept der gemischten Nutzung (vgl. Kap. 4).

Die Nutzer, für die ein solcher Gewerbepark errichtet wird, kommen aus fast allen Bereichen der gewerblichen Wirtschaft. Zu dieser Zielgruppe gehören Handwerk, leichte Produktion, die gesamte Palette der Dienstleister, Servicebetriebe, technischer Großhandel, Versicherungen, Anwälte, Steuerberater und andere Freiberufliche, Groß- und Einzelhandel mit Spezialsortimenten, große Verwaltungen als Büronutzer, aber auch Konferenz- und Schulungszentren, Hotels, Gastronomie und viele andere Nutzer. Ausgeschlossen sind industrielle Fertigung, insbesondere Schwerindustrie, Lagerung und Spedition, Rohstoffgewinnung und -verwertung, Recycling und, falls es nicht von vornherein eingeplant ist, auch der Handel. Allgemein gesprochen sollen jene Betriebe ausgeschlossen bleiben, die selbst stören oder gestört werden könnten.

Wenn in diesem Buch von Gewerbepark gesprochen wird, so steht dahinter (sofern nichts anderes gesagt wird) die Vorstellung dieses allgemeinen Typus des gemischt genutzten Gewerbeparks.

Nutzung und Lage eines gemischt genutzten Gewerbeparks bedingen sich gegenseitig. Die Lage des Gewerbeparks innerhalb des Marktgebietes beeinflußt die Art der Nutzung: Je näher der Gewerbepark am Stadt- oder Agglomerationszentrum liegt, desto mehr wird sich der Akzent in Richtung Dienstleister, hochwertige Büronutzer und Spezialhandel verschieben.

Der Standort ist verkehrlich gut erschlossen. Der Anschluß an das Straßennetz und an die öffentlichen Verkehrsmittel erweist sich bei gemischt genutzten Gewerbeparks als eine wichtige Voraussetzung für den Erfolg (für Kriterien zur Wahl des Standorts vgl. Kap. 6 und 7). Infrastruktur, Straßen und Parkplätze (vgl. Kap. 15) sind so ausgelegt, daß sie dem Ziel gerecht werden, einen Ort zu schaffen, an dem der einzelne Nutzer die Bedingungen vorfindet, die er für seine Arbeit braucht.

Gemischt genutzte Gewerbeparks mit einem hohen Anteil an Einzelhandel sind speziell auf diese Art der Nutzung hin ausgelegt. Einzelhandel löst viel Verkehr aus und braucht ein großes Angebot an Parkplätzen, so daß Straßen und Parkplätze und die übrige Infrastruktur daran ausgerichtet sind, indem z. B. der Bereich für den Handel getrennt wird vom übrigen Gewerbepark und das Verkehrsaufkommen so gelenkt wird, daß es den übrigen Gewerbepark nicht stört.

Auch das bauliche Konzept und Art und Gestaltung der Gebäude folgen den Anforderungen, die sich durch die Nutzung ergeben (vgl. Kap. 16). Ein Charakteristikum eines gemischt genutzten Gewerbeparks sind multifunktionale Gebäude, die für eine Vielzahl verschiedener gewerblicher Nutzer

Was ist ein Gewerbepark?

geeignet sind und flexibel an die Anforderungen der einzelnen Nutzer angepaßt werden können: Es sind sowohl Ausstellungsflächen als auch Handwerksflächen, es sind Büros für große Verwaltungen und Räume für kleine Dienstleister im Angebot. Je hochwertiger die Nutzung ist, desto hochwertiger ist auch die Architektur, die Gestaltung der Außenflächen und der ganzen Anlage.

Der Gewerbepark hat eine Nutzungsordnung, die, ausgehend von Konzept und Gestaltung, festlegt, was die Zielgruppe ist und welche Nutzungen erwünscht oder unerwünscht sind, z. B. ob überhaupt Handel aufgenommen wird oder nicht.

Nutzungen, die die Umgebung oder andere Betriebe im Gewerbepark durch Emissionen stören würden (weil sie z. B. Lärm, Rauch, Vibrationen erzeugen), sind ebenso ausgeschlossen wie solche Nutzer, die selbst durch den Betrieb des übrigen Gewerbeparks gestört werden würden (durch Immissionen). Eine Nutzungsordnung ist von besonderer Wichtigkeit, weil bei der Vielzahl der Nutzer sicherzustellen ist, daß sie sich gegenseitig nicht behindern oder beeinträchtigen. Sie ist auch wichtig, um die Standortqualität zu erhalten und gegebenenfalls zu verbessern.

Das Management eines Gewerbeparks setzt Konzept und Nutzungsordnung um, um den Gewerbepark in seiner Standortqualität zu erhalten und zu verbessern. Das Management nimmt auch alle Aufgaben wahr, die mit der Verwaltung des ganzen Parks zusammenhängen, und sorgt durch die Pflege der Anlage und Reparaturen dafür, daß der Standort immer ein gutes Erscheinungsbild abgibt.

2.2.2 Industrieparks

Die Zielgruppe, für die ein Industriepark errichtet wird, sind das produzierende Gewerbe und die Schwerindustrie. Die Industrie hat durch ihre Produktionsvorgänge spezielle Anforderungen an Lage und Grundstück: preiswerte Grundstücksfläche wegen dem großen Landbedarf für industrielle Anlagen, ebenes Gelände mit tragfähigem Boden, damit große Gebäude errichtet werden können. Die Lage ist dadurch gekennzeichnet, daß sie fern von Gegenden ist, die durch Industriebetriebe gestört oder beeinträchtigt werden würden oder daß Störungen abgeschirmt werden können, so daß Fertigungen, die 24 Stunden laufen, die Emissionen und Verkehr erzeugen, möglich sind. Andernfalls, wenn ein Industriepark an einem ungeeigneten Standort entsteht (weil vielleicht ein Stadt- oder Gemeinderat einen Gewerbepark möchte und diesen planungsrechtlich durchsetzt), besteht die Gefahr, daß gestörte Anlieger gerichtlich dagegen vorgehen, was zu Auflagen führen kann, die die Produktion erschweren oder verteuern.

Ein Industriepark braucht eine angemessene Verkehrslage: Anbindung an das überregionale Fernstraßennetz und an die Eisenbahn, Zufahrtsstraßen, die nach Kapazität, Traglast, Breite und Höhe den Schwerverkehr aufnehmen können, der durch ein Industriegelände ausgelöst wird. Die Erschließung mit Straßen, Versorgungseinrichtungen usw. ist auf die hohen Anforderungen eines Industriegebiets ausgelegt.

Zur Standortqualität gehört weiterhin, daß die Zukunft des Standorts abgesichert ist, etwa dadurch, daß durch Absprachen und Vereinbarungen mit der Gemeinde und der Ortsplanung sichergestellt ist, daß im Umfeld keine Bebauungen zugelassen werden, auf welche der Industriepark störend wirken würde, was dann neue Auflagen und Einschränkungen für den Industriepark zur Folge hätte (z. B. neue Wohngebiete in unmittelbarer Umgebung, die durch Lärm und andere Emissionen gestört würden; Gewerbegebiete oder andere Nutzungen, durch die auf den Zu- und Abfahrten zum Industriegebiet Kapazitätsprobleme und Staus entstehen; stark frequentierter Handel, der hohen Parkplatzbedarf auslöst etc.).

In einem Industriepark werden meist industriell zu nutzende Parzellen gebildet und erschlossen, auf denen die einzelnen Industriebetriebe ihre eigenen Anlagen errichten.

Diese müssen sich dabei an die vom Entwickler vorgegebenen Normen und Standards halten, die in einer Nutzungsordnung niedergelegt werden. Diese Nutzungsordnung und die darin enthaltenen Regelungen werden in der Regel schuldrechtlich im Verkaufsvertrag über das Grundstück vereinbart und dinglich abgesichert. In der Nutzungsordnung werden insbesondere Nutzungen ausgeschlossen, die störend wirken oder die ihrerseits gestört werden. Das Management des Industrieparks sorgt für die Einhaltung und Überwachung dieser Vorgaben und nimmt darüber hinaus noch weitere Aufgaben wahr, die im Interesse aller Nutzer des Industrieparks liegen.

2.2.3 Gewerbeparks für Leichtindustrie

Gewerbeparks für Leichtindustrie sind vom Konzept her im wesentlichen identisch mit Industrieparks, die Nutzung ist jedoch begrenzt auf nicht emittierende, saubere Industrie. Die Standortfrage ist leichter zu lösen, da diese Art von Parks stadtnäher und wohngebietsnäher sein können; es wird aber in gleicher Weise dafür gesorgt, daß die von dem Industriegebiet ausgehenden unvermeidlichen Emissionen nicht auf eine Umgebung treffen, die dadurch beeinträchtigt würde. In Gewerbeparks für leichte Industrie gibt es multifunktionale Gebäude, in denen mehrere kleinere Unternehmen ihre Produktion aufnehmen können. Die Mehrzahl der Unternehmen erstellt ihre Produktionsanlagen selbst.

Auch hier wird in gemeinsamen Vereinbarungen definiert, welche Art der Nutzung erwünscht und welche ausgeschlossen ist. Ausgeschlossen sind wiederum Unternehmen, die langfristig die Entwicklung des Gewerbeparks stören, die andere gewerbliche Nutzer stören würden oder durch den Betrieb anderer Nutzer selbst beeinträchtigt werden würden. Dazu gehören auch größere Einzelhandelsflächen, da die Infrastruktur des Geländes nicht geeignet ist, den daraus resultierenden Verkehr und Parkplatzbedarf aufzunehmen.[2]

2.2.4 Büroparks

Büroparks sind als eine Spezialisierung der gemischt genutzten Gewerbeparks für die Nutzer von großen Büros entstanden. Büroparks zeichnen sich durch eine günstige Lage innerhalb des Marktgebietes und durch gute Anbindungen an die überörtlichen Straßen und die Flugplätze aus. Sie stellen besondere Anforderungen an den Standort, denn sie brauchen eine Lage mit großer Annoncenwirkung und großem Prestige.

Die Zielgruppe sind alle Arten von Büronutzern, z. B. die Hauptverwaltungen großer Unternehmen oder Zweitverwaltungen von in der City angesiedelten Unternehmen, die an die Peripherie ausweichen. Ein Büropark steht in Konkurrenz zu Bürolagen in der City und hat den Vorteil der niedrigeren Miete, des schnellen Zugangs zu den Verkehrswegen und Verkehrsmitteln sowie des ausreichenden Parkraums (vgl. Tab. 2.2).

Ein guter Büropark ist gekennzeichnet durch gute Architektur, gute Landschaftsgestaltung und funktionelle Bauten. Er hat eine ganze Anzahl von Gebäuden, die so konstruiert und optimiert sind, daß sie ideale Bedingungen für die Nutzer bieten. Diese Bürohäuser beherbergen zumeist viele Einzelfirmen; nicht selten übernehmen große Verwaltungen auch ganze Gebäude. Der Parkcharakter wird unterstrichen durch großzügige, offene, landschaftlich gestaltete Flächen.

---

[2] Ein negatives Beispiel hierzu ist der Euro-Industriepark in München.

	1992	1993	1994	1995	1996*
Berlin	31 %	31 %	43 %	37 %	40 %
Düsseldorf	40 %	42 %	46 %	51 %	60 %
Erfurt	56 %	56 %	75 %	78 %	76 %
Frankfurt/M.	25 %	29 %	38 %	38 %	42 %
Hamburg	49 %	48 %	44 %	47 %	46 %
München	33 %	40 %	51 %	48 %	44 %

* = Erstes Quartal

Tab. 2.2: Miete in Gewerbeparks in Relation zur Miete in der Innenstadt in %
Quelle: Viehbacher, Alfons: Ein Vergleich deutscher Gewerbeparks mit englischen Business Parks, a.a.O., S. 111.

Über die Bereitstellung von Büroflächen hinaus sieht das Gesamtkonzept Dienstleistungen für die dort arbeitenden Menschen und für die Unternehmen vor: Nahversorgung mit Lebensmitteln, Gastronomie, Banken, Friseure, Ärzte, eventuell Sportanlagen, Konferenzräume, Tagungszentren, Restaurants, Steuerberater, Anwälte, Computerdienste etc.

Auch ein Büropark braucht eine Nutzungsordnung, die sowohl den Mieter als auch den Vermieter schützt, damit langfristig die Standortqualität und die Qualität der Investition erhalten und gesteigert werden können. Dem Management obliegt es, die Standards zu halten und über die Zeit hin zu verbessern.

2.2.5 Multi-use-Developments

Multi-use-Developments sind eine Sonderform der Gewerbegebietsentwicklung in den USA in einer Größenordnung, die annähernd Stadtteilcharakter hat. Sie umfassen viele hundert Hektar und integrieren in ihre Planung sowohl Industrie- als auch Gewerbegebiete, Einzelhandelsbereiche mit Einkaufszentren, Wohngebiete und Erholungs- und Sportanlagen, Hotels und vieles andere.[3] Multi-use-Developments sind bei uns in Deutschland aufgrund der in diesem Ausmaß nicht zur Verfügung stehenden Flächen nur begrenzt möglich. Die Entwicklung so großer Projekte geschieht in enger Zusammenarbeit mit der Gemeinde, da der Developer neben seiner eigenen Entwicklung auch deren Einwirkung und Auswirkung auf das ganze Gemeinwesen im Auge haben muß. Mit der Gemeinde ist abzustimmen,

---

[3] Ein Beispiel aus den USA ist das Forrestal Center, New Jersey, ein Projekt der Yale-Universität.

Was ist ein Gewerbepark?

wie die öffentlichen Aufgaben für eine so große Entwicklung gelöst werden können, angefangen von der Krankenhausversorgung, Feuerwehr, Polizei bis hin zum Schulwesen, und welche Kosten und Ausgaben der Entwickler eines so großen Projektes zu übernehmen hat.

2.2.6 Spezialisierte Gewerbeparks

Lager- und Speditionsparks (Logistikzentren)

Lager- und Speditionsparks haben ähnliche Merkmale wie andere Gewerbeparks, sie haben jedoch besondere Anforderungen an die Lage: Erst preiswerte große Grundstücksflächen ermöglichen diese Art der Nutzung, außerdem ist die Verkehrslage mit Anschluß an überörtliche Straßen, die Eisenbahn, eventuell Hafen und Flugplatz von großer Bedeutung. Die eigene Infrastruktur muß den Anforderungen genügen; breite tragfähige Straßen, großzügige Lieferhöfe, dem Zweck entsprechende Bauten für Lagerung und Umschlag, Parkplätze für Lkws. Die notwendigen Dienstleister und ergänzenden Betriebe sind Tankstellen, Lkw-Service, Waschanlagen, Speditionsbüros etc.

Gründerparks

Gründerparks haben die Aufgabe, die Gründung selbständiger Existenzen zu erleichtern und jungen Unternehmern Hilfestellung zu geben, bis sie wirtschaftlich auf eigenen Füßen stehen. Dann sollen sie den Park verlassen. Gründerparks können meist nicht auf wirtschaftlicher Basis betrieben werden, sie brauchen Sponsoren oder müssen von der öffentlichen Hand subventioniert werden.[4] Sie dienen auch als Instrument der Wirtschaftsförderung. In den USA und auch in Deutschland gibt es inzwischen eine große Anzahl dieser Einrichtungen. Sie sind oft in wiederverwendeten alten Gebäuden und Anlagen untergebracht.

Charakteristisch für die Gründereinrichtungen sind:

- Mieten unter Marktniveau,
- flexible Mietvertragsdauer,

---

[4] Die meisten Gründerparks sind im Zusammenhang mit Universitäten oder öffentlichen Körperschaften errichtet, obwohl es auch private Anlagen mit Gewinnerzielungsabsichten gibt. Informationen über die Nutzer, das Management, die Finanzierung für die USA geben die Publikationen der National Business Incubation Association (NBIA); vgl. Urban Land, Bd. 54, Jan. 1995, S. 48.

- flexible Flächenüberlassung,
- wirtschaftliche Beratung zu niedrigen Kosten oder kostenfrei,
- Gemeinschaftsdienste für Telefon, Fotokopien und Sekretariatsdienste.

Forschungs- und Entwicklungsparks

Scienceparks, Technologieparks oder Forschungs- und Entwicklungsparks sind ebenfalls vieldiskutierte Entwicklungen, die aber kaum auf wirtschaftlicher Basis abgewickelt werden können. Sie haben zum Ziel:

- die Förderung neuer Techniken,
- die Förderung der Umsetzung wissenschaftlicher Erkenntnisse in praktische Produkte.

Einer der größten Forschungs- und Entwicklungsparks ist in Chicago von den Universitäten errichtet worden.[5] Er wird öffentlich subventioniert. Das erste Gebäude wurde 1987 eröffnet, und das gesamte Projekt dürfte noch lange nicht fertiggestellt sein.

Auch für Forschungs- und Entwicklungsparks oder Scienceparks ist die Anwendung aller für Gewerbeparks entwickelten Grundsätze für einen Erfolg sehr wichtig, insbesondere das langfristige Management, das sachkundig die für einen solchen Park besonders wichtige Nutzungsordnung umsetzt.

Bei der Subventionierung dieser Art Anlagen wird entweder die Investition als solche gefördert, womit sich die Kosten für die Nutzer auf die Betriebskosten reduzieren, oder aber Zuschüsse werden nicht nur für die Investition, sondern auch für den laufenden Betrieb und das Management gewährt. Entscheidend für den Erfolg solcher Investitionen wird es sein, daß betriebswirtschaftlich geschulte Fachkräfte zur Verfügung stehen, die bei der Gründung und Errichtung von Unternehmen und auch in Fragen der Organisation, der kaufmännischen Betriebsführung und der Finanzierung beraten, die Kenntnisse über Kosten und Kalkulation in die Neugründungen einbringen und auch bei laufendem Betrieb und bei der Vermarktung

---

[5] Die Daten des Chicago Technology Park sind nach Urban Land, August 1987, Bd. 46, S. 26 – 27: Grundstück: 56 acres (ca. 22 ha), Geschoßfläche: 140.000 m^2, davon für Forschung 5.600 m^2, für High-Tech 5.000 m^2, für diverse Nutzer ca. 7.000 m^2 ; 38 Labors. Nutzer: technikorientierte Firmen, Gesamtkosten: 200 Mio. $, Beschäftigte: Endstand ca. 4.000 Entwickler: Chicago Technology Park Corporation und Office of Technology Development.

helfen, kurz, die den kaufmännischen Bereich der technisch orientierten Gründer abdecken. Sobald sich ein Unternehmen im Markt etabliert hat, verläßt es den Park, um neuen Projekten Platz zu machen.

Güterverteilzentren

Die Entwicklung von Güterverteilzentren als Standort für Speditionen, in Verbindung mit Eisenbahn und Wasserstraßen, wäre eine ideale Aufgabe für die Entwickler von Gewerbeparks. In der Bundesrepublik Deutschland sind meist die Kommunen und die öffentliche Hand involviert, die einem Developer bisher kaum freie Hand lassen, so daß die Grundsätze und Konzeptideen eines Gewerbeparks nur selten von vornherein mit geplant und umgesetzt werden und ein langfristiges Management, das den Erfolg verstärken würde, selten möglich erscheint.

Andere hochspezialisierte Parks

Diese Parks richten sich an ein enges Segment von Nutzern. Das Nutzungskonzept geht dabei auf die ganz speziellen Anforderungen einer Branche ein. Beispiele für solche Spezialparks sind High-Tech-Parks (beispielsweise für ausschließlich computerbezogene Nutzer), Medien-Parks (wie es in Köln einen gibt) oder Modezentren als Großhandelszentren.

Die Agglomeration an einem Standort bringt den Nutzern Fühlungsvorteile und Synergieeffekte. Der Standort muß sehr genau den für den jeweiligen Industriezweig spezifischen Anforderungen gerecht werden. Hochspezialisierte Parks brauchen einen entsprechend großen Markt für die Nutzer des Gewerbeparks. Der Managementaufwand ist oft erheblich, da es nicht einfach ist, die vielen Spezialbetriebe oder Dienstleister zu finden und an einem Standort zu vereinen.

2.2.7 Differenzierung nach Nutzungen: Vorteile in der Praxis

Die üblichen, nicht geplanten Gewerbegebiete bieten einer breiten Palette unterschiedlicher Nutzer gewerbliche Flächen an. Das deutsche Planungsrecht kennt lediglich eine Dreiteilung in Industrie-, Gewerbe- und Mischgebiete und daneben noch Sondergebiete. Die Praxis der konzipierten Gewerbeparks, vor allem in den Vereinigten Staaten, zeigt hingegen eine wesentlich differenziertere Aufteilung in verschiedene Nutzungsarten, wie sie in den vorausgehenden Abschnitten dieses Kapitels bereits beschrieben wurde. Diese Spezialisierung auf ein Nutzersegment ist besonders bei mittleren und kleineren Gewerbeparks zu beobachten. Und selbst bei den großen amerikanischen Multi-use-Business-Parks werden räumlich abgegrenzte Sektoren des Planungsgebietes für die verschiedenen speziellen Nutzungen ausgewiesen.

Die verschiedenen gewerblichen Nutzer haben sehr unterschiedliche Anforderungen an ihre gewerblichen Immobilien und Grundstücke. Diesen Anforderungen kann man am besten gerecht werden, wenn man Betriebe mit gleichen und ähnlichen Anforderungen zu einer Nutzergruppe zusammenfaßt und den Gewerbepark auf deren besondere Bedürfnisse hin konzipiert. Dann kann auf diese Bedürfnisse speziell eingegangen werden: Ein Lager- und Speditionspark z. B. benötigt Hallen mit großen Rangierflächen, Rampen, Abstellflächen für Lkws, breite Straßen ohne enge Kurven, hohe Tragfähigkeit im Straßenunterbau, andererseits aber nur wenig Pkw-Stellplätze. Auch die Baukörper für einen Speditionspark sind auf diese Nutzung hin ausgelegt und sind andere, als sie für Produktion oder für Kleingewerbe, für Büros oder gar für Entwicklung und Forschung gebaut werden. Die Spezialisierung erlaubt es also, für bestimmte Nutzergruppen genau den Bedürfnissen dieser Nutzer entsprechende Gewerbeparks zu errichten. Daraus ergeben sich einige Vorteile.

Kostenreduzierung

Ein Gewerbepark, der allen Nachfragern aus dem gewerblichen Bereich gerecht werden will, würde sehr hohe Investitionen erfordern, um für alle denkbaren Nutzer Einrichtungen wie beispielsweise große Lieferhöfe, Straßen mit hoher Tragfähigkeit und ein ausreichendes Stellplatzangebot vorzuhalten (der Parkplatzbedarf differiert erheblich, je nachdem, ob Büros, Einzelhandel oder Lagerung und Spedition betrieben werden). Diese Investitionen wären nur für einen Teil der Nutzer des Gewerbeparks notwendig, was bedeutet, daß Straßen und Parkplätze entweder überdimensioniert und wenig genutzt oder unterdimensioniert und überlastet wären. Soll ein Gewerbepark errichtet werden, der allen Anforderungen gerecht wird, wird er (sofern er nicht die Dimensionen eines Multi-use-Parks erreicht) in den einzelnen Bereichen sehr großzügig ausgelegt werden müssen und somit Kosten verursachen, die wirtschaftlich nicht zu rechtfertigen sind. Das investierte Kapital wird nicht intensiv genutzt. Gewerbeparks, die auf bestimmte

Was ist ein Gewerbepark?

Nutzergruppen spezialisiert sind, können dagegen einerseits besser auf die Bedürfnisse ihrer Mieter eingehen und andererseits die Kosten insgesamt wesentlich reduzieren.

Standortqualität

Die Vermischung von verschiedenartigen gewerblichen Nutzungen kann dazu führen, daß die Standortqualität für manche Nutzer nicht hoch ist. Eine Kombination von Büronutzung, Lagerung, Produktion und Spedition beispielsweise wird zum einen dazu führen, daß für die einzelnen Nutzer hohe Kosten für Spezialinvestitionen anfallen, daß aber zum anderen ein hochwertiger Bürostandort in einer solchen Umgebung kaum zu schaffen ist. Die Konzentration gleichartiger Gewerbebetriebe hingegen kann zu einem besonders attraktiven Standort führen. Ein Beispiel hierfür sind Büroparks, bei denen durch eine gute architektonische Gestaltung der Gebäude, durch schöne Grünanlagen, durch Parkmöglichkeiten in Parkhäusern und durch die Vermeidung großer Beton- und Asphaltflächen eine hohe Qualität und Attraktivität des Standorts erreicht werden können.

Zur Steigerung der Attraktivität kann auch die Agglomeration gleicher Anbieter beitragen, die dann im Markt größere Bedeutung erlangen, wenn sie an einem Punkt konzentriert sind. Ein typisches Beispiel dafür aus dem Bereich des Einzelhandels sind Einkaufszentren; ein vergleichbarer Effekt kann im gewerblichen Bereich erreicht werden, wenn beispielsweise Anbieter für Gewerbe und Industrie und Großhandel an einem Ort konzentriert werden. Auch das Zusammenführen vieler einzelner Gewerbetreibender kann zu Synergieeffekten führen, die dem einzelnen zugute kommen. Auf diese Punkte wird später noch genauer eingegangen.

Die Spezialisierung eines Gewerbeparks auf eine bestimmte Art von gewerblichen Nutzern bringt Vorteile. Die Herstellung ist kostengünstig, da nur Investitionen in solche Einrichtungen getätigt werden, die für den jeweiligen Zweck nötig sind. Die Gleichartigkeit der Mieter läßt eine gemeinsame Werbung innerhalb des Marktes zu, die dem Standort zugute kommt. Das äußere Erscheinungsbild des Gewerbeparks kann in seiner Qualität, und damit in seiner Kostenintensität, auf die Nutzer abgestellt werden (ein Büropark beispielsweise wird eine aufwendigere Grüngestaltung und -pflege erfordern als ein Lager- und Speditionspark).

Zusammenfassend ist festzustellen, daß spezialisierte Gewerbeparks den Nutzern durch Agglomerationswirkungen Standortvorteile bringen. Der

Was ist ein Gewerbepark?

Bauherr ist dabei in der Lage, wesentlich besser auf die Bedürfnisse der Nutzer einzugehen. Insgesamt wird bei der Spezialisierung auf einen bestimmten Nutzertyp bei höchster Bedarfsdeckung für den Nutzer weniger zu investieren sein als bei einem Gewerbepark, der allen Nutzern gerecht werden will (vgl. Tab. 2.3).

	Zahlen zur Gesamtnutzfläche und -flächenverteilung in Deutschland						
			Gesamtnutzfläche und -flächenverteilung				
Nr.	Name	Zeitraum ca.	Büro in m²	GESAMT in m²	Büro in %	Service in %	Lager in %
	Berlin:						
1	Brandenburg Park	92/93		k.A.			
2	Büro- u. GP Hennigsdorf	93	29.200	40.000	73,0%	27,0%	
3	Business Park Wildau	92	47.000	155.000	30,3%	69,7%	
4	Demex Park	92	10.784	21.704	49,7%	37,9%	12,4%
5	EUROPARC Dreilinden	95	8.500	15.800	53,8%	22,8%	23,4%
6	Falkenberg Park	92	7.001	8.663	80,8%	15,4%	3,8%
7	GiP Berlin-Mahlsdorf	k.A.	42.300	80.210	52,7%	4,7%	42,6%
8	GiP Potsdam-Babelsberg	95	7.820	21.100	37,1%	11,3%	51,7%
9	Lilienthal-Park	92	10.850	20.550	52,8%	18,0%	29,2%
10	Preußenpark	91/92		k.A.			
	Gesamt:		163.455	363.027	45,0%	55,0%	
	Düsseldorf:						
1	Albert-Einstein-Str.	80-82	3.300	23.300	14,2%		85,8%
2	Am Gather Hof/W.Str.	80-85	5.000	26.000	19,2%		80,8%
3	Breitscheider Kreuz	k.A.	3.500	17.500	20,0%		80,0%
4	Erkrath Park	85	3.977	24.342	16,3%		83,7%
5	Feldheider Straße	80-82	3.000	19.200	15,6%		84,0%
6	Fichtenhain Park	93-94	25.100	39.400	63,7%	36,0%	
7	Forum Neuss I-III	85-93	19.900	40.500	49,1%	51,0%	
8	GP "Am Flughafen"	85-93	4.455	8.406	53,0%		47,0%
9	GP Airport	85	7.200	17.900	40,2%	60,0%	
10	GP Frechen-Ost	k.A.		k.A.			
11	GP Halskestraße	80-85	6.000	25.000	24,0%		76,0%
12	Hilden Park	90-94	9.500	22.900	41,5%	59,0%	
13	GP Hochdahl	84	4.400	20.236	21,7%		78,0%
14	GP Ratingen, Halskestr.	78-80	4.519	26.152	17,3%		83,0%
15	GP Ratinen, Kaiserw.-Str.	87-88	5.600	17.900	31,3%		69,0%
16	Hansa Park	82-88	30.000	60.000	50,0%	50,0%	
17	Harkort-/Halskestr.	k.A.	4.500	26.500	17,0%		83,0%
18	Heerdter Landstraße	85	8.000	12.500	64,0%	36,0%	
19	Hellerhof I	92	2.000	10.000	20,0%		80,0%
20	Hellerhof II (Mgmt. Parc)	92	5.900	11.400	51,8%	48,0%	
21	Kaiserswerther Str.	90-92	5.600	17.900	31,3%		69,0%
22	Mercator Park	94	2.800	13.200	21,2%		79,0%
23	Schiess-Straße	90-91	11.700	29.700	39,4%		61,0%
24	Schlüter-/Neumannstraße	80-85	5.000	40.000	12,5%		88,0%
25	Wahler Park	86-89	10.000	30.000	33,3%		67,0%
26	Wannheimer Straße	85-90	4.420	8.500	52,0%	48,0%	
27	Westtangente/Chr. Str.	80-85	6.300	25.300	24,9%		75,0%
	Gesamt:		201.671	613.736	32,9%		67,1%

Tab. 2.3: Aufgliederung der Nutzung in den wichtigsten Gewerbeparks in Deutschland

Was ist ein Gewerbepark?

			Zahlen zur Gesamtnutzfläche und -flächenverteilung in Deutschland				
			Gesamtnutzfläche und -flächenverteilung				
Nr.	Name	Zeitraum ca.	Büro in m²	GESAMT in m²	Büro in %	Service in %	Lager in %
	Frankfurt:						
1	Acorum	89	13.174	19.864	66,0%	22,0%	11,0%
2	Bischofsheim Park	92	10.073	19.226	52,0%		48,0%
3	CARAT	93-94	7.480	8.800	85,0%	15,0%	
4	Circom BP Mörfelden	94-95	9.000	12.000	75,0%	20,0%	5,0%
5	Dietzenbach-Park	89	7.200	16.000	45,0%	10,0%	45,0%
6	Dreieich-Park	89	3.420	9.000	38,0%	62,0%	
7	ERGON	93	2.375	9.500	25,0%	10,0%	65,0%
8	Eschbach-Park	88	3.276	6.300	52,0%	16,0%	32,0%
9	EUROPARC Dreilinden	91	5.170	11.000	47,0%	17,0%	36,0%
10	GIP, Liederbach	92	18.036	33.400	54,0%		46,0%
11	GP Dieburg	90	6.120	12.000	51,0%	8,0%	41,0%
12	GP Dietzenbach	88	10.240	32.000	32,0%	4,0%	64,0%
13	GP Groß-Gerau	81-83	1.100	6.800	16,0%		84,0%
14	GP Langen	85-86	2.450	7.000	35,0%	65,0%	
15	Hayn Parc	92	15.000	25.000	60,0%	26,0%	14,0%
16	Isenburg-Park	87	6.480	13.500	48,0%		52,0%
17	Langen-Park	90	6.480	12.000	54,0%	17,0%	29,0%
18	Leuschner Park	k.A.	7.930	13.000	61,0%	27,0%	12,0%
19	Limes Park	92	14.950	23.000	65,0%	35,0%	
20	Monza Park	91	16.560	36.000	46,0%	54,0%	
21	Mörfelden I	83	2.211	6.700	33,0%		67,0%
22	Mörfelden II	85	2.496	7.800	32,0%		68,0%
23	Mörfelden III	87	2.835	6.300	45,0%	5,0%	50,0%
24	Mörfelden IV	91	3.315	6.500	51,0%	7,0%	42,0%
25	Neurott-Park	94	6.882	9.300	74,0%	10,0%	16,0%
26	Pallaswiesenpark	90-91	12.191	16.700	73,0%	27,0%	
27	Raunheim-Park	88	4.550	17.500	26,0%		74,0%
28	Rheinpark I	k.A.	2.560	5.020	51,0%	27,0%	22,0%
29	Rheinpark II-IV	k.A.	13.208	18.570	71,0%	3,0%	26,0%
30	Rheinpark Wiesbaden	94	16.200	30.000	54,0%	20,0%	26,0%
31	Rödermark-Park	89	29.520	41.000	72,0%		28,0%
32	Steuben Park	88	4.050	9.000	45,0%		55,0%
33	Volta-Park	90	6.050	11.000	55,0%	29,0%	16,0%
34	Weiterstadt Park	87/88	1.507	6.054	25,0%		75,0%
	Gesamt:		**274.089**	**516.834**	**53,0%**	**47,0%**	

Tab. 2.3: (Fortsetzung)

Was ist ein Gewerbepark?

Zahlen zur Gesamtnutzfläche und -flächenverteilung in Deutschland

Nr.	Name	Zeitraum ca.	Büro in m²	GESAMT in m²	Büro in %	Service in %	Lager in %
	Sonstige:						
	Hamburg:						
1	Airport Center	93	24.500	34.200	72,0%	13,0%	16,0%
2	Billbrook Park	90	1.600	6.700	24,0%	0,0%	76,0%
3	BP Norderstedt	92	26.000	40.700	64,0%	18,0%	18,0%
4	GIP In de Tarpen	93	3.500	15.690	22,0%	0,0%	78,0%
5	Rellingen Park	91	2.800	7.100	39,0%	24,0%	37,0%
			58.400	**104.390**	**56,0%**		
	Köln:						
6	Butzweiler Hof	k.A.	11.000	27.000	41,0%		59,0%
7	Europarc Kerpen	k.A.	5.300	12.800	41,0%		59,0%
8	GiP Flughafen K-Porz	k.A.	12.900	31.300	41,0%		59,0%
			29.200	**71.100**	**41,0%**		
	Leipzig:						
9	Airport-GP Glesien	94	3.000	19.000	16,0%	0,0%	84,0%
10	Airterminal-Nord	94	10.300	27.100	38,0%	28,0%	34,0%
			13.300	**46.100**	**29,0%**		
	München:						
11	Gewerbepark Puchheim	92	8.580	26.000	33,0%		67,0%
12	GIP Heimstetten	89-92	23.092	50.200	46,0%		54,0%
			31.672	**76.200**	**42,0%**		
13	Süd-West-Park Nürnberg	90-98	71.000	144.000*	49,0%		
14	GP Regensburg	79-98	65.000	130.000	50,0%	30,0%	15,0%
	Gesamt: "Sonstige"		**268.572**	**571.790**	**47,0%**	**53,0%**	
	GESAMT: Deutschland		**907.787**	**2.065.387**	**44,0%**	**56,0%**	

Erläuterung: k.A. = keine Angaben
* = Stand 1997

Quelle: Alfons Viehbacher, Ein Vergleich deutscher Gewerbeparks mit englischen Business Parks, a. a. O., S. 103f., und eigene Ergänzungen für 13 Süd-West-Park Nürnberg.

Leider waren für Gewerbeparks in Deutschland keine differenzierten Aufschlüsselungen nach Nutzungen erhältlich.

Tab. 2.3: (Fortsetzung)
Quelle: Viehbacher, Alfons: Ein Vergleich deutscher Gewerbeparks mit englischen Business Parks, a.a.O., S. 103f., und eigene Ergänzungen für Süd-West-Park Nürnberg.
Leider waren für Gewerbeparks in Deutschland keine differenzierten Aufschlüsselungen nach Nutzungen erhältlich.

Was ist ein Gewerbepark?

2.3 An der Gewerbeparkentwicklung beteiligte Gruppen

Bei der Entwicklung eines Gewerbeparks kann man vier wesentliche Beteiligte feststellen:

- Das eine ist der Entwickler, der Unternehmer, der Developer, der den Gewerbepark errichtet,
- die anderen sind die Finanziers, die die Mittel bereitstellen,
- die dritte Gruppe sind die Nutzer, die im Gewerbepark arbeiten, und zwar sowohl die Unternehmen als auch deren Belegschaft,
- der vierte Beteiligte an einem Gewerbepark sind die Öffentlichkeit und die Kommune.

Ein guter Gewerbepark entsteht nur dann, wenn alle Beteiligten ihre Interessen in optimaler Weise berücksichtigt sehen.

2.3.1 Der Unternehmer

Der Unternehmer (Entwickler, Developer) entwickelt und vermarktet den Gewerbepark. Das Projekt wird im Team von sachkundigen Personen und Fachleuten realisiert. Ihre besonderen Aufgaben sind Marktanalyse, Grunderwerb, Verkehrskonzepte, Erschließung, architektonische Gestaltung, Landschaftsgestaltung, ökologische Belange, Baudurchführung und -abwicklung, Marketingkonzepte für den Verkauf der Grundstücke oder die Vermietung der Gebäudeflächen, Einrichtung eines dauerhaften Managements, ständige Zusammenarbeit mit der Kommune.

Der Unternehmer braucht ein starkes und kompetentes Team an eigenen Mitarbeitern. Besonders bei der Erarbeitung des Konzepts ist spezielles Know-how über Gewerbeparks, ihren Aufbau und ihre Funktionsweise im Haus des Entwicklers notwendig. Daneben arbeitet er aber auch mit Fachbüros zusammen, unterbreitet ihnen die Konzeptidee und setzt sie für die Herstellung des Gewerbeparks ein.

2.3.2 Die Investoren

In den meisten Fällen werden die Investoren mit Entwicklern zusammenarbeiten. Investoren in Gewerbeparks sind Fonds, Versicherungsgesellschaften, private Vermögensverwaltungen und Banken. Es wird Fälle geben, wo der Unternehmer gleichzeitig Investor ist. Die Finanzierung eines Gewerbeparks muß in jedem Fall vor Beginn der Arbeiten sichergestellt sein. Der Abruf der Mittel sollte weitgehend frei im Ermessen des Unternehmers liegen. Die Finanzierung darf das Konzept des Gewerbeparks nicht beeinträchtigen, sondern muß es im Gegenteil stärken. Ein konsequent durch ein gutes Management umgesetztes Konzept bedeutet für einen Gewerbepark die entscheidenden, guten Vermietungsraten, Werthaltigkeit und Wertzuwachs. Bei der eventuellen Veräußerung von Teilen des Gewerbeparks ist es wichtig, daß er als Verwaltungseinheit erhalten bleibt und die gemeinsame Vermietung durch Vereinbarungen gesichert ist, denn sie machen das Wesen eines Gewerbeparks aus. Der Gewerbepark darf nicht atomisiert werden und in unabhängige Einzelimmobilien zerfallen.

2.3.3 Die Nutzer

Die Nutzer des Gewerbeparks sind einerseits die gewerblichen Mieter oder Käufer und andererseits deren Belegschaft. Allen Gewerbeparktypen gemeinsam ist, daß große und kleine Unternehmen an einem Standort vereint werden. Das ganze Spektrum der Nutzer findet dort Bedingungen vor, unter denen sie ihre Gewerbe möglichst optimal ausüben können, sowohl funktional als auch operativ. Die Anforderungen der zukünftigen Nutzer zu kennen ist eine wichtige Aufgabe für den Entwickler. Die Architektur muß so gestaltet sein, daß sie den Ansprüchen und dem Image der Gewerbetreibenden entspricht.

Der andere wichtige Bereich sind die Beschäftigten, die sich in ihrer Umgebung wohlfühlen sollen. Der Arbeitsbereich ist Teil des Lebensbereiches des einzelnen und soll ein gutes Niveau an Lebensqualität sicherstellen. Dies beginnt mit der optimalen Erreichbarkeit des Arbeitsplatzes, sei es mit öffentlichen Verkehrsmitteln, zu Fuß, mit dem Fahrrad oder mit dem Auto, und setzt sich fort in der belegschaftsfreundlichen baulichen Gestaltung der Räume am Arbeitsplatz, dem positiven Einfluß der gestalteten Außenanlagen auf die Qualität des Firmenstandorts und der Möglichkeit, sich während der Pausen zu versorgen und kleine Besorgungen zu machen.

2.3.4 Die Öffentlichkeit und die öffentliche Hand

Eine Gemeinde oder eine Stadt wird durch ein Projekt von der Größe eines Gewerbeparks betroffen und beeinflußt. Der Standort eines Gewerbeparks nimmt darauf Rücksicht und ist so gewählt, daß er sich innerhalb des gemeindlichen Entwicklungsplanes bewegt und nicht städtebauliche Zielsetzungen stört. Wenn es zur Errichtung des Gewerbeparks notwendig werden sollte, werden diese Vorgaben einvernehmlich geändert.

Störungen sollen, wo immer möglich, vermieden oder reduziert werden, z.B. kann der zu- und abgehende Verkehr eines Gewerbeparks durchaus zur Belastung für bisher unbehelligte Anwohner werden. Schutzstreifen oder Schutzbauten schaffen hier Abhilfe. Der Gewerbeparkentwickler soll den Dialog suchen und aktiv mit Aufklärung und Information auf die Öffentlichkeit zugehen.

Die positiven Aspekte für ein Gemeinwesen, die aus einem Gewerbepark resultieren, sind vor allem ein zusätzliches und auch differenziertes Angebot an Arbeitsplätzen wie auch eine Diversifizierung in der gewerblichen Versorgung und den Dienstleistungen. Für die Kommune bedeutet ein Gewerbepark die Stärkung der grundsteuerlichen und gewerbesteuerlichen Basis; er betont die gewerblich-industrielle Bedeutung einer Gemeinde und führt die gewerblichen Grundstücksflächen einer schnellen und intensiven Nutzung zu. Gemeinde und Unternehmer sollten in einen Dialog eintreten, um die gegenseitigen Erwartungen abzuklären, um zu einer gedeihlichen, im Interesse der Sache notwendigen Zusammenarbeit zu kommen.

3

Gesamtwirtschaftliche Aspekte von Gewerbeparks

3. Gesamtwirtschaftliche Aspekte von Gewerbeparks

3.1 Wirkungen eines Gewerbeparks

Ein Gewerbepark hat durch sein Konzept und seine Größe Auswirkungen auf den Wirtschaftsraum. Er stellt nicht nur einem bereits vorhandenen Gewerbe ein neues Dach und neue Räume zur Verfügung, ein Gewerbepark bedeutet mehr: Er erhöht, wenn er gut gemacht ist, die Effizienz der dort angesiedelten Unternehmen, die durch rationellen Einsatz von Kapital und Senkung ihrer Kosten, durch mehr Flexibilität und Ausweitung ihrer geschäftlichen Möglichkeiten prosperieren. Der Gewerbepark als Ganzes wirkt auf den Wirtschaftsraum und die Volkswirtschaft durch effizienten Einsatz von Kapital und Land, er hat Auswirkungen z. B. auf den Gewerbeimmobilienmarkt, den Arbeitsmarkt und erweitert durch die Leistungen der Firmen im Gewerbepark das gewerbliche Angebot einer Region.

Ganz gleich, ob es sich um einen Gewerbepark für Industrie und Produktion, für allgemein Gewerbetreibende, Dienstleister, Handwerker, leichte Produktion, für Büros, Distribution und Lagerung oder High-Tech und Forschung handelt, sie alle haben gemeinsam, daß sie, wenn sie nach den anerkannten Konzepten für Gewerbeparks erstellt werden, Qualitäten und Charakteristiken entwickeln, die für den örtlichen Wirtschaftsraum bedeutsam sind.

Welches Gewicht ein Gewerbepark innerhalb eines bestimmten Wirtschaftsraumes erhält, hängt zum einen davon ab, wie groß der Gewerbepark im Verhältnis zum Wirtschaftsraum ist, und zum anderen auch davon, welche Art von Gewerbepark errichtet wird. Ein Sciencepark, der Spin-offs von Industrien und Universitäten aufnimmt, kann selbst dann, wenn seine Größe nur einige tausend Quadratmeter beträgt, von nachhaltiger Wirkung für einen Wirtschaftsraum sein, wohingegen andere, einige hunderttausend Quadratmeter große Gewerbeparks in einer Industrie- und Gewerberegion, wie beispielsweise dem Ruhrgebiet, zwar Wirkung zeigen, jedoch keinen bestimmenden Einfluß nehmen.

3.2 Einfluß auf den Markt für Gewerbeflächen

Gewerbeparks treten in Deutschland vor allem auf dem Markt für gewerbliche Mietflächen auf und üben auf diesen Markt einen Einfluß aus. Volkswirtschaftlich ist es wichtig, daß für Wirtschaftsgüter Märkte entstehen, weil nur auf funktionierenden Märkten die dort angebotenen Produkte zu Marktpreisen zur Verfügung stehen. Das gilt auch für das Produkt „gewerbliche Flächen". Ein konstantes Angebot an Flächen in Gewerbeimmobilien schafft zum Teil erst den Markt und ermöglicht Markttransparenz.

Mietflächen für Gewerbe erscheinen oft mehr oder weniger zufällig im Markt, sei es, weil sich ein Nachfrager und ein bauwilliger Investor gefunden haben oder weil alte Gewerbeflächen neu vermietet werden. Spekulativ, also ohne vorherige Vermietung, werden gewerbliche Gebäude eher selten gebaut und auf den Markt gebracht. Ein Gewerbepark dagegen mit seiner schrittweisen Herstellung über mehrere Jahre bringt laufend ein Angebot an Flächen auf den Markt. Dieses Angebot an gewerblichen Mietflächen entsteht während der Errichtungsphase, bleibt aber auch nach Abschluß der Bautätigkeit während der Bestandsphase auf dem Markt, weil durch auslaufende Verträge und Wechsel der Nutzer immer wieder Flächen frei werden, die dem Nachfrager zur Verfügung stehen. Ein Gewerbepark bedeutet ein ständiges Angebot an gewerblichen Flächen bester Qualität.

Wenn es bisher keinen Gewerbepark in einem Marktgebiet gab, trägt er sogar zur Schaffung neuer Märkte bei. Das Angebot, mehr oder weniger zu allen Zeiten passende Gewerbeflächen zu erhalten, macht es der gewerblichen Wirtschaft erst möglich, bei Bedarf Nachfrage zu zeigen. Dies trifft insbesondere für kleinere Marktgebiete zu. Gibt es kein konstantes breites Angebot von gewerblichen Flächen, ist es für Nachfrager schwer, den Markt zu überschauen.

Wenn ein Gewerbebetrieb seine Geschäftsräume selbst als Immobilien für die Eigennutzung erstellt, so unterliegen deren Kalkulation und daraus die Kosten für die Miete nicht der Kontrolle des Marktes. Flächen, die in Gewerbeparks angeboten werden, haben dagegen Marktpreise und unterliegen der Konkurrenz, also wird bei der Herstellung kostenbewußt gehandelt.

Der Nachfrager nach gewerblichen Flächen hat die Möglichkeit, einen Preisvergleich am Markt durchzuführen. Das bedeutet Konkurrenz, und über die Konkurrenz bilden sich auf dem Markt für gewerbliche Flächen Marktpreise. Jeder Gewerbepark trägt sowohl vom Umfang des Angebotes als auch vom Preis und der Qualität her zur Markttransparenz bei.

3.3 Besondere Qualitäten des Konzepts Gewerbepark

3.3.1 Standort- und Agglomerationsvorteile

Ein gut konzipierter Gewerbepark bietet nicht nur Flächen, sondern Flächen mit Standortqualitäten und -vorteilen, die viele Unternehmen brauchen, damit sie sich überhaupt ansiedeln können. Es gibt viele Betriebe, die sich nicht an jedem beliebigen Standort niederlassen können, weil ihre eigene Größe nicht dazu ausreicht, die im Umfeld für sie notwendigen Bedingungen, z. B. Gleisanschlüsse, Lieferhöfe etc., zu schaffen.

Oft macht es die Zusammenfassung vieler gleichartiger Geschäfte und Gewerbebetriebe auch erst möglich, diese Betriebe anzusiedeln, weil sich nur in der Gesamtheit Standortfaktoren entwickeln, die der einzelne bei einer Ansiedlung nicht herstellen kann. So entstehen z. B. ein Distributionscenter, ein Gründungszentrum oder ein Sciencepark. Auch ein Büropark kann solche standortbildenden Qualitäten entwickeln. Ein Gewerbepark kann eine Ausweitung und Verbreiterung des Angebotes an gewerblichen Gütern und Dienstleistungen, eine Spezialisierung oder eine Diversifikation und dadurch den Erfolg für die sich dann im Gewerbepark niederlassenden Gewerbebetriebe bedeuten. Insoweit ist die Errichtung eines Gewerbeparks auch mittelstandsfreundlich, weil sie die Voraussetzung für das Überleben und Prosperieren von mittelständischen Betrieben schafft. Auch die Neugründung von Unternehmen an solchen Standorten bietet größere Überlebenschancen als an ungeplanten Standorten.

Zu den Agglomerationsvorteilen eines Gewerbeparks gehören auch die Synergieeffekte. Sie sind immer dann gegeben,

- wenn eine besondere Investition mehreren Unternehmen zum Vorteil gereicht,
- wenn Einrichtungen gemeinsam genutzt werden können oder
- wenn beispielsweise auch die Standortwerbung des einen dem anderen zugute kommt.

Ein gut geplanter Gewerbepark bietet viele solche Effekte. Volkswirtschaftlich sind Synergieeffekte effizienzerhöhend.

Ein Sprichwort sagt: „Wo Tauben sind, fliegen Tauben zu." Damit könnte man Fühlungsvorteile umschreiben, die sich für manche Unternehmen dann ergeben, wenn sie in größerer Zahl auftreten oder wenn ergänzende Betriebe vorhanden sind. Manche können überhaupt nur so an einem Standort existieren. Fühlungsvorteile sind besonders im Handel bekannt, kommen aber auch im gewerblichen Bereich oft vor. Als Gruppe besser existieren können beispielsweise Ärzte, Medienunternehmen, Computerfirmen und andere. Ein Gewerbepark bietet diesen Gruppen gute Voraussetzungen und kann sie gezielt an diesem Standort zusammenführen.

3.3.2 Finanzierungsvorteile

Die Herstellung gewerblicher Flächen ist, wenn sie für einzelne Unternehmen geschieht, nicht ohne Risiko. Der Kapitalmarkt reagiert auf dieses Risiko im allgemeinen in zweierlei Hinsicht: einerseits durch Begrenzung der Mittel und andererseits durch Verteuerung. Daneben gibt es aber zweifelsohne eine ganze Reihe sehr liquider und bonitätsmäßig sehr guter Unternehmen, denen eine Finanzierung für Immobilien zu günstigen Konditionen und in ausreichendem Maße zur Verfügung steht.

Oft ist jedoch eine eigene Immobilie speziell auf den eigenen Bedarf zugeschnitten und kann bei Zahlungsschwierigkeiten des Gewerbebetriebes nicht mehr oder nur beschränkt anderweitig genutzt werden. Das Risiko für Banken ist ungleich höher als bei Immobilien in Gewerbeparks, die durch ihre Multifunktionalität wieder einer gleichwertigen Nutzung zugeführt werden können.

Ein Gewerbepark mit seiner Vielzahl von Nutzern bedeutet für einen Finanzier eine breite Streuung der Risiken, insbesondere wenn ein Gewerbepark durch ein tüchtiges Management sicherstellt, daß frei werdende Flächen schnell wieder in den Markt gebracht und vermietet werden. In schwierigen, von Überangeboten gekennzeichneten Marktverhältnissen zeigen sich bei einem kompetenten Management die Standortvorteile gegenüber der Solitärimmobilie.

Die Größe und die Sicherheit, die ein Gewerbepark bietet, erschließen wesentlich breitere Finanzierungsmöglichkeiten und Finanzierungsquellen, als dies ein einzelnes Objekt im gewerblichen Bereich kann. Die Verbreiterung der Finanzierungsmöglichkeiten bedeutet auch billigeres Kapital und insoweit eine volkswirtschaftlich billigere Bereitstellung von gewerblichen Flächen.

Die Größe der Gewerbeparks und das professionelle Management machen derartige Projekte auch für Großanleger, für Immobilienfonds, für Versicherungen und Pensionsfonds interessant. Damit gelingt es, große Kapitalströme in den Bereich der gewerblichen Immobilien hineinzuleiten und insbesondere über Fondsfinanzierungen große Kapitalquellen mit preiswertem Kapital für den Gewerbebau zu erschließen. Für den Kapital- und Anlegermarkt bedeuten Gewerbeparks außerdem eine Bereicherung des Portfolios um sichere gewerbliche Investitionen.

3.4 Volkswirtschaftliche Effizienz des Gewerbeparkkonzepts

Ein gut geplanter Gewerbepark bedeutet volkswirtschaftliche Effizienzerhöhung. Die Entwicklung der Gewerbeparks läßt sich als Teil des arbeitsteiligen Wirtschaftsprozesses verstehen. Der Developer ist der Spezialist, der für seine Nutzer die Bereitstellung von Büro-, Produktions- und gewerblichen Räumen besonders effizient und kostengünstig erledigen kann. Die Effizienz der arbeitsteiligen Wirtschaft beruht auf der Herausbildung von speziellem Know-how. Die Anwendung dieses Know-hows führt in der Spezialisierung zu kostengünstigen, funktionstüchtigen und für die Wirtschaft interessanten Lösungen, oder es werden weniger Ressourcen bei gleicher Leistung eingesetzt.

3.4.1 Wirtschaftlicher Einsatz von Kapital und Boden

Alle Güter der Wirtschaft sind begrenzt; ihre Nutzung verursacht Kosten. Immobilien sind innerhalb unserer Wirtschaft besonders kapitalintensive Teile. Die effiziente Nutzung dieses Kapitals ist volkswirtschaftlich besonders wichtig. Dazu trägt das Modell Gewerbepark bei, wenn Anlagen, Gebäude, Straßen und Lieferhöfe so gebaut werden, daß sie von einer Vielzahl von Gewerbetreibenden genutzt werden können, wenn die Flexibilität der Gebäude den Mietern die Möglichkeit gibt, sich ändernden Bedürfnissen anzupassen, und wenn die Art der Gebäude es zuläßt, sie mit geringen Umbauten für neue Nutzer bereitzustellen. Auf diese Weise können gewerbliche Flächen wesentlich länger in der Nutzung gehalten werden als bei typisch individuellen Lösungen, die nach Auslaufen der individuellen Nutzung total abgeschrieben werden müssen, was volkswirtschaftlich Kapitalverzehr bedeutet.

Der wirtschaftlichere Kapitaleinsatz eines Gewerbeparks wird dann sichtbar, wenn man die individuelle Ansiedlung eines Gewerbebetriebes auf eigenem Grund und in eigenen Gebäuden mit der Ansiedlung als Mieter in einem Gewerbepark vergleicht. Bei der Eigenansiedlung wird ein vorausschauender Unternehmer ein Grundstück wählen, das so groß ist, daß auch das Wachstum der Zukunft aufgenommen werden kann. Bei der Errichtung eigener Gebäude wird oft über den heutigen Bedarf hinaus gebaut, weil Baumaßnahmen nicht laufend durchgeführt werden können. In der Startphase ist ein Übermaß an Land und an Gebäudeflächen vorhanden. Selten gelingt es, diese Flächen anderen Nutzern zur Verfügung zu stellen. Hier werden Kapital und Boden unproduktiv in Bereitschaft gehalten.

Bei einem gut geplanten Gewerbepark dagegen wird das Grundstück zügig nach einer Gesamtplanung bebaut, die eine möglichst effiziente Nutzung des Bodens vorsieht. Reserven an Grund oder an Gebäuden sind nicht nötig. Das nutzende Unternehmen kann seinem heutigen Bedarf entsprechend Flächen belegen und hat die Möglichkeit, in Zukunft auch Expansion zu betreiben, weil in einem Gewerbepark immer Flächen frei werden. Genauso ist es umgekehrt bei schrumpfenden Bedürfnissen möglich, Nachmieter zu finden, weil die Gesamtanlage so konzipiert ist, daß Flächenteilungen möglich sind. Das Unternehmen ist somit in der Lage, flexibel auf seine jeweiligen Flächenbedürfnisse zu reagieren.

Die Anmietung von Flächen in einem Gewerbepark bedeutet außerdem, daß das Unternehmen seine Kapitalien nicht in Grund und Boden investieren muß, sondern diese für den eigentlichen Betriebszweck zur Verfügung stehen und vermutlich diese dort auch höhere Renditen bringen als in Immobilien. Das Vorhandensein eines Angebotes an gewerblichen Flächen erleichtert z.B. Gründern den Beginn. Sie brauchen kein Kapital für die Errichtung eigener Anlagen und Gebäude, sondern können sich mit ihren in der Anfangsphase meist geringen Mitteln auf die eigentlich geplante gewerbliche Aktivität konzentrieren.

3.4.2 Ressourceneffizienz

In einem Gewerbepark werden die einmal eingesetzten Ressourcen effizient weitergenutzt. Hinter einem Gewerbepark stehen die Investoren, die interessiert sind, daß ihre Investition möglichst langfristig und rentabel besteht. Aus diesem Eigentümerinteresse heraus werden Gewerbeparks durch ein professionelles Management verwaltet und können dann ihrer Aufgabe lange gerecht werden. Das Management hat die Aufgabe, die Nutzung des Gewerbeparks sicherzustellen, d.h. frei werdende Flächen auf modernem Standard zu halten und so schnell und effizient wie möglich wieder in den Markt zu bringen und den Park so zu managen, daß die gewerblichen Nutzer ihre Geschäfte möglichst effizient abwickeln können und somit ihrerseits erfolgreich sind.

Wenn ein Gewerbepark durch gutes Management erfolgreich im Markt gehalten wird, bedeutet dies Werterhaltung, und zwar wirtschaftliche Werterhaltung und nicht nur Substanzerhaltung. Für die Investoren heißt das, daß ihr Kapital ertragreich und langfristig investiert ist. Volkswirtschaftlich gesehen bedeutet es, daß Kapitalinvestitionen der Wirtschaft lange und effizient zur Verfügung stehen.

3.5 Wirtschaftliche Auswirkungen auf die Region

3.5.1 Förderung von Betriebsansiedlungen

Wirtschaftsregionen und Gemeinden sind heute sehr aktiv und bestrebt, für die in ihrer Region wohnende Bevölkerung gute und hochbezahlte Arbeitsplätze zu schaffen. Es werden Gewerbegebiete ausgewiesen, um ansiedlungswilligen Unternehmen Flächen zur Verfügung zu stellen. Solche Gewerbegebiete sind allerdings ausgerichtet auf das selbstinvestierende Unternehmen, das seine gewerblichen Flächen selbst oder in Zusammenarbeit mit einem Einzelinvestor oder einer Leasinggesellschaft erstellt. Für all jene aber, die nicht in der Lage oder nicht bereit sind oder aus der Firmenpolitik heraus gar nicht wünschen, sich selbst Immobilien zu errichten, fehlen sehr oft die notwendigen Angebote. Ein Gewerbepark schließt diese Lücke und bedeutet für die regionale Gewerbe- und Industrieansiedlung in vielen Branchen und Bereichen eine zusätzliche Möglichkeit.

Auch international tätige Firmen kennen Gewerbeparks aus anderen Ländern und sind schneller bereit, sich dort niederzulassen, wo die benötigten Flächen sachkundig und effizient bereitgestellt und zu einem festen Preis angeboten werden. Die Niederlassung wird kalkulierbar und oft erst dadurch möglich. Nicht zu unterschätzen bei der Industrie- und Gewerbeansiedlung ist auch, daß national oder global operierende Unternehmen sehr oft, wenn ein Markt erschlossen werden soll, unter einem gewissen Zeitdruck stehen und Flächen benötigen, die besonders schnell zur Verfügung stehen. Durch die Vorarbeiten, z.B. die vorherige Abklärung aller baurechtlichen Fragen über ein Raumordnungs- bzw. Bebauungsplanverfahren oder die komplette Erschließung, ist der Gewerbepark in der Lage, schnell auf einen solchen Bedarf zu reagieren.

Manche Niederlassung würde nicht gegründet, wenn das Unternehmen seine Flächen selbst erstellen müßte, denn oft fehlen die Kenntnisse über den örtlichen Grundstücksmarkt, und die Beschaffung des Grundstücks und der Baugenehmigungen sowie die Durchführung der Baumaßnahmen wären zu zeitaufwendig. Die Ansiedlung solcher Interessenten gelingt nur, wenn gewerbliche Flächen z. B. in einem Gewerbepark zur Anmietung bereitstehen.

3.5.2 Städtebaulich wertvolles Gewerbegebiet

Ein gut geplanter Gewerbepark ist unter stadtplanerischen Gesichtspunkten positiv für eine Gemeinde zu werten. Gewerbeparks werden von einem Developer entwickelt, dessen Interesse es sein muß, eine architektonisch und grüngestalterisch optimale Anlage zu bauen. Er sieht darin einerseits ein profitables Element für den Wert der Immobilie und andererseits – und dies ist ganz wichtig – ein positives Argument bezüglich der Vermarktung. In einem durchgeplanten Gewerbepark kann man mehr städtebauliche Qualität schaffen, als dies in einem nicht überplanten Gewerbegebiet möglich ist.

Die Erschließung und Vorhaltung von Gewerbegebieten in einer Gemeinde sind sehr teuer. Ein Vorteil ist es daher, daß bei der Errichtung eines Gewerbeparks in relativ kurzer Zeit ein fertiges und abgeschlossenes Gewerbegebiet vorliegt, denn der Unternehmer will seine Planungen möglichst schnell umsetzen, um das eingesetzte Kapital für den Grund und die Baumaßnahmen möglichst schnell rentabel zu machen. Zwar zieht sich die Erstellungsphase je nach Größe des Parks über einen längeren Zeitraum hin, auch abhängig von der Größe des Wirtschaftsraumes, das Bestreben aber, das Projekt so schnell wie möglich zu verwirklichen, ist immer präsent.

Das können im Raum Düsseldorf oder im Ruhrgebiet zwei bis drei Jahre und in kleineren Städten über ein Jahrzehnt sein. Der Effekt ist trotzdem positiv, weil die Grundstücke systematisch und zügig einer Nutzung zugeführt werden und eine hohe Gewerbedichte erreicht wird. Durch die Haltung von Grundstücksreserven werden übliche Gewerbegebiete weniger dicht bebaut als Gewerbeparks. Ein Gewerbepark will von Anfang an eine vollständige Bebauung und wird eine Dichte wählen, die den örtlichen Verhältnissen und der Nutzung des Gewerbeparks angemessen ist. Gewerbeparks nutzen den knappen Raum an Gewerbegrund in einer Stadt schneller und effizienter und schaffen architektonisch und landschaftsgestalterisch gute Gewerbegebiete.

3.5.3 Stärkung der Steuerbasis der Gemeinden

Neben der Schaffung von Arbeitsplätzen ist ein Interesse der Kommunen, wenn sie die Gewerbeansiedlung fördern, Steuern aus den Betrieben zu vereinnahmen. Die Errichtung eines Gewerbeparks stärkt in jedem Fall die Steuerbasis einer Gemeinde.

Heute bedeutend ist vor allem die Gewerbesteuer, aber auch wenn sie (wie es zur Zeit diskutiert wird) abgeschafft werden sollte und die Gemeinden an anderen Steuern beteiligt werden, so werden es doch immer Gewerbebetriebe sein, die Umsätze und Gewinne erwirtschaften und Löhne und Gehälter bezahlen, die eine Besteuerungsbasis darstellen. Die Vielfalt der Betriebe in einem Gewerbepark stellt einerseits eine Verbreiterung der Steuerbasis, andererseits auch einen konjunkturellen Ausgleich dar, so daß kontinuierliche Steuereinnahmen zu erwarten sind.

3.6 Wirkungen auf den Arbeitsmarkt

3.6.1 Zusätzliche Arbeitsplätze

Die Errichtung eines Gewerbeparks bringt zusätzliche Arbeitsplätze. Sie entstehen – sowohl im regionalen Wirtschaftsraum als auch volkswirtschaftlich betrachtet –, weil sich im Gewerbepark einerseits Unternehmen ansiedeln, die bisher nicht in diesem Raum waren und die vielleicht aus dem Hinterland, vielleicht aber auch aus dem weiteren nationalen oder internationalen Bereich zuziehen. Soweit der Bedarf an Arbeitskräften lokal gedeckt wird, bedeutet dies für den Standort auf jeden Fall einen Gewinn an zusätzlichen Arbeitsplätzen.

Zum anderen sind es besonders die expansiven Unternehmen, wie die Beobachtung in den Gewerbeparks Regensburg und Nürnberg zeigt, die neue Standorte suchen und in einem gut geplanten Gewerbepark die Expansion auch tatsächlich betreiben, so daß sie nach kürzerer Zeit zusätzliche Arbeitskräfte einstellen. Nicht zu unterschätzen sind als dritter Faktor die Neugründungen, auch wenn sie zahlenmäßig nicht übermäßig stark vertreten sind.

3.6.2 Entstehung differenzierter und qualitativ hochwertiger Arbeitsplätze

Besonders hervorzuheben ist bei einem Gewerbepark, daß er praktisch über die ganze Palette der verschiedenen Berufe Angebote an Arbeitsplätzen bringt. Ein Vergleich zwischen einem Gewerbepark und einem Produktionsbetrieb mit jeweils der gleichen Anzahl von Beschäftigten mag dies verdeutlichen. In einem Großbetrieb werden eine große Anzahl von Hilfskräften, etliche Facharbeiter, einige Vorarbeiter, Meister und Abteilungsleiter und ein Fabrikchef beschäftigt.

Bei einem selbständigen Unternehmen mit eigener Verwaltung kommen dazu noch einige qualifizierte Arbeitsplätze; bei einem Tochterunternehmen, bei dem alle Funktionen andernorts zentralisiert sind, bleibt vor Ort nur ein Werksleiter. Die überwiegende Zahl der Beschäftigten ist wenig qualifiziert, denn in einem produzierenden Betrieb werden meist nur wenige hochwertige Arbeitsplätze angeboten. Ein solcher Betrieb wird, wenn es nicht die Konzernzentrale ist, auch keine Dienste wie Steuerberatung, Werbung oder juristische Beratung in Anspruch nehmen.

Ein Gewerbepark hat im Vergleich dazu mehrere hundert Unternehmen[1] mit Büroleitern oder Chefs mit Sekretärinnen, und die Breite der vertretenen gewerblichen Betriebe umfaßt nahezu alle möglichen Berufe und Sparten. Diese Unternehmen decken ihren Bedarf an Dienstleistungen und in anderen Bereichen (Bürobedarf, Werbung etc.) vor Ort und bringen so zusätzliche Arbeitsplätze in die Region, während Großunternehmen im Vergleich dazu diesen Bedarf zentral decken.

Ein Gewerbepark fügt einer Gemeinde eine Vielzahl von qualitativ hochwertigen Arbeitsplätzen aus vielen Berufen hinzu. Das gilt nicht nur im Sinne der oben dargelegten Qualitäten, sondern auch im Sinne optimaler Bedingungen am Arbeitsplatz wie z. B. leichte Erreichbarkeit, gute Arbeitsbedingungen, Licht, Luft und gute Umgebung, weil all diese Faktoren bei der Planung und Konzeptionierung eines Gewerbeparks berücksichtigt werden.

Es ist allgemein bekannt, daß das konjunkturelle Auf und Ab von manchen Betrieben problemlos gemeistert wird und sie selbst in der schlechtesten Konjunktur mit guten Gewinnen laufen. Ein Gewerbepark stellt im Vergleich zu einem monostrukturierten, großen Industriebetrieb insoweit

---

[1] Der Gewerbepark Regensburg hat bei Fertigstellung ca. 5.000 Beschäftigte in ca. 300 Firmen, der Süd-West-Park Nürnberg hat nach Fertigstellung ca. 6.000 Beschäftigte in ca. 320 Firmen.

ein Dämpfungselement gegenüber zu starken konjunkturellen Ausschlägen dar, als gut gehende und weniger gut laufende Betriebe einen Ausgleich leisten. Wenn ein Großbetrieb mit einigen tausend Beschäftigten in eine Konjunkturkrise kommt, sind die Auswirkungen durch Entlassungen ungleich stärker als bei einem Gewerbepark mit der gleichen Anzahl Beschäftigter in einer Vielzahl von Betrieben.

Die Konjunktur selbst kann verschiedene Branchen mehr oder weniger treffen, und auch der zeitliche Ablauf einer Konjunkturphase trifft einige Branchen früher als andere. Ein breiter Mix an Nutzern in einem Gewerbepark dämpft die Konjunkturausschläge. Das Risiko von Massenentlassungen in einem Gewerbepark ist geringer. Er stellt einen stabilen Faktor in einem Wirtschaftsraum dar.

Die Bedeutung eines Gewerbeparks ergibt sich aus seiner volkswirtschaftlich effizienten Nutzung der Ressourcen, aus den besonderen Vorteilen seines Konzepts, das den dort arbeitenden Betrieben durch gute Rahmenbedingungen zu Erfolg verhilft, und aus den Auswirkungen auf die Gewerbeansiedlung und den Arbeitsmarkt der Region.

4

Das Gewerbeparkkonzept

4. Das Gewerbeparkkonzept

4.1 Unternehmerische Zielsetzung

Einen Gewerbepark zu konzipieren und zu entwickeln ist eine große unternehmerische Aufgabe. Ziel eines Unternehmers ist es, erfolgreiche, d. h. rentable Immobilien zu schaffen. Welche anderen Motivationen noch bestehen, wie Macht, Ansehen oder Schaffung von Arbeitsplätzen, über die in der Öffentlichkeit gerne spekuliert wird, ist nicht entscheidend. Erfolgreich ist ein Gewerbepark dann, wenn in Übereinstimmung mit den Planungszielen einer Gemeinde und unter Berücksichtigung der Interessen der Öffentlichkeit eine hochwertige Immobilienentwicklung durchgeführt wird, wobei langfristig die geschaffenen Immobilien nachhaltig rentabel sein müssen, wenn der Gewerbepark Bestand haben soll. Der Wert der Immobilien soll nicht nur erhalten bleiben, sondern auch steigen.

Ein Gewerbepark wird getragen von seinen Nutzern. Erfolgreich kann er nur dann sein, wenn er ein Konzept hat, das ihn für die Nutzer zu einem optimalen Standort macht, in dem sie ihren Betrieb funktionell optimal unter günstigen Kosten und in einem für alle Beteiligten – Management, Belegschaft und Kunden – guten Umfeld führen können. Für jeden Entwickler eines Gewerbeparks wird daher immer wieder von neuem zu überlegen sein, mit welchen Maßnahmen und welchen Lösungen dieses Ziel am besten zu erreichen ist. Nicht die Umsetzung eines einmal definierten Katalogs an Maßnahmen ist die Garantie für einen guten Gewerbepark, die Herausforderung besteht vielmehr darin, während der ganzen Lebensdauer je nach den Umständen und den sich ändernden Voraussetzungen immer wieder Lösungen zu erarbeiten und umzusetzen, die den Erfolg bringen.

4.2 Inhalte des Konzepts

Um einen guten Gewerbepark zu entwickeln, gibt es eine Vielzahl von Überlegungen und Grundsätzen, die zu beachten sind.

Das Gewerbeparkkonzept

4.2.1 Standort Gewerbepark: „harte" Standortfaktoren

Der gute Standort ist von entscheidender Bedeutung. Er ist ein bestimmender Faktor für den Erfolg des Gewerbeparks. Eine gute, umfangreiche und sachkundige Standortanalyse liefert die Basis für die richtige Entscheidung. Dabei ist es wichtig sich klarzumachen, welche Qualitäten den richtigen Standort für einen Gewerbepark auszeichnen.

4.2.1.1 Gute Lage

Die Lage des Grundstücks muß je nach Art des Gewerbeparks und der Nutzer unterschiedlichen Anforderungen genügen. Ein Forschungspark wird möglichst nah an einer Universität oder Fachhochschule angesiedelt sein. Die Anbindung an das überregionale Straßennetz oder gar an die Eisenbahnen ist untergeordnet. Bei einem Gewerbepark für Spedition und Lagerei ist die Anbindung an Eisenbahnen und Autobahnen von großer Bedeutung. In einem solchen Fall ist zusätzlich die Beschaffenheit des Geländes, der Preis für die Grundstücke und anderes wichtig. Ein Büropark ist mit den öffentlichen Verkehrsmitteln gut erreichbar, gut an das Straßennetz angebunden und hat vor allem eine Lage mit Annoncenwirkung. Weitere Standortanforderungen und standortbestimmende Einflußgrößen für die verschiedenen Arten von Gewerbeparks werden in Kapitel 7 besprochen. Eines jedoch sollte an dieser Stelle hervorgehoben werden: Kompromisse sollten bei der Standortentscheidung nicht gemacht werden.

4.2.1.2 Richtige Größe

Die Größe des zur Verfügung stehenden Grundstücks und der Umfang der auf dem Grundstück möglichen Bauten sind weitere Kriterien bei der Standortentscheidung. Alle Vorteile eines Gewerbeparks können nur dann verwirklicht werden, wenn ein großes Projekt geschaffen wird. Zwei, drei Bürogebäude oder etliche Hallen sind noch kein Gewerbepark.

Entscheidend ist nicht die geschaffene vermietbare Fläche, sondern eine Größenordnung, die so viel an Erträgen abwirft, daß es wirtschaftlich vertretbar ist, dem Park langfristig ein eigenes Management zu geben, und zwar nicht nur eine Hausverwaltung, sondern ein Management, das die Vermietung und die Umsetzung von Innovationen, die Imagepflege und die Werbung übernehmen kann.

Ein großer Gewerbepark bietet die Möglichkeit, weitgehend unabhängig von der Umgebung eine eigene Standortqualität zu entwickeln. Ein großes Areal bietet den Planern die Möglichkeit, optimale Erschließungen durchzuführen, optimale Bauquartiere mit optimalen Grundrissen für Gebäude zu planen und optimale Funktionsabläufe zu gewährleisten. Die dabei mögliche kostengünstige Herstellung kommt sowohl der Rentabilität wie auch der Konkurrenzfähigkeit der gewerblichen Flächen auf dem Markte zugute.

4.2.1.3 Gute Verkehrsanbindung

Ein weiterer wichtiger Teil des Konzepts betrifft den Verkehr. Dazu gehören die gute Erreichbarkeit aus dem überörtlichen Straßennetz und die gute innere Erschließung, außerdem ausreichend Parkplätze für Besucher und Belegschaft und die Anbindung an die öffentlichen Verkehrsmittel.

4.2.1.4 Gute innere Erschließung

Die Qualität des Standorts eines Gewerbeparks wird auch geprägt durch die innere Erschließung und den Charakter, den der Gewerbepark als Ganzes erhält. Es ist eine städtebauliche Aufgabe, Straßen, Freiflächen, Gebäude und Grünanlagen so zu konzipieren, daß der Gewerbepark neben der sehr wichtigen Funktionalität auch architektonische Qualität und Umweltqualität bekommt (vgl. Kap. 12).

Straßen, Lieferhöfe und Parkplätze müssen so ausgelegt werden, daß Gewerbeparks nicht nur dem gegenwärtigen Bedarf gerecht werden, sondern auch ein zukünftiges Wachstum aufnehmen können; gleiches trifft für die Versorgung mit Strom, Wasser, Abwasser, Kommunikationseinrichtungen und Heizenergie zu. Der Nutzer eines Gewerbeparks muß die Sicherheit haben, daß er diese Versorgungsleistungen je nach Bedarf jederzeit in Anspruch nehmen kann (vgl. Kap. 15). Die Infrastruktur wird von Anfang an so großzügig ausgelegt, daß spätere Expansionen ohne Engpässe möglich sind.

Die Infrastruktur mit Versorgungseinrichtungen kommt dem Nutzer entgegen, weil Wasser, Strom, Abwasser etc. in ausreichendem Umfang vorhanden sind und keine zusätzlichen Aufwendungen mehr erfordern. Schon bei der Erstvermietung und auch bei der Weitervermietung werden dem Mieter Versorgungseinrichtungen und Telekommunikationsanschlüsse zur Verfügung gestellt. Gebäude werden z. B. bereits mit der Grundinstallation für Telefon- und Computerverbindungen ausgerüstet, so daß der Anschluß ohne Wartezeit und ohne großen Aufwand möglich ist.

4.2.1.5 Klärung aller rechtlichen Fragen

Der Nutzer eines Gewerbeparks soll seine Niederlassung im Gewerbepark ohne weitere Probleme nutzen können. Der Entwickler übernimmt es daher, durch einen Bebauungsplan den Standort und die Baurechte abzusichern, alle Nachbarschaftsfragen und Fragen des Naturschutzes zu klären und dann auch alle aus diesen Bereichen kommenden Auflagen umzusetzen (vgl. Kap. 8). Der Nutzer eines Gewerbeparks wird also nicht konfrontiert mit langwierigen Behördenverhandlungen, mit Klagen der Nachbarschaft oder mit Beeinträchtigungen, die aus der Nachbarschaft kommen, da diese Probleme im Vorfeld entweder durch die richtige Standortwahl oder durch entsprechende Abschirmungsmaßnahmen gelöst worden sind.

4.2.1.6 Funktionsgerechte Gebäude

Je nachdem, welche Art der Nutzung für einen Gewerbepark angestrebt wird, werden verschiedene Typen von Baukörpern entwickelt, die einigen übergeordneten Prinzipien, wie z.B. Multifunktionalität und Flexibilität, gehorchen müssen. Multifunktional sind Gebäude dann, wenn sie nicht nutzerspezifisch gebaut sind, sondern verschiedene Nutzungen zulassen. Flexibilität soll hier bedeuten, daß variable Flächenaufteilungen in einem Gebäude möglich sind und Ausbauten oder Umbauten bei Mieterwechsel mit wenig Aufwand möglich sind. Mehr zu diesem Thema findet sich in Kapitel 16.

Die Funktionalität der Gebäude läßt durch maßgeschneiderte Flächen eine optimale Anpassung an den Raumbedarf des Nutzers zu. Es sind viele individuelle Lösungen möglich, die zu einem späteren Zeitpunkt ohne viel Aufwand auch wieder geändert werden können. Der Kunde hat Standortsicherheit für sein Unternehmen, weil er einerseits durch immer wieder frei werdende Flächen im Gewerbepark expandieren kann und andererseits auch ohne großen finanziellen Aufwand Flächen abgeben kann. Er spart sich einen Umzug, der nicht nur kostspielig ist, sondern besonders für kundenorientierte Betriebe einen großen Aufwand bedeutet, weil die Kunden und Mitarbeiter auf den neuen Standort hin orientiert werden müssen. Standortsicherheit entsteht aber in erster Linie dadurch, daß der Nutzer sicher sein kann, daß der Gewerbepark durch gutes und sachkundiges Management langfristig Bestand hat.

4.2.2 Standortqualität: „weiche" Standortfaktoren

Ein konkurrenzfähiges Angebot im Markt ist erste Voraussetzung für den Erfolg eines Gewerbeparks. Die Mietpreise sind von ausschlaggebender Bedeutung; sie bestimmen aber nicht allein die Konkurrenzfähigkeit. Es kommen weitere Faktoren hinzu.

4.2.2.1 Dienstleister am Standort

Zum Konzept des Gewerbeparks gehören außer den von den Nutzern unmittelbar in Anspruch genommenen Gebäuden und Einrichtungen zusätzliche Leistungen und sogenannte „weiche Standortfaktoren". Der gewerbliche Nutzer findet im Gewerbepark Dienstleister wie Steuerbüros, Rechtsanwälte, Werbeagenturen, Übersetzungsbüros, Banken, Hotels, Tagungsräume und Gastronomie. Für die Belegschaft gibt es Kantinen, Restaurants, Imbißplätze, Cafés. Güter des täglichen Bedarfs werden in Nahversorgungszentren mit Supermarkt, Bäcker, Metzger, Apotheke, Bank, Friseur etc. angeboten.

4.2.2.2 Gepflegtes Umfeld

Der Begriff „Park", der im Gewerbe„-park" und in vielen Namen (z. B. Süd-West-Park) enthalten ist, impliziert, daß es sich um eine parkartige Anlage handelt. Das Gesamterscheinungsbild eines Gewerbeparks wird sehr wesentlich beeinflußt von der guten Gestaltung der Außenanlagen (vgl. Kap. 17). Grünanlagen, Wege und Sitzmöglichkeiten bilden ein angenehmes Arbeitsumfeld und tragen dazu bei, daß ein Unternehmen seinen Angestellten in einem Gewerbepark einen qualitativ guten Arbeitsplatz bieten kann.

4.2.2.3 Werbung und Öffentlichkeitsarbeit

Zum Konzept gehört weiterhin eine aktive Gesamtverwaltung des Gewerbeparks, die durch ein ganzes Bündel von Dienstleistungen und Serviceangeboten die Qualität des Gewerbeparks erhöht und auch dadurch zu seinem Erfolg beiträgt. Ein wichtiger Punkt sind hier Werbung und Öffentlichkeits-

Das Gewerbeparkkonzept

Die parkähnliche Gestaltung eines Gewerbeparks (hier SÜD-WEST-PARK Nürnberg) macht Arbeitsräume zu Lebensräumen.

arbeit (vgl. Kap. 19). Die Verwaltung eines Gewerbeparks ist kein passiver Vermieter, sondern fördert aktiv die Bekanntheit des Gewerbeparks und seiner Mieter. Während der Bauzeit wird für den Park geworben, um Nutzer zu finden. Nach der Fertigstellung dient die Werbung dazu, den Standort attraktiv zu halten und leer werdende Flächen weiterzuvermieten. Der Standort Gewerbepark wird durch die Werbung ständig in der Öffentlichkeit gehalten. Von diesem Bekanntheitsgrad des Gewerbeparks profitiert auch der Mieter.

Das Gewerbeparkkonzept

Ein Logo des Gewerbeparks, das von allen Mietern verwendet wird, führt dazu, daß jeder Mieter des Gewerbeparks Werbeträger für den Standort Gewerbepark wird. Die Verwaltung des Gewerbeparks fördert, wenn Hilfe nötig ist, Werbeaktionen der Mieter eines Gewerbeparks. Werbegemeinschaften der Mieter mit eigenem Budget können Werbemittel wie beispielsweise Anfahrtspläne, Branchenverzeichnisse, Eintragungen in Telefonbücher etc. produzieren oder Veranstaltungen im Gewerbepark organisieren. Die Annoncenwirkung des Gewerbeparks nach außen zum regionalen und überregionalen Verkehrsnetz wird durch Werbeschilder verstärkt. Verkehrshinweisschilder zum Gewerbepark erhöhen die Auffindbarkeit, haben gleichzeitig großen Werbewert und unterstreichen die Bedeutung des Gewerbeparks im Marktgebiet.

Dazu kommen der Kontakt zur Öffentlichkeit, Informationsveranstaltungen, die Pflege guter Beziehungen zur Nachbarschaft und die Information der Politik und der Kommunalverwaltung über Aktivitäten innerhalb des Gewerbeparks (PR-Veranstaltungen für wichtige Personen aus Politik, Wirtschaft und Gesellschaft sind ein gutes Mittel, um ein positives Image zu fördern).

4.2.2.4 Positives Image

Imagepflege und -förderung sind eine weitere wichtige Aufgabe für das Management des Gewerbeparks. Ein Unternehmen mit gutem Image wird sich nur an einem Standort ansiedeln, der dem eigenen Image entspricht. Bekannte, international tätige Firmen oder lokal renommierte Unternehmen erhöhen im Gegenzug wiederum das Image eines Gewerbeparks sehr. Das Image des Gewerbeparks wird darüber hinaus durch gute PR-Arbeit, durch das äußere Erscheinungsbild und die Architektur geformt. Jeder Nutzer des Gewerbeparks wird von einem guten Image seines Standorts profitieren.

4.2.2.5 Dienstleistungen der Gewerbeparkverwaltung

Die hier aufgezählten Dienstleistungen, die zum Konzept Gewerbepark gehören und zu seinem Erfolg beitragen sollen, werden vom Management des Gewerbeparks erbracht. Allgemein formuliert ist es die Aufgabe des Managements eines Gewerbeparks, dafür zu sorgen, daß die Nutzer des Gewerbeparks immer optimale Bedingungen vorfinden, daß durch Werbung und Veranstaltungen die Bedeutung des Gewerbeparks steigt und daß durch Öffentlichkeitsarbeit, Gewinnung guter Mieter, Pflege des Standorts und eine dienstbereite Verwaltung das Image des Gewerbeparks als Ganzes steigt. Sie führt auch die Hausmeisterei und veranlaßt, daß alle mit dem Bauunterhalt, der Sicherheit, der Pflege und Sauberkeit verbundenen Arbeiten erledigt werden.

Besondere Serviceleistungen der Gewerbeparkverwaltung sind die technische Assistenz und Beratung in der Anmietungsphase, wie Ausbauplanung und Kalkulation der Ausbauten oder auch der Ausbau im Auftrag des Kunden, was vor allem für Mieter, die nicht vor Ort sind, bedeutsam ist. Weiterhin pflegt die Verwaltung den ständigen Kontakt zu den Mietern, um ihre Wünsche und Bedürfnisse zu kennen, darauf zu reagieren und Hilfe zu geben.

Die Vermarktung des Gewerbeparks und seiner Flächen bleibt auch nach Fertigstellung des Gewerbeparks eine Aufgabe des Managements. Flächen aus auslaufenden Verträgen und aus aufgegebenen Vertragsverhältnissen müssen dem Wert des Gewerbeparks entsprechend wieder in den Markt gebracht werden. Dadurch kann die Standortqualität des Gewerbeparks weiterentwickelt werden.

Das Gewerbeparkmanagement ist wesentlicher Teil des Konzepts. Zur Errichtung eines Gewerbeparks ist ein Entwicklungsteam notwendig, das von einem Unternehmer geführt wird und das für die durchgehende und erfolgreiche Herstellung und Fertigstellung eines Gewerbeparks verantwortlich ist (vgl. Kap. 13). Dieses Team muß alles tun, um das Vertrauen der Nutzer von Anfang an zu gewinnen und langfristig auch zu behalten. Es besteht immer die Gefahr, daß ein Gewerbepark zwar begonnen, aber nicht zu

Ende geführt wird. Die Mieter in der Anfangsphase haben das Risiko, daß nicht wie geplant ein Gewerbestandort erster Qualität entsteht, sondern das Projekt abgebrochen oder schlecht durchgeführt wird. Ihnen können daraus erhebliche Verluste entstehen. Derartige Zweifel dürfen nicht aufkommen.

Die Verwaltung des Gewerbeparks kümmert sich daneben auch um die technische Verwaltung und Pflege der Anlagen, um die gärtnerischen Anlagen mit Baum- und Strauchpflanzungen und Sommerblumen, um die Gestaltung schöner Plätze mit Brunnen oder Skulpturen und um die Eingrünung rund um Parkplätze und Anlieferbereiche. Gute Architektur und gute Gestaltung der Freiflächen kommen erst zum Tragen, wenn diese Anlagen sauber und gut gepflegt sind und der Gewerbepark zu allen Zeiten ein gutes Erscheinungsbild bietet.

4.2.2.6 Fortlaufende Qualitätsverbesserung

Allgemein ist es für den Erfolg eines Gewerbeparks wichtig, daß seine Verwaltung aktiv und zukunftsorientiert arbeitet. Nach Fertigstellung eines Gewerbeparks gilt es nicht nur, das Vorhandene zu verwalten und als Substanz zu erhalten, sondern auch mit modernen Anlagen und neuen Entwicklungen im Niveau des Marktes konkurrenzfähig zu bleiben. Hierzu gehört in erster Linie die Offenheit gegenüber neuen Bedürfnissen der Mieter. Das Management darf aber nicht abwarten, bis die Mieter mit konkreten Anforderungen kommen, sondern muß neue Entwicklungen verfolgen und konkurrierende Projekte kennen, um Innovationen dann auch im eigenen Gewerbepark zu implantieren.

Das Ergebnis kann sein, daß laufend Innovationsinvestitionen notwendig werden.[1] Die ständige Innovation bedeutet einerseits, daß der Alterungsprozeß der Immobilien in vieler Hinsicht kompensiert werden kann, und andererseits, daß Mieter davon ausgehen können, daß der Wert, den dieser Standort für sie darstellt, langfristig erhalten bleibt und verbessert wird.

---

[1] Im Gewerbepark Regensburg, der 1980 begonnen wurde, sind nach 15 Jahren alle der ca. 30 Gebäude mit Glasfaser verkabelt worden.

Das Gewerbeparkkonzept

4.3 Agglomerationseffekte

Das Konzept des Gewerbeparks beinhaltet viele Qualitäten, die bei der Umsetzung ganz gezielt verwirklicht werden. Daneben gibt es eine Reihe von zusätzlichen Vorteilen, die sich einstellen können, wenn der Gewerbepark als Gesamtkonzept funktioniert.

Synergieeffekte beispielsweise sind nicht von vornherein planbar, stellen sich aber mit der Agglomeration gewisser Mieter ein. Außerdem kann die Verwaltung des Gewerbeparks gezielt versuchen, Nutzer in einen Gewerbepark zu bringen, die z. B. als Kleindruckerei, als Werbeagentur, als Fotograf in diesem Sinne von Wichtigkeit sind. Auch die Spezialisierung und Konzentration beispielsweise der Ausstellungs- und Verkaufsflächen können den einzelnen Nutzern Standortvorteile bringen. Die sogenannten Fühlungsvorteile, die entstehen, wenn sich in einem Gewerbepark eine Konzentration an gleichartigen oder sich ergänzenden Gewerben ansiedelt, und auch die oben schon erwähnte Imageverbesserung des Gewerbeparks durch bekannte, renommierte Unternehmen sind zusätzliche Effekte der Agglomeration.

Für den Erfolg eines Gewerbeparks ist, wie man zusammenfassend sagen kann, ein umfassendes Konzept ausschlaggebend, das den Gewerbepark zum optimalen Standort für seine Nutzer macht. Dazu gehören die richtige Lage und Erschließung und zielorientierte Lösungen bei den Immobilien. Zum konkurrenzfähigen Angebot im Markt tragen auch ergänzende Einrichtungen und effizienzerhöhende, imagefördernde und organisatorische Verwaltungsleistungen bei, die dem Park als Ganzem zugute kommen.

Ein Gewerbepark hat in einem Gemeinwesen, auch in einer Millionenstadt, wegen seiner Größe Bedeutung. Er kann im positiven wie im negativen Sinne zur Gesamtqualität des Gemeinwesens beitragen. Für die Erbauer eines Gewerbeparks sollte das Verpflichtung sein, die Qualität der gewerblichen Ansiedlungen auf ein hohes Niveau zu bringen.

Die gute Funktion, die hohe Qualität der Architektur und die gut gestaltete Landschaft haben langfristig positive Auswirkungen auf den Wert und die Beständigkeit einer Immobilie und haben dadurch Bedeutung für den Gewerbepark, aber auch für das Gemeinwesen.

Auch wenn die Nutzer eines Gewerbeparks im ersten Moment die mit der höheren Qualität zusammenhängenden Kosten nicht als notwendig ansehen – denn wirtschaftlich existieren können sie auch bei reiner Funktionalität mit einem Minimalaufwand für Gebäude und Außenanlagen in Gewerbegebieten ohne Gesamtmanagement –, so wirkt sich doch die Qualität eines Standorts mit Konzept positiv auf die gesamte geschäftliche Entwicklung aus. Nutzer in gut gestalteten Gewerbeparks machen die Erfahrung, daß die hohe Qualität durchaus im geschäftlichen Sinne Zinsen trägt. Die Akzeptanz und der Zuspruch, den gute Gewerbeparks in der gewerbliche Wirtschaft erfahren, beweisen, daß es richtig ist, Qualität und Konzept zu bieten.

4.4 Nutzungskonzept

Bei der Ausarbeitung des Konzepts für einen Gewerbepark und der Entscheidung für einen bestimmten Gewerbeparktyp steht im Vordergrund, daß Einzelunternehmen zusammengeführt werden sollen, die möglichst viele Gemeinsamkeiten haben im Hinblick auf die Art der Flächen, die sie brauchen, und die Nutzung, die sie davon machen. Die Konzentration des Gleichartigen ermöglicht Kostenersparnisse und eröffnet die Möglichkeit, auf die Bedürfnisse der Nutzer spezieller und gezielter einzugehen, als dies möglich wäre, wenn für ganz unterschiedliche Nutzer jeweils Einzellösungen gefunden werden müßten. Eine weitere Zielsetzung kann sein, Nutzer zusammenzubringen, die zusammen Synergieeffekte erzeugen oder Fühlungsvorteile haben.

4.4.1 Hauptnutzer verschiedener Gewerbeparktypen

Man kann prinzipiell Hauptnutzung und ergänzende Nutzung unterscheiden. Der Typ des Gewerbeparks bestimmt die Art der Hauptnutzer.

Bei einem gemischten Gewerbepark[2], in dem leichte Produktion, Handwerk, Handel und Büros untergebracht werden, ist die Breite der möglichen Nutzer sehr groß. Auch hier muß aber der Nutzerkreis genau abgegrenzt werden. Betriebe, die nicht ins Konzept passen, sind Lagerung und Spedition, Produktion mit schweren Maschinen oder größere Einzelhandelseinrichtungen (die aber in einem anderen Gewerbepark, der auf ihr Verkehrsaufkommen und ihren Parkplatzbedarf zugeschnitten ist, gut untergebracht sind). In der Praxis zeigt es sich aber auch, daß eine sehr flexible Zulassung von allen möglichen Nutzern notwendig ist. Auch bei noch so sorgfältigen

---

[2] Der gemischt genutzte Gewerbepark Regensburg gibt ein Beispiel für die Vielfalt der Mieter (vgl. Annex 1).

Überlegungen und Planungen ist es nicht möglich, im voraus eine Nutzerliste zu erstellen, die der Wirklichkeit gerecht wird. Es ist immer wieder überraschend festzustellen, wer sich als Nutzer für Mieträume interessiert, und nur die Prüfung im Einzelfall kann festlegen, ob der Interessent ins Konzept paßt oder nicht.

Bei einem Industriepark ist es wichtig, ob das Konzept vorsieht, Schwerindustrie oder Leichtindustrie unterzubringen, und welche weitere Spezialisierung erfolgt, in der Leichtindustrie z. B. auf Elektronik. Die Aufgabe des Gewerbeparkmanagements besteht darin, die Nutzer so zusammenzufügen, daß sie von der Anlage des Parks den größten Nutzen haben und ins Konzept passen. Vermieden werden sollte dagegen, daß in einen Industriepark Nutzer aufgenommen werden, die störend sind oder selbst gestört werden. Die deutsche Baunutzungsordnung läßt in Industriegebieten aber ohnehin z. B. keinen Einzelhandel und keine Wohnbebauung zu.

Bei einem Büropark sind die Nutzer relativ eindeutig definiert. Sie werden ergänzt durch die unten behandelten Nebennutzungen.

Priorität bei der Auswahl der Nutzer haben bei jedem Typus von Gewerbepark jene Unternehmen, die genau in die definierte Zielgruppe passen. Bei weiteren Interessenten, die in den Gewerbepark wollen, weil sie ihn als einen für sie interessanten Standort ansehen, obwohl er vom Konzept her nicht für sie ausgelegt ist, entscheidet die Kapazität des Gewerbeparks, ob diese zusätzlichen Nutzer aufgenommen werden können.

Sind die Kapazitäten dafür groß genug, müssen die Interessenten weitere Kriterien erfüllen, wie etwa, daß der zusätzliche Nutzer nicht stört oder selbst gestört wird und daß die vorhandenen Anlagen wie Straßen, Abstellmöglichkeiten und Parkplätze geeignet sind (durch ein Handelsunternehmen oder ein Multiplexkino könnten beispielsweise die Parkplatzkapazitäten überbeansprucht werden und für die übrigen Nutzer nicht genug Parkplätze bleiben). Sind Kapazitätsprobleme zu erwarten, sind zusätzliche Nutzer, die nicht zur Zielgruppe gehören, nicht erwünscht.

Auf der anderen Seite können Firmen, die Synergieeffekte und Fühlungsvorteile im Gewerbepark fördern, gezielt angesprochen werden und in Flächen, die für ihre Bedürfnisse geschaffen und vorgehalten werden, angesiedelt werden.

4.4.2 Ergänzende Nutzungen

Das Konzept des Gewerbeparks sieht es vor, daß für die Hauptgruppe der Nutzer zusätzliche Funktionen und Dienstleistungen angeboten werden. Für Firmen und Unternehmer, die diese Leistungen anbieten, werden die für sie notwendigen räumlichen Voraussetzungen geschaffen, um sie gezielt ansprechen und im Gewerbepark ansiedeln zu können.

Bei gemischt genutzten Gewerbeparks sind dies Ärzte, Steuerberater, Rechtsanwälte, Versicherungsagenturen, Finanzberater, Werbeagenturen, Kleindruckereien, Bürodienste, Mailing-Büros, Computerservice und, nicht zu vergessen, Hotels und Tagungsräume. Als weitere Nutzer können Restaurants, Cafés, eine Cafeteria, aber auch Imbißstände aufgenommen werden, denn wenn in einem Gewerbepark mehrere tausend Beschäftigte ihrer Arbeit nachgehen, haben diese Beschäftigten Bedürfnisse, die vor Ort befriedigt werden sollten.

Nur dann, wenn auf diese vielfältigen Bedürfnisse Rücksicht genommen wird, fühlt sich die Belegschaft an Ort und Stelle wohl.

Dazu gehört es auch, daß die Beschäftigten in den Pausen oder nach ihrer Arbeit ihre tagtäglichen Besorgungen möglichst nah oder im Gelände erledigen können. Eine Apotheke, ein Supermarkt, eine Drogerie, eine Bäckerei, eine Metzgerei und ein Gemüseladen – beispielsweise zusammengefaßt in einem kleinen Nahversorgungszentrum, das auch die Umgebung versorgt – sind hier zu nennen.

Weitere Dienstleister wie Banken, Friseure und auch Kindertagesstätten und Kindergärten (die jedoch wegen der schwierigen rechtlichen Situation in Deutschland schwer zu verwirklichen sind) können mit einbezogen werden.

4.5 Zusammenfassung

Die bisherigen Ausführungen lassen sich wie folgt zusammenfassen:
Die Charakteristiken von Gewerbeparks gegenüber ungeplant entstandenen Gewerbeansiedlungen sind insbesondere darin zu sehen, daß Gewerbeparks

- Land, das für Gewerbzwecke zur Verfügung steht, langfristig, wirtschaftlich und effizient nutzen und dadurch dem öffentlichen Interesse dienen,

Das Gewerbeparkkonzept

- geschäftliche und gewerbliche Aktivitäten in die urbane Entwicklung integrieren,
- ein marktgerechtes Angebot an Gewerbeflächen schaffen,
- den Gemeinden zu neuer Gewerbeansiedlung und damit zu einer zusätzlichen Steuerbasis verhelfen,
- durch gute Planung und Architektur das gute Erscheinungsbild von Gewerbegebieten fördern,
- Umweltbedürfnissen gerecht werden durch Grünflächengestaltung, Emissionsreduzierung, Verkehrsgestaltung etc.,
- den Arbeitsmarkt stärken und Beschäftigungsmöglichkeiten in vielen Berufen bieten und
- volkswirtschaftlich erwünschte, langfristige rentable Investitionen schaffen.

Ein Gewerbepark beherbergt viele Unternehmen, die dort Mieter oder Käufer von Immobilien sind. Die einzelnen Gewerbetreibenden oder Firmen wählen einen Gewerbepark als Standort, weil ihnen durch das Konzept des Gewerbeparks Vorteile geboten werden, die sie in nicht geplanten Gewerbegebieten so nicht haben.

Die Vorteile, die ein Gewerbepark seinen Nutzern bieten kann, sind:

- überschaubarer Markt für gewerbliche Immobilien,
- bedarfsgerechtes Angebot an gewerblichen Flächen,
- gute Lage,
- individuell nutzbare, funktionale Flächen,
- hohe Anpassungsfähigkeit an sich wandelnde Bedürfnisse.

Richtig konzeptionierte und geführte Gewerbeparks sind eine sichere und gute Kapitalanlage in Immobilien. Fondsgesellschaften, Vermögensverwaltungen von Pensionsgesellschaften, private Vermögensverwaltungen, Versicherungen und andere Anleger erwerben Gewerbeparks, weil diese eine angemessene Rentabilität bringen und bei professionellem Management als langfristige Anlage zu sehen sind.

Heutige Gewerbeparks in ihren vielfältigen Ausprägungen sind das Ergebnis einer nahezu 100jährigen Erfahrung und Entwicklung.

Überall auf der Welt haben private Entwickler in Zusammenarbeit mit den Behörden Gewerbeparks geschaffen, die dann sehr erfolgreich sind, wenn sie

- richtig im Marktgebiet plaziert sind,
- den Anforderungen des Marktes gerecht werden,
- eine gute Lage und gute Erschließung haben,
- mit einem umfassenden Konzept, einer guten Planung und einem guten, langfristigen Management verwirklicht werden.

Sie leisten einen wichtigen Beitrag zur lokalen Wirtschaft und wirken positiv auch auf die Region und die gesamte nationale Wirtschaft.

5

Prüfung von Gewerbeparkprojekten

5. Prüfung von Gewerbeparkprojekten

5.1 Bedeutung der Projektprüfung

Die Entscheidung, in einem bestimmten Marktgebiet einen Gewerbepark zu bauen, ist von großer Tragweite: Einerseits für den Unternehmer und die in das Engagement eingebundenen Investoren, Banken und Nutzer des Gewerbeparks und andererseits für die Stadt, in der eine solche Anlage errichtet werden soll. Ein Erfolg bringt dem Unternehmer und den Investoren Ertrag und Gewinn, ein Mißerfolg hingegen große Verluste. Ein Erfolg bringt einer Gemeinde eine Ausweitung, Stabilisierung oder Veränderung ihrer gewerblichen Basis, ein Mißerfolg bedeutet großen Schaden, weil möglicherweise andere Projekte zurückgestellt wurden. Ein großer Gewerbepark bedingt Investitionen von weit über 100 Mio. DM und belegt Gewerbegrundstücksflächen von meist über 10 ha. Die sorgfältige Prüfung aller Faktoren, die den Erfolg oder Mißerfolg eines so großen Projektes bestimmen, ist von großer Bedeutung.

Die Projektprüfung, bei der für die Klärung einzelner Punkte oft ein hoher Arbeitsaufwand notwendig ist, verursacht erhebliche Kosten. Da es in der Natur einer Projektprüfung liegt, daß das Ergebnis sowohl positiv als auch negativ sein kann, wird der Entwickler bemüht sein, den Kostenaufwand für die Entscheidung möglichst gering zu halten, und jene Faktoren zuerst abhandeln, bei denen das höchste Risiko liegt. Ist beispielsweise die Grundstückssituation sehr angespannt, so wird dieser Punkt zuerst untersucht. Sind die Landesplanung und Baurechtsbeschaffung besonders schwierig, so wird dies Gegenstand erster Prüfungen sein. Eine umfangreiche und kostspielige Marktanalyse wird sicher erst dann begonnen, wenn einigermaßen sicher ist, daß ein Gewerbepark überhaupt möglich ist, weil die Gemeinde z.B. die Genehmigungen in Aussicht stellt oder passende Grundstücke im Angebot sind.

Die Reihenfolge der nachfolgend behandelten einzelnen entscheidungsrelevanten Faktoren soll keinesfalls bedeuten, daß diese Themen auch in der Praxis in dieser Folge nacheinander abgehandelt und entschieden werden sollten.

5.2 Entscheidungsrelevante Faktoren

5.2.1 Gesellschaftlich-politische Rahmenbedingungen

Nur dann, wenn ein Gewerbepark in einer Stadt Unterstützung findet, ist er auch zu verwirklichen. Das Projekt ist aufgrund seines Umfanges und der langen Realisierungszeit in sehr hohem Maße von der guten Zusammenarbeit mit der Kommunalverwaltung, der Bezirksregierung und weiteren Behörden abhängig. Viele Entscheidungen werden in den politischen Gremien, den Stadt- und Gemeinderäten, gefällt. Die Einstellung der politischen Parteien zu einem Projekt wie einem Gewerbepark ist daher wichtig und sollte unbedingt positiv sein. Industrie- und Handelskammern als Gutachter für die Planungsbehörden sind ebenfalls von Einfluß, nicht zu vergessen die Bevölkerung und die Bürgerinitiativen. Sie in den ganzen Prozeß einzubeziehen ist wichtig.

5.2.2 Marktuntersuchung

Umfangreiche Informationen über das wirtschaftliche Potential der Region müssen in einer Marktanalyse (vgl. Kap. 6) gewonnen werden, die aufzeigt, ob das Marktgebiet in seiner wirtschaftlichen Stärke überhaupt die Basis für einen Gewerbepark hat. Aus diesen Zahlen heraus kann die Entscheidung über die Größe und die Art eines zu erstellenden Gewerbeparks getroffen werden.

Zur Beurteilung der Qualität des Marktes werden sein Wachstum und seine Dynamik untersucht und die Industrie- und Gewerbestruktur analysiert. Wichtig ist auch zu wissen, welche Änderungen es in der Vergangenheit gegeben hatte, welche in Zukunft zu erwarten sind und wie die langfristige Entwicklung des Wirtschaftsraums zu beurteilen ist. Der Bau eines Gewerbeparks heißt ja, daß dem Markt über eine lange Zeit hin gewerbliche Flächen angeboten werden.

Auch unterstützende Qualitäten des Marktes, vor allem sozioökonomische Daten wie Bevölkerung, Ausbildung, Schulen, Freizeiteinrichtungen, Kultur und Sport sind zu untersuchen. Das Umfeld, in das hinein ein Gewerbepark gebaut wird, ist entscheidend für die Menschen, die im Gewerbepark beschäftigt werden.

Der Markt für gewerbliche Immobilien und seine Dynamik sind weitere Untersuchungsgegenstände. Die Analyse des gegenwärtigen Angebotes nach Art, Größe, Qualität und Preis und die Analyse der Nachfrage lassen eine Beurteilung des geplanten eigenen Projektes zu. Solche Untersuchungen müssen einen längeren Zeitraum umfassen, da konjunkturelle Veränderungen die Tagessituation bestimmen können. Absorptionsraten der Vergangenheit charakterisieren den Markt sehr zutreffend. Zur richtigen Beurteilung der Konkurrenzsituation müssen auch die zukünftigen Entwicklungen einbezogen werden, d.h., es muß eingeschätzt werden, welche gewerblichen Flächen im Bau, in der Planung oder in der Zukunft potentiell im Markt sind.

5.2.3 Grundstück

Ein Gewerbepark kann nur an geeigneten Standorten errichtet werden. Die Verfügbarkeit von Grundstücken und ihre Preise sind entscheidend. Kompromisse in der Grundstücksfrage mindern immer die Qualität eines Gewerbeparks, wenn sie nicht überhaupt zu einem Scheitern führen (vgl. Kap. 7).

5.2.4 Baurechte

Ohne Baurechte kann nicht gebaut werden. Es gibt Grundstücke, Gewerbegebiete und recycelbare Gewerbeflächen mit Baurechten. Zu prüfen ist, ob die vorhandenen Rechte die Errichtung eines Gewerbeparks zulassen. Falls keine Grundstücksflächen mit geeigneten Rechten vorliegen, wird untersucht und verhandelt, ob, in welcher Zeit und mit welchem Aufwand die Baurechte erlangt werden können (vgl. Kap. 8).

5.2.5 Vorkalkulation

Nur auf der Basis einer sehr sorgfältigen und umfassenden Vorkalkulation, die aufzeigt, welchen Umfang die gesamten Investitionen erreichen werden, kann ein Projekt dieser Größenordnung entschieden werden (vgl. Kap. 9).

Eine Vorkalkulation wird in der ersten Phase meist auf Annahmen über Preise und Kosten aufbauen. Diese werden auf der Basis von Markterfahrungen geschätzt, um eine Entscheidungshilfe zu bekommen, ob ein derartiges Projekt überhaupt realisierbar ist oder nicht. Die Vorkalkulation begleitet die ganze Phase der Projektprüfung. Sie wird laufend aktualisiert.

Die Vorkalkulation setzt sich aus mehreren Teilen zusammen.

In die Kalkulation des Grundstücks gehen ein:

- Vorlaufkosten: es wird eine geschätzte Größe als Budget eingesetzt;
- Grundstückskosten: es wird eine Rechengröße angesetzt, von der ausgehend das Projekt noch wirtschaftlich ist;
- Erschließungskosten: es wird ein aus der Praxis kommender Erfahrungswert eingesetzt;
- Planungs-, Projekt- und Ingenieurkosten: auch hierfür eine geschätzte Zahl.

Die Vorkalkulation des Grundstücks liefert einen Betrag für das bebauungsfähige Grundstück.

Die Vorkalkulation kann auch als Budget angesehen werden, wobei laufend überprüft wird, ob bei den einzelnen Schritten in der Vorprojektphase die angesetzten Kosten unterschritten, erreicht oder überschritten werden. Die Kosten für die Bearbeitung des Projektes sind immer unter dem Gesichtspunkt zu sehen, daß das Projekt jederzeit scheitern kann, weil gewisse Voraussetzungen für die Projektverwirklichung nicht gegeben sind. Bei Abbruch des Projektes sind die bis dahin angefallenen Kosten verlorener Aufwand. In der ersten Phase der Projektentwicklung muß man immer wieder abwägen, ob ein kostspieliger weiterer Schritt gemacht wird oder ob das Projekt abgebrochen wird.

Über den Grunderwerb als ersten großen Ausgabenblock kann erst dann entschieden werden, wenn alle anderen Voraussetzungen für die Verwirklichung des Gewerbeparks gegeben sind und die Kosten für jeden einzelnen Schritt (beispielsweise Erschließungskosten, Kosten für Bauauflagen aus den Baurechten, Abfindungen für Grundstücksnachbarn usw.) ermittelt wurden und sich im Rahmen des wirtschaftlich Vertretbaren bewegen.

Bei der Vorkalkulation der Gebäude gestaltet sich die Kostenermittlung einfacher, weil dabei weniger Unbekannte zu bewältigen sind als beim Grundstück. Bei der Kalkulation der Gebäude werden Annahmen über die Art und die Bauqualität der Gebäude gemacht. Dann wird hochgerechnet, welches Gesamtvolumen an Bauten möglich ist. Durch Einsetzen von Erfahrungswerten für Baupreise erhält man erste Zahlen für die Gebäudekosten.

Nun kann auch das Gesamtvolumen der Investition für den ganzen Gewerbepark abgeschätzt und die Finanzierbarkeit überprüft werden. Jetzt wird sich zeigen, ob das Projekt in seiner Größenordnung für den Bauträger überhaupt machbar ist.

In einem weiteren Schritt werden die geplanten Gebäudeflächen mit Grundstücksanteil kalkuliert. Es ergibt sich ein Preis, zu dem der Quadratmeter anzubietende Fläche hergestellt werden kann. Nun ist eine erste Beurteilung möglich, ob der Gewerbepark im Markt konkurrenzfähig sein wird.

Für die Mietkalkulation werden unter Zugrundelegung von marktüblichen Mieten die Gesamteinnahmen aus dem ganzen Projekt ermittelt und in Relation gestellt zu den Gesamtinvestitionen. Die Rentabilität ergibt sich aus dem Verhältnis der Summe der Mieten zu den eigenen Herstellungskosten.

Die Vorkalkulation ist mit vielen Unsicherheiten behaftet, gibt aber, wenn alle Einflußgrößen sorgfältig erfaßt werden, Auskunft über die Höhe der Gesamtinvestition und ihre Rentabilität und ist eine wichtige Entscheidungsgrundlage.

5.2.6 Finanzierung

Die Sicherstellung der Finanzierung ist einer der wichtigsten Faktoren bei der Projektprüfung. Die Verwirklichung eines Gewerbeparks erstreckt sich über einen sehr langen Zeitraum. In das Projekt müssen zunächst große Kapitalien investiert werden. Der Grunderwerb, die Genehmigungsphase, die Planungen, die Erschließung und die Bebauung sowie die darauffolgende Vermarktung können Jahre bedeuten, in denen keine Einnahmen erzielt werden. Die Finanzierung muß sich daher auf Investoren stützen, die in der Lage sind, die Ausreifungszeiten abzuwarten und nicht darauf angewiesen sind, daß innerhalb der ersten Jahre Rückflüsse aus Investitionen kommen. Der Erfolg eines Gewerbeparks ist langfristig.

Er braucht Investoren, die den sich langfristig einstellenden Vermögenszuwachs und die erst in späteren Perioden zu erwartenden Erträge als Ziel sehen.

Im Detail sind verschiedene Finanzierungsmodelle denkbar und zu prüfen (vgl. Kap. 10). Tritt der entwickelnde Unternehmer als Investor auf, so braucht er viel Eigenkapital, um die lange ertraglose Phase durchzustehen. Die Finanzierungskonzepte sind mit den Banken abzusprechen und langfristig zu sichern, wobei der Kapitalmarkt mit seinen sich ändernden Zinsen und Finanzierungskonditionen mit in die Überlegungen einbezogen wird.

Die Finanzierungsüberlegungen sind anderer Art, wenn Fonds oder Versicherungen als Investoren oder Finanziers auftreten. Allen Finanzierungsmöglichkeiten gemeinsam ist jedoch, daß ein Gewerbepark nur gebaut werden kann, wenn zumindest für den Grunderwerb und die Erschließung eine Finanzierung in einer Form vorliegt, daß die Investoren nicht auf unmittelbare Cash-Rückflüsse angewiesen sind. Für die Investitionsentscheidung muß ein abgesichertes Finanzierungsprojekt vorliegen.

5.3 Die Entscheidung über die Verwirklichung des Projektes

Die oben aufgeführten Entscheidungsfaktoren (politische Situation, Wirtschaftsraum, Gewerbeimmobilienmarkt, Grundstück, Vorkalkulation und Finanzierung) erfordern sehr ins Detail gehende Arbeiten, z. B. eine Marktuntersuchung oder detaillierte Verhandlungen mit den Behörden über Erschließungsfragen und Erschließungskosten, Grundstückspreise und Finanzierungsverhandlungen u. a.

Der Arbeits- und finanzielle Aufwand werden je nach den gegebenen Voraussetzungen unterschiedlich groß sein. In einigen Punkten wird sehr viel Vorarbeit nötig sein und in anderen Bereichen nicht, weil dort bereits Daten für eine Entscheidung vorliegen. Das kann von Projekt zu Projekt verschieden sein, wichtig ist jedoch immer, daß, bevor eine Entscheidung fällt, möglichst viele sichere Daten zur Verfügung stehen und im Vorfeld möglichst viele Entscheidungen und Vereinbarungen insbesondere mit den Behörden abgesichert sind.

Die Entscheidung, einen Gewerbepark zu bauen, ist eine unternehmerische Entscheidung, in der ein Risiko liegt. Das Risiko ist die Unsicherheit, ob sich das Konzept des Gewerbeparks bewährt und der Markt das Angebot annimmt, d. h., ob ein konkurrenzfähiges Angebot auf den Markt gebracht werden kann und ob dafür eine kaufkräftige Nachfrage besteht. Davon hängt es ab, ob Ergebnisse erzielt werden, die sich für den Arbeitsaufwand und das investierte Kapital langfristig lohnen.

Der Markt mit seiner Struktur und seinem Potential, die mögliche Dimension des Projektes und der Zeitrahmen, den sich der Developer setzt (ob er sein Projekt also in fünf, zehn oder fünfzehn Jahren vollenden will), stehen miteinander in Beziehung. Die jährlich auf den Markt kommenden gewerblichen Flächen durch eigene Aktivitäten müssen dem Wachstum und der Aufnahmefähigkeit des Marktes angemessen sein (vgl. Kap. 19).

Bei der Entscheidung für den Bau eines Gewerbeparks muß der Unternehmer einschätzen und entscheiden, welcher Typ von Gewerbepark gebaut werden soll, welche Nutzungen vorgesehen sind, wie neue Trends und die Entwicklung des Wirtschaftsraums zu bewerten sind.

Um die Dimension und den zeitlichen Horizont des Projektes abstecken zu können, muß der Markt richtig beurteilt werden. Zusätzlich ist eine positive Einschätzung der allgemeinen konjunkturellen Entwicklung Voraussetzung für eine Investitionsentscheidung. Das Risiko einer unternehmerischen Fehlentscheidung kann durch die Vorarbeiten, die in diesem Kapitel skizziert wurden und die in den nächsten Kapiteln noch genauer erläutert werden, vermindert werden (vgl. auch Kap. 11).

6

Die Marktanalyse

6. Die Marktanalyse

6.1 Bedeutung und Aufgaben der Marktanalyse

Die umfassende Analyse hat zwei Teile: Makro- und Mikroanalyse. Dieses Kapitel behandelt die Makroanalyse, das nächste unter der Überschrift „Standort" die Mikroanalyse.

Eine umfassende und solide Marktanalyse ist als Entscheidungsgrundlage für oder gegen den Bau eines Gewerbeparks für den Entwickler von ausschlaggebender Bedeutung. Vier Fragen sind dabei zu klären:

- Welches Potential hat der Markt, und welche Größe eines Gewerbeparks ist wirtschaftlich vertretbar?
- Für welche Art Gewerbepark ist Bedarf im Markt (z. B. für einen Gewerbepark allgemein gewerblicher Nutzung, einen Büropark, einen Forschungs- und Entwicklungspark, für Lagerung und Spedition etc.)?
- Welches ist die beste Lage im Marktgebiet? Diese wird bestimmt durch die Art des geplanten Gewerbeparks.
- Gibt es das geeignete Grundstück?

Die Marktanalyse soll Daten für die Entscheidung liefern, ob der Bau eines wirtschaftlich erfolgreichen Gewerbeparks möglich ist, und soll auch die Grundlage für die Verhandlungen mit den Investoren und Finanziers abgeben. Sie ist darüber hinaus eine notwendige Basis, um im Gespräch mit der politischen Führung einer Stadt, der Stadtplanung und -verwaltung die langfristige Wirtschaftlichkeit des Projektes darzulegen. Nicht zuletzt wird die Marktanalyse auch dazu benutzt werden, um potentiellen Mietern, insbesondere solchen, die von außerhalb des Marktgebietes kommen, Informationen und Unterlagen über das Marktgebiet, aber auch im einzelnen über die besondere Qualität des gewählten Standorts zu geben.

Eine Marktanalyse dieser Art erfordert sehr viel spezielles Know-how. Es ist sehr gut, wenn dieses Know-how innerhalb des Unternehmensbereichs des Entwicklers selbst vorhanden ist. Viele Entwickler machen derartige Analysen selbst und vergeben höchstens Teile davon an externe Büros. Die Zuverlässigkeit der hier gewonnenen Daten muß sehr hoch sein, weil diese in außerordentlichem Maße Grundlage für sehr langfristige und sehr umfangreiche Investitionen sind. Sollte die Marktanalyse nicht im eigenen

Die Marktanalyse

Hause durchgeführt werden können, ist es wichtig, nicht an finanziellen Mitteln zu sparen, sondern sich an das beste verfügbare Institut zu wenden.

6.2 Umfang der Marktanalyse

Umfang und Inhalt der Analyse werden bestimmt von den Zielsetzungen des Investors und von dem Marktgebiet, in dem sich der Investor bewegen will. Die erste Entscheidung ist über die Art des beabsichtigten Gewerbeparks zu treffen. Sie wird nach Vorliegen des ersten Teils der Marktanalyse möglich. Danach werden spezielle Grundlagen z. B. über einen Büropark oder einen Industriepark erarbeitet. Natürlich kann ein Marktgebiet ganz allgemein daraufhin untersucht werden, auf welchem Gebiet eventuell Bedarf für einen Gewerbepark gegeben ist. Eine solche breit angelegte Untersuchung setzt sich aus den Einzeluntersuchungen für die jeweils spezialisierten Nutzungen zusammen.

Auch die Größe des geplanten Gewerbeparks in dem untersuchten Marktgebiet bestimmt Inhalt und Umfang der Analyse. Wird ein Büropark bestimmter Größe in einem großen Marktgebiet wie Düsseldorf geplant, so wird eine Analyse weniger umfänglich sein müssen, als wenn ein gleich großer Büropark in einem Marktgebiet wie beispielsweise Augsburg errichtet werden soll.

Vor Beginn der Marktanalyse ist noch zu entscheiden, über welche geographische Fläche sich die Untersuchung erstrecken soll. Das Ausdehnungsgebiet des Marktes wird sehr stark davon abhängen, welche Art von Gewerbepark errichtet wird. Ein Lager- und Speditionspark (Güterverteilzentrum, Distributionspark etc.) wird geographisch ein wesentlich größeres Gebiet umfassen als ein gemischt gewerblich genutzter Gewerbepark.

6.3 Inhalte der Marktanalyse

Die Untersuchungsinhalte der Marktanalyse sind je nach Gewerbeparktyp, für den die Analyse erstellt wird, verschieden oder erhalten eine unterschiedliche Betonung. Die folgende Aufstellung soll die wichtigsten Untersuchungsbereiche auflisten. Wenn ein Konzept für eine konkrete Marktanalyse erarbeitet wird, kann bei jedem dieser Sachgebiete untersucht werden, ob es im Sinne der Zielsetzung der Analyse wichtig ist oder nicht.

Mögliche Inhalte einer Marktanalyse:

- Sozioökonomische Daten über
  – die Bevölkerung, ihre Zusammensetzung und Veränderung, Bildungsniveau und Ausbildung,
  – den Arbeitsmarkt, die Art der Beschäftigung und Arbeitslose,
  – Schulen, Gymnasien, Hochschulen, Universitäten, Fachschulen und sonstige Bildungseinrichtungen,
  – Lebenshaltungskosten, Versorgung und Wohnen,
  – Lebensqualität, Kultur und Freizeiteinrichtungen.

- Verkehrsnetz
  – regionales und überregionales Verkehrsnetz,
  – Ausbauzustand, Leistungsfähigkeit von Straßen, Schiene, Hafen, Flugplatz,
  – Verkehrssituation, Verkehrsbelastung des Straßennetzes, Staus, Sperrungen, verkehrsberuhigte Zonen,
  – Verkehrsplanung, Ausbau- und Rückbauplanung des Verkehrsnetzes,
  – Güte, Dichte, Netz des öffentlichen Nahverkehrs und Erschließung des Marktgebietes durch Busse, Straßenbahn, U-Bahn, S-Bahn.

- Die Wirtschaftsleistung des Marktgebietes
  – Sozialprodukt, Einkommen,
  – Leistung der einzelnen Industrie- und Gewerbesparten,
  – Struktur der Wirtschaft, prägende Industrien, Großunternehmen.

- Öffentlichkeit, Politik, Verwaltung
  – Einstellung der Bevölkerung gegenüber wirtschaftlicher Entwicklung,
  – politisches Klima für Investitionen,
  – Einstellung der Verwaltung, der Kammern und der Regierung zu Großprojekten,
  – öffentliche Förderung, Behörden.

- Steuern und Abgaben, Hebesätze

- Bestands- und Bedarfsermittlung für gewerbliche Grundstücks- und Gebäudeflächen und Einschätzung des Wachstumspotentials des Marktgebietes

- Analyse des Bestands an gewerblichen Flächen,
- Analyse der Vergangenheit durch Absorptionsraten, Zeitreihen etc.,
- Analyse der Zukunft
  - Projekte im Bau, genehmigte Projekte, geplante Projekte,
  - Grundstücke, die als Gewerbegiet ausgewiesen sind (Flächennutzungsplan, Bebauungsplan) oder potentiell ausgewiesen werden können,
  - Einschätzung zukünftiger Entwicklung.

- Konkurrenzanalyse
  - Personen/Gesellschaften,
  - Projekte.

6.3.1 Sozioökonomische Daten

Bevölkerungszahlen werden bei den Statistischen Ämtern des Bundes, der Länder und der Gemeinden sehr stark gegliedert angeboten. Neben den Zahlen über die Gesamtbevölkerung im Marktgebiet in der üblichen Gliederung nach Geschlecht, Alter und Haushaltsgrößen sind der Ausländeranteil und der Anteil der Bevölkerung im erwerbsfähigen Alter interessante Zahlen. Ausbildung und Qualifikation dieses Bevölkerungsteils werden oft sehr detailliert beschrieben.

Aus diesen Informationen können wichtige Schlüsse auch für langfristige Entwicklungen gezogen werden, insbesondere, ob es möglich ist, in einem Gebiet hochqualifizierte Arbeitsplätze zu schaffen. Der Ausbildungsstand ist letztlich entscheidend, ob z. B. für einen High-Tech-Park die notwendigen Ingenieure und spezialisierten Fachkräfte rekrutiert werden können, ob für die in einem Industriepark zu erwartenden Industriearbeitsplätze Facharbeiter gefunden werden können oder inwieweit Dienstleistungsunternehmen das notwendige Personal finden.

Neben der Qualifikation und dem Ausbildungsstand der Bevölkerung ist der Arbeitsmarkt insgesamt zu untersuchen: Die Struktur der Beschäftigung wird aufgeschlüsselt nach Beamtenschaft, Dienstleistung, Industrie, Landwirtschaft usw. Die Beschäftigungsquote ist interessant, um festzustellen, welcher Anteil der Bevölkerung im berufstätigen Alter Beschäftigung hat. Die Arbeitslosenquote sagt etwas über ein mögliches Arbeitskräftepotential aus.

Die umfassende Untersuchung des Bildungsangebotes gibt Auskunft über das Qualifikationsniveau der Bevölkerung. Die Bildungseinrichtungen wie Gymnasien, Hochschulen, Universitäten, Fachschulen und sonstige Einrichtungen sind zu erfassen und zu werten – auch rückblickend. Bildungsinstitute, die erst in jüngster Zeit geschaffen wurden, konnten bisher nur von der jüngeren Generation genutzt werden. Eine Fachhochschule, die erst seit fünf Jahren besteht, hat noch keinen nachhaltigen Einfluß auf das Wirtschaftsgebiet, die Absolventen dieser Schule werden aber sicher in Zukunft das Qualifikationsniveau der arbeitenden Bevölkerung verbessern.

Für ansiedlungswillige Unternehmen und ihre Beschäftigten sind die Ausbildungsmöglichkeiten für ihre Kinder ein Kriterium für die Attraktivität des Standorts. Auch Kindergärten und andere kinderbetreuende Einrichtungen, wie z. B. Singschulen, sind ein Kriterium.

Die Lebensqualität durch das Kulturangebot und die Freizeiteinrichtungen ist ein weiterer wichtiger Faktor für die Attraktivität des Standorts, der auch neue Bewohner anziehen kann, während umgekehrt der Mangel an Freizeitqualität zum Abwandern motivierter und qualifizierter Leute führen kann.

Die Lebenshaltungskosten spielen bei der Beurteilung eines Standorts eine wichtige Rolle, weil das allgemeine Gehaltsniveau nur im Vergleich zu den Lebenshaltungskosten eine Aussage über den Lebensstandard zuläßt. Für die Gewinnung neuer Mitarbeiter von außen, aber auch für das Halten der am Ort Beschäftigten ist auch die Wohnungssituation bedeutend. Ein Blick auf die Versorgung mit Mietwohnungen und Einfamilienhäusern und auf das zur Verfügung stehende Bauland ist wichtig.

Die sozioökonomischen Daten sind die wesentliche Grundlage, um die zukünftige Entwicklung eines Wirtschaftsgebietes einzuschätzen. Sie stellen den gesellschaftlichen Rahmen dar, innerhalb dessen die wirtschaftliche Leistung erbracht wird.

6.3.2 Das Verkehrsnetz

Das regionale Verkehrsnetz und die Einbindung dieses Netzes in die großen überregionalen Verkehrsströme sind entscheidend für die Qualität eines Wirtschaftsraums. Ihre Darstellung und Bewertung sind eine der wichtigen Aufgaben der Analyse: Ist das Verkehrsnetz fertiggestellt? Gibt es Lücken? Ist es funktionsfähig? Wird die Dimensionierung dem Aufkommen gerecht, d.h., wie leistungsfähig ist das Verkehrsnetz? Die Analyse soll Straßen,

Die Marktanalyse

Schiene, Hafen, Flughafen und den öffentlichen Nahverkehr umfassen. Bei Hafen und Flughafen ist die Bedeutung im nationalen und internationalen Netz einzuschätzen.

Nach der Bestandserfassung ist die Belastung der bestehenden Verkehrssysteme zu analysieren. Beim Straßennetz sollte erfaßt werden, ob es bereits überlastet ist und ob Staus die Effizienz reduzieren. Führen Straßensperrungen und verkehrsberuhigte Zonen im Nahbereich zu Umwegfahrten? Führt der Wegfall wichtiger Verbindungen zu Überlastungen örtlicher Straßen? Die Stauzonen und ungenügend erschlossene Verkehrszonen innerhalb des Marktgebietes werden herausgearbeitet, damit bei der Standortwahl diese Gebiete bekannt sind.

Auch die Verkehrsplanung des untersuchten Gebietes wird analysiert. Kapazitätsengpässe, die behoben werden sollen, und geplante Ergänzungen des Verkehrsnetzes müssen auch unter dem Aspekt gesehen werden, daß Verkehrsplanung heute ein sehr sensibles Thema ist und Umweltschützer viele Straßenbaumaßnahmen verhindern wollen.

Es wird für die Analyse genau erhoben, inwieweit Planungen bereits Rechtskraft erlangt haben und mit welchen Realisierungszeiten gerechnet werden muß. Straßenplanungen, aber auch Flughafenerweiterungen müssen aufgrund der starken Position der Umweltgruppen in einem weiten Zeitrahmen gesehen werden. Verkehrsplanung ist heute aber nicht nur Ausbau, sondern auch Rückbau von Straßen und bewußte Verkehrsbehinderung in Wohngebieten. Auch diese Belastungen müssen in der Analyse dargestellt werden.

Der öffentliche Nahverkehr spielt bei der Auswahl eines Standorts für einen Gewerbepark eine große Rolle. In der Verkehrsanalyse wird das vorhandene Netz der Busse, Straßenbahnen, U-Bahnen oder S-Bahnen ebenso erfaßt wie die Planungen für die Zukunft. Diese Daten sind eine wichtige Grundlage für die Entscheidung über einen Standort im Marktgebiet, denn der Anschluß an den ÖPNV und die gute Erreichbarkeit des Gewerbeparks mit dem ÖPNV haben hohe Priorität. Die gesamte Verkehrssituation, besonders die Einschätzung der zukünftigen Entwicklung im Marktgebiet, ist von großer Bedeutung für einen Standort.

Das Parkplatzangebot ist für einen Gewerbepark sehr wichtig. Zu diesem Thema wird erkundet, ob es Restriktionen gibt und welche Auflagen gemacht werden.

6.3.3 Die Wirtschaftsleistung des Marktes

In den Zahlen über das Sozialprodukt und das Einkommen zeigt sich im Vergleich mit anderen Wirtschaftsräumen die Stärke oder die Schwäche der örtlichen Wirtschaft. Zeitreihen können positive und negative Trends aufzeigen.

Selbst ein unter dem Durchschnitt liegendes Wirtschaftsgebiet, bei dem im übrigen die Standortfaktoren günstig sind, mag für einen Gewerbepark ein richtiger Standort sein, wenn die Zahlen eine nach oben gerichtete Tendenz aufweisen. Verschiebungen innerhalb der Beschäftigungsgruppen, z. B. die Abnahme der Industriebeschäftigung, weisen darauf hin, daß es sich um einen alten Industriestandort handelt, bei dem die Tendenz der Umschichtung von Industriearbeitsplätzen zu Dienstleistungsarbeitsplätzen wirksam wird. In einem solchen Marktgebiet ist davon auszugehen, daß große Industrieareale frei werden und für die Restrukturierung zur Verfügung stehen. Dies ist sowohl eine Chance als auch eine Gefahr für die Errichtung eines Gewerbeparks: eine Chance insoweit, als die Umstrukturierung Flächenbedarf für die neuen Dienstleistungsbereiche signalisiert, eine Gefahr insoweit, als alte, noch brauchbare Immobilien für die Dienstleister umfunktioniert werden.

In der Analyse aufgeführt werden müssen vor allem die verschiedenen Industrie- und Dienstleistungsarten und, soweit sie erkennbar sind, ihre Schwerpunkte (z. B. Nürnberg und Augsburg: alte Industriestandorte, München: Dienstleistungen, Versicherungen und Computer). Große Industriebetriebe mit großer Belegschaft prägen einen Standort und geben ihm – soweit der größte Arbeitgeber von besonderem Gewicht ist – eindeutig ein besonderes Risiko.

6.3.4 Öffentlichkeit, Politik und Verwaltung

Die Einstellung der Bevölkerung gegenüber der wirtschaftlichen Weiterentwicklung, insbesondere gegenüber Großprojekten, wie ein Gewerbepark sie darstellt, ist wichtig. In diesem Feld wird man erkunden, ob und gegen welche geplanten Projekte in der Vergangenheit Bürgerinitiativen tätig geworden sind und wer diese Bürgerinitiativen unterstützt. Wenn sie Unterstützung in der Verwaltung oder in der Politik finden, sind sie sehr entscheidend und müssen in alle Überlegungen mit einbezogen werden.

Für den Entwickler ist es vor allem wichtig zu wissen, welche Areale in be-

Die Marktanalyse

zug auf Umweltschutz sensibel sind, damit bei der Auswahl eines Grundstücks für den Gewerbepark sensibles Gelände ausgeklammert werden kann und das Projekt nicht verzögert wird oder scheitert, weil sich Bürgerinitiativen dagegen engagieren.

Die Einstellung der politischen Parteien und Gruppierungen einer Gemeinde zu Projekten wie einem Gewerbepark ist entscheidend dafür, ob das Projekt in der Genehmigungsphase Erfolg hat. Maßgeblich sind oft nicht nur die großen Parteien, sondern auch kleinere Gruppierungen.

Eigene Referate oder Abteilungen für Wirtschaftsentwicklung und Industrieansiedlung innerhalb einer Stadtverwaltung deuten auf die positive Einstellung der Verwaltung zur wirtschaftlichen Entwicklung hin. Wenn diese Stellen innerhalb der Kommunalverwaltung einflußreich sind, können sie für die Durchsetzung des Projektes von großer Hilfe sein. Von entscheidender Bedeutung wird aber trotzdem die Stadtplanung sein, weil sie versucht, die wirtschaftliche Entwicklung im Gemeindegebiet zu strukturieren und festzulegen. Die generelle Einstellung der Stadtplaner zu neuen Projekten und ihre Flexibilität im Hinblick auf neue Gewerbeflächen sind bereits im ersten Stadium der Marktuntersuchung sehr wichtig.

Von großer Bedeutung ist die Bezirksregierung. Sie genehmigt Bebauungspläne und Flächennutzungspläne als oberste Instanz. Die Wirtschaftsförderungsreferate der Regierung über ein geplantes Projekt zu informieren und ihre Einstellung kennenzulernen ist für die Beurteilung der Machbarkeit eines Projektes von großer Bedeutung.

Auch die Meinung der Kammern ist bedeutsam, da sie in vielen Fällen zu Gutachten herangezogen werden, insbesondere bei der Aufstellung von Bebauungsplänen oder Änderungen des Flächennutzungsplans.

Im allgemeinen trifft der Entwickler von Gewerbeparks auf eine ihm freundlich gesinnte Gemeindeverwaltung und auch auf positive Einstellung bei den politischen Parteien. Es sollte auch überprüft werden, inwieweit eine Gemeinde und die in ihr tonangebenden politischen Gruppierungen bereit sind, das Projekt eines Gewerbeparks zu fördern.

Dabei ist es wichtig zu untersuchen, welche bestehenden Förderungen von jedermann in Anspruch genommen werden können und welche Förderungen von seiten der Gemeinde speziell für das geplante Projekt zu erwarten sind. Hier wird es sich in den meisten Fällen darum handeln, Straßen und öffentliche Erschließung zu stellen, die Verbindung mit dem ÖPNV zu verbessern, beschleunigte Planungsverfahren zu gewähren und vielleicht auch Grundstücke zur Verfügung zu stellen, die in städtischem Besitz sind.

6.3.5 Steuern und Abgaben

Gemeinden haben das Recht, die Hebesätze für Grundstücksabgaben und Gewerbesteuer festzulegen und außerdem Gebühren für Wasser und Abwasser, Müllabfuhr und Baugenehmigungen zu erheben. Wenn der Gewerbepark in einem größeren Marktgebiet errichtet werden soll, kommen oft mehrere Gemeinden als Standort in Frage. In einem Gewerbepark werden große Immobilienwerte geschaffen, die mit Grundsteuer belegt werden; die sich dort niederlassenden Gewerbebetriebe müssen Gewerbesteuer zahlen. Aus den jeweilgen Gebührenstrukturen können Standortvorteile oder -nachteile resultieren. Eine Auflistung der jeweiligen Hebesätze ist daher geboten.

6.3.6 Bestand und Bedarf an gewerblichen Flächen

Die Analyse soll einen guten Überblick über den Bestand an gewerblichen Grundstücks- und gewerblichen Gebäudeflächen geben und nach Flächen im Eigentum der Nutzer und Mietflächen differenzieren. Zeitreihen geben Einsicht in die Entwicklung der Vergangenheit. Daraus läßt sich die Absorptionsrate errechnen. Sie ist wichtig, um die spätere Dimensionierung des Gewerbeparks und das jährliche Bauvolumen, das der Markt aufnehmen kann, einzuschätzen.

In der Analyse soll der Umfang der Flächen, die fertiggestellt und als Angebot im Markt sind, ebenso dargestellt werden wie die Bauaktivitäten für neue gewerbliche Gebäude. Die Tendenz auf dem Markt für gewerbliche Gebäudeflächen wird aufgezeigt, wenn Erkundigungen über Projekte eingeholt werden, die genehmigt oder in Planung sind. Auf diesem Gebiet ist es sehr schwer, verläßliche Informationen zu bekommen.

Bei Projekten, die genehmigt, aber noch nicht begonnen wurden, muß eingeschätzt werden, ob sie überhaupt verwirklicht werden. Bei den Projekten in Planung ist keine Markttransparenz gegeben, denn manche Projekte werden sehr früh, noch ehe tatsächlich entschieden ist, ob sie gebaut werden, an die Öffentlichkeit gegeben, wohingegen andere Unternehmer erst dann die Öffentlichkeit informieren, wenn über das Projekt entschieden ist.

Da ein Gewerbeparkprojekt sehr langfristig ist, sich über mehrere Jahre, ja ein Jahrzehnt und mehr erstrecken kann, sind auch zukünftige konkurrierende Projekte von besonderem Interesse. Es soll daher eine Analyse der Grundstücksflächen, auf denen potentiell neue Gewerbegebiete vergleich-

Die Marktanalyse

barer Größe entstehen können, durchgeführt werden. Die durch den Bebauungsplan ausgewiesenen Gewerbegebiete werden dazu erfaßt und im Hinblick auf Großprojekte beurteilt. Der Flächennutzungsplan kann weitere gewerbliche Grundstücksflächen ausweisen, für die noch kein Bebauungsplan erstellt ist, die aber potentiell jederzeit in den Markt kommen können. Darüber hinaus gibt es aber auch sonstige Grundstücksflächen, für die jederzeit eine Nutzungsänderung durchgeführt werden kann und die dann als Potential im Markt sind. Hier kann man zum heutigen Zeitpunkt besonders an die Konversionsflächen aus aufgelassenen militärischen Geländen denken, soweit sie von der Lage her für gewerbliche Nutzung geeignet sind.

6.3.7 Konkurrenzanalyse

Eine Konkurrenzanalyse recherchiert in zwei Richtungen. Einerseits sollen jene Gesellschaften und Personen aufgezeigt werden, die im Marktgebiet als Entwickler von gewerblichen Grundstücks- und Gebäudeflächen tätig sind. Dabei interessieren ihre Leistungsfähigkeit, der Umfang ihrer Projekte und eine Prognose, inwieweit diese Konkurrenten in Zukunft größere Projekte als bisher in Angriff nehmen werden.

Der andere Teil der Konkurrenzanalyse beschäftigt sich mit den Projekten auf dem Markt. Es geht dabei um neue Objekte und auch um alte Flächen, die neu vermarktet werden. Die Analyse soll aufzeigen, wie viele von diesen Projekten noch zu vermarkten sind und zu welchen Preisen verkauft oder vermietet wird.

Für den Entwickler ist es wichtig, möglichst viele der neuen Projekte, die vermarktet werden, selbst zu besuchen, um sich von dem Gesamtprojekt, der baulichen Qualität, der Landschaftsgestaltung, der Lage und ihrer Bedeutung innerhalb des Marktgebietes ein Bild zu machen. Durch die persönliche Kenntnis der am Markt befindlichen Objekte und die verfügbaren Daten läßt sich am besten einschätzen, wie die Differenzierung in den Vermietungspreisen zustande kommt und welchen Einfluß die einzelnen Faktoren wie Lage, architektonische und bauliche Qualität, Außengestaltung etc. auf die Marktpreise haben. Daraus lassen sich Folgerungen für das eigene geplante Objekt und seine Einordnung im Markt ziehen.

Für die Beurteilung des Standorts und des zukünftigen Bedarfs ist es auch wichtig zu wissen, in welchem Zustand sich der Altbestand an gewerblichen Gebäudeflächen befindet. Genügt er den Ansprüchen, die gestellt werden? Welcher Anteil der Büroflächen ist beispielsweise ohne Parkraum und nur durch ÖPNV erschlossen? Wie teuer ist das öffentliche Parken in den Hauptbürogebieten? Sind Gewerbegiete durch Veränderungen des Straßennetzes in sekundäre Lagen gekommen? Wie gut sind sie erreichbar? Entsprechen die alten Flächen den modernen Anforderungen an Bürotechnik, Doppelböden, Glasfaserverkabelung? Welche Flächen werden aus dem Markt ausscheiden oder in ihrer Einwertung herabgestuft werden? Wenn alte, unzureichend gewordene Gewerbeflächen durch moderne leistungsfähige Gewerbeimmobilien ersetzt werden müssen, kann darin ein großes Marktpotential liegen.

Die Konkurrenzanalyse erfaßt neben den fertiggestellten Projekten auch die gewerblichen Grundstücke, um auch hier einen Überblick über die Marktpreise im untersuchten Marktgebiet zu geben. Dazu können Gespräche mit der örtlichen Stadtverwaltung beitragen, in denen über die Pläne diskutiert wird und der Entwickler sich informieren kann, inwieweit und zu welchen Preisen die Stadt oder die Gemeinde weitere gewerbliche Grundstücksflächen bereitstellen will.

6.4 Das Ergebnis der Marktanalyse

Das Ergebnis der Marktanalyse soll eine Bedarfsermittlung für die unmittelbare Zukunft und eine Einschätzung des längerfristigen Wachstumspotentials im Marktgebiet sein. Um die zu Anfang des Kapitels formulierten Fragen beantworten zu können, sind noch weitergehende Überlegungen einzubringen.

- Marktpotential und Größe des Gewerbeparks
  Ein guter Gewerbepark gibt sicher eigene Impulse und zieht Industrie und Gewerbe von außen an. Damit kann aber nur ein kleiner Teil des geplanten Volumens abgedeckt werden. Aus dem Wachstumspotential der einzelnen Kategorien von Gewerbeflächen in den vergangenen Jahren läßt sich abschätzen, welchen Anteil der geplante Gewerbepark davon am Markt gewinnen kann.
  Wenn der Gewerbepark neue Flächen als Ersatz für veraltete Gewerbeflächen an anderen Standorten anbieten will, setzt das voraus, daß eine wirtschaftlich gute Entwicklung besteht und die nutzenden Betriebe bereit sind, in einen neuen Standort zu investieren.

Die Marktanalyse

- Art des Gewerbeparks
  Wichtig ist, daß mit dem Gewerbepark die richtige Gruppe von Nutzern angesprochen wird. Hochspezialisierte Gewerbeparks sollen nur dann errichtet werden, wenn für diese Nutzung bereits ein entsprechendes Potential im Marktgebiet vorhanden ist. Eine Bedarfsermittlung aus der Marktstruktur heraus ist außerordentlich schwierig. Die Praxis zeigt, daß Nachfrager für bestimmte Nutzungen kommen, an die niemand, der eine solche Bedarfsermittlung durchführt, gedacht hätte.

Die beiden weiteren eingangs angeprochenen Punkte Lage und Grundstück werden im nächsten Kapitel behandelt.

Ein Entscheidungskriterium, das auch im Zusammenhang mit der Marktsituation steht, sind die allgemeinen wirtschaftlichen Rahmenbedingungen (vgl. Kap. 11 und 19). Innerhalb der langen Verwirklichungsphase eines Gewerbeparks wird es ein konjunkturelles Auf und Ab geben. Ein Unternehmer, der einen Gewerbepark bauen will, sollte seine Entscheidung unabhängig von konjunkturellen Schwankungen treffen, obwohl diese natürlich einen Einfluß haben. Wird die Entscheidung für einen Gewerbepark im Konjunkturtal getroffen, so ist diese Entscheidung vermutlich besser als eine gleiche Entscheidung am Ende der Hochphase eines Immobilienzyklus, weil die Konzeptplanung, die Genehmigungen und die Erschließung des Geländes so viel Zeit in Anspruch nehmen, daß im ersten Fall mit den ersten Bauten und den ersten Angeboten auf dem Markt zu rechnen ist, wenn sich die Konjunktur bereits wieder belebt, im zweiten Fall aber, wenn sie in der Abwärtsphase ist.

Die Entscheidung, einen Gewerbepark in einem Wirtschaftsraum zu errichten, muß in erster Linie auf der Erwartung einer dynamischen und positiven Entwicklung dieses Wirtschaftsraums basieren und letztlich auch auf einer allgemein optimistischen Einschätzung der gesamtwirtschaftlichen Entwicklung.

Eine Marktanalyse ist eine der Grundlagen für die Entscheidung, ob ein Gewerbepark errichtet wird oder nicht. Zwar kann sie als Zusammenfassung darstellen, wie sich der Bedarf an gewerblichen Gebäude- und Grundstücksflächen in der Vergangenheit entwickelt hat und mit welchen Absorptionsraten gewerbliche Flächen vom Markt aufgenommen wurden; zwar kann sie einen Überblick über das gegenwärtige Angebot auf dem Markt geben und darstellen, was in der Zukunft geplant ist; vielleicht gelingt es auch noch, eine kurzfristige Trendprognose für die nähere Zukunft zu geben – aber eine reine Bedarfsermittlung kann nicht das Endergebnis sein. Hauptaufgabe der Analyse ist es, da ein Gewerbeparkprojekt über einen sehr langen Zeitraum[1] mit gewerblichen Flächen auf den Markt kommt, herauszuarbeiten, welche Dynamik das Marktgebiet hat, welche Umstrukturierungen zu erwarten sind und welches Potential aus Erneuerungsbedarf von Altflächen resultiert.

Auf der Basis der vorliegenden Analyse steht die unternehmerische Entscheidung an, ob ein Gewerbepark gebaut wird oder nicht. Diese Entscheidung muß aufgrund verschiedener Entscheidungskriterien gefällt werden, wovon die Marktanalyse der vorliegenden Art nur eines sein kann. Von gleichrangiger Bedeutung wird sein, inwieweit die Finanzierung Raum gibt, ein langfristiges Projekt wie einen Gewerbepark überhaupt anzugehen.

---

[1] In Regensburg, einem relativ kleinen Marktgebiet, wurde ein verhältnismäßig großer Gewerbepark auf einer Fläche von 220.000 m^2 und einer möglichen Gesamtgeschoßfläche von 160.000 m^2 innerhalb von 19 Jahren fertiggestellt. Selbst in einem größeren Marktgebiet wie Nürnberg wird der Süd-West-Park mit einer Fläche von etwa 14 ha und einer Gesamtgeschoßfläche von ca. 180.000 m^2 vermutlich 12 Jahre bis zur Fertigstellung brauchen.

7

Die Standortwahl

7. Die Standortwahl

7.1 Bedeutung und Aufgaben der Standortanalyse

Ist die Entscheidung auf der Basis der Makroanalyse gefallen, daß ein Wirtschaftsraum für einen Gewerbepark geeignet ist, und ist auch entschieden, welcher Art der Gewerbepark sein soll, z. B. Büropark, allgemein gewerbliche Nutzung, Distributionspark, Forschungs- und Entwicklungspark etc., so sind die Standortsuche und die Wahl des Grundstücks die nächste Aufgabe. Je weniger Kompromisse dabei gemacht werden, desto besser ist es für die zukünftige Entwicklung des Gewerbeparks. Es gibt einige unabdingbare Kriterien an einen Standort. Wenn sie nicht erfüllt werden können, so ist der Standort ungeeignet. Ein Gewerbepark an ungeeigneter Stelle bedeutet Mißerfolg, zumindest aber den Verzicht auf wesentliche Marktchancen. Potentielle Standorte auf die Anforderungen hin zu überprüfen ist Aufgabe der Mikroanalyse (Standortanalyse).

7.2 Faktoren der Standortwahl

- Lage
  - Abhängig vom Typ des Gewerbeparks und der Nutzung
  - Verkehrsanbindung
  - Prestige, Annoncenwirkung
  - Kundenorientierung
  - Immissionen, Emissionen
  - Umfeld

- Verkehr
  - Vorhandenes Verkehrsnetz
  - Belastung und Leistungsfähigkeit des Verkehrsnetzes
  - Aus dem Gewerbepark resultierender Verkehr: zusätzliche Verkehrserschließung
  - Geplantes Verkehrsnetz

- Das Grundstück
  - Baurechte

Die Standortwahl

- Größe
- Form und Topographie
- Baugrundqualität
- Gewerbliche Recyclingflächen: Altbauten und Fundamente, Erschließungsbestand, Kontaminationen
- Umwelt

• Kosten des Grundstücks

7.2.1 Lage

Die Art des Gewerbeparks bestimmt wesentlich die Standortkriterien. Im großen Raum eines Wirtschaftsgebietes soll die Lage für einen Gewerbepark so sein, daß er, je nach Typ, eine optimale Geschäftslage für seine Nutzer abgibt.

Wird beispielsweise ein Distributionspark geplant, so muß das geeignete Grundstück groß sein, aber auch preiswert, weil Verkehrswege und Hallen große Flächen brauchen. Da im Lager- und Speditionsbereich sehr scharf kalkuliert werden muß, sind hohe Grundstückspreise im Fall des Verkaufs eines Grundstücks oder hohe Mieten im Falle der Vermietung von Gebäuden für die Nutzer nicht zu tragen. Ein Speditionspark ist verkehrsorientiert. Für ihn ist, je nach Auslegung des Parks, die Anbindung an die Autobahn, die Nähe zum Hafen, ein Gleisanschluß unabdingbare Voraussetzung.

Anders bei einem Büropark: Der Standort kann so gelegen sein, daß er Annoncenwirkung hat, Prestige bringt, näher an Wohngebieten liegt, um eine enge Verknüpfung von Arbeitsplatz und Wohnort möglich zu machen. Im Vordergrund steht dabei die Erreichbarkeit durch öffentliche Verkehrsmittel oder den eigenen Pkw.

Auch die Kundenorientierung kann, um noch ein anderes Beispiel zu nennen, ein Kriterium sein, denn ein Gewerbepark, der sich in Richtung Verlagswesen, Druckerei und Medien orientiert, wird sich dort niederlassen, wo er seine Kundschaft findet.

Ein Blick in die Nachbarschaft des in Aussicht genommenen Grundstücks für den Gewerbepark ist notwendig. Auf der einen Seite darf vom Gewerbepark keine Störung der Umgebung ausgehen. Emissionen und entstehender Verkehr dürfen die Nachbarschaft nicht beeinträchtigen. Falls in der Nähe Wohngebiete sind, muß es die Örtlichkeit erlauben, diese abzuschirmen. Auf der anderen Seite können aus der Umgebung Störungen für den Gewerbepark erwachsen, wenn Immissionen wie Rauch, Staub, Lärm, Licht usw. auftreten oder auch ein unschönes Erscheinungsbild, z. B. eine Schrottwagenverwertung, die Nachbarschaft prägt. Hier wäre die entsprechende Distanz oder eine Abschirmung zu den störenden Nachbarn nötig.

In die Bewertung des Standorts gehen auch Planungen für zukünftige Entwicklungen ein. Schwierig wären z. B. Wohngebiete, die entlang der Zubringerstraße ausgewiesen werden, oder Baufirmen, die sich neben einem Büropark ansiedeln wollen. Allgemein können die Faktoren, die das Umfeld des untersuchten Geländes bestimmen, bei der Beurteilung nicht hoch genug eingestuft werden.

Zu Recht ist unsere Zeit sensibel gegenüber den Eingriffen in die Natur und die Umwelt. Wenn ein Areal auf seine Eignung als Gewerbeparkstandort geprüft wird, können erste Gespräche mit den zuständigen Behörden und anderen Gesprächspartnern klären, welche Eingriffe tolerierbar sind. Auf der anderen Seite kann es aber auch so sein, wenn z. B. ein altes Industriegelände recycelt wird, daß mit der Anlage eines Gewerbeparks zu einer Verbesserung der Umwelt beigetragen werden kann. Die Umweltsituation ist in jedem Fall im Vorfeld sehr eingehend zu analysieren, weil sonst, wenn ein in diesem Punkt ungeeignetes Grundstück gewählt wird, der Gewerbepark später durch Bürgerproteste oder Genehmigungsauflagen behindert oder ganz verhindert wird.

7.2.2 Verkehr

In den meisten Fällen braucht ein Gewerbepark einen verkehrsorientierten Standort, d. h. unmittelbaren Zugang zu den wichtigen Verkehrsadern des Marktgebietes. Ihre Leistungsfähigkeit oder auch ihre Stauanfälligkeit ist bekannt (vgl. Kap. 6) und ist ein Kriterium der Standortwahl.

Die Zu- und Abfahrten vom Gewerbepark zu diesen Straßen müssen unmittelbar und exzellent sein. Ein weiteres Kriterium ist die Verbindung zum Flugplatz, zur Eisenbahn und gegebenenfalls zur Schiffahrtsstraße. Die unmittelbare Nähe zu einem Flugplatz ist eher nachteilig.

Wenn ein Gewerbepark nicht unmittelbar an einer Autobahnausfahrt liegen kann, sondern über Zubringerstraßen angeschlossen wird, so dürfen diese Zubringer nicht durch zahlreiche Verkehrsampeln oder anderes behindert werden und dürfen nicht durch Wohngebiete gehen. Von ihrer Kapazität her müssen diese Zubringer den zusätzlichen Verkehr aufnehmen können, der durch den Gewerbepark entsteht. Dies können durchaus 10.000

bis 20.000 Verkehrsbewegungen am Tag werden. Wenn der Zubringer diesen Anforderungen nicht gewachsen ist, soll die Analyse auch aufzeigen, ob durch Ausbaumaßnahmen ein zufriedenstellender Zustand hergestellt werden kann.

Neben der Anbindung an das überörtliche Verkehrsnetz ist auch die lokale Verkehrsstruktur Teil der Analyse des Standorts. Wichtige Aufgaben sind hier die Ermittlung des aus dem Gewerbepark resultierenden Verkehrs und die Überprüfung der vorhandenen Infrastruktur auf ihre Aufnahmefähigkeit für diesen zusätzlichen Verkehr hin. Dabei werden alle vorhandenen Straßen, Eisenbahnanschlüsse und sonstigen Verkehrserschließungen im unmittelbaren Umfeld des geplanten Gewerbeparks erfaßt und alle gegebenenfalls neu zu erstellenden Verkehrsbauten aufgelistet. Im letzteren Fall ist zu klären, wer die notwendigen Ausbaumaßnahmen übernehmen wird, innerhalb welcher Zeit sie durchgeführt werden können und wer die Kosten trägt.

Die Verkehrslage kann nicht zutreffend beurteilt werden, wenn nicht in die Überlegungen alle bekannten Verkehrsplanungen für das Gebiet des untersuchten Standorts, aber auch für das ganze Marktgebiet eingehen. Verlagerungen von Verkehrsströmen können sich sowohl positiv als auch negativ auf den Standort auswirken. Eine Verschlechterung des Standorts resultiert z. B. aus der Verlagerung zusätzlichen Verkehrs auf die Erschließungsstraße des Gewerbeparks. Überlastung und Stau mindern dann den Wert dieses Verkehrsanschlusses.

Folgenreich wäre auch die Verlagerung des Verkehrs weg von der Erschließungsstraße des Gewerbeparks, insbesondere, wenn es sich um einen Standort handelt, der eine Annoncenwirkung braucht, denn die Annoncenwirkung zu einer wenig befahrenen Straße ist gering. Annoncenwirkung ist das Erkennen des Zwecks einer Anlage von außen, z. B. von Gebäuden mit oder ohne Logo als Gewerbestandort oder Einkaufszentrum. Diese Wirkung ist um so größer, je frequentierter die Straße ist, je charakteristischer die Gebäude sind und je günstiger die Einsicht auf die Anlage vom Verkehrsweg aus ist.

In die Bewertung des Standorts geht neben der aktuellen Verkehrslage auch die sorgfältige Analyse aller geplanten Verkehrsentwicklungen ein.

7.2.3 Das Grundstück

Bei der Suche nach einem Grundstück sind die Flächennutzungspläne und die dort vorgesehenen Nutzungen eine gute Hilfe. Aber auch Grundstücke, die besonders geeignet erscheinen und nicht als Gewerbegebiete im Flächennutzungsplan ausgewiesen sind, sollen in Betracht gezogen werden. Wenn Gemeinde und Bezirksregierung dem Vorhaben positiv gegenüberstehen, sind die Änderung des Flächennutzungsplans und die Erstellung eines Bebauungsplans oder eines Vorhaben- und Erschließungsplans innerhalb von 18 bis 24 Monaten möglich. Günstiger ist die Situation natürlich, wenn ein Grundstück mit den Standortqualitäten für einen Gewerbepark bereits als Gewerbegebiet ausgewiesen ist und einen Bebauungsplan hat, der einen Gewerbepark zuläßt.

Ein Gewerbepark könnte auch in einem von der Gemeinde ausgewiesenen Gewerbegebiet entstehen. Den Gemeinden stehen zwei Arten von Grundstücksflächen in Gewerbegebieten zur Verfügung:

- Gebiete aus Altbesitz und aus Zukauf zu Marktpreisen,
- Gebiete, die aufgrund von städtebaulichen Entwicklungsmaßnahmen nach dem Baugesetzbuch und Städtebauförderungsgesetz geschaffen werden.

Soweit Gemeinden Gewerbeflächen der ersten Kategorie zur Verfügung haben, sind sie in ihrem Handeln weitgehend frei und können mit einem Entwickler Grundstücksgeschäfte nach Marktkonditionen ohne Auflagen abschließen. Soweit es sich um Grundstücksflächen aus einer städtebaulichen Entwicklungsmaßnahme handelt, sind eine Vielzahl von Auflagen nach Gesetz erforderlich, die sehr behindern und restriktiv sein können.[1]

Die baurechtliche Situation ist ein wichtiger Faktor bei der Beurteilung eines Grundstücks für einen Gewerbepark (vgl. Kap. 9). Die Vorschriften und Festlegungen im Flächennutzungsplan und in den Bebauungsplänen müssen sehr genau analysiert und Änderungsmöglichkeiten mit Gemeinde und Regierung verhandelt werden. Wenn es sich bei dem untersuchten Grundstück um ein bereits früher gewerblich genutztes Grundstück handelt, ist zu eruieren, welche Baurechte, Baulinien, Baubegrenzungen gege-

---

[1] Zum Beispiel Baupflicht, Wiederkaufsrecht der Gemeinde, Auflassungsvormerkung, Belegungsbindungen, Anschluß und Benutzungsklauseln, z. B. Fernheizung, Vereinbarung einer städtischen Oberbauleitung etc.

ben sind. Oft sind sogenannte gewerbliche Recyclingflächen mit wesentlich günstigeren Baurechten ausgestattet, als sie für neue Flächen gewährt werden. Solche alten Baurechte können einen erheblichen Wert darstellen. Der Zeitgewinn bei der Umsetzung der Planung und dem Beginn der Arbeiten kann erhebliche finanzielle Einsparungen gegenüber einem unbebauten Grundstück bedeuten, bei dem der gesamte Planungs- und Genehmigungsprozeß zu durchlaufen ist. Vorhandene Baurechte sparen Zeit und Geld.

Die Größe des Grundstücks muß dem geplanten Gewerbepark entsprechen. Ein Gewerbepark braucht ein gewisse Größe, um die aus dem Konzept resultierenden Qualitäten entwickeln zu können. Erst ab einer Mindestgröße, die es auch finanziell erlaubt, ein eigenes Management zu installieren, kann ein Gewerbepark mit eigener Standortqualität entstehen. Oft müssen mehrere benachbarte Grundstücke erworben werden und zu einem Areal der gewünschten Größe zusammengefaßt werden. Wenn alle übrigen Standortqualitäten positiv sind, ist dieser Aufwand immer gerechtfertigt.

Für die bauliche Ausnutzung ist die Form des Grundstücks von großer Bedeutung. Ungünstige Zuschnitte oder mangelnde Grundstückstiefe lassen im Inneren des Gewerbeparks nicht die optimale Verkehrsführung und Gebäudeanordnung zu, die später für einen reibungslosen Funktionsablauf nötig wäre.

Kompromisse auf diesem Gebiet können die Qualität des entstehenden Gewerbeparks und seinen Erfolg erheblich beeinträchtigen.

Die Topographie des Grundstücks kann positiv oder negativ in die Beurteilung eingehen, wobei die Art des geplanten Gewerbeparks hier großen Einfluß hat. Ist ein Gewerbepark mit großen Hallen und langgestreckten Gebäuden geplant, so muß das Gelände absolut eben sein. Gefälle darf nur in ganz geringem Maß vorhanden sein, weil sonst Erdarbeiten in großem Umfang nötig werden und durch Böschungen viel Land verlorengehen kann. Die Topographie kann in diesem Sinne erhebliche Kosten verursachen. Auf der anderen Seite können Unebenheiten im Gelände, die zunächst als Handikap erscheinen, durch die landschaftsgärtnerische Gestaltung einen positiven Effekt erzielen.

Die Qualität des Baugrunds ist ein weiteres Kriterium zur Beurteilung eines Grundstücks und auch zur Kostenkalkulation. Ideale Verhältnisse im Untergrund reduzieren die Kosten, während schwieriger Grund wie Sumpf oder Fels sie erheblich ansteigen lassen. Topographie und Baugrundqualität beeinflussen die Herstellungskosten und dürfen bei der Beurteilung des Kaufpreises für das Grundstück nicht vergessen werden.

Wenn das untersuchte Gelände früher schon gewerblich genutzt wurde, so ist die frühere Nutzung von Interesse. Die gegenwärtige Nutzung sagt hierüber relativ wenig aus. Eine lückenlose Dokumentation, einerseits aufgrund der Bauakten der Gemeinden, andererseits aber auch aus historischen Luftaufnahmen, ist unbedingt zu empfehlen. Diese genaue Aufnahme ist deshalb notwendig, weil aus der historischen Nutzung große Probleme, vor allem Kontaminationen, resultieren können. Je nach Art der vorherigen Nutzung muß der Boden auf spezielle Verschmutzungen hin untersucht werden. Die Erkundung der früheren Nutzung wird auch Hinweise auf die Beschaffenheit des Baugrunds geben. Im Untergrund können alte Fundamente, Keller, Klärgruben und vieles andere vorhanden sein. Die Beseitigung der Altanlagen ist ein Kostenfaktor, der für die Standortanalyse zu ermitteln ist.

Die mögliche Kontamination von Grundstücken muß in der Standortanalyse untersucht werden, denn sie hätte großen Einfluß auf die mögliche Nutzung und auch auf die Kalkulation. Eine Kontamination stellt für ein Grundstück eine Wertminderung dar. Sie wird in das Grundbuch eingetragen. Die Bebauung eines belasteten Grundstücks mit hochwertigen Gebäuden wird auch diese Gebäude abwerten.

Daher sollte immer, selbst wenn die Gesetze gegenwärtig einen Verbleib dieser Kontamination im Boden zulassen würden, versucht werden, die Altlasten vollständig zu beseitigen. Grundstücke, bei denen das nicht möglich ist, sind ungeeignet.

Auf alten Gewerbeflächen ist sehr oft Infrastruktur vorhanden, die weiter genutzt werden kann. Erschließungen durch Kanal, Strom, Wasser, Fernwärme etc. müssen erfaßt und in ihrer Dimension und möglichen Weiterverwendung bewertet werden. Bezahlte Anliegergebühren, Kanalanschlußgebühren, Wassergebühren, Stromanschlußgebühren etc. werden dokumentiert, da sie dem Nachfolgenutzer gutgeschrieben werden und eine erhebliche Kostenentlastung darstellen können.

Auch die weitere Umweltsituation am gewählten Standort ist zu untersuchen. Ist vorhandenes offenes Wasser in Ordnung? Wie ist die Luftqualität? Gehen von der Umgebung Beeinträchtigungen (z. B. Gerüche) aus?

In die Beurteilung eines Standorts geht die Gesamtqualität der Umgebung ein. Ein Gewerbepark ist zwar in der Lage, eigene Standortqualitäten zu erlangen; er kann aber niemals seine ganzen Möglichkeiten entfalten, wenn er von einer ungeeigneten Nachbarschaft beeinträchtigt wird.

7.2.4 Kosten des Grundstücks

Bei der Erläuterung der einzelnen Standortfaktoren wurde öfter auch auf den Kostenfaktor hingewiesen, der natürlich mit entscheidend bei der Standortwahl ist. Vergleicht man verschiedene mögliche Grundstücke für die Errichtung eines Gewerbeparks, so sind die einzelnen Aufwendungen, die notwendig werden, um das Grundstück bebaubar zu machen, zu erfassen und gegenüberzustellen.

Dies sind:

- die unmittelbaren Erwerbskosten für das Grundstück einschließlich der Nebenkosten,
- die Kosten für die Anbindung an das überörtliche Verkehrsnetz, Straßenausbau, Kreuzungsausbau, Ampelanlagen, Gleiszuführungen, Busbuchten,
- Erschließungskosten für Gas, Strom, Wasser, Abwasser, Fernwärme,
- die Kosten für die interne Erschließung und Nutzbarmachung des Geländes (Topographie und Baugrund),
- sonstige Kosten, z. B. für Entsorgung, Biotope, Ersatzmaßnahmen.

Die vergleichende Bewertung potentieller Standorte für einen Gewerbepark wird durch die Mikroanalyse möglich. Sie gibt Informationen über allgemeine Standortbedingungen wie Lage und Verkehrsanbindung, erfaßt möglichst genaue Daten über das jeweilige Grundstück und bewertet zahlreiche weitere Kriterien wie ökologisches und nachbarliches Umfeld, zukünftige Entwicklungen und nicht zuletzt die Kosten und ist dadurch eine wichtige Basis für die Standortentscheidung.

8

Baurechte

8. Baurechte

8.1 Bedeutung der Baurechte

Erste und wichtigste Frage bei der Beurteilung eines in Aussicht genommenen Baugrundstücks ist die Frage, ob auf dem Grundstück die für die Errichtung eines Gewerbeparks notwendigen Baurechte gegeben sind oder erlangt werden können.

8.1.1 Kurzer Überblick über das Baurecht in der Bundesrepublik Deutschland

Nach dem in der Bundesrepublik Deutschland geltenden Baurecht liegt die Planungshoheit bei den Gemeinden. Sie beschließen Flächennutzungsplan und Bebauungsplan. Der Flächennutzungsplan ist eine Maßnahme der Bauleitplanung, in dem für alle Flächen die Bodennutzung festgelegt wird, z. B. als landwirtschaftliche Fläche, Wohngebiete, Gewerbegebiete, Industriegebiete, Sondergebiete etc.

Auf der Basis der Flächennutzungspläne werden Bebauungspläne erstellt. In ihnen werden Maß und Art der möglichen Bebauung definiert. Es gibt einfache und qualifizierende Bebauungspläne. Letztere können Bauvorhaben in allen Details festlegen. Eine Baugenehmigung für ein Bauprojekt muß erteilt werden, wenn die Voraussetzungen des Bebauungsplans erfüllt sind.

In Bereichen ohne Bebauungsplan richtet sich die Bebauung nach dem Maß der in der Umgebung vorhandenen Nutzung und Bebauung. Für den Innenbereich der Gemeinde gilt § 34 Baugesetzbuch, für den Außenbereich § 35 Baugesetzbuch. Während der Bebauungsplan im Rahmen seiner Regelungen definitive Baurechte gewährt, sind die Baurechte nach § 34 und § 35 Baugesetzbuch nicht definiert und liegen im Ermessen der genehmigenden Behörde unter Berücksichtigung des Maßes der bisherigen Nutzung im Genehmigungsbereich.

Statt einen Bebauungsplan aufzustellen, kann die Gemeinde mit dem Bauherrn einen Vorhaben- und Erschließungsplan vereinbaren, bei dem die Planungsaufgaben auf den Bauherrn übertragen werden. Der Vorhabens- und Erschließungsplan erzeugt Baurechte der gleichen Qualität wie ein Bebauungsplan, allerdings mit der Besonderheit, daß er die Rechte einem bestimmten Bauwerber erteilt und die Baurechte nicht an das Grundstück gebunden sind.

8.1.2 Wertung der Baurechte für einen Gewerbepark

Grundsätzlich kann ein Gewerbepark aufgrund von drei im Gesetz vorgesehenen Rechtsgrundlagen genehmigt werden. Sie sind jedoch verschieden zu beurteilen.

Ist kein Bebauungsplan vorhanden, so könnte ein Gewerbepark nach § 34 oder § 35 Baugesetzbuch genehmigt werden, wenn das Gebiet im Flächennutzungsplan als Gewerbegebiet ausgewiesen ist. Der Vorteil liegt hier darin, daß Genehmigungen für Bauvorhaben sofort erteilt werden können; der Nachteil liegt in der relativen Rechtsunsicherheit, weil jedes Bauvorhaben der Ermessensentscheidung der Behörde unterliegt und durch die politischen Gremien des Stadtrates zu genehmigen ist. Vor allem aber kann der Bauherr schwer beurteilen, welche Bauauflagen in der Zukunft gemacht werden. Ein weiterer Nachteil ist, daß die Grundstücksnachbarn jede einzelne Baumaßnahme durch Einsprüche und Klagen behindern können.

Für ein Projekt wie einen Gewerbepark, der als Investition von einer großen Dimension ist und sich in der zeitlichen Abwicklung über viele Jahre erstreckt, sollte immer ein Bebauungsplan angestrebt werden, denn das Risiko für den Investor und Bauherrn wäre außerordentlich hoch, wenn nach §§ 34 oder 35 Baugesetzbuch gebaut werden soll. Ein Bebauungsplan gibt Rechtssicherheit, denn für Bauten innerhalb des Rahmens, den der Bebauungsplan absteckt, besteht ein Rechtsanspruch auf Genehmigung. Für den Bauherrn sind eine Vorausschaubarkeit und Kalkulierbarkeit für die Bauten gegeben. Die einzelne Baumaßnahme muß nicht mehr in den politischen Gremien behandelt werden, es sind keine Auflagen über die Festlegungen im Bebauungsplan hinaus möglich. Der Genehmigungsvorgang nach Vorliegen des Bebauungsplans ist kürzer und schneller.

Der Vorhaben- und Erschließungsplan ist in zweierlei Hinsicht von Vorteil für einen Bauherrn, weil er ihm bzw. einem von ihm beauftragten Büro die Erstellung der Planungsunterlagen überläßt, wodurch der Bauherr Einfluß auf den Zeitablauf und den Inhalt hat, und weil er Baurechte gewährt, die denen des Bebauungsplans entsprechen. Der Nachteil eines Vorhabens- und Erschließungsplans ist, daß der Bauherr die Baurechte erwirbt, da sie durch einen Vertrag zwischen der Gemeinde und dem Bauherrn zustande kommen. Bei einer Weiterveräußerung des Projektes muß die Gemeinde mit dem Wechsel des Vertragspartners einverstanden sein und kann im Extremfall die Rechte wieder einziehen.

8.2 Baurechte als Standortkriterium

8.2.1 Vorgehen bei der Projektprüfung

Das Konzept eines guten Gewerbeparks stellt einige unabdingbare Anforderungen an die funktionelle und bauliche Gestaltung des Geländes und der Baukörper, die dann eine funktionsfähige Anlage ermöglichen. Es ist Aufgabe der Planer und Ingenieurbüros, im Detail zu definieren, unter welchen baurechtlichen Voraussetzungen die Umsetzung des Konzepts möglich ist. Ziel des Entwicklungsteams muß es sein, die Erfordernisse eines Gewerbeparks mit dem Baurecht in Einklang zu bringen. Das kann entweder heißen, daß man ein geeignetes Grundstück mit solchen Baurechten findet, daß sie die Realisierung des geplanten Gewerbeparks zulassen, oder daß die rechtlichen Voraussetzungen auf einem ansonsten geeigneten Grundstück durch die entsprechenden Verfahren geändert oder neu geschaffen werden.

Bei der Prüfung eines Grundstücks sind die Baurechte auf dem Grundstück im einzelnen zu untersuchen. Zunächst wird festgestellt, welche Klassifizierung das Gelände im Flächennutzungsplan hat. Falls der Flächennutzungsplan den Bau eines Gewerbeparks nicht zuläßt, besteht die Möglichkeit – wenn die Stadt und die Ortsplanungsstelle bei der übergeordneten Regierung den Gewerbepark befürworten –, eine Änderung im Flächennutzungsplan herbeizuführen. Dabei ist auch der zeitliche Rahmen in Betracht zu ziehen, denn die Erfahrungen zeigen, daß für das Verfahren ein bis eineinhalb Jahre notwendig sind.

Wenn für das untersuchte Grundstück ein Bebauungsplan vorliegt, wird genau untersucht, ob und welche Änderungen nötig sind. Hat das in Aussicht genommene Grundstück keinen Bebauungsplan, so ist es im Interesse der Rechtssicherheit wichtig, die Aufstellung eines Bebauungsplans oder alternativ eines Vorhaben- und Erschließungsplans zu betreiben.

Die Erstellung des Bebauungsplans oder die Durchführung eines Vorhabens- und Erschließungsplans ist aufgrund der vielen beteiligten Behörden und Dienststellen und der Einbindung der Öffentlichkeit sehr zeitaufwendig. Bei optimaler Behandlung ist ein Zeitraum von eineinhalb Jahren an-

Baurechte

zusetzen. Wird gleichzeitig auch der Flächennutzungsplan geändert, so können beide Verfahren parallel laufen.

Bei der Aufstellung des Bebauungsplans ist es von Vorteil, die Öffentlichkeit frühzeitig über die Planungen zu informieren und einzubinden, damit bei der öffentlichen Auslegung möglichst wenige Einsprüche zu behandeln sind, was das Verfahren erheblich abkürzen kann. Die Einwendungen der Nachbarschaft können im Verfahren durch die Behörde abgewogen, abgelehnt oder berücksichtigt werden, sozusagen in einer ersten Instanz. Erst in zweiter Linie ist der Weg zum Gericht möglich, wobei in einem Bebauungsplanverfahren die Stellung der Nachbarn relativ schwach ist. Im Gegensatz dazu sind bei Genehmigungen nach §§ 34 und 35 alle Auseinandersetzungen über die Nachbarschaftsrechte vor Gericht auszutragen.

8.2.2 Wichtige Baurechte für einen Gewerbepark

Um das Konzept des Gewerbeparks sinnvoll und erfolgversprechend umsetzen zu können, müssen zahlreiche genehmigungsrechtliche Voraussetzungen gegeben sein. Sehr günstig ist ein nicht qualifizierender (einfacher) Bebauungsplan, der wenige Regelungen vorgibt und dem Bauherrn innerhalb des Geländes weitgehend freie Hand läßt, seine Baulichkeiten zu gestalten.

Die textlichen Festlegungen des Bebauungsplans über das Maß der Nutzung, die Geschoßflächenzahl, die Überbaubarkeit und die Bauhöhen müssen es zulassen, daß die Aufteilung des Geländes in Grünflächen, befestigte Flächen und überbaute Flächen nach den konzeptionellen Vorstellungen des Developers möglich ist und die Gebäude wie geplant gebaut werden können. Für das Areal sollen lediglich Baulinien festgelegt werden, keinesfalls Einzelfestlegungen für Bauflächen. Die Festlegung eines Grünanteils ist akzeptabel, wenn das Projekt in der Lage ist, diesen Anteil zu tragen.

Große Aufmerksamkeit sollte den detaillierten Regelungen über die Farbgestaltung, die Zulässigkeit von Werbeanlagen und Werbebauten und vieles mehr gewidmet werden. Sehr hohe Kosten können mit Auflagen wie Dachbegrünung, Versickerung des Wassers, Rückhaltebecken, Trennsystem im Abwasserkanal oder Lärmschutzanlagen und -wällen verbunden sein. Regelungen, z. B. Lärmschutzauflagen, die über die allgemeinen Richtlinien für Gewerbegebiete hinausgehen, sollten sich im Bebauungsplan für einen Gewerbepark nicht finden.

Nutzungsbegrenzungen, beispielsweise ein totales Einzelhandelsverbot, die über die allgemeinen Definitionen für Gewerbegebiete bzw. Industriegebiete hinausgehen, sollten ebenfalls nicht akzeptiert werden. Der Katalog der Einschränkungen sollte so gering wie möglich sein, weil dem Gewerbepark nicht nur bei der Herstellung, sondern auch in der langfristigen Nutzung aus solchen Einschränkungen Nachteile erwachsen können. Alle Auflagen müssen auch auf ihre ökonomischen Auswirkungen hin geprüft werden, damit nicht nur ein funktionsfähiger, sondern auch ein rentabler Gewerbepark entstehen kann.

8.3 Prüfung der Nachbarschaftsrechte

Die Untersuchung, ob ein Grundstück für die Errichtung eines Gewerbeparks geeignet ist, wäre nicht vollständig, wenn nicht auch die Baurechte der Nachbarschaft, besonders der anliegenden Grundstücke, dahingehend analysiert würden, ob sie Nutzungen erlauben, die nicht mit einem Gewerbepark kompatibel sind. Wenn die mögliche Nutzung in der Nachbarschaft z. B. Wohnbebauung, Krankenhäuser oder Schulen umfaßt, würde der Gewerbepark stören und müßte mit Klagen rechnen.

Andererseits können von Nutzungen wie z. B. Recyclinganlagen, Zementmischanlagen etc. untragbare Beeinträchtigungen für einen Gewerbepark ausgehen.

Soweit für die Nachbarschaftsgrundstücke keine Bebauungspläne vorliegen, ist es sinnvoll, mit der Gemeinde Vereinbarungen zu treffen, daß im Zuge der Erstellung des Bebauungsplans für den Gewerbepark auch für diese Flächen Bebauungspläne mit Nutzungen erstellt werden, die langfristig für den Gewerbepark nicht störend sind. Auch die Verbindungsstraßen zwischen dem Gewerbepark und den Hauptverkehrsstraßen sollten nicht durch Gebiete gehen, deren Nutzung durch den zu erwartenden starken Verkehr beeinträchtigt würde.

Zusammenfassend kann man sagen, daß die für die Realisierung eines guten Gewerbeparks notwendigen Baurechte und auch die erlaubten Nutzungen der umliegenden Grundstücke ein wichtiges Standortkriterium sind.

9

Die Kalkulation des Gesamtprojektes

9. Die Kalkulation des Gesamtprojektes

Dieses Kapitel gibt allgemeine Grundsätze und Erläuterungen zur Kalkulation von Gewerbeparks und eine Modellrechnung als Beispiel[1].

9.1 Die Kalkulation von Gewerbeparks mit Mietobjekten

Bereits in der Projektphase wurde eine erste Gesamtkalkulation des Gewerbeparks erläutert (vgl. Kap. 6). Die Aufgabe dieser Kalkulation war es darzulegen, unter welchen Kostenvoraussetzungen das Projekt Gewerbepark überhaupt rentabel verwirklicht werden kann. Während der Projektphase stehen mit Fortschreiten des Projekts immer konkretere Zahlen zur Verfügung, so daß in die Kalkulation Schritt für Schritt statt der geschätzten Kostenansätze genaue Zahlen für Grundstückskosten, Erschließungskosten und Nebenkosten eingehen. Aus der ursprünglich überschlägigen Vorkalkulation mit weitgehend fiktiven Zahlengrößen ist bei Abschluß der Vorprojekt- und Prüfungsphase eine Kalkulation mit ziemlich endgültigen Zahlen für Grundstück, Grundstückserschließung und Nebenkosten für die erste Phase der Entwicklung geworden.

Die in diesem Kapitel beschriebene Kalkulation wird erstellt, wenn die Entscheidung gefallen ist, den Gewerbepark zu bauen. Sie baut auf genauen Unterlagen und Planungen auf. Nach der Marktanalyse und der Entscheidung für einen Standort können das Grundstück und die Erschließungskosten kalkuliert werden. Die genaue Kalkulation von Gebäuden ist erst möglich, wenn sie endgültig geplant sind. In diese Vorkalkulation gehen typische Kostenansätze für Gebäude ein.

Auf der Basis der zum Zeitpunkt der Vorkalkulation verfügbaren Zahlen wird eine Gesamtkalkulation für den Gewerbepark erstellt. Sie umfaßt die Grundstückskosten einschließlich der Erschließung, die Gebäudeherstellkosten, die Finanzierungskosten und die Planungs- und Projektierungskosten. Zur Beurteilung der Rentabilität dient die Mieteinnahmenberechnung auf der Basis der Marktpreise. Die Beispielrechnung im zweiten Teil dieses Kapitels ist eine solche Gesamtkalkulation, die zu Beginn der Verwirklichungsphase des Gewerbeparks erstellt wird.

---

[1] Vgl. Annex 2.

Die Kalkulation des Gesamtprojektes

War die Kalkulation in der Projektphase so ausgelegt, daß sie Entscheidungsgrundlage war, ob das Projekt rentabel verwirklicht werden kann oder nicht, so ist die Gesamtkalkulation in der Verwirklichungsphase ein wichtiges Instrument, um Entscheidungen für die weitere Entwicklung des Gewerbeparks zu treffen. Sie gibt beispielsweise Auskunft, ob bei den gegebenen Marktverhältnissen im Vergleich von Mietpreisen und Herstellungskosten ein neues Einzelobjekt unter Rentabilitätsgesichtspunkten begonnen werden soll, ob es lieber aufgeschoben wird oder ob es gegebenenfalls in anderer Qualität errichtet werden muß.

Die Gesamtkalkulation wird immer wieder aktualisiert und ergänzt. In die detaillierte Kalkulation geht eine Reihe von Kosten ein, von denen die wesentlichen nachfolgend angesprochen werden sollen. Außerdem werden verschiedene Kennzahlen ermittelt.

9.2 Vorlauf-, Grundstücks- und Erschließungskosten

Zu den Vorlaufkosten gehören die Aufwendungen der Projektprüfung mit den dafür notwendigen Analysen, Untersuchungen und Managementaufwendungen.

Die Grunderwerbskosten umfassen nicht nur die unmittelbaren Erwerbskosten für den Grund, sondern auch die weiteren in diesem Zusammenhang entstehenden Kosten. Sie alle sind in die Kalkulation einzubeziehen (vgl. Punkt 14.2 „Ermittlung der Grundstückskosten" und Kap. 8).

Die Erschließungskosten umfassen alle Aufwendungen für Maßnahmen auf dem Gelände des Gewerbeparks.

Im einzelnen sind die Erschließungskosten für folgende Bereiche zu kalkulieren: Erschließungsplanung, Straßen, Straßenanschlüsse, Parkplätze, Kanal, Wasser, Wasserrückhaltung, Brunnen, Strom, Gas, Fernwärme, Grünanlagen, Ausgleichsmaßnahmen (Biotope) usw. sowie Erschließungsbeiträge und Genehmigungsgebühren.

Ein besonderes Augenmerk ist auf Anliegerkosten, auf Kanalbeiträge, Anschlußkosten etc. zu richten, die oft erst nach Jahren in Rechnung gestellt werden, die aber in der Kalkulation erscheinen müssen.

In der Kalkulation angesetzt werden ferner die Planungskosten und die Kosten, die das Entwicklungsteam für den Gewerbepark bisher verursacht hat (unabhängig davon, ob diese Kosten dann in der Bilanz aktiviert werden oder nicht, was eine Frage der Steuergesetze ist).

Dazu kommen die Kosten der Zwischenfinanzierung bis zur Fertigstellung und Vermietung.

Die Gesamterschließungskosten werden bis zur Fertigstellung des Gewerbeparks immer eine vorläufige Größe sein. Die Vorkalkulation wird laufend ergänzt werden, weil die letzten Erschließungsmaßnahmen wahrscheinlich erst mit der Erstellung des letzten Gebäudes abgeschlossen sein werden. Die Kalkulation der Grundstückskosten einschließlich der Erschließung ist Grundlage für die Einzelkalkulation der Immobilien oder – im Falle der Veräußerung von Grundstücken – für die Berechnung des eigenen Aufwands für das Grundstück.

9.3 Kennzahlen

Um mit den Zahlen aus der Gesamtkalkulation und der Einzelkalkulation von Gebäuden arbeiten zu können und um sie in weitere Kalkulationen einsetzen und vergleichen zu können, wird eine Reihe von Kennzahlen ermittelt.

Für das Grundstück wird – ausgehend von der gesamten zur Verfügung stehenden Fläche – ermittelt, welcher Anteil dieser Fläche für Straßen, Parkplätze, Verkehrsflächen, Grünanlagen und letztlich Bauquartiere zur Verfügung steht. Es kann dann, basierend auf der Gesamtkalkulation des baureifen Grundstücks, ein kalkulatorischer Preis für den Quadratmeter bebaubare Grundstückfläche errechnet werden.

Es kann auch der kalkulatorische Grundstückskostenanteil für einzelne Gebäude ermittelt werden. Er ergibt sich durch eine Division der Grundstückskosten des für den Baukörper benötigten Grundstücks durch die geplante Geschoßfläche. Dabei werden Nutzungsüberlegungen, Geschoßflächenzahl sowie Überbaubarkeit mit einbezogen. Es kann beispielsweise ein größeres Grundstück notwendig werden, als aufgrund des Baurechts anzusetzen wäre, weil Anlieferhöfe oder besondere Zufahrten oder, z. B. bei einem Supermarkt, eine größere Anzahl Parkplätze notwendig sind.

Bei den Pkw-Parkplätzen ist nach Baurecht je nach Nutzung eine gewisse Anzahl von Stellplätzen im Verhältnis zur erstellten Geschoßfläche vorgeschrieben. In den Gemeinden liegen hierfür Kennzahlen auf. Ein Gewerbepark wird Parkplätze seinem Konzept gemäß nach tatsächlichem Bedarf erstellen, das kann im Einzelfall auch heißen: mehr Parkplätze als die durch die gemeindlichen Auflagen geforderten. In diesem frühen Stadium der Er-

Die Kalkulation des Gesamtprojektes

mittlung der notwendigen Parkplätze wird eine durchschnittliche Nutzung unterstellt. Der Parkplatzbedarf und die Parkplatzkennziffern sind somit nur vorläufig.

Bei der Gebäudekalkulation sind als Kennzahlen besonders wichtig: die Bruttogeschoßflächen und die hierfür anfallenden Baukosten mit und ohne Grundstücksanteil, die Verkehrsflächen, die Nettogeschoßflächen oder die vermietbaren Flächen und die darauf entfallenden Herstellungskosten mit und ohne Grundstücksanteil. Die Kosten werden jeweils bezogen auf den Quadratmeter Bruttogeschoßfläche, Nettogeschoßfläche, Nutzfläche. Wenn Kostengrößen jeder Art auf den Quadratmeter Nutzfläche umgelegt werden, hat man für schnelle überschlägige Kalkulationen eine gute Grundlage.

9.4 Kalkulation der Einzelgebäude

Ein Gewerbepark entsteht durch den Bau einzelner Objekte wie Bürohäuser, Hallen, Ausstellungs- oder Lagergebäude. Die Kalkulation der Einzelobjekte liefert die Grundlage für die Entscheidung, ob diese Investitionen zum jeweiligen Zeitpunkt sinnvoll sind. Bevor ein Gebäude errichtet wird, wird jeder vorsichtige Unternehmer kalkulieren, ob die Marktmieten bei seinen kalkulierten Kosten eine akzeptable Rentabilität sichern. Ganz gleich, ob die Gebäudekalkulation im einzelnen durch das eigene Team oder durch die Vertragsarchitekten durchgeführt wird, eine präzise und gute Kalkulation ist erste Voraussetzung für den Gesamterfolg.

Bei Gebäuden ist ebenfalls zu unterscheiden zwischen Vorkalkulation, laufender Kalkulation und Nachkalkulation. Je besser die Vorarbeiten und Planungen sind, desto genauer kann die Vorkalkulation werden.

Die Nachkalkulation ist ein wichtiger Beitrag zur Verbesserung zukünftiger Kalkulationen – bestätigt oder falsifiziert sie doch die Kostenansätze. Bei langen Investitionsphasen erhöht sie die Zuverlässigkeit der Vorkalkulation. Ziel muß es sein, die Vorkalkulation so präzise wie möglich durchzuführen, damit sie so nah wie möglich an die letzten Endes erreichten echten Kosten herankommt. Die Fortführung der Vorkalkulation als laufende Kalkulation ist wichtig, um rechtzeitig Abweichungen der tatsächlichen von den kalkulierten Kosten festzustellen, damit möglichst früh Korrekturen bei falschen Kostenentwicklungen gemacht werden können oder frühzeitig eine Nachfinanzierung möglich wird. Dazu gehört, daß bereits in der Vorkalku-

Die Kalkulation des Gesamtprojektes

lation der einzelnen Gebäude Alternativlösungen aufgezeigt werden, damit im Falle von Kostenerhöhungen Streichungen und Einsparungen gemacht werden können, um mit dem Gesamtprojekt innerhalb der budgetierten Kosten und damit innerhalb des Finanzierungsrahmens zu bleiben.

Die Kalkulation eines Baukörpers beginnt mit der Zuordnung eines Grundstücksteils. Das Grundstück, auf dem gebaut werden soll, wird zu Marktpreisen angesetzt. Der Marktpreis wird abgeleitet von Grundstücken ähnlicher Lage und Verwendbarkeit (nicht von den kalkulierten Kosten des eigenen Grundstücks). Liegen die Marktpreise höher als die Anschaffungskosten, so wird dadurch die Rentabilität günstiger; sind sie jedoch niedriger, so wird die Rentabilität gemindert.

Dann werden in der Gebäudekalkulation die Parkplatzkosten angesetzt. Die Kosten für die Herstellung des Parkraums hängen stark von der Anzahl und der Art der Parkplätze ab. Sie können ebenerdig, in Tiefgaragen oder in Parkhäusern erstellt werden (vgl. Kap. 18).

Die unmittelbaren Baukosten für Rohbau, Ausbau und die übrigen Gewerke sind so präzise wie möglich zu ermitteln und anzusetzen. Bei der Gebäudekalkulation ist sehr wichtig, daß eine Kalkulationsart gewählt wird, die nicht pauschal nach Kubikmetern Bauvolumen oder anderen Kenngrößen vorgeht, sondern die bereits soweit ins Detail geht, daß z. B. die Betonarbeiten und das Mauerwerk in tatsächlichen Kubikmetern, Decken und Böden nach anfallenden Quadratmetern etc. erfaßt werden. Mindestens 20 bis 25 Einzelpositionen werden in dieser Weise im Detail abgegriffen, wobei in diesem Zeitpunkt bereits Fragen der Bauqualität und der damit zusammenhängenden Preiskategorien anzuschneiden sind.

Dazu kommen weitere Positionen für Ingenieurhonorare, Architektenhonorare, Baugenehmigungskosten usw. und ein Kostenblock für das Entwicklungsteam und für die Vermarktung. Auch hier ist es wichtig, daß die Kosten so genau wie möglich berechnet werden.

Als Nebenkosten sind in die Kalkulation zusätzlich die Finanzierungskosten aufzunehmen. Die Kosten der Baufinanzierung werden bis zur Vermietung berechnet und angesetzt; der Zeitraum, für den sie über den Fertigstellungstermin hinaus anzusetzen sind, kann also je nach Marktlage kürzer oder länger sein. Die Endfinanzierungskosten werden ebenfalls berechnet und angesetzt.

Die so erstellte Vorkalkulation wird dann, während der Bau voranschreitet und die einzelnen Gewerke vergeben werden, laufend aktualisiert. Anstelle der kalkulierten werden die tatsächlichen Kosten eingesetzt. Zeigt

Die Kalkulation des Gesamtprojektes

sich, daß die tatsächlichen Vergabepreise wesentlich über der Kalkulation liegen, so kann das Projekt an diesem Punkt eventuell durch Änderung von Qualitätsstandards oder durch billigere Alternativlösungen wieder in den geplanten Kostenrahmen zurückgeführt werden.

9.5 Die Kalkulation der Mieteinnahmen und die Rentabilitätsberechnung

Bei einem Immobilienprojekt fällt die letzte Entscheidung, ob ein Gebäude errichtet werden soll oder nicht, im Rahmen der Rentabilitätsberechnung. Sie stellt die Verbindung her zwischen den am Markt erzielbaren Mieten und den eigenen Herstellungskosten.

Ob ein Objekt in der geplanten Art erstellt wird, hängt letztlich immer davon ab, ob die erzielbaren Mieten in der Summe ausreichen, um einerseits die mit dem Gebäude zusammenhängenden Kosten (Unterhalt, Betrieb, Management und Steuern) zu decken, und ob andererseits Mittel für Zinsen und Tilgung des Fremdkapitals erwirtschaftet werden und last but not least die Verzinsung des eingesetzten Eigenkapitals der erwarteten Rendite entspricht.

Um die möglichen Gesamtmieteinnahmen zu ermitteln, wird das Gebäude nach seiner Struktur aufgegliedert und den einzelnen Flächen ein Mietpreis zugeordnet, der am Markt durchsetzbar ist. Ebenerdige Flächen z.B., die hochwertig vermietet werden können, sind dementsprechend auszuweisen und zu kalkulieren, andere Flächen vergleichsweise niedriger.

Die Gesamtmiete für die vermietbaren Flächen ist ins Verhältnis zu den gesamten Baukosten zu setzen. Dies ergibt eine Bruttorentabilität. Die Rentabilitätsrechnung wird jedoch noch weitergeführt. Die Kosten für Reparaturen, für den Betrieb der Anlage, Gebühren, Abgaben und Steuern werden ermittelt und (soweit sie nicht durch Nebenkosten auf die Mieter umgelegt werden) angesetzt. Weiterhin werden die Fremdfinanzierungskosten einschließlich der Tilgung angesetzt. Die Rechnung dient letztlich dazu, den Cash-flow zu ermitteln und erlaubt eine Beurteilung, ob das Projekt finanzierbar ist, und schließlich ermöglicht sie die Ermittlung der Eigenkapitalrendite.

Gewerbliche Mietflächen werden meist langfristig und wertgesichert vermietet. In einem solchen Fall kann man davon ausgehen, daß Mietänderungen in den nächsten fünf bis zehn Jahren nur durch Indexveränderungen eintreten können. Eine Hochrechnung über die nächsten Jahre wird zeigen, welcher Cash-flow aus dem Projekt in den zukünftigen Jahren zu erwarten ist.

9.6 Anforderungen an die Kalkulation

Alle Kalkulationen müssen ein Höchstmaß an Genauigkeit und Zuverlässigkeit haben. Die Vorkalkulation ist Entscheidungsgrundlage dafür, ob ein Projekt errichtet wird oder nicht bzw. ob es in der geplanten Art und Weise errichtet werden kann. Sie gibt dem Investor Auskunft über die bereitzustellenden Investitionsmittel und über deren voraussichtliche Rentabilität.

Sowohl zu hoch als auch zu niedrig angesetzte Kosten in der Vorkalkulation sind schlecht. Zu hoch angesetzte Kosten mögen dazu führen, daß das Projekt verworfen wird; zu niedrig angesetzte Kosten führen zu Verlusten und können bei der Durchführung des Projektes zu Liquiditätsengpässen führen, die existenzbedrohend sein können.

In Vorkalkulationen werden meist Reservepositionen für Unvorhergesehenes eingebaut. Dabei ist es wichtig, daß diese Positionen offen ausgewiesen werden und daß die unvorhergesehenen Risiken, wie beispielsweise Preissteigerungen, Unsicherheiten im Baugrund, Lärmschutzauflagen, Zwischenfinanzierungskosten etc., genau benannt werden.

Wird die Vorkalkulation im Hause des Entwicklers erstellt, so ist es wichtig, die Sachbearbeiter eingehend mit dem Sinn und Zweck einer Vorkalkulation vertraut zu machen, damit sie ihre Kostenansätze realitätsnah durchführen.

Ein derartiges Gespräch ist besonders wichtig, wenn die Vorkalkulationen von Architekten oder Ingenieurbüros gemacht werden. Die Gefahr, daß hohe Kosten ein Projekt scheitern lassen, führt zur Tendenz der Kostenunterbewertung. Nicht selten wird auch der Ansatz der Kosten unter dem Gesichtspunkt gesehen, wem die Vorkalkulation vorgelegt werden soll – für den Bauherrn niedrige Baukosten und hohe Renditen, für die Banken und Finanziers hohe Baukosten und hohe Renditen. Eine Manipulation der Kostenansätze bei der Vorkalkulation sollte ausgeschlossen werden.

Oben wurde bereits erwähnt, daß eine Vorkalkulation nicht zur Seite gelegt werden darf, sondern laufend aktualisiert werden muß. Mit Fertigstellung, endgültiger Abrechnung und Vollvermietung kann die endgültige Nachkalkulation erstellt werden. Sie wird aufzeigen, wie rentabel ein Ge-

Die Kalkulation des Gesamtprojektes

bäude oder der gesamte Gewerbepark (nach der Fertigstellung) erstellt wurde und mit welchem – hoffentlich positiven – Cash-flow zu rechnen ist.

In der Nachkalkulation werden sehr oft die eigenen Managementkosten, zukünftig noch zu zahlende Erschließungskosten an die Gemeinden, Leerstandskosten und anderes nicht zu den Herstellungskosten gerechnet, um eine möglichst günstige Rentabilität zu zeigen. Auch hier dient eine umfassende und ehrliche Rechnung den langfristigen Interessen eines Developers.

10

Die Finanzierung

10. Die Finanzierung

10.1 Die Kapitalausstattung

Ein mittlerer Gewerbepark hat nach Fertigstellung 50.000 bis 100.000 m² gewerbliche Flächen. Ein großer Gewerbepark kann über 200.000 m² umfassen. Einschließlich Grundstücksanteil sind die Herstellungskosten für einfache Gewerbeflächen bei ca. 1.000 bis 2.000 DM pro m² anzusetzen, für wertvolle Gewerbeflächen wie Büroflächen bei 2.000 bis 4.000 DM je m². Es ergibt sich ein Finanzierungsvolumen für einen Gewerbepark, das von 70 Mio. DM aufwärts bis zu einer halben Milliarde DM und weiter reichen kann.

Solche Großprojekte sind zwar innerhalb der Finanzmärkte der Bundesrepublik unterzubringen, der Entwickler und der Investor brauchen aber als Basis genügend Eigenmittel oder den Zugriff auf entsprechende Kapitalquellen. Gleich, welche Konstruktion für die Finanzierung eines Gewerbeparks gewählt wird, es sind immer risikobereite Mittel notwendig, um die erste Phase der Vorbereitung und Erschließung eines Gewerbeparks sicherzustellen. Erst in der zweiten Phase, bei der Herstellung der Einzelgebäude, ist der Einsatz von Finanzmitteln mit laufender Zins- und Tilgungszahlung möglich, da erst dann Mieten fließen, die die Zahlung von Zins und Tilgung erlauben.

Die Finanzierung von Gewerbeparks muß auf die lange Vorlaufzeit und die lange Realisierungsphase ausgerichtet sein. Für die erste Phase ist die ausreichende Ausstattung mit Eigenkapital eine wichtige Voraussetzung, denn die Mittel, die hier für Objektvorbereitung, Grunderwerb und Erschließung gebraucht werden, können jahrelang nicht mit Zins aus Einnahmen bedient werden. Die Finanzierung dieser Phase sollte keine laufenden Zinszahlungen erfordern und geschieht am besten durch Eigenkapital. Erst mit dem Beginn der Veräußerung von Grundstücken bzw. mit der Vermietung von gewerblichen Immobilien sind Einnahmen zu erwarten, die dann auch für die Finanzierung einsetzbar sind. Erst jetzt, bei der Errichtung einzelner Bauwerke, ist eine konventionelle Finanzierung möglich, wobei je nach Rentabilität der Objekte in dieser Phase für den Grundstücksanteil bereits Zins und Tilgung erwirtschaftet werden sollten.

Durch die sehr lange Ausreifungszeit eines Gewerbeparks müssen die Finanziers des Eigenkapitals davon ausgehen, daß am Anfang der Entwick-

Die Finanzierung

lung eines Gewerbeparks eine lange Periode ohne die Möglichkeit der Ausschüttung von Erträgen steht. Der Profit einer Gewerbeparkentwicklung besteht vor allem in der langfristigen Vermögensansammlung. Ausschüttungen sind meist erst in der Endphase oder nach Fertigstellung aus den Mieteinnahmen möglich. Interessant für die Kapitalgeber sind die hohen Anlaufverluste, die steuerlich angesetzt werden können.

10.2 Finanzierungsmodelle

Um einen Gewerbepark zu realisieren, sind zwei Beteiligte notwendig: der Entwickler als Unternehmer mit dem notwendigen Know-how, der den Gewerbepark konzipiert und errichtet, und der Investor, der bereit ist, die Finanzierung sicherzustellen, und der das finanzielle Risiko trägt.

Nachfolgend sollen verschiedene Modelle für das Verhältnis zwischen Entwickler und Investor und die sich daraus ergebenden Finanzierungsmöglichkeiten vorgestellt werden.

10.2.1 Der Entwickler als Investor

Der seltene Fall ist, daß der Entwickler auch der Investor ist, der mit dem Ziel arbeitet, die Immobilien im Eigenbestand zu halten. Es gibt einige private Entwickler, bei denen diese Situation gegeben ist. Meist sind es jedoch große Investmentgesellschaften oder die Investmentabteilungen großer Konzerne, die eigene Entwicklungsteams haben und für ihr eigenes Portefeuille Gewerbeparks entwickeln. Ein besonders interessanter Fall ist die Yale-Universität in den USA, die ein sehr großes Grundstück aus einer Stiftung mit eigenem Team zu einem Multi-use-Business-Park entwickelt (Forrestal Business Park), um daraus für die Universität langfristig Erträge zu erwirtschaften.

Bei privaten Entwicklern und Investoren und ebenso bei großen Institutionen, die in eigener Regie Gewerbeparks entwickeln, ist eine ausreichende Kapitalausstattung wichtig. Das Eigenkapital sollte die erste Phase der Entwicklung voll abdecken. Erst in der zweiten Phase, bei der Errichtung der Gebäude, ist eine langfristige objektbezogene Finanzierung auf der Basis der vermieteten Flächen und der erzielten Mieten möglich.

Ein Entwickler als Investor muß nicht von Anfang an alle Mittel zur Verfügung haben, da ein Gewerbepark meist nicht als Ganzes innerhalb kurzer

Zeit, sondern Schritt für Schritt über einen längeren Zeitraum erstellt wird. Die Finanzierung des jeweils nächsten Investitionsabschnittes ist leichter, wenn die Rentabilität der bereits fertiggestellten Gebäude so hoch ist, daß eine hohe Beleihung möglich ist. Je näher diese Beleihung an die Gesamtherstellungskosten herankommt oder sie sogar übersteigt, desto weniger Eigenmittel werden für die nächsten Objekte erforderlich.

Ist der Investor aufgrund seiner finanziellen Ausstattung in der Lage, die Objekte bis zur Vollvermietung aus eigener Liquidität zu finanzieren und erst danach eine langfristige Endfinanzierung abzuschließen, so wird er besonders günstige Konditionen für eine langfristige Finanzierung aushandeln können, weil Risikofaktoren wie Vermietbarkeit und Miethöhe entfallen.

10.2.2 Der Entwickler als Bauherr mit dem Ziel des Verkaufs

In diesem Modell ist der Developer Initiator und Bauherr des Gewerbeparks. Er erstellt selbständig ein Projekt und veräußert, sobald es möglich ist, entweder den ganzen Gewerbepark, Einzelgrundstücke oder Einzelimmobilien. Die Finanzierung umfaßt hier die Bereitstellung von Mitteln bis zum Verkauf der Einzelteile oder des ganzen Gewerbeparks. Auch hier ist es günstig, wenn der Entwickler ausreichend Eigenmittel hat, um die Aufwendungen bis zur Veräußerung abzudecken. Die Finanzierung ist aber auch mit kurz- und mittelfristigen Geldern möglich. Bei Vollfinanzierung werden von den Banken wahrscheinlich zusätzliche Sicherheiten gefordert werden.

Eine überwiegende Fremdfinanzierung birgt immer die Gefahr, daß die laufenden Zinsen und Rückzahlungsverpflichtungen für die Fremdmittel nicht erfüllt werden können, wenn z.B. aus konjunkturellen Gründen das Projekt nicht wie erwartet abläuft. In diesem Fall liegt das Risiko beim Entwickler. Wird die Entwicklung mit erheblichen Fremdmitteln und auflaufenden Zinsen finanziert, so wird mit dem Wertzuwachs des Grundstücks durch die Entwicklungsarbeit und zunehmende Erschließung spekuliert.

Zeitliche Verzögerungen und konjunkturelle Einflüsse sowie Veränderungen der Marktverhältnisse mögen dazu führen, daß die Wertentwicklung langsamer als angenommen ist. Die Agglomeration der Zinsen kann dann höher als der Wertzuwachs werden und so zur Überschuldung mit Notverkäufen u.ä. führen, was das ganze Konzept zerstören kann. Aus steuerlicher Sicht werden diese Developer mit ihren Aktivitäten als Gewerbebetriebe

Die Finanzierung

eingestuft; die Veräußerungsgewinne unterliegen damit sowohl der Einkommensteuer als auch der Gewerbesteuer.

10.2.3 Der Entwickler als Beauftragter des Bauherrn

Im dritten Modell ist der Developer vertraglich an einen Investor gebunden. Der Investor ist Bauherr, der Entwickler Beauftragter des Bauherrn. Der Entwickler mit seinem Team ist gegen ein festes oder ein (z. B. vom Bauvolumen, vom Mietvolumen oder der Rentabilität) abhängiges Honorar für den Investor tätig. Für den Investor stellen sich die gleichen Finanzierungsaufgaben, wie sie bereits oben diskutiert wurden, außer es handelt sich um institutionelle Investoren wie Versicherungen, Fonds oder eine große Vermögensverwaltung. Dort müssen die für einen Gewerbepark nötigen Geldmittel in der Finanzplanung vorgesehen und bereitgestellt werden. Das gesamte finanzielle Risiko liegt in diesem Fall beim Investor.

10.2.4 Der Entwickler verkauft zu fester Rentabilität an den Investor

Der Entwickler und der Investor vereinbaren frühzeitig, meist vor dem Grunderwerb für das Gewerbeparkprojekt, daß der Developer die Herstellung und Erstvermietung des Projektes mit einer bestimmten Rendite garantiert. Die Vereinbarung zwischen Entwickler und Investor legt z. B. fest, daß der Developer vom Investor Gesamtmittel zur Verfügung gestellt bekommt, die dem Vierzehnfachen der erzielbaren Nettomiete entsprechen.

Der Gewinn des Entwicklers ist die Differenz zwischen dem erzielten Verkaufspreis und seinen Aufwendungen zur Herstellung und Verwaltung des gesamten Projektes. Für den Entwickler bedeutet eine solche Lösung eine hohe Motivation, einen guten Gewerbepark zu errichten, weil ihm dies höhere Mieten bringt. Außerdem wird er kostenbewußt bauen, um seine Herstellungskosten insgesamt zu senken.

Die komplette Finanzierung liegt beim Investor, allerdings nur bis zur Höhe des vereinbarten Kaufpreises. Das Risiko des Entwicklers ist, daß das Projekt nicht zu den geplanten Kosten herzustellen ist und nicht die erwarteten Mieten zu erzielen sind.

Der Entwickler ist bei einer derartigen Vertragsgestaltung bei der Finanzierung abhängig vom Investor. Eine genaue Prüfung der Bonität des Investors, gegebenenfalls Finanzierungsgarantien, ist angebracht.

10.2.5 Gemeinschaftsunternehmen von Entwickler und Investor

Ein interessantes Modell für die Durchführung der Entwicklung und Finanzierung von Großprojekten wird in den Vereinigten Staaten praktiziert. Entwickler und Investor gründen eine gemeinsame Gesellschaft, die im Verhältnis zum Projekt mit geringen Kapitalmitteln ausgestattet ist. Das Beteiligungsverhältnis kann beispielsweise je 50 % sein. Der Gesellschaftsvertrag sieht vor, daß der Investor die gesamte Finanzierung bereitzustellen hat und dafür voll im Risiko steht. Für die Zeit nach der Fertigstellung wird ein Zahlungsplan für das Gesamtprojekt vereinbart – etwa des Inhalts, daß zunächst aus den Einnahmen alle mit dem Projekt und dessen Management zusammenhängenden Kosten gedeckt werden.

Die dann verbleibenden Mittel werden verwendet, um die investierten Kapitalien mit einem bestimmten Zins- und Tilgungssatz zu bedienen. Ein dann noch verbleibender Überschuß wird im Verhältnis der Kapitalbeteiligung aufgeteilt, z.B. 1:1. Im Falle der Veräußerung wird der Veräußerungserlös abzüglich eventuell restlicher Finanzierung im Verhältnis der Kapitalbeteiligungen geteilt.

Eine solche Konstruktion gibt tüchtigen Entwicklern, die nicht in der Lage sind, die Gesamtfinanzierung eines Großprojektes, wie es ein Gewerbepark darstellt, aufzubringen, die Chance, letztlich einen Anteil an ihrem Projekt zu halten. In den Vereinigten Staaten haben jedoch auch Institutionen, die sich üblicherweise in der Finanzierung derartiger Großprojekte engagieren, bei knappen Kapitalmärkten solche Beteiligungen eingefordert. Diese Entwicklung hat heute auch Eingang bei deutschen Banken gefunden.

Die oben aufgezeigten Möglichkeiten der Zusammenarbeit von Developer und Investor sind nur Beispiele und decken sicher nicht die Vielfalt der denkbaren Modelle ab.

10.3 Finanzierung am Kapitalmarkt

Nicht alle Investoren sind bei der Finanzierung eines Gewerbeparkprojektes vom klassischen Finanzierungsmarkt abhängig. Immobilienfonds mit hohen Eigenmitteln, Versicherungen, andere Immobilieninvestoren, Investoren mit hohem Cash-flow mögen ohne die Inanspruchnahme der üblichen Finanzierungsquellen ihre Projekte abwickeln. In allen übrigen Fällen je-

Die Finanzierung

doch muß der Investor Finanzierungen bei Banken, Versicherungen, Hypothekenbanken und anderen Geldinstituten suchen.

Soweit die erste Phase der Entwicklung eines Gewerbeparks nicht aus Eigenmitteln möglich ist, sollte zur Risikovermeidung die Finanzierung mit Zinskondition, Laufzeit und Auszahlungsplan vor Baubeginn sichergestellt sein. Dabei werden die Finanzierungsinstitute entsprechende Sicherheiten fordern. Das große Finanzvolumen eines Gewerbeparks addiert sich zwar im Lauf der Jahre, es fällt jedoch stufenweise zur Finanzierung an und kann nacheinander bewältigt werden.

Sind die vereinbarten Finanzierungsmittel für das Projekt nicht ausreichend, weil die Vorkalkulation nicht zuverlässig war oder unerwartete Preissteigerungen das Projekt verteuert haben, so wird eine Nachfinanzierung teuer und schwierig, wenn sie überhaupt möglich ist. Ein vorsichtiger Unternehmer wird immer entsprechende Reserven bereithalten.

Aufgrund der langen Realisierungszeit eines Gewerbeparks spielt auch die wechselnde Kapitalmarktsituation eine Rolle: Die Finanzierung kann in Phasen mit hohen oder niedrigen Zinsen fallen. In Hochzinsphasen sind für Zins und Tilgung hohe Beträge aufzubringen, während die Beleihungshöhe sinkt. Da von den Gesamtmieteinnahmen nur ein bestimmter Betrag für Zinszahlungen und Tilgungen zur Verfügung steht (Cash-flow = Nettomiete), ist das damit zu bedienende Fremdkapital bei hohen Zinsen niedriger als bei niedrigen Zinsen. Somit ist die Beleihungshöhe der einzelnen Objekte abhängig von der Zinshöhe, wenn die Mieteinnahmen die gleichen sind.

Der schwankende Zins am Kapitalmarkt bietet aber auch andererseits die Möglichkeit, antizyklisch Nutzen aus diesen Schwankungen zu ziehen. Mit fortlaufender Fertigstellung eines Gewerbeparks wird ein großes Finanzvolumen aufgebaut.

Umfinanzierungen in Zeiten niedriger Zinsen können erhebliche Zinskosteneinsparungen bedeuten. Vorfinanzierungen von Projekten mit kurzfristigen Mitteln in Zeiten niedriger Zinsen sind eine Möglichkeit, Finanzierungskosten zu senken; ob sie sich lohnen, läßt sich durch Berechnungen feststellen.

10.4 Umfang der Finanzierung

10.4.1 Projektphase

Ein erster Finanzierungsschritt ist die Bereitstellung der Mittel, die notwendig sind, um das Projekt eines Gewerbeparks zu prüfen. Durch die Größe des Projektes sind umfangreiche Untersuchungen notwendig. Der Developer muß sich von Anfang an darüber im klaren sein, daß die Mittel verloren sind, wenn die Analysen zu dem Ergebnis kommen, daß die Errichtung eines Gewerbeparks wirtschaftlich nicht zu vertreten oder aus anderen Gründen nicht machbar ist. Er muß entscheiden, in welchem Umfang er hier ein Risiko eingehen kann.

10.4.2 Grunderwerb

Das erste große Finanzierungsvolumen nach positiv abgeschlossener Projektprüfung ist die Finanzierung des Grunderwerbs. Die für den Grunderwerb notwendigen Mittel (vgl. Punkt 14.2) einschließlich der Notariats- und Grundbuchgebühren, der Grunderwerbssteuer und der weiteren möglichen Zahlungen (restliche Erschließungskosten, Nachbarschaftsablösungen, Ersatzflächen und Ausgleichsflächen etc.) müssen möglichst genau ermittelt werden. Zum Zeitpunkt des Grunderwerbs und seiner Finanzierung muß die Verwirklichung des Projektes in jeder Hinsicht abgesichert sein, da ein Scheitern nach dem Grunderwerb zu hohen Verlusten führen kann, vor allem, wenn für das Grundstück im Hinblick auf die zukünftige höherwertige Verwertung und zur Beschleunigung des Grunderwerbs ein Aufpreis gezahlt wurde, das Grundstück also – durchaus im Interesse des Projektes – mit einem Wert bezahlt wurde, der nur dann vertretbar ist, wenn das Projekt Gewerbepark auch gebaut wird. Ein solches Grundstück könnte dann nur mit Verlust wieder abgestoßen werden.

10.4.3 Die Erschließung und Baureifmachung des Grundstücks

Die Größenordnung der für Erschließung und Baureifmachung notwendigen Mittel kann sehr unterschiedlich sein. Sie hängt ab von der Art des Grundstücks und den nötigen Maßnahmen: Handelt es sich um Flächen mit oder ohne Baurechte, welchen Zeitraum wird die Baureifmachung umfassen, inwieweit ist das Grundstück bereits erschlossen, ist eine komplette

Die Finanzierung

Neuerschließung notwendig? Eine sorgfältige Erarbeitung aller notwendigen Maßnahmen und ihrer finanziellen Größenordnung ist notwendig.

Den Ausgaben für den Grunderwerb und für die Erschließung stehen keine unmittelbaren Einnahmen gegenüber, aus denen Zinsen bezahlt werden könnten. Die dafür einzusetzenden Mittel – am besten Eigenmittel – müssen so lange zur Verfügung stehen, bis Einnahmen aus dem Verkauf von Parzellen oder aus der Vermietung von Immobilien zur Verfügung stehen. Die Veräußerung von Grundstücksparzellen kann sich über eine längere Zeit hinziehen. Je nach Höhe der Erschließungsgewinne können kurz- und mittelfristige Finanzierungen abgedeckt werden. Dabei ist zu berücksichtigen, daß die immens hohe Einkommensteuer in der Bundesrepublik die schnelle Rückzahlung solcher Kredite kaum ermöglicht.

Wenn die Grundstücke erworben, erschlossen, bebaut und vermietet werden, so kann es sehr lange dauern, bis die ersten Erträge erwirtschaftet werden, mit denen die Finanzierung bedient werden kann. Noch länger dauert es, bis auch das letzte Grundstück in die Kalkulation für ein Gebäude eingegangen ist und das ganze Projekt die vollen Erträge abwirft.

Werden der Grunderwerb und die Erschließung mit Fremdmitteln finanziert, bei denen der Zins jeweils dem Kapital zugeschlagen wird, kann das bei einer Verzögerung der Realisierung des Gewerbeparks zu einer Überschuldung führen. Einer solcher Finanzierung liegt der Gedanke zugrunde, daß der Wertzuwachs des Grundstücks durch die Entwicklung des Gewerbeparks mindestens so hoch ist wie der auflaufende Zins für das Kapital, das zum Grunderwerb eingesetzt wurde.

10.4.4 Finanzierung der Gebäude

Einfacher wird die Finanzierung für die einzelnen Gebäude. Der Vorteil, der sich hier einstellt, ist, daß die nun bereits zur Verfügung stehenden Grundstücke schon finanziert sind und nur mehr die laufenden Baukosten zusätzlich finanziert werden müssen. Ist bei der Erschließung der Grundstücke ein Erschließungsgewinn entstanden, so kann dieser bei der Finanzierung der einzelnen Gebäude sehr hilfreich sein.

Je weiter die Bebauung fortschreitet, desto höher wird der Grundstücksanteil, der über die Bebauung ertragreich wird, wodurch sich die Gesamtliquiditätslage und Ertragssituation erheblich verbessern.

10.5 Berechnungsgrundlagen der Finanzierung bei Mietobjekten

10.5.1 Cash-flow

Grundlage für die Finanzierung eines Gewerbeparks, der nacheinander mit Immobilien bebaut wird, die vermietet werden, ist die Ertragskraft dieser Immobilien.

Von den gesamten Mieteinnahmen verbleibt nach Abzug der mit der Bewirtschaftung der Gebäude zusammenhängenden Kosten und Steuern vor AfA (= Absetzung für Abnutzung) ein Cash-flow, auch Nettomiete genannt, der für die Kapitalverzinsung und Tilgung eingesetzt werden kann. Dabei wird davon ausgegangen, daß die AfA ein nicht sofort wirksamer Wertverzehr ist, weil die Lebensdauer der Immobilien über die nach Steuerrecht mögliche AfA-Zeit hinausgeht, so daß die Beträge, die für die AfA angesetzt werden, nicht für Ersatzbeschaffung einzusetzen sind; zumindest nicht in der Zeitspanne, während der die Finanzierungen laufen.

Die Frage, ob dieser Cash-flow den Gewinn bzw. den Überschuß darstellt, ist schwer zu beantworten. Die Frage, der hier nachgegangen werden soll, ist, wofür diese zur Verfügung stehenden Mittel eingesetzt werden. Der Cash-flow wird natürlich je nach Erfolg in der Vermietung höher oder niedriger ausfallen.

Sind Rücklagen für Ersatzbeschaffung bei Großimmobilien notwendig?

Rücklagen für Wiederbeschaffung sind wegen der Langlebigkeit der Immobilien nicht nötig – Ausnahmen sind Immobilien, die auf eine spezielle Nutzung zugeschnitten sind, wie viele Industriebauten oder z.B. Squash-Center: Wird nicht mehr Squash gespielt, ist auch das Squash-Gebäude wertlos. Durch die Flexibilität der Gebäude in einem Gewerbepark kann eine lange wirtschaftliche Lebensdauer unterstellt werden.

Sind Rückstellungen für Reparaturen notwendig?

Reparaturen können erhebliche Mittel beanspruchen. Sie fallen aber meist erst im zweiten Jahrzehnt an, wenn die Bauwerke ein gewisses Alter erreicht haben, und können dann aus den laufenden Einnahmen gedeckt werden. Der Cash-flow der ersten Jahre wird kaum für Reparaturen beansprucht. Nach VOB gibt es eine zweijährige Garantie für Neubauten, nach BGB kann eine fünfjährige Garantie vereinbart werden. In dieser Zeit fallen keine größeren Reparaturen an.

Rücklagen für Erneuerungs- und Modernisierungsaufwendungen werden

Die Finanzierung

ebenfalls erst mit dem Älterwerden der Gebäude notwendig. Gebäude altern, Baustile werden obsolet, neue Anforderungen an „moderne" Räume werden gestellt. Solche Änderungen hingen in der Vergangenheit beispielsweise mit der Motorisierung zusammen: große Anlieferungen, Parkplätze für Kunden und Belegschaft. Die neue Medientechnik stellt heute neue Anforderungen an Büroflächen wie Hohlraumböden, Verkabelungen etc. Die Bildung von Rücklagen erscheint jedoch erst in späteren Jahren notwendig, dann jedoch in erheblichem Umfang, weil Modernisierungen meist nur mit großem Aufwand durchzuführen sind.

Zusammenfassend kommt man zu dem Ergebnis, daß dem Investor nach Fertigstellung und Vermietung der einzelnen Gebäude im Gewerbepark nahezu der volle Cash-flow (Nettomieten) zur Verfügung steht, um die Projekte zu finanzieren.

10.5.2 Rentabilität und Verzinsung

Der Cash-flow bzw. die Nettomiete wird in Prozenten der Herstellungskosten ausgedrückt. Setzt der Investor nur Eigenmittel ein, so ist der Cash-flow bzw. die Nettomiete seine Eigenmittelrendite (ein Teil davon, in Höhe der AfA, ist steuerfrei).

Der Cash-flow kann auch Grundlage der Finanzierung sein. Er bestimmt den Umfang der möglichen Finanzierung. Die Höhe der Finanzierung auf einem Objekt oder dem ganzen Gewerbepark wird sich danach richten, wieviel Zins und Tilgung langfristig aus dem Cash-flow gedeckt werden können. Bei der Berechnung der Höhe der Beleihungssumme wird das Finanzierungsinstitut von den langfristig und nachhaltig erzielbaren Nettomieten (Cash-flow) ausgehen. Beurteilungskriterium bei der langfristigen Finanzierung ist die Bezahlbarkeit der Zinsen und der vereinbarten Tilgungen. Bei einer kurzfristigen Beleihung dagegen wird das Finanzierungsinstitut den gegenwärtigen Marktwert der Immobilie schätzen und einen Anteil davon finanzieren.

War es früher üblich, 60 bis 70 % des Schätzwertes eines Objektes als Fremdfinanzierung zu geben, so gehen die Finanzierungsinstitute heute immer mehr dazu über, ausgehend von den nachhaltig zu erzielenden Nettomieten (bzw. dem Cash-flow), ein Vielfaches davon als Finanzierung anzubieten, z.B. das Neunfache der Jahresnettomiete (vgl. Tab. 10.1). Bestimmt wird dieser Faktor vom Zins am Kapitalmarkt, der Bonität der Mieter und der Qualität des Objektes.

Die Finanzierung

Beispiel 1:
Finanzierung: das Neunfache der Nettomiete
Nettomiete: 7 % der Herstellkosten
Beleihungshöhe: 9 x 7% = 63 % der Herstellkosten
Der Rest von 37 % ist in Eigenmitteln aufzubringen.

Beispiel 2:
Finanzierung: das Neunfache der Nettomiete
Nettomiete: 11 % der Herstellkosten
Beleihungshöhe: 9 x 11 % = 99 % der Herstellkosten
Durch die Beleihung ist eine praktisch vollständige Fremdfinanzierung der Herstellkosten möglich.

Beispiel 3:
Finanzierung: das Neunfache der Nettomiete
Nettomiete: 13 % der Herstellkosten
Beleihungshöhe: 9 x 13 % = 117 % der Herstellkosten
Das Projekt erbringt einen Finanzierungsüberschuß von 17 %.

Nettomiete in % der Herstellkosten	9 %	10 %	11 %	12 %
	in DM	in DM	in DM	in DM
Herstellkosten	9,0 Mio.	9,0 Mio.	9,0 Mio.	9,0 Mio.
Nettomiete	810.000	900.000	990.000	1.080.000
Beleihung: Neunfaches der Nettomiete	7,3 Mio.	8,1 Mio.	9,0 Mio.*	9,7 Mio.
Eigenmittel	1,7 Mio.	0,9 Mio.		
Finanzierungsüberschuß				0,7 Mio.
7 % Zins für Fremdkapital	510.000*	570.000*	630.000*	670.000*
Cash-flow nach Zins	300.000	330.000	370.000	400.000
2 % Tilgung (steuerfrei durch AfA)	146.000	162.000	200.000	226.000
Annuität	656.000	732.000	830.000	896.000
Cash-flow nach Zins und Tilgung	154.000	168.000	170.000	184.000

* = Rundungen

Tab. 10.1: Finanzierungsrechnung
Quelle: Eigene Berechnungen

Die Finanzierung

Aus den Beispielen ist auch ersichtlich, daß ein Developer mit geringen Eigenmitteln nur Projekte mit hoher Rendite oder bei niedrigem Zins verwirklichen kann. Projekte mit einer Nettomiete unter 9 % können allerdings bei einem Verkauf noch immer einen Gewinn für den Developer bringen, wenn der Kaufpreis hoch ist, zur Zeit – 1996 – z. B. das Vierzehnfache der Nettomiete. Bei 810.000 DM Nettomiete aus obigem Beispiel (9 % der Investition) erbringt ein Verkauf 11.340.000 DM, d. h. einen Überschuß von 2,34 Mio. DM über den Herstellkosten (9 Mio.).

10.5.3 Der Verkauf von Mietobjekten

Wird ein Gewerbepark als Ganzes oder werden einzelne Gebäude nach Fertigstellung veräußert, so ist der Cash-flow (die Nettomiete) meist Grundlage für die Berechnung des Veräußerungspreises. Je nach konjunktureller Lage und Qualität des Projektes oder des Gebäudes werden von den Käufern bestimmte Nettorenditen erwartet. Sie reichen von nur 5 % bei sehr guten Objekten und guter konjunktureller Lage bis zu 9 % Nettorenditeerwartungen bei weniger guten Objekten und schlechter konjunktureller Situation.

In die Bewertung und die Festlegung des Multiplikators gehen neben den Nettomieten auch andere Faktoren ein, wie die Laufzeit der Verträge, Wertsicherung der Mieten, Bonität der Mieter, Standort der Immobilie, Qualität der Bauten, Qualität des Managements und Gesamtkonzeption des Gewerbeparks. Der Gewinn des Entwicklers ermittelt sich aus den Herstellkosten der Immobilie einschließlich Grundstück bzw. den Herstellkosten des ganzen Gewerbeparks im Verhältnis zu dem Mehrerlös, der beim Verkauf erreicht wird.

10.6 Finanzplanung

Das große Finanzierungsvolumen und die sich über viele Jahre erstreckende Herstellung der Immobilien in Gewerbeparks machen eine gute Finanzplanung durch den Developer und später durch das Gewerbeparkmanagement nötig.

Bereits sehr früh nach Fertigstellung der ersten Gesamtkalkulation werden die Möglichkeiten und Konditionen, zu denen die Gesamtfinanzierung des Projektes möglich ist, analysiert. Der Gesamtfinanzierungsplan soll den ganzen Zeitraum der Herstellung des Gewerbeparks umfassen. Er stellt die

Die Finanzierung

Einnahmen und Ausgaben gegenüber. Die Schwierigkeit dabei ist, daß die Ausgaben für Investitionen und Kosten zeitlich anders verlaufen als die Einnahmen.

In der Anfangsphase werden Investitionen getätigt, es entstehen Anlaufkosten, denen die entsprechenden Einnahmen erst nach und nach gegenüberstehen, denn die Einnahmen werden erst nach der Erschließungsphase durch die Fertigstellung und Vermietung von gewerblichen Gebäuden erzielt. Sie steigen fortlaufend bis zur Fertigstellung des Gewerbeparks an. Die Ausgaben dagegen sind in der ersten Phase hoch und werden erst in einem weit fortgeschrittenen Stadium durch Einnahmen abgedeckt. Die Aufgabe der Finanzplanung liegt in dem Ausgleich dieser phasenverschobenen Einnahmen- und Ausgabensituation.

Die Vielzahl der Einzelobjekte in einem Gewerbepark und deren einzelne objektbezogene Finanzierung, die sich nacheinander über viele Jahre hinzieht, legen es nahe, alle Finanzierungen in einem Gesamtplan zusammenzufassen, damit bei der Fristigkeit der Finanzierungen so disponiert werden kann, daß Refinanzierungsfälle und Laufzeitverlängerungen sich nicht in einem Jahr übermäßig häufen.

Es besteht das Risiko, daß bei einer Häufung der Umfinanzierungen eine ungünstige Zinssituation schlagartig Verschlechterungen in der Gesamtzinslast herbeiführt. Eine Streuung der Fälligkeitstermine für die Neufestsetzung der Zinsen führt zu einem Risikoausgleich.

Weitere Aufgaben der Finanzplanung sind die Cash-flow-Rechnung und die Darstellung von Tilgungen und Steuerzahlungen, die in die Liquiditätsrechnung eingearbeitet werden. Steuerzahlungen können den Cash-flow erheblich belasten. Während in der Herstellungsphase durch hohe Kosten und steuerlich absetzbare Aufwendungen und Abschreibungen vermutlich kein steuerlicher Gewinn entsteht, kann bei günstiger Vermietung in der späteren Phase und durch indexierte Mieten nach Fertigstellung des Gewerbeparks ein hoher Gewinn mit hoher Einkommensteuerbelastung auftreten, die den Cash-flow stark beansprucht.

11

Rentabilität und Risiken

11. Rentabilität und Risiken

Bisher wurden das Konzept, der theoretische Hintergrund und sodann die praktische Projektprüfung für einen Gewerbepark erläutert. Bevor nun im einzelnen die Projektverwirklichung behandelt wird, sollen an dieser Stelle noch wichtige Einflußfaktoren besprochen werden, die die Rentabilität und Risiken eines Gewerbeparks beeinflussen. Eine Investitionsentscheidung kann erst getroffen werden, wenn man sicher ist, daß die Investition langfristig rentabel ist. Dazu tragen zum einen konkrete Faktoren wie Kostenrisiken oder Miethöhen bei und zum zweiten allgemeine Faktoren volkswirtschaftlicher Art, wie z.B. Konjunkturzyklen, die Risiko und Gewinn beeinflussen.

Dabei gibt es Faktoren, die der Unternehmer selbst beeinflussen kann, und andere, die zwar zu berücksichtigen sind, die aber nicht beeinflußt werden können, weil sie von außen kommen.

11.1 Faktoren, die den Gewinn bestimmen

11.1.1 Niedrige Kosten

Ein wichtiger Faktor sind die Herstellkosten. Die Aufwendungen für die Entwicklung und Herstellung eines Gewerbeparks sind durch den Unternehmer wesentlich beeinflußbar. Sein Erfolg wird größer und damit zusammenhängend das Risiko während der Entwicklungsphase geringer, je niedriger die Kosten in der gesamten Phase der Entwicklung des Gewerbeparks gehalten werden. In allen Phasen, die die Entwicklung eines Gewerbeparks durchläuft, sind durch sachkundiges Agieren Kosteneinsparungspotentiale vorhanden, die sich in der Summe addieren und wesentlich die Gesamtherstellungskosten absenken können, ohne daß im geringsten Abstriche an der Qualität und Funktionalität des Gewerbeparks zu machen sind.

Maximale Kostenersparnisse sind allerdings meist nicht möglich, wenn Aufgaben an selbständige Dritte weitergegeben und delegiert werden. Vielmehr bleibt es eine der primären Aufgaben des Entwicklers, sich als Unternehmer selbst und mit eigenem Stab den Anforderungen bei den einzelnen Schritten der Entwicklung zu stellen.

In der Vorplanungsphase beispielsweise führt der Unternehmer selbst und nicht ein Architekturbüro oder Makler die Baurechtsverhandlungen mit den Behörden. Er muß bei diesen Verhandlungen bereits Kostenbewußtsein haben, weil Genehmigungen mit behördlichen Auflagen wesentliche Kosten auslösen können. Zähes Verhandeln beim Erwerb der Grundstücke und eine genaue Analyse der Qualität des Grundstücks sind nötig. Kostenbeeinflussende Faktoren wie Ablösungen, Abbruch, Altlasten etc. müssen genau erforscht werden, um sie in das Preisgespräch über den Grunderwerb einzubringen.

Die Erschließung des Grundstücks kann sowohl durch die öffentliche Hand als auch privat durchgeführt werden. Ein Kostenvergleich wird möglicherweise zugunsten der eigenen Herstellung sprechen. Selbst der Ausbau öffentlicher Straßen kann oftmals in eigener Regie preiswerter durchgeführt werden als bei öffentlichen Ausschreibungen. Oft sind solche Maßnahmen über Kostenerstattung und Anrechnung auf die Erschließungskosten abzurechnen. Auch die interne Erschließung kann durch gute Planung und Wettbewerb kostengünstig erstellt werden.

Werden die erschlossenen Baugrundstücke nicht verkauft, sondern selbst mit Immobilien bebaut, so ist die preiswerte Herstellung dieser Immobilien eine wesentliche Voraussetzung, damit bei gegebenem Mietpreisniveau rentierliche Objekte entstehen.

11.1.2 Hohe Erträge durch ein Produkt von hoher Qualität

Wesentliche Teile dieses Buches beschäftigen sich damit, ein spezielles Wissen über die Herstellung guter Gewerbeparks zu vermitteln. Ein gutes Gesamtkonzept bringt Wettbewerbsvorteile, weil mit einem guten Gewerbepark ein Produkt von hoher Qualität angeboten wird, das gute Miet- oder Verkaufspreise erzielt. Gute Gewerbeparks schaffen Immobilienlagen, die höher bewertet werden als die von Einzelobjekten in vergleichbarer Lage.[1]

Die Rentabilität eines Gewerbeparks ist somit in zwei Richtungen beeinflußbar: einmal durch Senkung der Herstellkosten (bei Grunderwerb, Erschließung und Bau der Immobilien) und zum anderen durch Anwendung des speziellen Know-hows, das die Schaffung eines höherwertigen Immobilienstandorts zuläßt. Dieser bringt höhere Marktmieten als vergleichbare Immobilien außerhalb eines Gewerbeparks in gleicher geographischer La-

---

[1] Während der Immobilienkrise 1991/92 betrug die Leerstandsquote für gewerbliche Flächen in den USA teilweise 20 bis 25 % der gesamten verfügbaren Flächen. Anläßlich eines Besuches in den Vereinigten Staaten in dieser Zeit konnte ich bei Gesprächen mit dem Management einiger guter Gewerbeparks feststellen, daß diese eine Leerstandsquote von unter 5 % hatten.

ge. Es gilt auch hier das allgemeine unternehmerische Ziel: möglichst niedrige Anschaffungskosten und möglichst hohe Erlöse.

11.2 Unternehmerische Risiken

11.2.1 Zu hohe Vorlauf- und Herstellkosten

Der unternehmerische Erfolg steht auf dem Spiel, wenn Risiken nicht erkannt werden und nicht Vorsorge getroffen wird. Der Unternehmer, der einen Gewerbepark entwickelt, sieht sich einer Reihe von großen Risiken gegenüber, die er einerseits kennen muß und die er auch andererseits eingrenzen und minimieren sollte. Die Eingrenzung der Risiken beginnt bereits in der ersten Phase bei den Voruntersuchungen. Eine genaue Budgetierung und Kalkulation des Verlustes, der entstehen kann, falls das Projekt scheitert, sind notwendig. Der Unternehmer muß für sich entscheiden, in welcher Höhe er einen derartigen Verlust tragen kann.

Ein weiteres Risiko stellen die behördlichen Genehmigungen dar. Ein hohes Risiko geht der ein, der den Grunderwerb durchführt, ehe über die Gewährung oder Nichtgewährung von Baurechten, Planungssicherheit und kostenträchtige Auflagen und Erschließungen Klarheit besteht. Beim vorzeitigen Erwerb des Grundstücks können verweigerte Baurechte, insbesondere dann, wenn sie bereits in die Bewertung des Grundstücks eingegangen sind, zu hohen Verlusten führen. Risikobegrenzung durch notarielle Grundstücksangebote erscheint zweckmäßig.

Die gesamte Kalkulation und die erwartete Rentabilität können in Gefahr sein, wenn die Vorkalkulation nicht den tatsächlichen Herstellungs- und Abwicklungskosten entspricht. Dies ist dann besonders gefährlich, wenn der Entwickler sein Projekt bereits zu einem festen Preis nach Fertigstellung veräußert hat.

11.2.2 Konjunktureinflüsse

Risiken birgt jedoch auch die Marktentwicklung. Das Auf und Ab der Konjunktur beeinflußt sehr wesentlich den Immobilienmarkt. Die langen Herstellungszeiten eines Gewerbeparks[2] bringen es mit sich, daß vermutlich

---

[2] Gewerbepark Regensburg ca. 19 Jahre, Süd-West-Park Nürnberg ca. 12 Jahre.

Rentabilität und Risiken

nicht nur ein Konjunkturzyklus durchlaufen wird, sondern möglicherweise sogar ganz oder teilweise ein zweiter.

Der Unternehmer muß mit den Folgen der großen Konjunkturzyklen fertig werden, in der Überhitzungsphase mit rapid steigenden Baupreisen und Höchstzinsen, in der Abschwungphase und im Konjunkturtal mit Beleihungsrestriktionen, mangelndem Absatz und fallenden Preisen sowohl bei der Vermietung als auch beim Verkauf von Immobilien. Antizyklisches Verhalten wird gefordert, d.h. Finanzierung in Niedrigzinsphasen, langfristige Finanzierungszusagen zur Überbrückung der Hochzinsphasen, geringe Bauinvestitionen in der Überhitzungsphase und Beginn neuer Investitionen im Konjunkturtal. Letzteres hat insbesondere den Vorteil niedriger Baukosten und niedriger Finanzierungskosten. Eine entsprechende Liquiditätsvorhaltung, um Konjunkturzyklen auszusitzen, ist bei einem langlaufenden Projekt wie einem Gewerbepark unbedingt notwendig.

Das Mietniveau kann stagnieren und im schlimmsten Fall sogar fallen. Besonders schwierig wird die Situation, wenn in guten Konjunkturzeiten durch finanziell schwache Entwickler Kapazitäten geschaffen werden, die beim Umkippen der Konjunktur leerstehen und danach mit hohen Verlusten in den Markt gedrückt werden.

Vorsorge für diese Fälle kann nur bedeuten, daß von vornherein die eigenen Herstellungskosten plus Gewinn so kalkuliert werden, daß Preiseinbrüche verkraftet werden können. Eine knappe Kalkulation, die nur in der Hochkonjunktur aufgeht, birgt erhebliche Risiken.

11.2.3 Marktentwicklung und Konkurrenz

Risiken für den Entwickler eines Gewerbeparks können ebenso von der Entwicklung der lokalen Märkte ausgehen. Der Einstieg neuer potenter Konkurrenten mag das Preisniveau so beeinflussen, daß Grundstückspreise oder Immobilienpreise nicht die Entwicklung nehmen, die der Unternehmer erwartet hat.

Das Angebot an gewerblichen Flächen kann auch durch Umstrukturierung in der örtlichen Wirtschaft erhöht werden. Ein starker Industriestandort wird durch die Entwicklung hin zu mehr Dienstleistungen oder durch Veralterung der Industrieproduktionen zu Freistellung von bisher industriell genutzten Immobilien führen, die dann mit sehr niedrigen Mieten oder sehr niedrigen Immobilienpreisen auf den Markt kommen. Diese Risiken sind bereits in den Voruntersuchungen genau einzuschätzen. Im Markt werden sie immer dann besonders spürbar, wenn Konjunktureinbrüche Schwierigkeiten und Zusammenbrüche bei anderen Immobilienentwicklern bringen.

Einen besonderen Faktor bei der lokalen Marktentwicklung mag auch die politische Entwicklung in der Gemeinde darstellen. Eine Gemeindeverwaltung kann sowohl positiv als auch negativ das Investitionsklima einer Gemeinde verändern. Nicht nur negative, sondern auch positive Entwicklungen, wie beispielsweise die überreichliche Ausweisung von Gewerbegebieten, stellen ein Risiko für einen Gewerbepark dar.

Der dadurch bedingte Konkurrenzdruck kann die Vermarktung eines Gewerbeparks erheblich belasten. Ausnahmeentwicklungen wie die Abrüstung nach dem Zusammenbruch der UdSSR und die Freistellung großer militärischer Flächen innerhalb der Städte und deren Umwandlung in Gewerbegebiete seien hier nur als nichtkalkulierbares Risiko erwähnt. Der beste Schutz gegen Risiken aller Art sind eine nicht zu knappe Gewinnmarge und weite Finanzierungsspielräume. Der Unternehmer sollte insbesondere dann, wenn er die Immobilien selbst erstellt, vom Grundsatz ausgehen, nur dann zu investieren, wenn, entsprechend seiner Kalkulation und Einschätzung des Marktes, dies sinnvoll erscheint.

11.2.4 Finanzierungsrisiken

Neben den Herstellkosten und den am Markt erzielbaren Mieten oder Verkaufspreisen sind die Finanzierungskosten der dritte große Eckpfeiler, der über die Rentabilität eines Immobilienprojekts entscheidet. Die Errichtung eines großen Gewerbeparks erfordert Kapitalien in großen Beträgen. Investitionen von mehreren hundert Millionen DM werden getätigt. Abhängig natürlich von der eigenen Finanzkraft wird der Unternehmer in unterschiedlichem Maße auf den Kapitalmarkt angewiesen sein. Hier muß er sich im wesentlichen mit drei Bereichen auseinandersetzen, aus denen Risiken erwachsen können: der Bereitschaft der Banken, gewerbliche Objekte zu finanzieren, der Beleihungshöhe und der Zinshöhe.

Immobilienprojekte in einer Hochzinsphase in der Hoffnung auf fallende Zinsen kurzfristig zu finanzieren, kann insbesondere dann bedenklich sein, wenn diese Projekte spekulativ errichtet werden, d.h. im Zeitpunkt des Baubeginns nicht vermietet sind. Da üblicherweise auf eine Hochzinsphase ein Konjunkturtal folgt und die Zinsen nur langsam nach unten gehen, kann es passieren, daß hohe Zinsen und schlechte Vermietung zusammenkommen, was den Unternehmer bis an die Grenze seiner Liquidität belasten kann. Die Möglichkeiten einer Finanzierung sind zu Zeiten schlechter Konjunktur sehr ungünstig. Projekte sollten daher nur dann begonnen werden, wenn langfristige Zusagen im Hinblick auf den Umfang der Finanzierung bestehen und sich die Konditionen rechnen.

11.3 Wirtschaftlicher Erfolg

11.3.1 Risikominderung als Voraussetzung für den Erfolg

Der Unternehmer, der einen Gewerbepark errichtet, steht vor einer Fülle von Problemen und Aufgaben, die er lösen und miteinander in Einklang bringen muß. Andernfalls entstehen Risiken, die das gesamte Projekt zum Spekulationsobjekt werden lassen.

Zusammenfassend kann man drei Arten von Risiken erkennen. Eines sind zu hohe Herstellkosten. Durch Kostenbewußtsein in allen Phasen und allen Bereichen der Entwicklung läßt sich hier Einfluß nehmen. Auf der anderen Seite steht das Risiko der Preisentwicklung der Mieten und des Marktes für Gewerbeimmobilien. Ein gutes Standortkonzept und die genaue Untersuchung und Einschätzung des Marktes und der Konjunktur können vor Mißerfolgen schützen. Schließlich kann auch die Finanzierung Risiken in sich bergen, wenn nicht der Kapitalmarkt, das Zinsniveau und die allgemeine Konjunkturentwicklung richtig beurteilt werden.

Auf dem Immobilienmarkt sieht sich der Unternehmer entweder einem Anbieter- oder einem Käufermarkt gegenüber. Durch die lange Vorlaufzeit ist nicht absehbar, welche Marktverhältnisse bestehen, wenn seine Immobilien in den Markt kommen, d. h., er bleibt im Risiko hinsichtlich der Grundstücks- und der Gebäudeentwicklung, weil die Vermarktung der Grundstücke erst möglich ist, wenn die Infrastruktur steht, und die Vermarktung der Gebäude meist erst dann möglich ist, wenn sie bereits im fortgeschrittenen Rohbau errichtet sind. Der überwiegende Teil der Mieter kommt erst innerhalb der letzten sechs Monate vor der Fertigstellung. Mit diesem Risiko belastet, sollte der Unternehmer nicht weitere Risiken eingehen. Dazu gehören konjunkturelle Risiken, was bedeutet, nur soviel an Immobilienflächen zu errichten, wie bei vorsichtiger Einschätzung des Marktes in angemessener Zeit vermarktet werden können. Das eigene Immobilienangebot muß im richtigen Verhältnis zur Nachfrage gehalten werden.

Nur ein Unternehmer, der auf diese Weise vorsichtig, im Bewußtsein aller anstehenden Risiken, die Entwicklung eines Gewerbeparks betreibt, wird die lange Entwicklungsphase, die ein Gewerbepark hat, unbeschadet überstehen und sein Werk zu einem guten Ende bringen.

11.3.2 Die Feststellung des wirtschaftlichen Erfolgs

Der wirtschaftliche Erfolg einer unternehmerischen Aktivität – wie der Entwicklung eines Gewerbeparks – drückt sich für den Investor im Gewinn aus. Es ist nicht einfach, den wirtschaftlichen Gewinn eines Großprojektes, wie es ein Gewerbepark darstellt, laufend zu ermitteln, weil sich die Realisierungsphase über eine lange Zeitspanne erstrecken kann. Zu unterscheiden ist zwischen jenen Projekten, die lediglich eine Grundstückserschließung mit anschließendem Verkauf der Grundstücke beabsichtigen, und solchen, bei denen das Gesamtprojekt mit allen Baumaßnahmen einschließlich Vermietung geplant ist.

Bei ersteren ist mit dem Verkaufsbeginn der Grundstücke und den dabei erzielten Preisen der Erfolg des Projektes absehbar, obwohl auch dabei bis zu diesem Zeitpunkt einige Jahre vergehen können. Im zweiten Fall, bei dem die Planungsgenehmigungen und die Bebauungsphase zu durchlaufen sind, ist eine endgültige Beurteilung des Erfolgs erst am Ende bei Fertigstellung möglich.

Das Interesse des Entwicklers ist es jedoch, laufend eine Erfolgskontrolle zu haben. Man könnte den Bilanzansatz wählen, die Aktiva mit den Passiva abgleichen und die Differenz als Gewinn ausweisen. Eine solche Rechnung wird den tatsächlichen Wertentwicklungen bei der Erstellung eines Gewerbeparks nicht gerecht, weil durch die Entwicklungsaktivität Werterhöhungen sowohl im Grundstück als auch in den Immobilien stattfinden, die in der Bilanz wegen den Bewertungsvorschriften nicht ausgedrückt werden können; außerdem werden eine Vielzahl von Kosten, die tatsächlich Herstellungskosten sind, nicht aktiviert. Der Gewinn bei einer Gewerbeparkentwicklung liegt zum nicht unerheblichen Teil in der Wertsteigerung der Immobilien.

Die bei der Errichtung des Gewerbeparks eingetretene Wertentwicklung kann durch Gutachter geschätzt und den bisherigen Aufwendungen gegenübergestellt werden. Das Ergebnis solcher Berechnungen können nur Annäherungswerte sein. Eine absolut sichere Feststellung des Gesamtgewinns wäre nur dann möglich, wenn die Grundstücke bzw. die Immobilien zum

Marktwert veräußert würden. Der Gesamterlös könnte sodann den Gesamtaufwendungen gegenübergestellt werden, und die Differenz wäre der Unternehmerlohn für die Entwicklung und Herstellung eines Gewerbeparks. Solche Rechnungen sind um die inflationsbedingten Wertsteigerungen zu bereinigen.

Wegen der langen Zeitspanne, die durch Planung, Entwicklung und Herstellung der Immobilien vergeht, ist sicherlich eine Zwischenbewertung notwendig, um die Wertentwicklung abzuschätzen, zumal sie doch auch Richtschnur für wirtschaftlich richtiges Handeln ist. Dabei muß man wohl oder übel auf Wertgutachten zurückgreifen. Die Gutachter müssen auf die konjunkturelle Situation Rücksicht nehmen, da der Wert von Immobilien – sowohl von Grundstücken als auch von Gebäuden – ein Marktwert ist. Zu beachten ist auch, daß in Zeiten hoher Nachfrage und steigender Mieten bei bestehenden Immobilien die erzielten Mieten in den Altverträgen niedriger sind als die Marktmieten, bei stagnierenden oder fallenden Marktmieten hingegen das Mietniveau in Altverträgen über dem Marktniveau liegen kann. In solchen Fällen sind Zu- oder Abschläge bei der Ermittlung des Ertragswerts angebracht.

In vielen Fällen wird eine Veräußerung und damit eine Bewertung durch den Markt nicht erfolgen, weil von vornherein die Absicht bestand, den Gewerbepark als Investition zu tätigen und langfristig zu behalten. Der Erfolg des Investors, der im Vermögenszuwachs liegt, wird nur annäherungsweise feststellbar sein. Für einen Investor, der langfristig in einen Gewerbepark investiert, sind die nachhaltig erzielbaren Überschüsse aus der Vermietung der Objekte und ihre Steigerung wichtig.

12

Der Gesamtprojektplan

12. Der Gesamtprojektplan

12.1 Inhalte des Gesamtprojektplans

Der Gesamtprojektplan ist die Umsetzung des Gewerbeparkkonzepts (vgl. Kap. 4) in detaillierte Lösungen für die einzelnen Bereiche und das gesamte Volumen des geplanten Gewerbeparks bis zur endgültigen Fertigstellung. Neben den grundsätzlichen, allgemeingültigen Konzeptregeln für Gewerbeparks hat jeder Typus von Gewerbepark seine spezielle Ausprägung (vgl. Kap. 2), die besonders zu berücksichtigen ist. Das Konzept muß so weit detailliert ausgearbeitet werden, daß es in die Praxis umgesetzt werden kann.

Bevor der Gesamtprojektplan ausgearbeitet werden kann, müssen grundsätzliche Festlegungen über die Art der Nutzung und Art und Umfang der Gebäude getroffen werden. Grundlegende Voraussetzung ist auch die Ermittlung von Daten über das erwartete Verkehrsaufkommen und die erwartete Zahl der Beschäftigten, welche wiederum von der Art der Nutzung abhängen.

Der Gesamtplan umfaßt Planungen für das Straßennetz, die Parkplätze, die Verkehrsflächen und Lieferhöfe, für die Art, Lage und Größe der Gebäude und für im Konzept vorgesehene Ergänzungen (z. B. Nahversorgung, Hotel, Tagungsräume etc.) und zeigt auf, welche Arbeiten für die Versorgung mit Strom, Wasser, Abwasser, Heizenergie und Kommunikation notwendig und welche Ergänzungen und Anschlüsse an das öffentliche Straßennetz erforderlich sind. Er liefert auch Berechnungen über die Gesamtnutzfläche, die bebaute Fläche und den Umfang der Grünflächen.

Der Gesamtprojektplan muß in allen seinen Teilen den endgültigen Umfang des fertigen Gewerbeparks berücksichtigen und doch flexibel genug sein, um Veränderungen, die sich während der Realisierungsphase ergeben mögen, zuzulassen.

Der Gesamtprojektplan setzt sich aus mehreren fachspezifischen Teilplänen zusammen, die von Fachbüros erstellt werden. Die Teams, die an der Erstellung der Projektpläne arbeiten, stehen in ständigem Kontakt untereinander und mit dem Developer.

Alle an der Projektplanung für den Gewerbepark Beteiligten brauchen eingehende Kenntnisse über die speziellen Besonderheiten des Gewerbeparkkonzepts, denn nur dann sind sie in der Lage, einen im Detail richtigen

Gewerbepark zu planen. Als Ergebnis ihrer Studien und Überlegungen wird der Gesamtprojektplan für den Gewerbepark erstellt.

12.2 Die planerische Umsetzung des Konzepts

Die planerischen Aufgaben gehen vom Konzept des Gewerbeparks und den weitergehenden Zielen aus, die mit dem Gewerbepark umgesetzt oder verwirklicht werden sollen. Sie können unter folgenden Zielsetzungen zusammengefaßt werden:

- Übereinstimmung mit den Planungszielen der Gemeinde
  Die Planungen für einen Gewerbepark sollen in Übereinstimmung mit den Planungszielen und Vorgaben der Gemeinde stehen. Wenn sich die Ziele des Gewerbeparks nicht innerhalb dieser Vorgaben umsetzen lassen, wird man durch Verhandlungen versuchen, eine gemeinsame Lösung zu erreichen. Falls dies nicht möglich ist, muß das Projekt als gescheitert gelten.

- Funktionsorientierung
  Die planerischen Lösungen müssen einen funktionell guten Gewerbepark zum Ziel haben. Die späteren Nutzer brauchen, um effizient arbeiten zu können, bestimmte Voraussetzungen, die je nach Art des geplanten Gewerbeparks variieren. Das Entwicklungsteam erarbeitet dafür im Detail die Dimensionierung und funktionelle Anlage der Straßen, Parkplätze, Freiflächen, Lieferhöfe und Anlieferungen, die Versorgung mit Wasser, Gas, Strom und Abwasser, die Art und Größe der Gebäude, die internen Verkehrsflächen in Gebäuden, die Traglasten der Gebäudedecken, die Aufzüge (um nur einige der Faktoren zu nennen).

- Ergänzende Einrichtungen
  Das Konzept umfaßt als Nebennutzungen auch Einrichtungen für die Belegschaft: Cafés und Gaststätten, Einkaufsmöglichkeiten für die Güter des täglichen Lebens, Dienstleistungen wie Banken, Ärzte, Friseur etc.; und Angebote für die Unternehmen: Banken, Anwälte, Steuerberater und andere Dienstleister und spezielle Einrichtungen wie z. B. Hotels und Tagungsräume. Die planerische Aufgabe ist es, für diese Funktionen geeignete Gebäudetypen vorzusehen und sie richtig zu positionieren.

- Berücksichtigung der Interessen der Menschen, die in einem Gewerbepark arbeiten
  Die Gestaltung mit Grünzonen und Pausenbereichen, die Einrichtung von Kantinen und anderen Eßmöglichkeiten, Dienstleistungen und Serviceeinrichtungen (Friseure, Banken, Versorgung mit täglichem Bedarf usw.), der Anschluß an das öffentliche Verkehrsnetz mit Bussen und U-Bahnen, die Bereitstellung ausreichender Belegschaftsparkplätze schaffen ein positives Umfeld am Arbeitsplatz.

- Berücksichtigung der Umwelt und der Umgebung
  Die Qualität der Umwelt hat einen wesentlichen Einfluß auf unser Wohlbefinden. Der sorgsame Umgang mit der Umwelt ist zu einer Selbstverständlichkeit geworden. Auf dem Gelände selbst kann das z. B. die Erhaltung besonders interessanter Baumgruppen oder Biotope sein, aber auch die gärtnerische Gestaltung der Gesamtanlage. Die weiteren umweltrelevanten Zielsetzungen müssen in konkreten Vorschlägen für die Abfallbeseitigung, Abgasbehandlung, Lärmeindämmung etc. ausgearbeitet und die umwelttechnologischen Standards im einzelnen festgelegt werden. Umwelt im Wortsinne ist aber auch alles, was um den Gewerbepark herum besteht. Das Umfeld sollte gedanklich mit einbezogen werden. Vom Gewerbepark sollten keine oder nur unvermeidbare Beeinträchtigungen ausgehen. Die Umgebung, insbesondere Wohngebiete, können abgeschirmt werden, indem z.B. die Einfahrten so geplant werden, daß sie möglichst wenige Nachbarn beeinträchtigen. Durch die Anordnung der Gebäude, durch Grünstreifen und Lärmschutzwälle können Abschirmungseffekte erreicht werden.

- Erzielung und Erhaltung eines hohen Land- und Immobilienwertes
  Dieser Punkt ist für den Investor von großer Bedeutung. Schon im Konzept muß die Wirtschaftlichkeit ein Maßstab für die Erschließung und für die Bebauung sein. Innerhalb der vorhandenen finanziellen Grenzen soll ein städtebauliches und architektonisches Optimum erreicht werden. Qualitativ gute Architektur und eine solide Bauausführung können den Wert einer Immobilie von Anfang an und langfristig bestimmen.[1]

---

[1] Ein Beispiel: In den Vereinigten Staaten erlauben einige Gemeinden in Gewerbegebieten keine Bauten aus Blechisolierpaneelen mehr, weil die Erfahrung gezeigt hat, daß damit selten gute Architektur möglich ist, weil der Eindruck des Vorläufigen und Provisorischen entsteht und die Gebäude wesentlich schneller als solide Bauten altern.

Um eine gute Architektur und ein gutes Erscheinungsbild zu erreichen, werden Baulinien an Straßenfronten, Überbaubarkeit, Geschoßflächenzahl und andere Normen definiert und die architektonische Gestaltung durch Vorschriften über die zu verwendenden Materialien, Farben, Werbeanlagen etc. sichergestellt.

Auch die optimale Nutzung des zur Verfügung stehenden Baugrunds trägt zum Wert der Anlage bei. Die innere Verkehrsführung wird so geplant, daß neben der reibungslosen Abwicklung des Verkehrs auch optimal geschnittene Bauquartiere entstehen. Die weitere Konzeptplanung muß dann ihre Aufteilung unter Berücksichtigung der Überbauung mit Gebäuden und der Einrichtung von Lieferhöfen, Parkplätzen und Grünanlagen festlegen. Für die Außenanlagen werden Gestaltungsvorschläge und ein Begrünungsplan erarbeitet und auch Akzente wie Wasserflächen, Brunnen und Skulpturen geplant.

Für die langfristige Werterhaltung von Mietobjekten ist die Multifunktionalität der Gebäude wichtig. Der Gesamtprojektplan muß die Strukturen und Details der Gebäude ausarbeiten, die es erlauben, die Gebäude nach Ablaufen einer Mietperiode mit möglichst geringen Kosten an neue Nutzer weiterzugeben.

Auch Gebäude für Einzelnutzer werden so ausgelegt, daß sie nach Ende eines Mietverhältnisses ohne erheblichen Umbauaufwand für andere Nutzungen zur Verfügung stehen. Spezialgebäude, die nach einer Nutzungsperiode nur beschränkt wieder verwertet werden können, bedeuten einen substanziellen Wertverlust für die Investoren.

12.3 Durchführungsplanung: die fachspezifischen Teilpläne

Ist die Entscheidung für den Bau eines Gewerbeparks auf einem Areal gefallen und sind die Grundstücke erworben (vgl. Kap. 14), so ist die planerische Umsetzung des konzipierten Gewerbeparktyps die Aufgabe der Architekten und Planer (vgl. Kap. 13). Die gute und umfassende Bearbeitung der einzelnen Aufgaben wird entscheiden, von welcher Qualität der Gewerbepark sein wird.

12.3.1 Außenanlagen

Die verschiedenen Arten von Gewerbeparks bedingen unterschiedliche Planungen. Das Ingenieurteam wird daher als ersten Schritt herausarbeiten müssen, welche spezifischen Anforderungen zu erfüllen sind, damit für den in Aussicht genommenen Gewerbeparktyp in jeder Hinsicht funktionsfähige und leistungsfähige Lösungen gefunden werden.

Das Gelände wird in Flächen für die verschiedenen Funktionen aufgeteilt: Straßen, Parkplätze, Bauparzellen, Grünflächen. Die Straßenführung innerhalb des Areals ist das Ergebnis verschiedener Einflußgrößen wie beispielsweise der Lage des Grundstücks zur Hauptstraße. Je nach Straßenführung entstehen Bauquartiere, die unmittelbar an die öffentliche Straße angrenzen und Gebäude mit großer Annoncenwirkung erlauben oder es entsteht eine ruhige, zurückgezogene Atmosphäre, weil der Abstand zu störenden Bereichen eingehalten wird.

Um die richtigen Grundstückstiefen zu erhalten, ist zu diesem Zeitpunkt schon die Frage zu klären, welche Gebäudetypen entstehen sollen und welche Dimension diese Gebäude haben werden, ebenso die Frage, ob Nebenflächen und Hofflächen für die geplante Nutzung erforderlich sind und wie diese gegebenenfalls dimensioniert werden sollen. Auch die Plazierung von Grünzonen, von Funktionsflächen oder Funktionsgebäuden (Nahversorgungszentrum, Restauration oder Kantine) hat Einfluß auf die Erschließung durch das Verkehrswegenetz. Die Straßenführung soll möglichst so sein, daß alle wesentlichen Parzellen an diese interne Straße angrenzen. Das Ziel müssen Übersichtlichkeit und leichte Orientierung für Besucher und gewerblichen Lieferverkehr sein.

Die Straßen selbst (vgl. Kap. 15) werden in Dimensionierung und Unterbau von der geplanten Nutzung bestimmt und müssen dem erwarteten Verkehr entsprechen, der vorher zu ermitteln und abzuschätzen ist.

In Zusammenarbeit mit den öffentlichen Straßenbehörden ist der Anschluß an das öffentliche Verkehrsnetz zu konzipieren. Es ist zweckmäßig, mehrere Einfahrten ins öffentliche Verkehrsnetz zu schaffen, um den Verkehr, verteilt auf mehrere Kreuzungen, reibungslos zu bewältigen. Ist hingegen nur eine Kreuzung möglich, so muß sie sehr leistungsfähig ausgebaut werden.[2]

---

[2] Der Gewerbepark Regensburg hat mit vier großen Ein- und Ausfahrten zum Gelände täglich durchschnittlich je 14.000 ein- und ausfahrende Kraftfahrzeuge (1998).

Die Parkplätze (vgl. Kap. 18) sind neben dem Straßenverlauf ein wesentlicher Teil der Flächenverplanung. In diesem Stadium der Planung wird entschieden, ob ebenerdige Parkplätze, Parkplätze in Parkhäusern oder in Tiefgaragen unter den Gebäuden geschaffen werden sollen. Dazu muß ermittelt oder festgelegt werden, wie hoch der Bedarf an Stellplätzen beim Endausbau sein wird. Die Stellplätze werden dann über das Areal verteilt und einzelnen Bauparzellen zugeordnet. Wenn ebenerdige Parkplätze geplant werden, müssen gleichzeitig Überlegungen zur Grüngestaltung angestellt werden. Die Einarbeitung der oberirdischen ebenen Parkplätze in die Landschaftsgestaltung ist Aufgabe der Gartenarchitekten, sie muß jedoch in enger Zusammenarbeit mit den Ingenieurplanungen für die Straßen und Autoparkplätze erfolgen.

Wenn die notwendigen Stellplätze unter den Gebäuden oder in Parkhäusern angelegt werden, kann die Zahl der ebenerdigen Stellplätze reduziert werden. Die dadurch gewonnenen zusätzlichen Flächen für die Landschaftsgestaltung bedeuten einen großen Gewinn für die Gesamtanlage.

12.3.2 Architektur

Auf die große Bedeutung der Architektur bei der Errichtung eines Gewerbeparks wurde bereits mehrfach hingewiesen. Die Funktion von Architektur ist es, durch Gestaltung ansprechende Stadträume mit Atmosphäre zu schaffen, der Repräsentation zu dienen und die Funktionalität zu unterstützen. Gute Architektur läßt sich auch kostengünstig verwirklichen. Man muß nicht unbedingt auf teure Materialien und ausgefallene Bauformen zurückgreifen.

Die Architektur (vgl. Kap. 16) bestimmt wesentlich das Erscheinungsbild eines Gewerbeparks und hat großen Einfluß auf die Beurteilung des Standorts durch mögliche Nutzer. Unternehmen mit gutem Ruf, die bekannt sind für ihre hohen Standards, werden sich nur in einem Gewerbepark ansiedeln, der diesen Ansprüchen genügt. Ein gut gestalteter Gewerbepark zieht weitere Firmen an, die sich vom Niveau des Standorts Gewerbepark einen Imagegewinn erhoffen.

Der erste Teil der architektonischen Planung eines Gewerbeparks ist das städtebauliche Konzept, in dem die Zuordnung und Gliederung der Baumassen und das geplante Bauvolumen erarbeitet werden. Hierfür bietet sich ein städtebaulicher Wettbewerb an. Den Wettbewerbsteilnehmern müssen in den Ausschreibungsunterlagen das Besondere eines Gewerbeparks und die geforderten Ansprüche genau dargelegt werden. Die Ideen und Anregungen aus dem Wettbewerb führen oft zu einem besseren Gesamtkonzept.

Das Architekturbüro, das dann die Planung übernimmt, entwickelt Maßstäbe und Vorgaben für das Gesamtareal, die letztendlich den Stil und Charakter des Gewerbeparks bestimmen werden. Modellhaft sollten charakteristische Bereiche wie Eingänge, Vordächer und Fensterbänder skizziert werden. Die Festlegung eines Moduls kann ebenso zu den Aufgaben gehören wie die Auswahl von Baustoffen.

Ein großer Gewerbepark mit 20 bis 30 Gebäuden hat eine relativ lange Verwirklichungsdauer. Daher wird es anfangs nicht möglich sein, eine komplette Planung für alle Bauten zu machen. Eine ausgearbeitete architektonische Planung kann nur für Gebäude gemacht werden, die in naher Zukunft errichtet werden sollen. Diese können dann beispielhaft für Stil und Bauqualität werden.

Die Architekten entwickeln Vorgaben für die bauliche und technische Gestaltung. Dazu gehören die Gestaltung der Fassaden, der Fensterfronten und der Eingangsbereiche, die Abschirmung von Lieferhöfen und Anlieferbereichen. Dazu gehört auch die Entscheidung über zu verwendende Baustoffe und die Farbgestaltung.

Wenn man einmal das Beispiel Baustoffe herausgreift, so geht es im Detail um Fassaden mit Glas, Naturstein oder Putz (die heute im Gewerbebau zunehmend verwendet werden) oder Gasbetonfassaden und Blechbauten (die heute immer weniger erstellt werden). Dabei ist auch die Frage zu klären, ob Blechbauten und rohe Ytongbauten überhaupt erwünscht sind. Auch eine Liste von Materialien, die nicht verwendet werden sollen, wie beispielsweise gewisse Kunststoffe oder gewellte Platten, ist anzufertigen.

Bei der Festlegung auf bestimmte Baustoffe sollte auch bedacht werden, daß der laufende Unterhalt und die Pflege der Gebäude für das Erscheinungsbild eines Gewerbeparks außerordentlich wichtig sind. Pflegeintensive Materialien und Einrichtungen sind kostspielig und mindern die Rentabilität. Materialien, die sehr schnell altern oder ein unschönes Aussehen erhalten, Schlieren oder Witterungsfahnen bekommen und somit den Gesamteindruck stören, sollten vermieden werden. Ein den Architekten vorgegebenes Ziel ist es, ein immer gutes Erscheinungsbild der Bauwerke bei möglichst geringer Pflege und geringer Reparatur zu erreichen.

Wenn in einem Gewerbepark Parzellen verkauft werden, auf denen der Nutzer sein eigenes Gebäude errichtet, so muß sichergestellt werden, daß der Gesamtkonzeptplan umgesetzt wird. Dafür werden Vorgaben über

Ausmaß des Gebäudes, Bauqualität etc. gemacht, über deren Umsetzung ein Gremium entscheidet. In den Vereinigten Staaten verlangen manche Gewerbeparkentwickler, ehe sie das Grundstück endgültig verkaufen, vom Käufer detaillierte Pläne für die Bebauung, um zu beurteilen, ob die Art und die Qualität der Architektur den gestellten Anforderungen und dem Niveau entsprechen, das der Gewerbepark haben soll.

Bei der Planung von Mietgebäuden, sei es für einen einzelnen oder für mehrere Mieter, müssen Typen von Baukörpern entwickelt werden, die berücksichtigen, daß diese Gebäude immer wieder neue andere Nutzer bekommen werden, wenn die alten Mieter ausziehen. Die Grundsätze der Multifunktionalität und Flexibilität sollen es bei einem Mieterwechsel möglich machen, daß die Räume für verschiedene neue Nachfrager geeignet sind. Die natürlich nötigen Anpassungen müssen leicht und schnell unter möglichst geringen Kosten zu machen sein.

Auch in einem Gebäude, das für einen Einzelmieter errichtet wird, ist Vorsorge zu treffen, daß andere Nutzer, die eventuell später einmal nachfolgen, ein voll funktionsfähiges Gebäude vorfinden. Wenn beispielsweise der Erstmieter eines ganzen Gebäudes keinen Wert auf Lastenaufzüge legt, weil er keine Waren zu transportieren hat, so ist es trotzdem sinnvoll, die Aufzüge so auszulegen, daß sie für eine andere, in einem Gewerbepark zu erwartende Nutzung geeignet sind. Gleiches gilt für die Anlieferung, für Schächte etc.

Eine Planung nach diesen Grundsätzen berücksichtigt die Bedürfnisse einer breiten Palette von möglichen Nutzern und ist für die Werthaltigkeit eines Gewerbeparks über eine lange Zeit hin von besonderer Bedeutung.

Immobilien sind langfristige Investitionen. Der Investor will eine langlebige Immobilie, die ihren Wert behält, während er sie langfristig in Besitz hält. Bei der architektonischen und technischen Planung sind daher die Lebensdauer aller Bauten und Einbauten und der Aufwand für den Bauunterhalt einzubeziehen.

12.3.3 Versorgungseinrichtungen

Die technische Planung (vgl. Kap. 15) gliedert sich in einzelne Pläne für die Bereiche Elektrizität, Wasser und Abwasser, Heizenergie und Telekommunikation. Diese Planungen müssen so frühzeitig begonnen werden, daß ausreichend Zeit für die Versorgungsunternehmen bleibt, die notwendigen Anschlüsse zu erstellen.

Elektrizität

Ein großer Gewerbepark hat einen hohen Bedarf an Energie. Die benötigte Gesamtkapazität bei Fertigstellung aller Bauten wird vom beauftragten Ingenieurbüro sorgfältig ermittelt. Bei der Auslegung ist auch auf den zukünftigen Bedarf Rücksicht zu nehmen. Die zunehmende Verwendung von elektronischen Geräten (auch im Bürobereich) führt zu steigendem Strombedarf. Ausreichende Kapazitätsreserven sind beim Anschluß des Geländes wichtig. Nach Möglichkeit sollen mehrere Einspeisungen vorgesehen werden, um die Versorgungssicherheit zu erhöhen.

Bei der Planung der Grundversorgung im Grundstück legen die Elektroingenieure in Zusammenarbeit mit den Architekten fest, wo Transformatorenstationen notwendig sind und wie sie in die Gebäude eingeplant werden können. Bei der Planung der Versorgungsleitungen sind die notwendigen Anschlußmöglichkeiten für die zukünftigen Gebäude festzulegen.

Bei der Positionierung der hierfür nötigen Verteileranlagen arbeiten Elektroplaner und Gartenarchitekten zusammen, um diese oberirdischen Anlagen unauffällig in die Landschaft oder in Pflanzungen zu integrieren. Diese grauen Kästen können das gesamte Erscheinungsbild sonst wesentlich stören. Auch die Kabeltrassen werden zusammen mit den Gartenplanern festgelegt, damit nicht später Kabel nachträglich neu verlegt werden müssen, weil sie mit Pflanzungen oder anderen Außenanlagen nicht vereinbar sind.

Wasser

Die Ingenieurplanung für Wasser muß in enger Zusammenarbeit mit den Versorgungsunternehmen durchgeführt werden. Der Wasserbedarf muß bestimmt werden und, soweit das Grundstück nicht bereits an einer ausreichenden Wasserversorgung liegt, in Zusammenarbeit mit den Versorgern geplant und sichergestellt werden. Die Dimensionierung der Wasserversorgung wird im wesentlichen durch die Löschwasseranforderungen der Feuerwehr bestimmt werden.

Sollte das notwendige Löschwasser nicht zur Verfügung gestellt werden können, so müssen andere Einrichtungen zur Vorsorge, beispielsweise Brunnen oder Wasserbecken, vorgesehen werden. So ein Wasserbecken hat außerdem den positiven Effekt, daß es als kleiner See in die Landschaftsplanung einbezogen werden kann. Die Anlage eines Sees kann auf der anderen Seite die notwendige Menge des von außen zuzuführenden Löschwassers und damit die Bereitstellungskosten reduzieren.

Kanalisation

Es fallen zwei Arten von Abwasser an:

- Brauchwasser, das unbedingt einer Kläranlage zuzuführen ist, und
- Regenwasser, das eventuell auch anders abgeführt werden darf.

Bei der Planung der Abwasserkanäle ist zu Beginn mit der städtischen Verwaltung zu klären, ob vor Ort ein Trennsystem gefordert wird oder ein Mischsystem besteht. Bei der Planung des internen Netzes muß ein möglicher zukünftiger Bedarf bereits mit berücksichtigt werden, der dann entstehen kann, wenn Flächen zunächst weniger intensiv genutzt werden und später eine starke Überbauung erfahren. Die Dimensionierung der Abwasserleitungen kann wesentlich reduziert werden, wenn Rückhaltebecken für Sturmwasser im Gelände vorgesehen werden.

Wird das Projekt in einer kleineren Gemeinde errichtet, so ist zu überprüfen, ob die Kapazität der bestehenden Kläranlage ausreicht, um das zusätzlich anfallende Schmutzwasser zu verarbeiten.

Heizenergie

Ob Gas, Fernwärme oder Öl zur Heizung der Gebäude benutzt wird, ist einerseits eine Frage der Verfügbarkeit und andererseits eine wirtschaftliche Entscheidung. Der beauftragte Ingenieur soll in jedem Fall, wenn mehrere Alternativen zur Verfügung stehen, Kostenvergleichsrechnungen anstellen, damit der Entwickler mit den Versorgungsunternehmen bei der Aushandlung von Versorgungsverträgen für Gas oder Fernwärme die notwendigen wirtschaftlichen Daten zur Verfügung hat. In diesem wie in allen anderen Fällen ist eine Gesamtplanung für den ganzen Gewerbepark in seiner endgültigen Dimension zu erstellen, damit bei fortschreitender Entwicklung des Gewerbeparks problemlos die jeweils neuen Flächen und Gebäude an die Versorgung angeschlossen werden können.

Kommunikation

Ein Gewerbepark mit einer Vielzahl von Nutzern braucht alle Verbindungen, die moderne Telekommunikation und Multimediaanwendungen heute bieten. Mit den Anbietern ist zu verhandeln und innerhalb des Gewerbeparks ein Netz zu planen und zu verlegen, das allen gegenwärtig bekannten Ansprüchen gerecht wird.

Masterplan

Die gesamte technische Planung muß in einem Masterplan zusammenlaufen, aus dem heraus die Trassenpläne für die Leitungsführung entstehen können. Es ist eine gemeinsame Arbeit der Ingenieurbüros, entsprechende Knotenlösungen zu finden. Übergabestationen für Wasser, Gas, Fernwärme, Elektrizität etc. können bei guter Koordination optimiert werden. An diesem Punkt ist auch das planende Architekturbüro mit einzubeziehen, damit, soweit oberirdische Bauwerke für Versorgungseinrichtungen entstehen, diese sich in die Gesamtarchitektur einpassen.

12.3.4 Landschaftsplanung

Ein wesentliches Qualitätsmerkmal eines guten Gewerbeparks sind gut gestaltete Außenanlagen (vgl. Kap. 17). Wenn auch viele Mieter oder Käufer von Grundstücken in Gewerbeparks zunächst die Kosten für die Grünanlagen sehr kritisch betrachten, so stellen sie doch nach kurzer Zeit fest, daß große und gut gestaltete Grünanlagen die Qualität des Standorts verbessern. In der Projektstudie wird festgelegt, welchen Umfang und welche Qualität die Grüngestaltung haben soll.

Die Außenanlagen können durch Rasenflächen, bepflanzte Flächen und mit Bäumen bestandene parkartige Anlagen, aber auch durch Wasserflächen gestaltet werden. Zusätzliche Akzente setzen schön gestaltete Plätze mit Brunnen oder Skulpturen, die den gestalterischen Wert der Außenanlagen erhöhen. Der Charakter der Grünflächen wird durch die Art der Pflanzung bestimmt, indem z.B. schon große Bäume gesetzt werden, um dem Gewerbepark das Erscheinungsbild eines Neubaugebietes zu nehmen. Soweit Altbestände an Bäumen vorhanden sind, sollten sie erhalten werden, denn sie sind ein wichtiges Gestaltungselement der Außenanlagen.

Wichtig für die Qualität der Landschaftsgestaltung ist ein Gesamtkonzept, das, wenn es gut ist, sicherlich die Zustimmung der Genehmigungsbehörde bekommt.

12.4 Zusammenfassung der Teilpläne zum Gesamtprojektplan

Alle Detailpläne müssen im Gesamtprojektplan zusammengefaßt werden, der in Form und Gestaltung übersichtlich, informativ und umfassend sein muß. Er muß allen zur Verfügung stehen, die zukünftig als technische Planer oder Architekten mit Teilproblemen am Gesamtprojekt Gewerbepark befaßt sind, denn nur so ist sichergestellt, daß in allen Detaillösungen die Anforderungen des Gesamtprojektes berücksichtigt werden. Da üblicherweise die Planungen von spezialisierten Fachbüros und Architekten durchgeführt werden, ist es Aufgabe des Developers, dafür Sorge zu tragen, daß der Gesamtprojektplan an einer Stelle sachkundig erstellt wird.

Die genaue und sachkundige Gesamtprojektplanung ermöglicht die Herstellung eines Gewerbeparks mit hohem Niveau in der Funktion und in den technischen Lösungen, mit guter Architektur und ansprechender Landschaftsgestaltung. Dieser Gewerbepark ist sowohl für den Unternehmer als auch für eine Gemeinde und die Nutzer des Gewerbeparks eine gute Zukunftsinvestition.

13

Projektdurchführung

13. Projektdurchführung

13.1 Die Beteiligten

13.1.1 Das Team des Entwicklers

Um die im vorausgehenden Kapitel angesprochenen Planungsaufgaben zu bewältigen, sind die Leistungen von Ingenieuren und Architekten nötig. Diese Leistungen werden von Fachbüros in enger Zusammenarbeit mit dem kompetenten und sachkundigen Team des Gewerbeparkdevelopers erbracht. Der Developer nimmt die Aufteilung zwischen Aufgaben vor, die er selbst mit seinen Mitarbeitern wahrnimmt, und solchen, die an Dritte vergeben werden. Das Inhouse-Team des Developers muß aus Fachleuten bestehen, die die Projektabwicklung von der kaufmännischen und der technischen Seite her betreuen und steuern können. Die Aufgaben dieses Teams sind:

1. Das Konzept des Gewerbeparks zu erarbeiten und es allen beteiligten Fachbüros zu vermitteln und dort durchzusetzen.
2. Die Aufgaben für die einzelnen Fachbüros im Sinne des Bauherrn zu definieren und die gelieferten Arbeiten inhaltlich und qualitativ zu prüfen und zu beurteilen.
3. Die Ausschreibungen, Angebotseinholungen und Auftragsvergaben für den Bauherrn in seinem Interesse kaufmännisch und technisch kompetent durchzuführen.

Der Entwickler braucht als Mitarbeiter für die Projektabwicklung Immobilienfachleute mit kaufmännischem und technischem Wissen und allgemeinem Verständnis für Planungen und Bauabläufe und als Ansprechpartner für die Fremdbüros und für das Fachurteil einen Architekten oder Ingenieur. (Außerdem braucht man im ganzen Team weitere Fachleute für die Finanzierung und Vermarktung.)

Die verschiedenen Fachbüros (Architekturbüros, Ingenieurbüros für Tiefbau, Elektro, Gartenarchitektur usw.) sind kaum mit der Konzeptidee eines Gewerbeparks vertraut. Sie können nur dann ihre Teilleistungen für das Gesamtprojekt erbringen, wenn ihnen Ziele und Konzept eines Gewerbeparks im einzelnen erläutert werden.

Projektdurchführung

Das Team des Developers muß sowohl bei der Gesamtprojektplanung als auch bei der weiteren Bearbeitung einzelner Teilaufgaben dieses Konzept kennen und weitergeben können, damit ein gutes, funktional richtiges und wirtschaftliches Planungsergebnis erzielt wird.

13.1.2 Ingenieur- und Architekturbüros

Die mit der Planung und Projektabwicklung beauftragten Ingenieur- und Architekturbüros sind mit ihrem Auftraggeber vertraglich verbunden und werden üblicherweise nach der Honorarordnung für Architekten und Ingenieure (HOAI) bezahlt.

Es ist das legitime Interesse der Ingenieure und Architekten, bei einem Bauauftrag ein möglichst hohes Honorar zu erzielen, aus der Sicht des Bauherrn ist das Wesen der Honorarordnung aber nicht dazu angetan, die Ingenieure und Architekten zur Sparsamkeit anzuhalten.

Das Honorar wird nach bestimmten Kriterien berechnet. Dazu gehören die in verschiedene Kategorien gegliederte Art und Komplexität des Baus und der Umfang der zu erbringenden Architektenleistungen.

So ist für die Berechnung des Honorars zunächst von Bedeutung, wie die Gebäude klassifiziert werden. Der nächste Punkt sind die Leistungen, die nach einzelnen Stufen gegliedert sind. Wenn einzelne Leistungsstufen vom Developer selbst übernommen werden (z.B. Vorabklärung und Funktionsdefinition des Gebäudes sowie die Vergabeverhandlungen), wird sich das Architektenhonorar vermindern. Das Honorar ist weiterhin abhängig von der Bausumme. Hier bietet sich dem Architekten ein weites Feld von Möglichkeiten, um hohe Herstellungskosten und damit ein hohes Honorar zu produzieren, z.B. durch Erhöhung der Qualitätsstandards, Ausführung von Sonderleistungen, Nichtverwendung von Normteilen oder Designerausstattung.

Es ist die Aufgabe des eigenen Teams, die Qualitätsstandards, die einzelnen Ausstattungsmerkmale und die funktionale Ausstattung, z.B. mit Treppenhäusern und Aufzügen, so zu definieren und festzulegen, daß die Fremdbüros tatsächlich in der Lage sind, zu den gewünschten Standards zu planen und das Bauvorhaben innerhalb des Budgets zu halten.

13.2 Architekten- und Ingenieurleistungen

Im folgenden sollen verschiedene Aufgaben, die bei der Projektabwicklung anfallen, aufgeführt und besprochen werden. Maßgeblich als rechtliche Vorgaben für Planung, Ausschreibung und Vergabe von Bauleistungen sind dabei die HOAI und VOB (Verdingungsordnung für Bauleistungen).

13.2.1 Erarbeiten von Grundsätzen für den Gewerbepark

Die besonderen Anforderungen, die das Konzept eines Gewerbeparks an die Planer stellt, müssen von dem Entwickler und seinem Team in Zusammenarbeit mit den beauftragten Büros formuliert werden. Daneben werden gemeinsam allgemeine Grundsätze für Qualitätsstandards erarbeitet.

13.2.2 Planung

Die Planungsarbeit mit Entwurf, Eingabeplanung und nachfolgender Werkplanung liegt in den Händen der beauftragten Architekten und Projektanten. Das eigene Team ist die Kontrollinstanz für die erbrachten Planungsleistungen.

13.2.3 Leistungsverzeichnisse und Ausschreibung

Neben den Plänen erstellen die beauftragten Büros für die Ausschreibung auch Leistungsverzeichnisse, in denen die Bauleistungen und -materialien genau beschrieben werden. Gute Leistungsverzeichnisse können meist nur anhand von Werkplanungen erstellt werden.

Auf der Grundlage dieser Pläne und Leistungsverzeichnisse unterbreiten die eingeladenen Firmen Angebote und werden, wenn sie einen Auftrag bekommen, über ihr Angebot und den Bauvertrag auf diese Leistungen verpflichtet.

Die Ausschreibung als Basis muß daher bestimmten Anforderungen genügen. Das Inhouse-Team prüft, ob die Ausschreibung

- frei von Fehlern,
- auf dem Stand der Technik und
- vollständig ist.

Projektdurchführung

Die Vollständigkeit der Pläne und Leistungsverzeichnisse ist wichtig, da diese die Grundlage für die Preiskalkulation der Baufirmen sind. Der Anbieter wird um so exakter kalkulieren können, je präziser die einzelnen Leistungen beschrieben sind.

Die Ausschreibung nach Gewerken, die Rücksicht nimmt auf die Handwerksstruktur der Region, kann erhebliche Kosteneinsparungen bringen, weil spezialisierte Handwerker günstiger anbieten als solche mit einem breiten Spektrum. Ausschreibungen, bei denen Anbieter in die Position von Generalübernehmern hineingedrängt werden, werden immer bedeuten, daß über die Zweitvergabe Kostennachteile entstehen, die letztlich auf eine Verteuerung des Gesamtgewerkes hinauslaufen.

Präzise Planungen und präzise Ausschreibungen verhindern außerdem, daß zu einem späteren Zeitpunkt Nachtragsangebote oder Regiearbeiten erforderlich werden. Wenn bei der Ausführung der Arbeiten offensichtlich wird, daß Leistungen zu erbringen sind, die in den Plänen und Leistungsverzeichnissen fehlen, so wird der beauftragte Unternehmer, soweit es sich um größere Teile handelt, Nachtragsangebote unterbreiten, die dann ohne Konkurrenz und dementsprechend teurer sind. Solche in der Ausschreibung fehlenden Leistungen können ohne Nachtrag von der Baufirma auch auf Anweisung des Bauherrn erbracht werden. Diese sogenannten Regiearbeiten sind nicht nach dem Umfang bestimmt, sondern werden nach einem Stundensatz abgerechnet. Das heißt, der Auftragnehmer steht bei der Durchführung dieser Arbeiten nicht unter Kostendruck. Er kann Arbeiten mit einem hohen Zeitaufwand erbringen und das Material nach seiner freien Kalkulation in die Regieabrechnung einsetzen. Regiearbeiten verteuern Baumaßnahmen erheblich.

Wenn die Texte der Leistungsverzeichnisse so präzise sind, daß sie den ganzen Umfang der Arbeit beschreiben, ist der Auftragnehmer nicht in der Lage, Leistungen aufzuteilen und womöglich zusätzlich Regiearbeiten für nicht ausgeschriebene Arbeiten einzufordern oder Nachtragsangebote zu erstellen.

Der Anteil der Regiearbeiten an der Endabrechnung zeigt später nicht nur die Qualität der Planung auf, sondern auch die Qualität des eigenen Teams, das diese Planungen überprüft. Über eine Analyse der Nachtragsangebote und Regiearbeiten kann festgestellt werden, inwieweit diese durch bessere Planung hätten vermieden werden können. Dadurch wird dann auch eine Verbesserung der Planungen und des eigenen Teams möglich. Ein unbedingtes Muß ist die Disziplin des Bauherrn, dann keine Änderungen mehr zu machen, wenn ein Gebäude planlich abgeschlossen und freigegeben ist. Änderungen während der Bauphase erzeugen nicht kontrollierbare Kosten.

13.2.4 Verschickung und Rücklauf der Ausschreibungen

Die Zusammenstellung der Anbieter, der Versand der Ausschreibungen, die Auswertung der Angebote und die Vergabe der Aufträge sind ein sehr sensibler Bereich. Diesen ganzen Komplex sollte der Developer mit dem eigenen Team durchführen, ohne die beauftragten Ingenieurbüros einzubinden. Üblicherweise ist es so, daß der Bauherr die Architektur- und Ingenieurbüros beauftragt, Firmen zu benennen, die zur Angebotsabgabe aufgefordert werden, was aber zu einer Verteuerung der Bauleistungen führen kann.

Die meisten Architektur- und Ingenieurbüros arbeiten seriös, doch gibt es auch schwarze Schafe. Um auf der sicheren Seite zu sein, werden nachfolgende Möglichkeiten diskutiert.

Viele Ingenieurbüros wissen genau, wie die einzelnen Unternehmen kalkulieren, und sind auf diese Weise in der Lage zu steuern, wem der Auftrag zufallen soll. Die Beziehungen zwischen dem Architektur- oder Ingenieurbüro und den ausführenden Firmen sind (besonders bei technischen Gewerken) oft so gut eingespielt, daß das Planungsbüro bereits in der Planungsphase Teile der Ausführungsplanungen an ein interessiertes Bauunternehmen weitergibt.

Dieses führt die Planungsarbeiten dann kostenlos aus – auf das Versprechen des Ingenieurbüros hin, eingeladen zu werden. Die Baufirmen planen dann so, daß sie Positionen einbauen, die aller Wahrscheinlichkeit nach nicht durchgeführt werden. Diese Leistungen bieten sie in ihrem Angebot weit unter Marktpreis an und liegen dann auch in der Gesamtsumme unter einem konkurrierenden Anbieter, der diese Leistungen marktgerecht kalkuliert hat.

Das wirtschaftliche Ergebnis einer solchen Zusammenarbeit ist, daß der Bauherr zweimal zahlt, nämlich einerseits das Planungshonorar an das Ingenieurbüro, das diese Arbeit aber nicht erbracht hat, und andererseits überhöhte Preise an die bauausführende Firma. Es ist daher sehr wichtig, daß die planenden Ingenieurbüros nicht wissen, wer zur Angebotsabgabe aufgefordert wird. Es ist Aufgabe des eigenen Teams zu untersuchen, welche leistungsfähigen Unternehmen am Markt tätig sind.

Projektdurchführung

Die eingeladenen Unternehmen füllen die Leistungsverzeichnisse mit ihren Kalkulationspreisen aus und unterbreiten so ihr Angebot. Die Angebote sollten immer beim Bauherrn eingehen. Während der Ausschreibungsphase dürfen die Anbieter nicht wissen, welche konkurrierenden Firmen ebenfalls Angebote abgeben, weil sonst immer die Gefahr besteht, daß sich die Anbieter untereinander absprechen und ein Kartell bilden, was zwangsläufig zu höheren Preisen führt. Solche Kartelle und Preisabsprachen sind zwar ungesetzlich, können jedoch in den seltensten Fällen festgestellt und vor allem nicht bewiesen werden. In offensichtlichen Fällen sollte der Bauherr die Ausschreibung einziehen, eine neue Ausschreibungsrunde beginnen und Firmen einladen, die nichts voneinander wissen.

Unbewußt oder auch gezielt ermöglichen oder fördern die Planer die Bildung von Preiskartellen dadurch, daß im Leistungsverzeichnis gewisse Produkte vorgeschrieben werden, für die ein Lieferant oder Hersteller Exklusivität in einem gewissen Raum hat, z.B. Markentüren, bestimmte Aluminiumprofile oder andere Baustoffe. Die Preisanfragen für dieses Produkt laufen dann bei diesem Unternehmen zusammen, das so in der Lage ist, alle Teilnehmer an der Ausschreibung zu informieren. Es ist eine weitere Aufgabe des eigenen Teams, bei der Überprüfung der Ausschreibungen auf solche Hinweise zu achten.

Wenn diese Produkte gewünscht werden, kann man in der Ausschreibung lediglich mitteilen, daß der Auftraggeber nach Auftragserteilung die gewünschten Produkte und die Lieferpreise bekanntgibt, die der Bauherr dann bei den Lieferanten abfragt und bei Auftragsvergabe an die ausführenden Unternehmen weitergibt.

13.2.5 Auswertung der Angebote

Das Team des Developers wertet die Angebote aus. Meist sind die verschiedenen Angebote in den einzelnen Positionen verschieden kalkuliert. Bei der Auswertung werden die Preise der verschiedenen Anbieter für die einzelnen Positionen des Leistungsverzeichnisses vergleichbar nebeneinander aufgelistet und Höchst- und Niedrigstpreise markiert und überprüft.

Niedrigstpreise bei größeren Posten können ein Anzeichen dafür sein, daß der Anbieter davon ausgeht, daß die ausgeschriebene Leistung später gar nicht oder nicht im ausgeschriebenen Umfang ausgeführt wird. Hier könnte der Verdacht bestehen, daß die anbietende Firma und das Planungsbüro in der oben bereits erwähnten unehrlichen Weise zusammenarbeiten, so daß der informierte Anbieter in diese Positionen einen sehr niedrigen Preis einsetzen kann, was die Gesamtsumme seines Angebotes reduziert und ihm einen Vorteil gegenüber seinen ehrlich kalkulierenden Konkurrenten verschafft.

Niedrige Preise können aber auch darauf hindeuten, daß der Anbieter die gewünschte Leistung nicht richtig beurteilt. Aus Fairneßgründen sollte er auf solche Mißverständnisse hingewiesen werden. Auch ein besonders hoher Preis ist oft ein Zeichen dafür, daß der Anbieter die ausgeschriebene Leistung nicht einschätzen kann und sie zur Minderung seines Risikos zu teuer kalkuliert. Ein klärendes Gespräch kann erhebliche Kosteneinsparungen bringen, wenn diese Position im Angebot verändert wird.

Hohe Preise können aber, wenn das Ingenieurbüro und der Anbieter unter einer Decke stecken, auch bedeuten, daß kleine Mengen ausgeschrieben wurden, obwohl große Mengen benötigt werden. In einem solchen Fall hat der Bauunternehmer Vorteile und wird bei der Abrechnung erheblich höhere Erlöse erzielen und somit den Bauherrn schädigen.

Besonders hohe oder tiefe Preise können aber auch ausdrücken, daß der Anbieter Fehler in der Planung entdeckt hat und zu seinen Gunsten ausnutzen will, oder daß er bei Arbeiten, die als Sonderposition ausgewiesen werden (z. B. Wasserhaltung), darauf spekuliert, daß sie nicht ausgeführt werden. Daher ist es wichtig – dies ist eine weitere Anforderung an eine gute Ausschreibung –, daß Eventualpositionen im Leistungsverzeichnis gesondert aufgeführt werden, damit die Hauptleistung klar und vergleichbar kalkuliert ist und Eventualpositionen als Zusatz erkennbar sind. Dann kann der Bauherr einschätzen, inwieweit er ins Risiko geht, wenn er an eine Firma vergibt, die in der Hauptleistung am günstigsten, in den Nebenleistungen jedoch etwas teurer ist.

Die Geheimhaltung der beteiligten Unternehmen und der Angebotssummen ist so lange erforderlich, bis die Aufträge vergeben sind, weil während der Verhandlungen noch immer Preisangebote möglich sind, die vorher abgesprochen werden können, wenn die Firmen wissen, wer beteiligt ist.

13.2.6 Auftragsvergabe

Die Vergabeverhandlungen selbst, d. h. das Aushandeln des letzten Preises und der Vertragsabschluß über die Bauleistung, sind, wenn dies irgendwie möglich ist, Sache des Developers selbst und sollten nur an Personen delegiert werden, die das absolute Vertrauen genießen. Nicht hinzugezogen werden sollen zu diesen Verhandlungen die planenden und ausschreibenden Ingenieurbüros oder ihre Vertreter.

Wie man auch in der Öffentlichkeit immer wieder durch Preiskartell- und Bestechungsskandale erfährt, ist die Vergabe von Bauaufträgen (aber auch die Benennung von Baustoffen und Fabrikaten in den Ausschreibungen) ein höchst sensibler Bereich. Hier ist Vorsicht geboten, damit der Bauherr mit seinem Unternehmen keinen Schaden durch überhöhte Preise und durch den Einsatz von nicht optimalen oder überteuerten Baustoffen und Bauzubehör erleidet.[1]

13.2.7 Bauleitung

Die Bauüberwachung und Bauleitung überprüft und stellt sicher, daß die Bauleistungen so ausgeführt werden, wie sie geplant sind, daß die Produkte zum Einsatz kommen, die ausgeschrieben sind, und daß die Qualität der Bauausführung gut ist. Die Bauleitung ist eine Aufgabe der beauftragten Architektur- und Ingenieurbüros. Der Developer sollte in seinem Team aber trotzdem einen Fachmann haben, der im Interesse des Bauherrn die tatsächliche Leistungserstellung in enger Zusammenarbeit mit den Fachbüros kontrolliert.

13.2.8 Vorbereitung der Abrechnung

Die Bauleitung hat auch die Aufgabe, während des Baufortgangs mit den ausführenden Firmen die Abrechnung vorzubereiten. Grundlage der Abrechnung sind die angebotenen Preise für die in der Ausschreibung aufgeführten Leistungen und Mengen. Zur Bestimmung der Mengen und Massen kann man auf die Ausschreibung zurückgreifen, was aber nur bei sehr guten Plänen und präzise detaillierten Leistungsverzeichnissen möglich ist. Oft sind die Leistungsverzeichnisse bei der Beschreibung der Massen und Mengen nicht sehr genau, so daß eine Aufnahme der tatsächlich verbauten Massen vor Ort notwendig wird. Das technische Team des Developers spricht mit der Bauleitung des Ingenieurbüros genau ab, welche Bereiche nach Plan und welche nach Aufmaß abgerechnet werden.

---

[1] Bei erfolgter Verwendung ihrer Produkte überweisen einige Firmen unaufgefordert an die Architektur- oder Ingenieurbüros sogenannte „Provisionen". Dadurch wird zwar nicht die Entscheidung beim laufenden Projekt beeinflußt, wohl aber bei zukünftigen.

Die Abrechnung nach Plan auf der Basis der Ausschreibungen (Leistungsverzeichnisse) wird zwar oft vereinbart, ist jedoch für den Bauherrn nicht immer günstig, vor allem dann nicht, wenn die in den Leistungsverzeichnissen angegebenen Massen größer sind als die tatsächlich verbauten, was oft der Fall ist. Die überhöhten Massen bewirken bei der Abrechnung einen eigentlich ungerechtfertigten Mehrerlös für den Auftragnehmer der Bauleistung, da dieser für Leistungen und Massen bezahlt wird, die er nicht erbracht hat.

Auch eine Endabrechnung, die innerhalb der vergebenen Auftragssummen bleibt, kann tatsächlich Baukostenmehrungen beinhalten, die nur deshalb nicht auffallen, weil durch reichlich bemessene Massen in den Leistungsverzeichnissen Spielräume entstanden sind. Es bedeutet fast immer Baukostenmehrungen, wenn nach Leistungsverzeichnissen abgerechnet wird.

Überzogene Massen in den Leistungsverzeichnissen sind Planungsfehler des Ingenieurbüros. Sie verhindern eine exakte Vorkalkulation. Sie führen zur Verschleierung von sonstigen Planungs- und Ausschreibungsfehlern, insbesondere wenn die Abrechnung nicht im Detail vom Bauherrn überprüft wird.

Die Abrechnung nach Pauschalangeboten ist nur sinnvoll, wenn gute Planung und gute Leistungsbeschriebe existieren (Pflichtenhefte).

Die andere Möglichkeit ist die Abrechnung nach Aufmaß. Je größer die Differenz zwischen den Massen in der Ausschreibung und der Wirklichkeit ist, desto wichtiger sind ein exaktes Aufmaß und eine gute Abrechnung. Dazu müssen die mit der Bauleitung beauftragten Büros während des Baufortgangs die Aufmaße erstellen.

Wichtig ist, daß diese Aufnahme kontinuierlich erfolgt, weil nach Fertigstellung des Baus oft der Zugang zu den verwendeten Materialien nicht mehr möglich ist und die exakte Erfassung einer Schätzung weichen muß. Nur so ist eine einwandfreie Ermittlung der tatsächlich verbauten Massen möglich. Es ist nicht ratsam, das Aufmaß dem ausführenden Unternehmen allein zu überlassen.

Die Bauleiter der ausführenden Unternehmen sind häufig am Gewinn beteiligt, der an einem Projekt entsteht, und daher an hohen Abrechnungssummen interessiert. Die eigene Bauleitung muß eine sach- und kostengerechte Ausführung aller Arbeiten durchsetzen und überwachen. Da die Leistungen, die in der Ausschreibung aufgelistet werden, sehr scharf kalkuliert sind, wird von seiten des Auftragnehmers immer eingehend geprüft, ob

Projektdurchführung

die zu erbringende Leistung auf der Baustelle mit der ausgeschriebenen Leistung übereinstimmt.

Kann der Bauleiter der ausführenden Unternehmung Abweichungen feststellen, wird er Regiearbeit einfordern. Die Einstufung von Arbeiten, z.B. Bodenklassen bei Aushub, ist ebenfalls ein Gebiet für die Überwachung durch die Bauleitung der Bauherren.

Wichtig ist in allen Punkten immer wieder, daß die eigenen technischen Mitarbeiter eng mit den Ingenieurbüros zusammenarbeiten und eine gute Kontrolle ausüben. Auf einer Baustelle sind nicht durchgeführte Aufmaße und nicht sofort überprüfte Regiearbeiten allergrößte Versäumnisse, die den Bauherren sehr viel Geld kosten.

Für die Bauüberwachung, das Aufmaß und die Genehmigung von Regiearbeiten ist im Team des Developers eine eigene Zuständigkeit zu schaffen. Höchster Wert muß auch darauf gelegt werden, daß die Arbeiten zeitnah erledigt werden.

13.2.9 Projektsteuerung

Die Durchführung und Abwicklung eines Bauvorhabens erfordern große organisatorische Fähigkeiten und können nicht dem Zufall überlassen werden. Mangelnde Organisation bringt Zeitverzögerungen, die Geld kosten, und führt auch zur Verteuerung der Bauleistung selbst, weil die Baufirmen schlechte Baustellen anders kalkulieren als gute und die Unterbrechung von Arbeit immer in Rechnung stellen, ganz abgesehen davon, daß die Qualität der Durchführung leidet, wenn Arbeiten nicht kontinuierlich erledigt werden.

Da viele Personen, Büros, Firmen und Institutionen an der Verwirklichung des Projektes arbeiten und aufeinander angewiesen sind, ist es eine große organisatorische Leistung, ein reibungsloses Zusammenarbeiten und eine sinnvolle Aufeinanderabstimmung zu organisieren.

Die Projektsteuerung ist eine eigenständige wichtige Leistung, für die es hochspezialisierte Anbieter gibt, die einzusetzen sich lohnt. Der Unternehmer kann aber auch ein Team entsprechender Fachleute im eigenen Haus aufbauen.

Die Projektsteuerer koordinieren die Planungen und die Zusammenarbeit mit den Behörden, erstellen Ablaufpläne und Terminpläne für die Baudurchführung bis hin zur termingerechten Fertigstellung des Projektes und zur Übergabe an den Mieter.

Ein Developer kann einen Gewerbepark nur dann entwickeln, wenn er selbst das prinzipielle Know-how hat. Das bedeutet nicht, daß eine Inhouse-Kompetenz für Architektur- und Ingenieurplanung nötig ist, aber es bedeutet, daß eine Inhouse-Kompetenz zur Steuerung und Leitung aller Architekten- und Ingenieurleistungen, die für die gesamte Projektabwicklung erbracht werden, notwendig ist. Das Entwicklungsteam für einen Gewerbepark wird daher eine Kernmannschaft umfassen, die die von außen herangezogenen Ingenieurbüros zunächst auswählt, dann sachgerecht informiert, überwacht und führt.

14

Das Grundstück

14. Das Grundstück

14.1 Kaufverhandlungen

Das Ergebnis der Marktanalyse (vgl. Kap. 6) zeigt den optimalen Standort für einen geplanten Gewerbepark auf. Die Analyse sollte so ausgelegt sein, daß nicht ein einzelnes Grundstück, sondern ein größeres Areal oder eine spezielle Lage als möglicher Standort ausgewiesen wird und dort die Möglichkeit besteht, gegebenenfalls zwischen mehreren Grundstücken zu wählen. Die Standortanalyse (vgl. Kap. 7) gibt Auskunft über die Eignung konkreter Grundstücke.

Es soll hier noch einmal auf die Bedeutung des optimalen Standorts hingewiesen werden. Für Immobilien gilt immer der Dreifachgrundsatz, daß die Lage, die Lage und die Lage die Qualität einer Immobilie bestimmen. Ein Abgehen davon, weil andere, nicht so günstig gelegene Grundstücke leichter zu erwerben oder billiger zu haben sind, ist nicht im Interesse einer guten Investition. Auch sonstige Schwierigkeiten, wie Verhandlungen mit mehreren Grundstücksbesitzern, die Beschaffung von Tauschgrundstücken oder langwierige Verhandlungen mit Erbengemeinschaften, lohnen den Einsatz, wenn dadurch das optimale Grundstück erworben werden kann. Ebenso sind Zeitverzögerungen im Interesse eines optimalen Standorts hinzunehmen.

Der Grunderwerb sollte, soweit nicht alle Voraussetzungen schon erfüllt sind, nur über notarielle Kaufangebote durchgeführt werden. Günstig ist es, wenn die Kaufangebote nicht mit einem Endtermin befristet sind, sondern Festlegungen etwa der Art getroffen werden, daß die Angebote sechs Monate nach Vorliegen der Baurechte angenommen werden müssen, oder daß der Anbieter nach Ablauf einer gewissen Frist kündigen kann mit der Maßgabe, daß der Angebotsnehmer nochmals eine weitere Frist hat, um anzunehmen oder abzulehnen.

Bei mehreren Grundstücksbesitzern ist besonders darauf zu achten, daß zunächst nur Angebote abgeschlossen werden und so lange parallel verhandelt wird, bis alle einwilligen, damit nicht einer in der Lage ist, als Letztverkäufer die Preise in die Höhe zu treiben. Eine Beschleunigung beim Abschluß der Verträge bringt eine Klausel, die zusichert, daß alle Verkäufer den besten ausgehandelten Preis erhalten.

Je schneller die Vertragsabschlüsse für den Grunderwerb angestrebt werden, desto teurer wird vermutlich der Erwerb werden. Gibt es an anderen

Das Grundstück

Standorten Grundstücke von gleicher Qualität, so sind Parallelverhandlungen sinnvoll, um Alternativen offen zu halten. Solche Alternativen können Zeit und Geld ersparen.

14.2 Ermittlung der Grundstückskosten

Mit dem Vorliegen der notariellen Grundstücksangebote sind die unmittelbaren Grunderwerbskosten definiert. Dazu kommen noch Maklerkosten, städtische Gebühren und Grunderwerbssteuern sowie u. U. weitere Kosten, wenn z. B. Bodenbelastungen vorliegen, die eine Entsorgung notwendig machen, oder Abbrüche erforderlich sind. Das Grundstück sollte dazu vor dem Grunderwerb auf Kontaminationen, alte Fundamente oder Keller usw. untersucht werden (vgl. Kap. 7). Das Grundbuch gibt Auskunft, ob Geh- und Fahrtrechte oder sonstige Gedinge eingetragen sind, deren Ablösungen Kosten verursachen. Auch Biotope, schützenswerte Baumbestände und der Denkmalschutz sind in die Prüfung mit einzubeziehen.

Nicht selten versuchen Nachbarn, soweit sie zu Bauprojekten zustimmungspflichtig sind, finanzielle Vorteile zu erlangen. Ablösungen, beispielsweise für Grenzbebauungen, Geh- und Fahrtrechte, müssen mit erfaßt werden. Auch Forderungen der Städte auf Abtretung von Grundstücksflächen für Gemeinschaftsflächen wie Kindergärten, Spielplätze und Grünflächen werden hinzugerechnet und die Kosten für Ausgleichsmaßnahmen oder Ausgleichsflächen ermittelt. Erst wenn all diese Faktoren erfaßt worden sind, kann man endgültig feststellen, wie teuer der Grunderwerb tatsächlich zu stehen kommt und wie er in die Kalkulation einzugehen hat.

14.3 Das Grundbuch

Im Grundbuch, das von den Grundbuchämtern geführt wird, sind alle Grundstücke und ihre Rechtsverhältnisse verzeichnet. Man findet dort Angaben über Eigentumsverhältnisse, dingliche Belastungen und Grundpfandrechte.

Im Grundbuch werden folgende Begriffe verwendet:

Flur: großes Areal, z. B. die Flur einer Gemeinde oder eines Gemeindeteils, z. B. die Flur von Weichs (Stadtteil von Regensburg) mit eigenem Buch: Grundbuch von Weichs

Flurstück: ein Stück aus einer Flur mit eigener Flurnummer
Parzelle: mit Flurstück identisch
Grundstück: ein allgemeiner Ausdruck, der mehrere Flurstücke umfassen kann, die zusammenhängend sind
Bauquartier: kann aus einem oder mehreren Flurstücken bestehen

Bei Erwerb und Entwicklung des Grundstücks für einen Gewerbepark werden eine Reihe von Eintragungen und Änderungen nötig. Ziel des Developers ist es, diese Eintragungen funktionsgerecht, klar und übersichtlich zu gestalten.

14.3.1 Flurstücksbildung

In den seltensten Fällen wird es gelingen, ein Grundstück mit einer Flurstücksnummer aus einer Hand zu erwerben. Sehr oft ist der Erwerb mehrerer Grundstücke notwendig, um ein Areal zu erhalten, das in der Größe den Bau eines Gewerbeparks ermöglicht. Durch die historische Entwicklung sind in unseren Grundbüchern viele Eintragungen. Nach dem Erwerb der Grundstücke können klare Verhältnisse im Grundbuch geschaffen werden.

Das Areal, auf dem der Gewerbepark errichtet wird, wird durch die Planung in Flächen mit verschiedenen Funktionen zerlegt. Es ist sinnvoll, dafür jeweils eigene Flurstücke, z.B. für Straßen, Parkplätze oder Bauquartiere, zu bilden und ins Grundbuch eintragen zu lassen. Selbstverständlich kann die Aufteilung des Areals erst dann erfolgen, wenn die Planungen so weit fortgeschritten sind, daß endgültige Festlegungen zu machen sind.

Zweckmäßig ist die Bildung eines eigenen Flurstücks für Straßen und Zufahrten, auf das dann Belastungen eingetragen werden können. Üblicherweise werden die Straßen öffentlich gewidmet, was eine Möglichkeit ist, viele Dienstbarkeiten im Grundbuch zu vermeiden. Die öffentliche Widmung muß in manchen Gemeinden ins Grundbuch eingetragen werden.

In das Straßengrundstück werden, solange es in Privatbesitz z.B. der Betreiber- oder Eigentümergesellschaft des Gewerbeparks ist, üblicherweise für jede einzelne anliegende Bauparzelle ein Geh- und Fahrtrecht eingetragen. Ebenfalls dort eingetragen werden die Leitungsrechte für Leitungen, die durch Versorgungsunternehmen verlegt werden.

Oft sind nicht alle Flurstücke so günstig an den Haupterschließungsstraßen gelegen, daß sie verkehrlich voll erschlossen werden können. Um Grundstücksflächen zu sparen, wird man daher öfter für zwei Flurstücke ge-

Das Grundstück

meinsame, tief ins Grundstück reichende Zufahrten vorsehen. Es ist zweckmäßig, hierfür eigene Flurstücke zu bilden. Die gegenseitigen Geh- und Fahrtrechte auf diesen Flächen müssen im Grundbuch abgesichert werden.

Auch für Versorgungstrassen können eigene Flurstücke herausgemessen und belastet werden. Die Erschließung des Grundstücks wird nämlich oft günstiger, wenn Ver- und Entsorgungsleitungen nicht nur in den Straßen, sondern auch in anderen Trassen verlegt werden.

Für Parkplätze oder Parkhäuser können ebenfalls eigene Flurstücke gebildet werden. Rechtlich gesehen müssen zu jedem bebauten Grundstück Stellplätze nachgewiesen werden. Falls sie nicht auf dem bebauten Flurstück liegen, werden sie durch Eintragungen ins Grundbuch oder ein Baulastenbuch auf jenem Grundstück besichert, auf dem sie bereitgestellt werden.

Werden die Parkplätze in einem Gewerbepark ebenerdig angelegt, so ist der Platzbedarf hierfür so groß, daß Flurstücke gebildet werden müssen, die größer sind, als es die Baurechte für das Gebäude erfordern würden. In einem Gewerbepark kann es sinnvoll sein, eigene Parkplatzparzellen zu schaffen, auf denen für mehrere Objekte die geforderten Stellplätze ebenerdig oder in Parkhäusern nachgewiesen werden. Die Anzahl der vorgeschriebenen Stellplätze ist abhängig von der Nutzung, die sich immer wieder ändern kann und zum Zeitpunkt der Errichtung meist nicht bekannt ist. Die aufgrund der Baugesetze oder der Stellplatzrichtlinien der Stadt geforderten Stellplätze werden später entsprechend der jeweiligen Nutzung für jedes Gebäude immer wieder neu berechnet und auf dem speziellen Parkplatzgrundstück zu- oder abgeschrieben (vgl. Kap. 18).

Auf diese Weise wird vermieden, daß freie Stellplätze auf bebauten Grundstücken zugunsten anderer Grundstücke grundbuchmäßig zugeschrieben werden müssen und somit ein kompliziertes Geflecht an grundbuchmäßig gesicherten Parkplatzrechten entsteht (vgl. Kap. 18).

Bei der Bildung von Bauquartieren ist es sinnvoll, für jedes Gebäude eine Einzelparzelle vorzusehen, auf der dann alle Belastungen, die dieses Gebäude betreffen, eingetragen werden. Dies läßt bei der Finanzierung eine Einzelbelastung der Gebäude zu und ist weiterhin vorteilhaft bei der späteren Veräußerung von Einzelimmobilien.

Aber selbst bei gut durchdachter Planung ist es kaum möglich, schon im voraus die genaue Lage aller Gebäude so exakt festzulegen, daß Flurstücke gebildet und in das Grundbuch eingetragen werden können. Man muß also schrittweise vorgehen. Zunächst werden deshalb außerhalb der Straßenflächen große, zusammenhängende Grundstücksparzellen gebildet. Je nach den Anforderungen des einzelnen Bauwerks können später die dafür notwendigen Grundstücksflächen herausgemessen werden. Dadurch ist im Hinblick auf Überbaubarkeit und Gesamtgeschoßfläche eine optimale Nutzung des Gesamtareals möglich. Es wird für ein Bauwerk nur soviel Grundstücksfläche zugeordnet, wie aufgrund der Baurechtsausnutzung notwendig ist. Die Bildung von Einzelparzellen für die einzelnen Gebäude ist dann nach Baufortschritt möglich. Wegen der hierfür anfallenden Kosten für Vermessung, Auflassung und Grundbucheintrag sind die Aufteilung und der Umfang der jeweiligen Teilungen zu planen und zu optimieren. Die Flurstücksteilung sollte nach Vorliegen der Planung noch vor der Bebauung durchgeführt werden, da nach der Bebauung diese Kosten erheblich steigen, weil der Wert des Bauwerks in die Kostenberechnung eingeht.

Neben Überlegungen zur internen Nutzung des Grundstücks führen auch andere, eher taktische Überlegungen zur Bildung besonderer Parzellen. Einige Gemeindesatzungen z.B. legen fest, daß die Flurstücke, die an den Erschließungsstraßen liegen, für die Erschließungskosten herangezogen werden. Dabei ist es oft gleichgültig, welche Größe diese Parzellen haben. Das genaue Studium der Erschließungssatzung kann die Bildung eigener optimaler Parzellen sinnvoll erscheinen lassen, welche z.B. durch Verringerung der Tiefe eines Flurstücks erhebliche Erschließungskosten einsparen können.

Gibt es Nachbargrundstücke mit vielen Grundstücksnummern oder Eigentumsgemeinschaften (Eigentumswohnungen), so kann man für die meist ohnehin notwendigen Abstandsflächen einen Abstandsstreifen als eigenes Grundstück bilden. Nach der Bauordnung sind Nachbarschaftsunterschriften von den Eigentümern der Grundstücke einzuholen, die an ein zu bebauendes Grundstück angrenzen. Wird ein Schutzstreifen gebildet, so ist man mit einem eigenen Grundstück Nachbar und erspart sich weitere nachbarschaftliche Unterschriften, was den Fortgang der Planung und Bebauung wesentlich beschleunigt und erhebliche Arbeit spart. Nachbarunterschriften sind dann nur für Bauten in dem unmittelbar als Schutzstreifen gebildeten Grundstück notwendig.

14.3.2 Bereinigung des Grundbuchs

Nicht selten sind auf den erworbenen Grundstücken alte Belastungen, die noch nicht gelöscht sind. Es kann sich um alte Grundschulden handeln, die nachweislich nicht mehr valutiert sind, um andere Rechte wie Leibgedinge oder Rentenansprüche, die nicht mehr existieren, aber noch immer eingetragen sind, oder um Auflassungsvormerkungen für Straßenabtretungen etc. Mit Erwerb der Grundstücke sollte sofort damit begonnen werden, diese alten, nicht mehr existenten Rechte löschen zu lassen. Die neuen Aktivitäten im Gewerbepark werden viele neue Eintragungen bedingen. Der Übersichtlichkeit halber ist daher ein von alten Eintragungen freies Grundbuch sehr wichtig.

15

Die Erschließung des Grundstücks

15. Die Erschließung des Grundstücks

In diesem und den nächsten Kapiteln wird versucht, praktische Hinweise für die Verwirklichung des Projektes zu geben. Sie sind aus der Erfahrung geboren, sicher nicht vollständig, aber sie können doch einen Einblick geben, wie die verschiedenen Aufgaben umgesetzt werden können. Die Arbeiten der Projektverwirklichung sollten immer in den Händen des Developers selbst und seines Teams liegen. Bei der Weitergabe und Delegation von Arbeiten an Dritte wie beispielsweise technische Büros, Makler und andere sind der ständige Kontakt und die Abstimmung mit dem Entwickler und seinen Leuten erforderlich.

Der Blickwinkel der Betrachtung in diesem Kapitel ist grundsätzlich der des Kaufmanns. Es bleibt auch bei den technischen Details immer die Kostenseite im Blick.

Sobald das Grundstück gesichert ist, kann die Erschließung geplant und der finanzielle Aufwand dafür ermittelt werden. Dazu gehören die Kosten für Straßen, Kanalisation und die Versorgung mit Wasser, Strom, Gas, Fernwärme und Telefon. Sachkundige Verhandlungen sind mit allen dafür in Frage kommenden Behörden, Dienststellen und öffentlichen Betrieben notwendig, um einen Überblick über diesen Kostenblock zu erreichen. Intensive und zähe Verhandlungen machen es auch möglich, erhebliche Einsparungen zu erreichen.

15.1 Öffentliche Straßen

Ausgehend vom Gesamtprojekt, das den Umfang des zukünftigen Verkehrsaufkommens des Gewerbeparks aufzeigt, ist die Leistungsfähigkeit der öffentlichen Straßen zu prüfen. Es ist festzustellen, ob das vorhandene Straßennetz ausreicht oder ob Straßenausbauten zur Verwirklichung des Projektes notwendig sind. Zu diesen zählen auch die Herstellung von Straßeneinmündungen und der Ausbau von Kreuzungen, die der unmittelbaren Erschließung des Geländes dienen.

Der Entwickler wird nicht umhinkommen, die für den Ausbau dieser Kreuzungen anfallenden Kosten zu übernehmen, es sei denn, das Projekt Gewerbepark fällt unter ein Ansiedlungsprogramm, wofür Straßenerschließungskosten übernommen werden. Es wäre an der falschen Seite ge-

Die Erschließung des Grundstücks

spart, wenn, um diese Kosten zu vermeiden, nicht ausreichend Einfahrten in das Gewerbegebiet geschaffen würden.

Bei Straßenbauarbeiten an öffentlichen Straßen ergibt sich für den Unternehmer die Möglichkeit, daß er den Ausbau und die Finanzierung dieser Straßen selbst übernimmt und sie dann mit der Stadt oder den zuständigen Behörden (Straßenbauämtern) verrechnet. Die Behörden geben sich meist damit zufrieden, die öffentlichen Standards einzufordern und zu überwachen. Ein Vorteil liegt darin, daß wesentlich kürzere Herstellungszeiten und durch private Ausschreibung günstigere Herstellungspreise möglich sind. Planung und Kalkulation sind durch private Fachbüros problemlos möglich (vgl. Kap. 18). Außerdem wird kaum eine Gemeinde bereit sein, im voraus Straßen in ein Gelände zu bauen, ehe dort eine wesentliche Bebauung begonnen hat.

Zu überprüfen ist auch, inwieweit für das in Aussicht genommene Gelände noch Anliegerkosten zu zahlen sind und inwieweit zukünftig Anliegerkosten für Straßenbauten anfallen.

15.2 Interne Straßen

Die Straßenführung im Inneren des Geländes ist wichtig für die Funktionsfähigkeit des Gewerbeparks und muß im Zuge der Konzeptplanung für den ganzen Gewerbepark gelöst werden. Das interne Straßennetz und die notwendigen Verkehrsflächen werden bereits in der Konzeptphase vollständig geplant und kalkuliert. In welchem Umfang sie am Anfang erstellt werden, unterliegt verschiedenen Überlegungen. Wichtig ist jedoch, daß Firmen, die sich als Nutzer für den Standort Gewerbepark interessieren, von Anfang an davon überzeugt werden, daß der Gewerbepark zügig erstellt und auch vollendet wird. Brachflächen ohne Straßen und Erschließung lassen die Fertigstellung in weiter Ferne erscheinen und erschweren die ersten Vertragsabschlüsse mit Nutzern des Gewerbeparks.

Die inneren Erschließungsstraßen können öffentlich sein und von der Gemeinde erstellt oder privat errichtet werden. Auch hier gilt, daß Planung und Durchführung in privater Regie meist schneller sind und durch private Ausschreibung und Überwachung auch billiger kommen als eine Straße, die durch die Gemeinde errichtet wird. Vor allem wird die Gemeinde in der Regel nicht bereit sein, im Vorgriff auf zukünftige Investitionen die Straßen zu erstellen. Bei einer öffentlichen Straße wird üblicherweise ein Teil der Baukosten von der Gemeinde übernommen. Der Rest der Kosten wird als Erschließungskosten umgelegt. Durch Verhandlungen kann es möglich sein, diesen öffentlichen Anteil von ca. 10 % auch für die Erschließungsstraßen eines privaten Gewerbegebietes zu erhalten. Üblicherweise gehen die Straßen später in das Eigentum der Stadt/Gemeinde über, oder sie werden öffentlich gewidmet.

Die komplette Planung des internen Straßennetzes und der Verkehrsflächen zeigt auf, wieviel Grundstücksfläche hierfür verbraucht wird, wodurch eine Berechnung der netto zur Verfügung stehenden Flächen für die Bebauung möglich wird. Zu guter Letzt wird es eine kalkulatorische Größe geben, bei der die Grundstückskosten und die Erschließungskosten in Relation gesetzt werden zu den nutzbaren Grundstücksflächen. Damit ergibt sich eine kalkulatorische Größe in DM je m^2, mit der die Grundstücksflächen bei der Bebauung mindestens anzusetzen sind. Aus diesem Grund ist die Planung der gesamten Verkehrserschließung von Anfang an wichtig, um zuverlässige Kalkulationsgrundlagen zu haben (vgl. Annex 2).

15.3 Kanalisation

Zur Erschließung gehören der Anschluß des Grundstücks an das Kanalsystem und die Herstellung des Kanalnetzes innerhalb des Grundstücks. Den Kanalanschluß stellt die Gemeinde her. Für das Kanalnetz innerhalb des Gewerbeparks gilt sinngemäß das gleiche wie für die Herstellung der Straßen. Kanäle, die in öffentlichen Straßen liegen, werden von der Gemeinde hergestellt, die dafür Erschließungsbeiträge umlegt. Für den Anschluß eines Grundstücks an das Kanalsystem werden Kanalanschlußgebühren erhoben. Anhand der Abwassersatzung, die jede Gemeinde hat, und der weiteren rechtlichen Vorgaben sollten im voraus die technischen Lösungsmöglichkeiten erarbeitet werden und geklärt werden, zu welchen Kosten- und Gebührenbelastungen sie führen werden. Meist wird sich die Zusammenarbeit mit lokalen Ingenieurbüros, die mit den Gegebenheiten vertraut sind, lohnen.

Wenn das Grundstück vorher bereits genutzt war, können oft vorhandene Kanalanschlüsse genutzt werden, was besonders deshalb interessant ist, weil die Kanalanschlußgebühren für diesen Bereich schon bezahlt sind und sich kostenmindernd auswirken. Am Anfang der Erschließung steht daher die genaue Aufnahme vorhandener Kanalerschließung und bereits bezahlter

Anschlußgebühren. Sind vorhandene Anschlüsse für die geplante Bebauung ausreichend, so entstehen daraus keine weiteren Kosten mehr; es bleiben noch die Kalkulation und Planung der internen Kanalführung zu erarbeiten. Wenn das Gelände noch nicht an das Kanalnetz angeschlossen ist, sind die Aufgaben umfangreicher: Gespräche und Verhandlungen mit den zuständigen Stellen, ob die Kläranlagenkapazitäten ausreichen, welche Anschlußgebühren zu zahlen sind, und die Sicherstellung des termingerechten Anschlusses an das öffentliche Kanalsystem durch die Gemeinde. In diesem Bereich können die Eigenerstellung und Abrechnung mit der Behörde ein kostensparender und vor allem ein sicherer Weg sein, um den Anschluß dann, wenn die Bautätigkeit beginnt, fertiggestellt zu haben.

Auch für die Planung und Kalkulation des internen Kanalsystems sind umfangreiche Vorarbeiten und Verhandlungen nötig, um die optimale Auslegung des Kanalnetzes bei möglichst geringer Kostenbelastung zu erreichen. Dazu gehören auch Verhandlungen über gewerbeparktypische Gegebenheiten: Werden beispielsweise die notwendigen Parkplätze ebenerdig erstellt, so fallen für diese Flächen keine Kanalgebühren an; werden die gleichen Parkplatzflächen jedoch als Tiefgarage in einem Gebäude oder als Parkhaus errichtet, so ist nach mancher Kanalsatzung für diese Geschoßflächen ein Kanalbeitrag zu leisten. Ziel sollte es hier sein, Gebäude ohne Wasseranschluß, z. B. Parkhäuser, von Kanalgebühren freizustellen.

Ein besonderes Problem sind die Regenwässer und ihre Einführung in das Kanalnetz. Bei Großanlagen wie einem Gewerbepark wird meist eine Regenwasserrückhaltung gefordert werden. Regenwasserrückhaltung kann auf verschiedene Weise mit verschiedenen Kosten betrieben werden. Wohl die teuerste Lösung ist es, unterirdische Staubecken zu bauen. Die Rückhaltung auf den Dächern ist zwar billig, aber riskant, wenn die Dächer undicht werden. Oberirdische Flutmulden im Bereich der Grünanlagen oder ein Teich mit Speicherkapazitäten sind gangbare, preiswerte Lösungen. In den letzten Jahren haben einige Gemeinden in ihre Satzungen aufgenommen, daß für befestigte Flächen Kanalgebühren für das anfallende Regenwasser zu bezahlen sind. Im Interesse der Nebenkosten und damit auch der Rentabilität des Projektes ist genau zu klären, wann diese Gebühren anfallen und welche Möglichkeiten es gibt, Regenwasser z. B. durch durchlässige Parkplatzgestaltung zu versickern oder in Zisternen dem Grundwasser zuzuführen. Eine Kostenabwägung ist zweckmäßig.

Bei der Planung für das Abwassersystem soll mit Blick auf eine Einzelbebauung Vorsorge getroffen sein, daß Sonderanlagen wie Hebeanlagen, Fettabscheider, Benzinabscheider etc. gebaut werden können. Sollte das Areal so groß sein und das Kanalisationssystem so ungünstig liegen, daß für die Gesamtanlage eine Hebeanlage erforderlich wird, so ist dies frühzeitig einzuplanen.

15.4 Wasserversorgung

Ähnlich wie bei den anderen Bereichen der Erschließung ist auch bei der Wasserversorgung der erste Schritt die Feststellung und Prüfung des Bestandes. Ist das Grundstück an die öffentliche Trinkwasserversorgung angeschlossen? Welche Kosten sind bereits bezahlt? Entspricht die Kapazität dem erwarteten Bedarf? In Verhandlungen mit dem Wasserwerk muß auf die speziellen Anforderungen des Gewerbeparks eingegangen werden.

Die Herstellung eines zweiten Wasseranschlusses für ein Gewerbegebiet erscheint sinnvoll, weil auf diese Weise bei Schäden über die Zweiteinspeisung eine Schadensbegrenzung auf ein kleines Gebiet möglich ist.

Der Bedarf an Wasser wird meist nicht durch den Verbrauch bestimmt, sondern durch die Löschwasseranforderungen. Wenn daher in größerem Umfang Löschwasser aus anderen Quellen bereitgestellt werden kann, kann die Dimension des Wasseranschlusses reduziert werden, was erhebliche Kosteneinsparungen möglich macht. Da die laufenden Kosten für Wasser auch eine Bereitstellungsgebühr beinhalten, reduzieren sich in diesem Fall diese jährlich zu zahlenden Bereitstellungskosten erheblich (vergleichbar einer Grundgebühr bei Strom).

Die Wasserwerke sind interessiert, die Versorgung möglichst bis zum Einzelabnehmer selbst zu übernehmen. Andererseits besteht aber für den Gewerbeparkbetreiber die Möglichkeit, als Großabnehmer (ähnlich wie eine Gemeinde) aufzutreten und die Verteilung des Wassers selbst vorzunehmen und abzurechnen. Der Gewinn hieraus kann erheblich zur Finanzierung der Managementkosten eines Gewerbeparks beitragen. In diesem Fall ist das Verteilernetz im Gewerbepark selbst zu erstellen.

Ein weiterer Punkt ist das Wasser, das für die Bewässerung der Grünanlagen benutzt wird. Ziel sollte es sein, diesen Verbrauch von Abwasserkosten freizustellen. Eine andere Möglichkeit für die Bewässerung der Grünanlagen ist die Wassergewinnung aus eigenen Brunnen, die besonders in Gebieten mit günstigen Wasserverhältnissen im Boden lohnend ist. Genehmigungen hierfür sind relativ leicht zu erhalten. Die Kosten einer Brunnenanlage sind im Vergleich zu den Wasserkosten günstig und bald amortisiert. Die Kapazität dieser Brunnenanlagen sollte – wenn möglich – größer ausgelegt werden, damit gewerbliche Nutzer (z. B. Kühlanlagen) angeschlossen werden können. Eventuell können sie auch als Löschwasser dienen. Soweit das Wasser wieder dem Untergrund zugeführt wird, fallen keine Kanalgebühren an, was erhebliche Kostenentlastungen für den Nutzer bringen kann.

15.5 Stromversorgung

Die Stromversorgung ist technisch meist kein Problem, löst jedoch erhebliche Kosten durch Netzbeiträge, die Herstellung von neuen Transformatorenstationen, das Verlegen von Ringleitungen etc. aus. Auch hier ist wie bei Straßen, Kanal und Wasser zu prüfen, inwieweit ein bereits angeschlossenes Grundstück Anspruch auf Versorgung hat. Ausgehend von einem solchen Anspruch sind nur noch die gewünschten zusätzlichen Leistungen zu bezahlen. Durch Verhandlungen mit den Energieversorgungsunternehmen (EVUs) können die Kostenpakete oft erheblich reduziert werden.

Die Erfahrung zeigt, daß der Strombedarf in einem Gewerbepark ständig wächst. Die Planungen sollten daher bereits spätere Kapazitätserhöhungen vorsehen. In der Anfangsphase eines Gewerbeparks sollten jedoch keine zu großen Kapazitäten mit Vorauszahlungen von Netzbeiträgen geschaffen werden. Sie können meist sukzessive nach Bedarf aufgestockt werden.

Es besteht die Möglichkeit, daß der Gewerbepark als Großabnehmer einen Gesamtabschluß mit dem EVU tätigt und die Einzelverteilung selbst vornimmt, was sich bei den häufigen Umbauten durch Mieterwechsel als günstig erweist. Der Vorteil eines solchen Abschlusses ist, daß die bereitgestellte Leistung niedriger sein kann als die Summe der einzelnen Leistungsbereitstellungen bei den Mietern des Gewerbeparks. Diese Einlappungseffekte bedeuten Kostenvorteile. Berechnet die Verwaltung des Ge-werbe-parks (als Großabnehmer) dem einzelnen Stromabnehmer im Gewerbepark die vom EVU vorgegebenen Tarife, so ergeben sich Zwischengewinne, die einen Beitrag zu den Managementkosten darstellen. Auf der anderen Seite werden einzelne Großabnehmer im Gewerbepark sicher direkt mit dem EVU abschließen wollen. Die Liberalisierung des Strommarktes wird viele Chancen eröffnen, Strom günstiger als bisher zu beziehen.

15.6 Gasversorgung

Der Anschluß eines Gewerbeparks an die Gasversorgung ist, nicht nur um zu heizen, sondern auch um Prozeßwärme zu haben, sehr zweckmäßig. Auch hier muß in detaillierten Gesprächen mit dem Versorgungsunternehmen festgelegt werden, welche Anschlußkosten entstehen, ob das Netz innerhalb des Gewerbeparks durch das Versorgungsunternehmen oder in eigener Regie erstellt wird und ob der einzelne Abnehmer im Gewerbepark direkt mit dem Versorgungsunternehmen abrechnet oder der Gewerbepark als Ganzes als Abnehmer gilt und Energie unterverteilt.[1]

Die Berechnungsformel für den Gaspreis enthält immer einen Lohnkostenfaktor, der eigentlich sachfremd ist und in der Tendenz dazu führt, daß der Gaspreis langfristig über anderen vergleichbaren Energiepreisen liegt. Daher müssen Revisionsklauseln eingebaut oder die Versorgungsverträge zeitlich begrenzt werden, damit durch Neuverhandlungen immer wieder an den Marktpreis für Energie angeknüpft werden kann und sich der Erdgaspreis nicht anders als der allgemeine Energiepreis für Substitutionsenergien, z.B. Heizöl, entwickelt.

Wenn ein Heizwerk erstellt wird, können Berechnungen aufzeigen, inwieweit ein Zweitstoffkessel, der sowohl mit Gas als auch mit Öl betrieben werden kann, Kostenersparnisse bringt, wenn dadurch ein unterbrechbarer Gaslieferungsvertrag möglich wird. Bei unterbrechbaren Gaslieferverträgen wird das Gas besonders günstig angeboten. Im Interesse der Umwelt wird überwiegend mit Gas gefeuert, bei Engpaßsituationen ist der Umstieg auf Öl möglich.

15.7 Fernwärme

In großen Wirtschaftsräumen wird zunehmend die Versorgung mit Fernwärme selbstverständlich. Die Prüfung der Satzung der Fernwärmeversorgung und die Verhandlung über die notwendigen Investitionskosten und die laufenden Kosten sind sehr wichtig, da auch auf diesem Gebiet Einsparungen bei der Investition und bei den Anschlußkosten möglich sind. Die Einbindung örtlicher Ingenieurbüros mit Spezialkenntnissen in die Verhand-

---

[1] In Deutschland ist das Verbot zu beachten, das dem Immobilienbesitzer einen Zwischengewinn bei der eventuellen Verteilung und Unterverteilung von Heizenergie untersagt.

Die Erschließung des Grundstücks

lungen trägt auch hier zu einer optimalen Versorgung bei günstiger Kostenstruktur bei.

Auch bei der Fernwärme ist ein Abschluß mit dem Fernwärmewerk durch die Gewerbeparkverwaltung als Großabnehmer möglich. Eine Endabrechnung mit den Verbrauchern kann einen Überschuß bringen, weil auch in diesem Bereich ein günstiger Großabnehmertarif und Einlappungseffekte bei der Bestelleistung möglich sind.

15.8 Telefon und Telekommunikation

Die Nutzung von Telefon- und Kommunikationstechnik ist in breitem Ausmaß wichtige geschäftliche Notwendigkeit. Im Zuge der Erschließung eines Gewerbeparks sind die hierfür nötigen Einrichtungen und Ausstattungen, z. B. ISDN, Glasfaserkabel, vorzusehen. Diese Investitionen sind im voraus im Zuge der Erschließung zu tätigen und nicht nachträglich nach Anforderung der Mieter.

Die Einbringung von Zugrohren in den Boden bis zu den Gebäuden ist sinnvoll, da dann entsprechend der Bedarfsentwicklung nachgerüstet werden kann. Sicherzustellen ist, daß alle Nutzer eines Gewerbeparks freien Zugang zu allen Anbietern von Kommunikationstechnik haben.

16

Gebäudeplanung

16. Gebäudeplanung

In diesem Kapitel werden Denkansätze und architektonische Lösungen aufgezeigt, die als Beispiel dafür dienen können, wie die vielfältigen Anforderungen an einen Gewerbepark baulich umgesetzt werden können. Diese aus der Erfahrung gewonnenen Überlegungen sind nicht als schematische Handlungsanweisung gedacht, sondern wollen nur beispielhaft aufzeigen, in welche Richtung man arbeiten kann, um dann für den jeweiligen Gewerbeparktyp zu den besten Lösungen zu kommen.[1]

16.1 Prinzipien der Gebäudekonzeption im Gewerbepark

16.1.1 Wirtschaftlichkeit, Multifunktionalität und Flexibilität

Diese drei Prinzipien sind wesentliche Erfolgskriterien eines Gewerbeparks. Sie sichern die langfristige Werterhaltung und Rentabilität der Immobilien. Wirtschaftlichkeit, Flexibilität und Multifunktionalität der Bauten müssen aber verbunden bleiben mit guter Architektur. Sie sollen nicht im Gegensatz zu anderen Zielen im Gewerbepark stehen, sondern Leitgedanken sein bei der Umsetzung folgender Ziele: den Nutzern des Gewerbeparks bestmögliche Bedingungen für ihr Gewerbe und ihre Geschäftstätigkeit zu schaffen; Arbeitsplätze so zu gestalten, daß für die Beschäftigten echte Lebensqualität am Arbeitsplatz geboten wird; weiter das Ziel, ein sowohl wirtschaftlich als auch städtebaulich wertvolles Gewerbegebiet innerhalb einer Gemeinde zu schaffen und zu erhalten, und letztlich, eine rentable Investition zu haben.

16.1.2 Rentabilität und Werterhaltung der Immobilien

Auf dem Immobiliensektor bieten sich zwei Möglichkeiten, rentable Objekte zu schaffen: die Aufwertung des Standorts und kostengünstiges Bauen. Bei der Entwicklung eines Gewerbeparks können beide Möglichkeiten ausgenutzt werden, einmal durch eine konsequente Umsetzung des Konzepts und dann durch wirtschaftliches Bauen.

---

[1] Die hier dargelegten Erfahrungen und Beispiele stammen aus den gemischt genutzten Gewerbeparks Gewerbepark Regensburg und Süd-West-Park Nürnberg.

Die Größe eines Gewerbeparks allein bedeutet nicht automatisch eine gute Geschäftslage – das leistet erst die besondere konzeptionelle Gestaltung des Gewerbeparks. Die Miethöhe für gewerbliche Räume wird ganz wesentlich von der Geschäftslage innerhalb eines Marktgebietes beeinflußt, so daß man sagen kann, daß die Konzeptidee des Gewerbeparks durch die Verbesserung des Standorts eine höhere Miete möglich macht. Die Mietvorteile durch den Lage- und Konzeptbonus können jedoch durch zu teures Bauen wieder verlorengehen.

Die Größe eines Gewerbeparks und die Herstellung gleichartiger optimierter und standardisierter Gebäude bieten Rationalisierungsmöglichkeiten und lassen besonders wirtschaftliche Lösungen zu. Der Vorteil der Größe besteht darin, daß durch den aufwendigen, aber einmaligen Aufwand für Grunderwerb, Baurechtsbeschaffung und Erschließung ein Baugebiet für viele Gebäude entsteht. Im Vergleich dazu ist für manches kleine Einzelobjekt der anteilige Aufwand für diese Leistungen erheblich höher, so daß sich in einem Gewerbepark, bezogen auf das mögliche Bauvolumen, wesentlich günstigere Kosten ergeben.

Auch bei der Gebäudeplanung kann der Entwickler eines Gewerbeparks durch ideal geschnittene Grundstücke günstigere Ausgangsverhältnisse in Anspruch nehmen als ein anderer Investor, der eingeengt durch ungünstigen Grundstückszuschnitt, Nachbarschaftsrücksichten etc. gezwungen ist, von optimalen Baukörpern abzuweichen.

Zwei Ziele werden bei der Gestaltung der Gebäude angestrebt: Das erste Ziel ist die Optimierung der Nutzung (die ermöglicht wird durch die Prinzipien der Flexibilität und der Multifunktionalität), das zweite Ziel ist es, diese Nutzungsoptimierung mit möglichst niedrigen Kosten zu erreichen. Dabei ist eine langfristige Betrachtungsweise entscheidend, denn ein Gewerbepark als Anbieter von gewerblichen Flächen muß auch zu einem späteren Zeitpunkt mit seinen Flächenangeboten attraktiv sein. Schon bei der Planung der Bauten sollte darauf geachtet werden, daß ein späterer Mieterwechsel nicht zu unnötig großer Substanzzerstörung, d. h. zu Sonderabschreibungen, führt.

Abschließend vielleicht noch ein Gedanke zum Thema Architektur: Ist modische Architektur ein Faktor, der langfristig den Wert einer Immobilie beeinflußt? Architektonische Stile sind wie die Wachstumsringe eines Baums, sie lassen immer eine Zeitbestimmung zu. Schlechte Architektur, Architekturmerkmale, die nicht echt, sondern nur aufgesetzt sind, werden dem Gebäude wertmäßig eher einen Abbruch tun; gute, ehrlich durchkonstruierte Architektur hingegen wird unabhängig von Baustilen Bestand haben und den Wert einer Immobilie eher erhöhen als ihn mindern.

Alle nachfolgend aufgeführten Beispiele dienen dem Zweck, in allen Phasen der Errichtung, angefangen von der Planung bis hin zur Ausstattung, Kosteneinsparungen zu erreichen.

16.2 Multifunktionalität

16.2.1 Multifunktionale Gebäudeauslegung

Die gewerblichen Gebäude in einem Gewerbepark mit gemischter Nutzung sind multifunktional konzipiert, d.h., sie sind für unterschiedliche Nutzer geeignet. In einem solchen gewerblichen Bau sind sowohl Ausstellung und Lagerung als auch leichte Produktion und auch Verkauf möglich. Die Vielfalt der Nachfrager, deren Raumbedürfnisse befriedigt werden sollen, ist so groß, daß eine Spezialisierung auf einen einzigen Bereich große Marktsegmente ausschließen würde. Diese Multifunktionalität wird durch die Flexibilität der Gebäude erreicht (vgl. dazu Punkt 16.3 Flexibilität), d.h. durch bauliche Vorkehrungen in der Art der Konstruktion – flexible Fassade, wandfreie Stützenkonstruktion und Fensterbänder, die eine freie Raumaufteilung erlauben, mit Wandanschlußmöglichkeit zwischen jedem Fenster –, ferner durch Ausstattung mit allen technischen Einrichtungen – Aufzüge und Lastenaufzüge für maximale Belegung, ausreichende Deckentragfähigkeit, Geschoßhöhe, Schächte, Versorgung mit Strom, Wasser, Abwasser, Gas, Medienanschlüssen. Die Gebäude werden in jedem Falle für die am Standort geplanten und denkbaren Nutzungen ausgelegt, nicht für die möglicherweise niedrigeren Bedürfnisse eines Erstmieters.

16.2.2 Nutzerspezifische Ausbauten

Nur die einzelnen Flächenzuschnitte und die Ausbauten innerhalb der multifunktionalen Gebäude sind mieterspezifisch.

Am Beispiel des vor einigen Jahren so beliebten Squash-Centers läßt sich das Prinzip veranschaulichen. Wenn ein Mieter ein Squash-Center betreiben will, so wird in einem Gewerbepark nicht ein übliches Squash-Center gebaut, sondern eine Halle in den Dimensionen, wie sie im Gewerbepark üblich sind, in der multifunktional richtigen Anordnung innerhalb des Are-

Gebäudeplanung

als. In diese Halle wird das Squash-Center mit den Spiel-Courts, den Duschen und der Gastronomie eingebaut, wobei der Mieter nach Möglichkeit alle Einbauten selbst finanziert. Wird der Mietvertrag beendet, so können die gesamten Einbauten entfernt und die Räumlichkeiten als gewerbliche Fläche wieder vermietet werden. Das Beispiel Squash-Center bietet sich sehr gut an, weil es hierfür ganz typische Bauten gibt, die jedoch ausschließlich als Squash-Courts zu nutzen sind. Sportarten unterliegen Moden. Wird das Squash-Center nicht mehr betrieben, sind die Bauten wertlos. Es entspräche nicht dem Prinzip eines Gewerbeparks, wenn ein Gebäude nach den Planungen eines Mieters, der beispielsweise einen zehnjährigen Vertrag abschließen will, gebaut würde. Das gilt für alle Nutzer, die Sonderwünsche im Hinblick auf das Gebäude äußern. Das Gebäude für ein Squash-Center müßte bei einem zehnjährigen Vertrag auch innerhalb von zehn Jahren abgeschrieben werden.

Selbst wenn die Abschreibung innerhalb der Mietvertragsdauer möglich ist, sollte genau berechnet werden, ob die kalkulierte Rendite dafür entschädigt, daß bei Beendigung des Mietvertrages keine nutzbare Immobiliensubstanz vorhanden ist, und daß vor allem das Risiko besteht, daß der Nutzer seinen Vertrag nicht erfüllt und vorzeitig eine Sonderabschreibung wegen Abbruch notwendig wird.

16.3 Flexibilität

Die Flexibilität der Gebäude ist die Voraussetzung für die Multifunktionalität. Unter Flexibilität wird hier verstanden, daß die Gesamtkonstruktion der Gebäude so ist, daß diese den vielfältigen Bedürfnissen der verschiedenen Nutzer leicht anzupassen sind und die Gebäudegrundrisse so geplant sein müssen, daß bei der Erst- und bei der Wiedervermietung eine flexible Flächenaufteilung in unterschiedliche einzelne Mieteinheiten möglich ist.

16.3.1 Optimierung der Grundrisse

Gewerbliche Bauten werden für gewerbliche Nutzungen errichtet. Die Nutzfläche ist das primäre Ziel bei der Planung. Daneben gibt es notwendige Funktionsflächen, Verkehrsflächen und Nebenflächen:

- Die Nutzflächen dienen dem eigentlichen Geschäftszweck.
- Funktionsflächen (z.B. Lichthöfe) machen die Nutzflächen überhaupt erst nutzbar.
- Verkehrsflächen dienen der Erschließung (Treppenhäuser, Flur, Aufzüge).
- Nebenflächen dienen der Aufnahme von Schächten, Maschinenräumen.

Mieten oder Verkaufspreise erzielen nur die Nutzflächen. Über die vermietbaren Flächen werden die Mieteinnahmen erzielt, die die Gesamtinvestition tragen.

Die Optimierung der Grundrisse bedeutet die Maximierung der Nutzflächen im Verhältnis zu möglichst geringen übrigen Flächen. Dabei muß die Funktionsfähigkeit immer gewährleistet sein, der Aspekt der architektonischen Gestaltung darf nicht außer acht bleiben, und der Grundriß muß der Funktion angemessen sein.

Das kann auch einmal heißen, daß eine große Eingangshalle viel Verkehrsfläche verbraucht, aber gleichzeitig eine Aufwertung der Mietflächen bedeutet und daher sinnvoll ist. Die Gestaltung der Verkehrsflächen, der Aufzüge und Treppen kann den Wert der Nutzflächen beeinflussen – positiv wie negativ. Schlechte Grundrißplanung kann zusätzliche Verkehrswege zur Erschließung notwendig machen.

Auf der Grundlage der Nutzungsanforderungen und unter Beachtung der rechtlichen Vorschriften lassen sich optimierte Grundrisse erarbeiten. Wichtige rechtliche Anforderungen sind beispielsweise niedergelegt im Baugesetzbuch, in den Brandschutz- und in den Gewerbevorschriften. Am Beispiel eines Bürohauses soll ein solcher optimierter Grundriß erläutert werden.

Die Abmessungen des Gebäudes z.B. werden bestimmt durch die vorgeschriebene Entfernung des letzten Büros vom Fluchttreppenhaus, das sind 30 m. Ein Treppenhaus kann somit einen Bürotrakt von insgesamt 65 m Länge erschließen, soweit das Gebäude unter der Hochhausgrenze[2] (27 m Höhe, das sind sechs bis sieben Stockwerke) bleibt. Die Gebäudetiefe von 13 bis 14 m wird bestimmt durch die Nutzbarkeit: ein Mittelgang und links und rechts Büroräume mit einer Tiefe von etwa 5 m. In einem Gebäude von dieser Dimension (65 m lang, 13 bis 14 m breit, 27 m hoch) ist der relative Anteil von Treppenhaus und Aufzügen sehr gering. Die sonstigen Neben-

---

[2] Größere Höhen erfordern einen zweiten Fluchtweg (ein zweites Treppenhaus). Es ist eine Frage der Kalkulation, ob sich weitere Stockwerke rentieren, da das zusätzliche Treppenhaus Kostenmehrung und auch zusätzliche Verkehrsflächen bedeutet.

Gebäudeplanung

räume stehen ebenfalls in einem günstigen Verhältnis zu der auf diese Weise maximierten Nutzfläche. Dieser Baukörper kann noch günstiger gestaltet werden, wenn um das Treppenhaus in Kreuzform vier Flügel von 30 m Länge errichtet werden. Damit läßt sich mit einem Erschließungskern fast die doppelte Nutzfläche erschließen.

Ein derart optimiertes Gebäude ist aber, wie man kritisch anmerken muß, praktisch nur schlecht vermietbar, denn man kann entweder einen ganzen Flügel (400 m^2) an einen Mieter abgeben oder Einzelräume für Ein-, Zwei- oder Dreizimmerbüros entlang der Erschließungsflure. Diese zusätzlichen Verkehrsflächen können im zweiten Fall nicht vermietet werden. Der Grundriß mit dem Kreuz kann modifiziert werden, wenn die einzelnen Flügel nicht in der vollen Länge, die aufgrund der Fluchtwegvorschriften möglich wäre, sondern in verschiedenen Längen ausgelegt werden.

Auf diese Weise sind, ausgehend vom Erschließungskern, verschiedene Flächenzuschnitte möglich. Auch dies bleibt immer noch ein außerordentlich ökonomischer Grundriß. Weil aber ein Gewerbepark sehr unterschiedlichen Flächenbedarf abdecken muß, sind auch andere Grundrisse nötig und wirtschaftlich. Überlegungen, wie sie hier für ein Bürohaus angestellt werden, gelten in etwas anderer Form auch für andere Gewerbebauten.

Was bei dieser Diskussion nicht untergehen soll, ist, daß ein solches Bauwerk nur errichtet werden kann, wenn die Grundstücksvoraussetzungen gegeben sind. In einem Gewerbepark sind weitgehend optimierte Grundrisse möglich, weil vom Grundstück, von der Nachbarschaft und von den Baurechten her keine Beeinträchtigungen vorliegen.

Abtreppungen, Rücksprünge, überbreite Gebäude mit großen innenliegenden Dunkelzonen, wie sie sich in Innenstädten bei ungünstigem Grundstückszuschnitt ergeben, die kostspielig sind und minderwertige Flächen produzieren, gibt es hier nicht.

16.3.2 Flexible Flächenaufteilung

Die flexible Flächenaufteilung eines Gebäudes wird durch verschiedene bauliche und technische Voraussetzungen ermöglicht.

16.3.2.1 Fenster

Um später bei der inneren Aufteilung des ganzen Hauses in einzelne Räume nicht behindert zu sein, sollten die Fensterbänder durchgehend vorgesehen werden. Dabei wird ein Raster gewählt, das es ermöglicht, den kleinsten Raum für ein Büro – dies trifft im übrigen auch für Gewerbebauten zu – unter Nutzung von zwei Fenstern einzuteilen. Es muß daher möglich sein, an allen Stellen zwischen zwei Fenstern eine Wand anzuschließen. Das Einsetzen von Blindelementen und der Verzicht auf Fenster sind nicht zu empfehlen, da bei Mieterwechsel sonst die Wiedervermietung der Flächen durch Fensterumbauten, die immer Sache des Bauherrn sind, vorbelastet ist. Die Fassade ist bei solchen Umbauten selten einheitlich wiederherzustellen. Die Erfahrungen zeigen übrigens, daß selbst bei langfristigen Mietverträgen sehr schnell Änderungen nötig werden – nicht unbedingt nur durch Beendigung des Mietverhältnisses, sondern auch durch den Wunsch nach Umgestaltung der Miträume oder Flächenvergrößerung, dem durch einen Umzug innerhalb des Gewerbeparks entsprochen werden kann.

16.3.2.2 Erdgeschosse: Eingänge und Anlieferungen

Typische Nutzungen für ebenerdige Flächen sind Ausstellungsräume, Groß- und Einzelhandelsläden, Gastronomie, Studios und andere Nutzungen mit viel Kundenverkehr. Bei Gewerbebauten, aber auch bei großen Bürobauten ist es zweckmäßig, im Erdgeschoß eine Fassade zu wählen, bei der an jeder Stelle Eingangsanlagen erstellt werden können, so daß bei der Aufteilung in einzelne Einheiten von außen an allen Stellen der Frontfassade Zugänge möglich sind. In ähnlicher Weise sind bei gewerblichen Nutzern an der Gebäuderückseite eigene Zugänge und Anlieferungen notwendig. Solche Lösungen ersparen innere Gänge und Verkehrsflächen, die nicht vermietet werden können.

16.3.2.3 Zentrale Gemeinschaftsanlagen

In Gebäuden, seien es Bürobauten oder gewerblich genutzte Gebäude, die in viele kleine Mieteinheiten unterteilt werden, ist eine zentrale Toilettenanlage zweckmäßig. Diese muß so ausgelegt werden, daß die nach der Arbeitsstättenrichtlinie notwendigen Damen- und Herren-WCs zur Verfügung gestellt werden können. Die Installation von WCs innerhalb der einzelnen Einheiten ist bei häufigerem Mieterwechsel schwierig, weil das Wasser meist unter der Decke, also in fremden Mieteinheiten, herangeführt werden muß. Die Erfahrung zeigt, daß die Mieter zentrale Lösungen auch akzeptieren.

Gebäudeplanung

Bei Großmietern ist die Installation von Toiletten und anderen Räumen mit Wasser- und Abwasseranschluß innerhalb der Mieteinheit notwendig. Über das Gebäude verteilte Installationsschächte machen es möglich, diese Räume dann so anzuordnen, daß die Ver- und Entsorgung von WCs und Küchen aus diesen Schächten heraus möglich sind. Allgemein ist die Plazierung von Nutzern, die einen hohen Bedarf an Naßinstallation haben, sehr sorgfältig zu bedenken: Sie macht bei der Erstvermietung meist keine Probleme, die Zweitvermietung an solche Nutzer kann bei nicht vorhandener Installation aber sehr teuer und schwierig werden (vgl. Abb. 16.1 und 16.2).

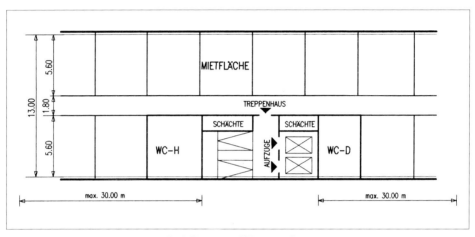

Abb. 16.1: Bürohauskern mit Aufzügen und Treppenhaus

16.3.2.4 Innere technische Erschließung

Für die verschiedenen Anforderungen an die Ver- und Entsorgung muß ein gewerbliches Gebäude ausreichend vertikale Schächte haben. Diese Schächte werden zweckmäßigerweise an Treppenhäuser angebaut und sollten von diesen Treppenhäusern her zugänglich sein. Sie werden so geführt, daß Versorgungsleitungen von außerhalb des Hauses ein- und ausgeführt werden können und daß sie auch über Dach gehen, um gegebenenfalls Abluft abzuführen. Der Einbau von Montagebühnen in große Schächte ist wichtig. Die Zugänglichkeit über Treppenhäuser macht die Nachrüstung für jeden Mieter möglich (die Erfahrung zeigt, daß ständig nachgerüstet wird), ohne daß dadurch andere beeinträchtigt werden. Der Zugang über Mieteinheiten soll vermieden werden.

Gebäudeplanung

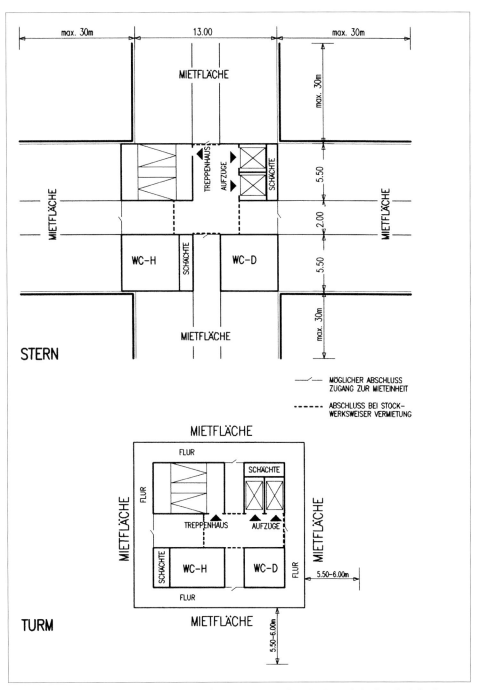

Abb. 16.2: Treppenhauskerne und WC-Anlagen im Dunkelbereich des Gebäudes

Gebäudeplanung

Eine Vorinstallation von Wasser und Abwasser ist sinnvoll. Aufzüge sollten immer im Bereich der Treppenhäuser und der Schächte sein.

Auch in Bürohäusern müssen die Aufzüge so dimensioniert werden, daß der Transport von Büroeinrichtungen, Möbeln, Büromaterial auf Europaletten und Krankentransporte ohne Probleme abgewickelt werden können. Der Raum vor dem Aufzug sollte 1,5mal der Tiefe des Aufzugs entsprechen, damit ein ungestörtes Ein- und Aussteigen bzw. Be- und Entladen möglich ist.

Die Unterkellerung von Bürohäusern ist sehr teuer und verteuert sich insbesondere, wenn die Treppenhäuser und Aufzüge nach unten gezogen werden; sie sollte, wenn möglich, vermieden werden. Die Heizung kann auf dem Dach oder noch günstiger im letzten Geschoß untergebracht werden. Die Weiterführung der Treppe auf das Dachgeschoß (ebenfalls ein Kostenfaktor) ist nicht notwendig; ein Ausstieg ist ausreichend.

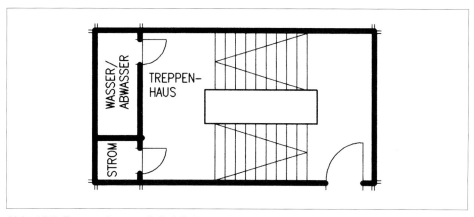

Abb. 16.3: Treppenhaus mit Schächten

Für Abluft in einem Gewerbepark hat sich der Grundsatz bewährt, Abluft nur über den höchsten Punkt des Gebäudes abzuführen. Da die Mieter die Kosten für die Abluft meist selbst zu übernehmen haben, besteht sonst die Tendenz, diese auf kurzem Wege ins Freie zu befördern, nicht selten mit dem Ergebnis, daß die gesamte Umgebung davon beeinträchtigt wird.

Raumhöhen und Schächte sollten, wo es nötig ist, die Installation von Klimaanlagen zulassen. Durch mehrere Gerichtsurteile wurde den Mietern bestätigt, daß der „vertragsgemäße Gebrauch" der Mietsache die Einhaltung von Höchsttemperaturen in den Mieträumen im Sommer umfaßt. Die Folge davon können umfangreiche Installationen für Klimaanlagen sein.

Gebäudeplanung

Strom, Heizung und alle anderen Versorgungseinrichtungen sollen in ihrer Kapazität nicht an den Erstmietern, sondern grundsätzlich an einer über dem Durchschnitt liegenden Nutzung ausgerichtet werden. Der Wärmebedarf kann sehr schnell steigen, wenn ein Nutzer kommt, der höhere Temperaturen in den Räumlichkeiten benötigt als üblich (Ärzte, Rehabilitationseinrichtungen).

Die Elektrokapazitäten für die Gesamtversorgung des Gewerbeparks sollen ausreichende Reserven vorsehen und die jeweiligen Hausanschlüsse auf das maximale Niveau ausgelegt werden, damit zu einem späteren Zeitpunkt nicht Straßen und Grünflächen zur Nachinstallation aufgerissen werden müssen.

In Büros und auch von gewerblichen Nutzern werden heute in großem Umfang elektronische Geräte genutzt, z.B. Telefon, Fax, Computer, Fernsehen, Online-Dienste. Bei einer Vielzahl von Nutzern und häufigem Wechsel der Nutzer sind immer wieder umfangreiche Installationen nötig, um diesen Anforderungen gerecht zu werden. Waren vor einigen Jahren noch Installationsschächte unter den Fensterbändern ausreichend, und kamen dann Doppel- oder Hohlraumböden, so gibt es heute bereits neue Lösungen für die flexible und kostengünstige Weiternutzung der Räume. Ausgehend von einem zentralen Schaltraum werden beispielsweise in einem Bürobau sogenannte Elektranten versorgt (das sind in den Boden eingelassene, über einen Deckel erreichbare Anschlußkästen für Elektrizität, Telefon, Fax, Online-Dienste, Computer, Haussprechanlagen etc.). Anstelle einer auf die unmittelbaren Bedürfnisse des Nutzers abgestimmten Installation wird vor der Vermietung eine Vielzahl von Elektranten so über die Büroetage verteilt, daß bei jeder möglichen Zimmereinteilung ein Elektrant in ein Zimmer kommt. Zwischen jedem Elektranten und der Schaltzentrale besteht eine vieladrige Verkabelung. In der Schaltzentrale können je nach Bedarf die in der Mieteinheit vorhandenen Elektranten zusammengeschaltet werden bzw. Änderungen vorgenommen werden. Dies erlaubt, die vorhandenen Elektranten innerhalb der Mieteinheit zu einem Netz zusammenzuschließen und alle gewünschten Anschlüsse herzustellen. Bei einem Mieterwechsel werden nur in der Schaltzentrale die Verbindungen neu gesteckt. Eine Installation von Leitungen in den Räumen ist nicht mehr notwendig, so daß alle elektronischen Medien innerhalb kurzer Zeit mit geringstem Kostenaufwand in Betrieb genommen werden können.

Bei anderen Büroflächen ist es wichtig, daß die Einbringung von Doppelböden möglich ist. Dabei muß die Absturzhöhe bei den Fenstern noch gege-

Gebäudeplanung

ben sein, etwa dadurch, daß Fenster mit einem festen Unterteil oder nachträglich Barrieren als Absturzsicherungen eingebaut werden.

16.3.2.5 Variable Raumaufteilung

Die Wabenbauweise mit gemauertem Ziegel bietet statisch gewisse Vorteile, zwingt jedoch den Nutzer in die einmal vorgegebenen Räume und ist im Gewerbebau eher ungünstig. Hier werden Räume möglichst ohne Zwischenwände gebaut. Dabei spielen Stützen eine untergeordnete Rolle, soweit sie (in einem Bürohaus) nicht mittig, sondern außermittig liegen, um den Mittelgang zu ermöglichen. Wände werden nach den Bedürfnissen der Nutzer errichtet. Dazu hat sich die Verwendung von Ständerwänden aus Rigips weitgehend durchgesetzt. Um die Flexibilität des Ausbaus zu gewährleisten, ist im wesentlichen darauf zu achten, daß zwischen allen Fenstern ein Wandanschluß möglich ist und die Heizungsversorgung es zuläßt, unter jedem Fenster einen Heizkörper zu installieren.

Es hat sich bewährt, den Estrich vor dem Ausbau im gesamten Geschoß einzubringen. Die Erfahrung zeigt, daß sauber eingefügte Ständerwände, die oben und unten einen satten Anschluß haben, ausreichend Schallisolierung bringen. Wenn besonders schalldichte Wände erforderlich sind, ist das nachträgliche Aufschneiden des Estrichs immer noch einfacher und zweckmäßiger als das prinzipielle nachträgliche Einbringen des Estrichs, weil dabei nicht zu vermeiden ist, daß Höhendifferenzen bleiben, wenn Wände wieder herausgenommen werden.

Manche Mieter brauchen Sondereinbauten. Ein Gewerbepark kann hier sehr flexibel auf die Bedürfnisse eingehen und solche Sondereinbauten (nach Klärung der finanziellen Fragen) erlauben.

Eingriffe in die Fassade oder in die Gesamtstruktur des Gebäudes sollten jedoch nicht zugestanden werden, weil das Mietverhältnis einmal endet und diese Eingriffe kaum rückgängig gemacht werden können, ohne daß beispielsweise die gesamte Fassade überarbeitet wird oder innerhalb des Gebäudes erhebliche Umbauten notwendig werden. Auf solche Mieter muß man verzichten. Nur wenn der Mieter im voraus Sicherheit gewährt für die Finanzierung, sollte man solchen Wünschen nachkommen, soweit sie architektonisch vertretbar sind.

16.3.2.6 Leichter Umbau, Ausbau, Rückbau

Alle Mietverhältnisse enden. Eine Voraussetzung für die angestrebte Flexibilität ist es, daß Ausbauten und Umbauten ohne größere Probleme möglich sind. Erst bei Ausbauten, Umbauten und Abbrüchen in einem voll vermieteten Gebäude werden normalerweise die Schwachpunkte sichtbar. Daher sollte bereits beim Einbau der ersten Ausstattung bedacht werden, welche Kosten und welche technischen Probleme sich ergeben können, wenn die Einbauten eines scheidenden Mieters abgebrochen werden müssen. Neben vielen anderen Dingen gehört dazu auch, daß die Aufzüge so groß ausgelegt werden, daß die für Ausbauten und Umbauten notwendigen Materialbewegungen möglich sind.

16.4 Wirtschaftlichkeit

Die Wirtschaftlichkeit als Prinzip durchzieht alle Bereiche des Planens und Bauens: Ökonomische Grundrisse, Konstruktionen, technische Ausstattung und Materialien reduzieren Kosten, ebenso der kostengünstige Einkauf von Baumaterialien und -leistungen. Aber auch in der Nutzungsphase soll ein Gebäude ökonomisch sein, also geringe laufende Kosten haben, was sich schon bei der Planung mit berücksichtigen läßt.

16.4.1 Kostengünstiger Einkauf von Bauleistungen und -materialien

Keinem Industrie- oder Handelsunternehmen würde es einfallen, ein drittes Unternehmen zu beauftragen, gegen Provision den Einkauf für sie zu machen: Dieses Unternehmen würde, um eine hohe Provision zu erzielen, die bestellte Menge zu möglichst hohen Preisen einkaufen wollen. Genau so aber ist die Situation beim Bauen, wenn Architekten und Ingenieure beauftragt werden, ein Gebäude zu planen, auszuschreiben, die Bauleitung zu übernehmen und abzurechnen.

Das Honorar der Architekten und Ingenieurbüros wird nach HOAI[3] und der Gebührenordnung für Ingenieure als Prozentanteil vom abgerechneten Bauvolumen berechnet. Folglich ist es im Interesse der Planer, als Berechnungsbasis für ihr Honorar eine möglichst hohe Bausumme zu haben. Wirt-

---
[3] HOAI = Honorarordnung für Architekten und Ingenieure

schaftliches Bauen wird also durch die Abrechnungsart der HOAI nicht gefördert! Der Bauherr eines Gewerbeparks braucht im eigenen Team sachkundige Personen, die sozusagen den Einkauf für ihn vornehmen und die Planung und Herstellung der Gebäude und der Außenanlagen unter Kostengesichtspunkten verfolgen (vgl. Kap. 13). Dies ist keine einfache Aufgabe, weil in der Bundesrepublik Deutschland durch jahrzehntelange Übung die Architekten und Ingenieurbüros sehr bestimmend geworden sind: Sie entscheiden üblicherweise, welche Produkte benutzt werden, so daß die Zulieferindustrie für die Bauwirtschaft kaum mehr preiswerte Lösungen bietet; im Gegenteil erfreuen sich technisch überzogene Lösungen der Zulieferindustrie besonderer Beliebtheit, weil dadurch hohe Baupreise erzielt werden.

Eine Möglichkeit zur Begrenzung dieser Kosten sind detaillierte, bis ins einzelne gehende Baubeschreibungen, wie sie z. B. von Einzelhandelsketten, die eigene Supermärkte errichten, von Warenhäusern oder Hotelketten erarbeitet wurden, die den Architektur- und Ingenieurbüros keine Spielräume mehr lassen. Auch für die Gebäude eines Gewerbeparks wäre es denkbar, entsprechende, ins einzelne gehende Baubeschreibungen zu erstellen, zumindest aber die wesentlichen kostenträchtigen Bereiche zu definieren.

Eine Budgetierung ist der zweite mögliche Weg, um die Kosten einzudämmen. Einzelvorgaben wie Heizungskosten je Quadratmeter, Sprinklerkosten je Quadratmeter, Elektroinstallation je Quadratmeter etc. sind Krücken, auf denen man sich bewegt, die zwar eine Kalkulation zulassen, jedoch nicht zur wirtschaftlich günstigsten Lösung führen, da diese Budgets üblicherweise ausgeschöpft werden, selbst wenn billigere Lösungen möglich wären. Problematisch wird es dann, wenn in einigen Bereichen höhere Kosten entstehen (die aus den Umständen heraus durchaus gerechtfertigt sein können): Wenn überall dort, wo alles nach Plan läuft, das Budget ausgeschöpft wird, und dort, wo Probleme entstehen, das Budget überzogen wird, ist ein Ausgleich nicht mehr möglich. Bei einer Budgetierung muß daher sichergestellt sein, daß nicht nachträglich Kostenüberziehungen entstehen, die die gesamte Kalkulation und Wirtschaftlichkeitsrechnung hinfällig machen und in extremen Fällen sogar die wirtschaftliche Existenz des Entwicklers gefährden können.

Eine ausgereifte, durchdachte Planung und eine interne Organisation, die dafür sorgt, daß Gebäude bis zur Werkplanung durchgeplant sind, bevor die Leistungen ausgeschrieben werden, sind weitere kostensparende Faktoren. Auch der ganze Komplex der Ausschreibung, Vergabe und Abrechnung von Bauleistungen beinhaltet bei sorgfältiger Arbeit und Kontrolle durch den Bauherrn ein großes Potential an Kosteneinsparungen. Der Entwickler muß sicherstellen, daß Vertreter seines Teams die Kontrolle darüber haben, daß alle Bauten wie geplant und wie ausgeschrieben hergestellt werden, daß Regie- und Nachtragsangebote nur von Vertretern des Bauherrn genehmigt werden, und daß nur dann Abschlagszahlungen an die Baufirmen geleistet werden, wenn prüffähige Rechnungen über die verrichteten Arbeiten vorliegen (vgl. zu diesem Themenkomplex auch Kap. 13).

16.4.2 Konstruktions- und materialbedingte Kosten

Der Architekt hat eine Vielzahl von Möglichkeiten, wirtschaftliche oder teuere Lösungen zu planen. Wirtschaftliche Grundrisse können, wie oben bereits erwähnt, Kosteneinsparungen bringen. Konstruktionsbedingte Kosten des Baukörpers und der Fassade sind im Planungsstadium kaum zu erkennen. Günstige Rastermaße, optimale Spannweiten und die Größe und Art der Fenster können Kosten sparen.

Komplizierte Schalungen bei einem Treppenhauskern oder bei anderen gestaltenden Elementen, normabweichende Tür- und Fenstermaße, die Einzelanfertigungen notwendig machen, Ecken, Kanten, Rücksprünge etc. sind dagegen kostentreibende Faktoren. Architektonische Lösungen und Gestaltungselemente können im Detail einfach und preiswert sein, sie können aber auch außerordentlich kostspielig werden. Auch die Standards und die Art der technischen Ausstattung müssen mit den Projektanten im Detail diskutiert werden: Überkapazitäten beispielsweise in Heizung oder Lüftung oder überdimensionierte Rohre führen schnell zu höheren Kosten, als es nötig wäre.

Im Hause des Bauherrn ist daher Sachkunde wichtig, um die Planungen zu überprüfen. Alternativ dazu können auch Büros für ökonomisches Bauen eingeschaltet und für die Planungen entsprechende Angebote eingeholt werden. Da wirtschaftliches Planen teuer und die HOAI sehr knapp bemessen ist, zahlt es sich aus, den zusätzlichen Aufwand über Sonderprämien oder Honorarzulagen abzugelten.

Materialbedingte Kosten schlagen ebenfalls zu Buche. Auch hier ist der Developer darauf angewiesen, daß Mitarbeiter seines Hauses den Markt untersuchen, um selbst bei der Materialauswahl kompetent zu sein. Bei Baumaterialien, aber auch bei technischen Geräten und den vielen Details, z.B. Beschlägen für Türen und Fenster, werden sonst nicht alle Hersteller herangezogen, sondern nur die Auswahl zwischen den besonders teuren geboten.

Manche Bereiche wie Eingangszonen und Fassaden müssen im Interesse des Erscheinungsbildes hochwertiger ausgestattet werden. Hier gibt es ebenfalls große Preisunterschiede bei Baustoffen mit vergleichbarem Erscheinungsbild, es sind Materialien auf dem Markt, die besonders prestigeträchtig sind, weil durch natürliche Verhältnisse das Angebot begrenzt ist oder der Hersteller es verstanden hat, sie durch Werbung in Mode zu bringen. Solche Moden halten oft nur kurze Zeit, und der hohe Preis, der zu bezahlen ist, ist langfristig eine verlorene Investition. Daher ist es auch in diesem Bereich (in dem der Bauherr nicht selten nach Gefallen entscheidet) notwendig, daß ein Überblick über alle Angebote im Markt hergestellt wird, damit auch hier preiswerte Lösungen ohne Verlust an Qualität gewählt werden können.

16.4.3 Ökonomische Gebäude

Das Eigentum, der Unterhalt und der Betrieb von Gebäuden sollen später während der Nutzungszeit für den Eigentümer und für den Nutzer möglichst kostengünstig sein. Daher muß schon bei der Planung mitbedacht werden, welche Kosten ein Gebäude später verursacht.

Zu den Gesamtimmobilienkosten des Eigentümers zählen Steuern und Abgaben, Verwaltung und Hausmeisterei, Reparaturen, Abschreibung und Kapitalverzinsung.

Für den Immobiliennutzer setzen sich die Gesamtnutzungskosten, die er zu tragen hat (englisch: Occupancy costs), zusammen aus

- der Miete,
- den vom Vermieter weiterberechneten Nebenkosten (Steuern und Abgaben, Versicherungen, Reparaturen, Hausmeisterei etc.),
- den Kosten, die aus der Nutzung direkt beim Mieter anfallen (Heizung, Beleuchtung, Kleinreparaturen, Wartung, Reinigungsaufwand etc.).

Die Höhe dieser Gesamtnutzungskosten spielt bei der Anmietung oder beim Kauf von Immobilien eine immer größere Rolle. Zwar werden sie wegen mangelnder Durchschaubarkeit noch nicht überall in die Entscheidung einbezogen, sie verdienen dies aber aufgrund ihres Einflusses auf die gesamten Raumkosten bzw. auf die Kapitalrendite. Bei vielen Mietern und Käufern werden diese Kosten bereits sehr eingehend beleuchtet.

Wenn von den am Markt akzeptierten Gesamtnutzungskosten einer Immobilie die umlagefähigen Kosten des Vermieters und jene Kosten, die beim Nutzer selbst entstehen, abgezogen werden, bleibt eine Restgröße, die – bei der vom Markt akzeptierten Gesamtsumme – um so höher sein kann, je niedriger die anderen Kosten sind. Diese sogenannte Netto-Netto-Netto-Miete stellt für den Investor seine Kapitalrendite dar. Es wäre also zu kurz gedacht, wenn man sich auf den Standpunkt stellte, daß Kosten, die auf den Mieter weiterberechnet werden oder direkt beim Mieter anfallen, für den Investor belanglos wären. Auch der Investor hat ein Interesse daran, daß die Unterhalts- und Betriebskosten so gering wie möglich sind.

16.4.3.1 Kosten, die vom Wert des Grundstücks und des Gebäudes abhängen

Dazu gehören die Kosten für die Brandversicherung (die nach eigener Wertermittlung des Versicherers berechnet werden), Grundsteuern sowie Erbschafts- und Schenkungssteuern. Die Höhe dieser Steuern ist abhängig vom Wert des Gebäudes und (für die Grundsteuer) vom Grundsteuerhebesatz der Gemeinde.

Zur Ermittlung des Einheitswerts, der nach wie vor für die Grundsteuer notwendig ist, werden unter anderem auch architektonische Kriterien herangezogen, so daß die Auswirkungen der geplanten Architektur auf den späteren Einheitswert zu bedenken sind. Der Einheitswert eines Gebäudes wird entscheidend beeinflußt vom Kubikvolumen des Bauwerks, so daß die Vermeidung unnötiger Kubatur ein wichtiger Gesichtspunkt ist. Der Berechnungsmodus der Einheitswerte legt auch nahe, gewisse Ausstattungsmerkmale, die von untergeordneter Bedeutung sind, dahingehend zu überprüfen, ob sie notwendig sind oder nicht.

16.4.3.2 Kosten des laufenden Betriebs

Die Betriebs- und Unterhaltskosten sind unter anderem abhängig von der Architektur (Größe, Erschließung, Verhältnis von Nutz- zu anderer Fläche, Ausstattung) und den ingenieurtechnischen Lösungen für die Haustechnik und Hausverwaltung. Diese Kosten, die sich aus vielen Einzelpunkten zusammensetzen, können durch gute Planung beeinflußt werden. Es macht sich bezahlt, schon im Planungsstadium Fachleute der einzelnen Bereiche zu Rate zu ziehen.

Gebäudeplanung

- Elektro- und Haustechnik
  Bei den Heizkosten können beispielsweise eine gute Wärmeisolation, ebenso die Nachtabsenkung der Heizung durch periodisches völliges Abschalten der Heizung und Umwälzpumpen erhebliche Einsparungen bringen. Stromkosten werden durch Treppenhäuser, die so liegen, daß sie natürlich belichtet sind, durch Zeitschaltuhren für seltener benutzte dunkle Räume, durch Aufzüge, bei denen sich bei Nichtbenutzung das Innenlicht abschaltet, u.v.a. gespart. Die Beratung durch Energiesparexperten oder -institute bei der gesamten Elektro- und Haustechnikprojektierung kann sich später bezahlt machen.

- Pflege, Reinigung und Wartung
  Auch hier können Experten für die Reinigung größerer öffentlicher Flächen wertvolle Ratschläge geben, damit Materialien vermieden werden, die einen hohen Reinigungsaufwand erfordern. Sensible Materialien wie Glas und spiegelnde Flächen, deren Pflege sehr aufwendig ist, sollen bewußt nur dort eingesetzt werden, wo sie ihrer Wirkung wegen unbedingt erwünscht sind. Um das Putzen von Fassaden und Fenstern zu erleichtern, ist auf gute Zugänglichkeit zu achten.

Auch bei der Innenarchitektur ist an die spätere Pflege und Wartung zu denken. Bei der Gestaltung von Beleuchtungen z.B. ist es wichtig, daß die Leuchten ohne allzu große Schwierigkeiten erreicht und ausgewechselt werden können: Leuchten, die nur zugänglich sind, wenn Gerüste in Treppenhäusern aufgebaut werden, sind kostspielige Fehlkonstruktionen, die den Wartungsaufwand und damit die Personalkosten erhöhen. Ähnliches gilt für alle technischen Geräte, die zu warten sind, beispielsweise Feuertore, Rollgittermotoren, Aufzugsräume. Sie sollten leicht und ohne die zeitraubende Beseitigung von Abdeckungen oder den Aufbau von kostspieligen Gerüsten zugänglich sein. Auch in diesem Bereich kann die Beratung durch Fachleute (das sind in diesem Fall Hausmeister und Wartungspersonal) bereits im Planungsstadium hilfreich sein.

Je mehr Wartungsbereiche vorhanden sind, desto mehr sollten Fachleute eingesetzt werden, um eine effiziente Planung und langfristig geringste Wartungskosten zu erreichen. Es kann beispielsweise abgewogen werden, inwieweit sich die modernen Möglichkeiten der zentralen Leit- und

Störmeldetechnik rentieren, wie Ausfälle aufgrund von übersehener oder nicht zeitgerechter Wartung vermieden werden können (etwa durch elektronisch geführte Wartungslisten) und vieles andere.

- Technische Räume und Räume für den Maschinenpark
  Die funktionsgerechte bauliche Gestaltung und Ausstattung technischer Räume können später zu einem reibungslosen Ablauf und damit zu niedrigen Kosten für die Hausverwaltung und Hausmeisterei beitragen.

Technische Räume müssen nicht nur zur Geschäftszeit, sondern zu allen Zeiten zugänglich sein, damit bei Störungen jederzeit schnell eingegriffen werden kann und auch, damit Änderungen, Reparaturen oder Ausbauten jederzeit durchgeführt werden können. Dieser Zugang muß so geplant werden, daß er die übrige Geschäftstätigkeit nicht beeinträchtigt.

Ein großer Gewerbepark erfordert für die Pflege der Außenanlagen und für die technische Wartung einen großen Maschinenpark. Bereits bei der Gebäudeplanung müssen die später notwendigen Geräte und Fahrzeuge genau erhoben und aufgelistet werden, damit der dafür benötigte Abstellraum innerhalb der Gebäude vorgesehen oder ein eigenes Geräte- und Hausmeistergebäude geplant werden kann. Dabei müssen die einzelnen Anforderungen bereits genau definiert werden, zu denen beispielsweise folgendes gehören kann:

– Zufahrten, Abfahrten und Rangierflächen müssen funktionsgerecht und richtig dimensioniert sein.
– Die Werkstatträume müssen mit einer Unterflurgrube und Hebezeug ausgestattet sein, damit sie die Wartung und kleinere Reparaturen an der gesamten Gerätschaft ermöglichen. (Diese Wartungen werden nicht nur vom eigenen Personal, sondern auch von Fremdfirmen durchgeführt. Es wäre nun außerordentlich aufwendig, wenn beispielsweise eine Kehrmaschine per Tieflader zur Wartung in eine Werkstatt gefahren werden müßte.)
– Alle Fahrzeuge für den Winterdienst müssen in einem geheizten Raum stehen, damit sie auch bei großer Kälte einsatzfähig sind.
– Streumittel für den Winter sollen unter Dach oder wegen der schnelleren Beladbarkeit in Silos gelagert werden.
– Es müssen Lager für Ersatzteile, Schmierstoffe, Leuchtmittel, Dünger

für die Grünanlagen, für Papier, für die Sozialräume und für andere Betriebsmittel vorgesehen werden.
- Kehricht von Straßen muß mancherorts gesondert abgelagert und entsorgt werden. In diesem Fall sind auch hierfür Flächen vorzusehen.

• Reparaturen
Die Wahl der Materialien und die architektonischen Lösungen führen zu Gebäuden mit geringem oder hohem Reparaturaufwand. Die in den sechziger Jahren üblichen glatten Fassaden beispielsweise, bei denen die Fensterstöcke bündig mit der Fassade versetzt wurden, zeigten sich innerhalb kürzester Zeit als sehr reparaturanfällig, nicht nur wegen der Anstriche, sondern auch deshalb, weil das gesamte Schlagwasser der Fassade über diese Fensterflächen abläuft. Dieses Beispiel mag für viele stehen. Erfahrene Architekten und Bauleiter mit Baureparatur- und Unterhaltserfahrung können hier wichtige Anregungen geben. Oft sind es Kleinigkeiten, die ohne Einfluß auf die Gesamtarchitektur bleiben.

Ein kleines Beispiel mag den Denkansatz verdeutlichen: Türen, die in technische Räume führen und selten geöffnet werden, können mit einfacheren Beschlägen versehen werden als die Türen zu öffentlichen Toiletten oder die Eingangstüren zu Büros mit großem Publikumsandrang, die am Tag mehrere hundert Male geöffnet werden. Diese brauchen sehr robuste Beschläge. Qualität, die gezielt nach Beanspruchung gestaffelt ist, läßt einerseits die Baukosten im Rahmen bleiben und sichert andererseits die Funktionstüchtigkeit und vermeidet große Ausfälle und teuere Reparaturen.

16.5 Gewerbeparkspezifische Gebäudetypen

Jeder Typus von Gewerbepark (Büropark, gemischt genutzter Gewerbepark, auf bestimmte Nutzungen spezialisierter Park) braucht Gebäudetypen, die auf den durch die jeweilige Nutzung vorgegebenen Bedarf zugeschnitten sind. Ein in etwa gleichartiger Bedarf wird auch gleichartige Gebäudetypen bedingen. Aus dieser Gleichartigkeit der Anforderungen ergeben sich Vorteile: Gebäudetypen, von denen in einem Gewerbepark im Laufe der Zeit mehrere erstellt werden, werden durch die Wiederholung (wenn die bisherigen Erfahrungen für Verbesserungen genutzt werden) in der Herstellung immer wirtschaftlicher und in der Funktionsfähigkeit immer besser.

Das soll natürlich nicht heißen, daß in Gewerbeparks über das ganze Areal hin ein absolut gleicher Gebäudetyp errichtet werden soll, bei dem die einzelnen Gebäude womöglich nur noch durch verschiedene Farben oder Nummern zu unterscheiden sind (wie dies beispielsweise in den Außenbezirken von Paris mehrfach zu besichtigen ist). Es ist bei gleichbleibenden Grundanforderungen durchaus möglich, einen Gebäudetyp dadurch zu variieren, daß ihm unterschiedliche Fassaden und Eingangslösungen, verschiedenartige Fenster, Baumaterialien und eine jeweils andere Farbgestaltung gegeben werden. Selbst der grundlegende Baukörper ist mit geringem Aufwand so zu gestalten, daß eine Uniformität vermieden wird.

In der Praxis haben sich unter Beachtung dessen, was oben gesagt wurde über Flexibilität, Multifunktionalität und Wirtschaftlichkeit, einige Grundtypen von Gebäuden ergeben. Hier sollen beispielhaft einige Gebäudetypen für Gewerbeparks mit gemischter Nutzung dargestellt werden.[4] Forschungs- und Entwicklungsparks oder Lagerungs- und Speditionsparks etc. bräuchten andere Gebäudetypen, auf die hier aber nicht weiter eingegangen werden soll.

16.5.1 Gewerbeblock A

Nutzung: Dienstleister mit Lager, Betriebe mit leichter Fertigung, kleine Werkstätten, Labors etc.

Maße: 34 m breit, 4,50 bis 5 m hoch, bei Bedarf auch 8 bis 9 m (um hohe Regale aufzunehmen), je nach zur Verfügung stehender Fläche bis zu 100 m lang oder länger

Der Baukörper ist von beiden Längsseiten erschlossen, so daß sowohl über die volle Tiefe gehende Nutzungen als auch von jeweils einer Seite erschlossene Nutzungen variabler Tiefe möglich sind. An der Fassade sind in abwechselnder Folge Fensterflächen mit Eingangstüren oder Einfahrten in den Hallenbereich. Das Stützen- und Fassadenraster ist so gewählt, daß nach den Wünschen des Mieters Fenster oder Tore eingesetzt werden können. Eine Absenkung im Vorderbereich läßt auch die Herstellung von Rampen zu. Durch die eingeschossige Bauweise ist die Beleuchtung der Innenräume

---

[4] Entwickelt im Gewerbepark Regensburg und im Süd-West-Park Nürnberg.

Gebäudeplanung

durch Lichtkuppeln möglich. Die Stirn dieser Gebäude ist ausgerichtet zur inneren Erschließungsstraße.

Dieser Gewerbeblock ist besonders deshalb interessant, weil die serielle Aneinanderreihung dieses Typs eine optimale Grundstücksnutzung zuläßt, wenn zwischen zwei Blocks ein Abstand von ca. 18 m gehalten wird. Besonders wichtig ist die kopfseitige Verbindung der Umfahrten und der Parkplatz vor den Gebäuden. Werden größere Fahrzeuge erwartet, so kann der Abstand auf 24 oder 25 m ausgeweitet werden. An der Straße selbst kann die Zufahrt zum inneren Bereich der Zugänge mit Bepflanzungen eingeengt werden, um einen Sichtschutz zu geben.

Durch das Achsmaß von 35 m ist eine Unterkellerung mit Tiefgaragen möglich, in denen zwei Parkreihen Platz haben. Die Herstellung von Parkflächen unter diesen Gebäuden ist dann wirtschaftlich, wenn die Traglast in den Hallen nicht höher sein muß als 500 bis 1.000 kg/m^2. Die Kosten für einen Stellplatz liegen bei etwa 50 % der Herstellungskosten für einen Stellplatz in einem Parkhaus. Je nach den übrigen Bedingungen des Gewerbeparks und je nach Kalkulation können bei serieller Herstellung alle derartigen Gewerbeblocks mit Parkraum in Tiefgaragen ausgebildet werden, der dann auch anderen Nutzern (besonders Büronutzern) des Gewerbeparks zur Verfügung steht (vgl. Abb. 16.4).

16.5.2 Gewerbeblock B

Nutzung: Ausstellung, Lager, Werkstätten mit Büros
Maße: U-form mit 34 oder 51 m Tiefe

Dieses Gebäude wurde in den USA entwickelt. Es bietet die Möglichkeit, eine Vielzahl von Nutzern aufzunehmen. Die Bauform umschließt einen Innen- und Lieferhof, der auf diese Weise vom übrigen Gewerbepark abgeschirmt wird. Die Hofgröße ist so gewählt, daß auch große Lkws problemlos rangiert werden können. Das Gebäude ist zweigeschossig, was eine höhere Grundstücksausnutzung erlaubt. Wenn die Zweigeschossigkeit nicht in allen Bereichen durchgezogen wird, ergeben sich hohe Hallen.

Die nach außen gerichteten Fassaden können hochwertiger und die Fassaden im Innenhof einfacher gestaltet werden. Dadurch können qualitativ gute Büros an der Außenseite untergebracht werden. Nachteilig an diesem Baukörper ist, daß bei überwiegend kleineren Mietern die Eckbereiche, die zum Teil dunkle Flächen haben, schlecht zu vermieten sind.

Gebäudeplanung

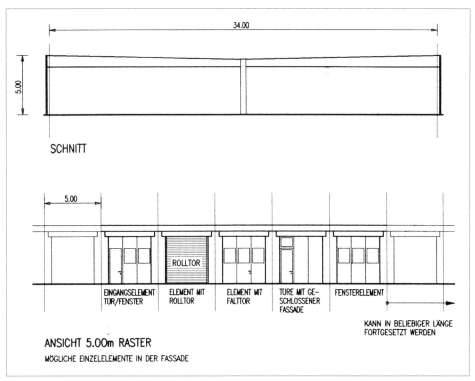

Abb. 16.4: Einfacher Hallenbau Typ A. Beliebig aufteilbar für viele, auch kleinere Nutzer

Wird das Maß so ausgelegt, daß der Baukörper eine Tiefe von 34 oder von 51 m hat, ist eine Unterkellerung mit optimaler Parknutzung möglich.

Der Block B ist eine außerordentlich wirtschaftliche Lösung mit optimaler Flächenausnutzung, hochwertigen Fassaden nach außen zur Hauptverkehrsstraße und – bei entsprechendem Abstand zu der Erschließungsstraße – ausreichend Stellplätzen für Kurzzeitparker. Das Gesamtverhältnis Fassaden zu geschaffener Fläche ist günstig (vgl. Abb. 16.5 und 16.6).

16.5.3 Gewerbeblock C

Nutzung: Möglich ist eine Vielfalt von Nutzern, von einfacher Produktion über Lagerung, Dienstleistungen bis hin zu hochwertigen Büronutzern.

Maße: 34 m breit, 60 bzw. 120 m lang, drei- bis viergeschossig, zwei bis drei große Treppenhäuser, zwei große Anlieferungen

Gebäudeplanung

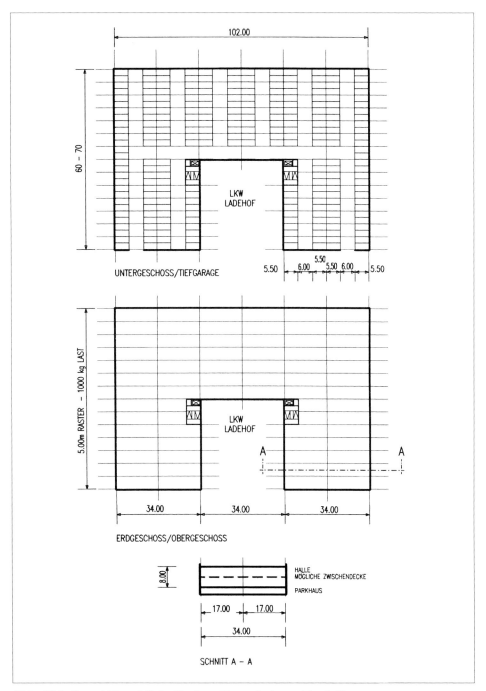

Abb. 16.5: Grundriß und Schnitt eines Gewerbebaus Block B

Gebäudeplanung

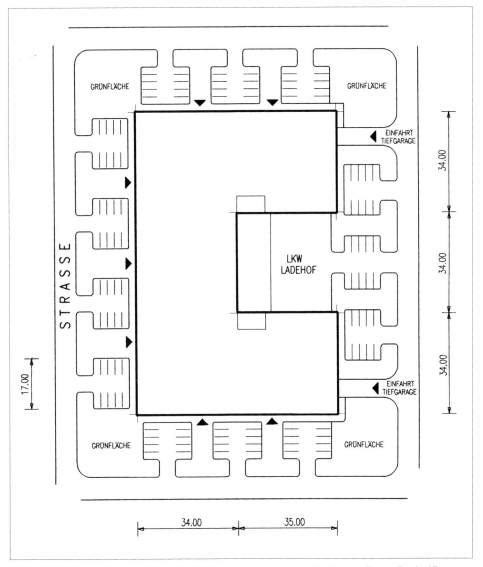

Abb. 16.6: Gewerbebau Block B. Außenerschließung mit ebenerdigen Parkplätzen

Das Gebäude erlaubt ebenerdig 4,50 m hohe Hallen, im ersten Obergeschoß ebenfalls hohe Hallen mit Mittelbeleuchtung über das Atrium. Der obere Aufbau, das dritte und eventuell vierte Geschoß, ist in seinen Ausmaßen wie ein Bürotrakt konzipiert und erlaubt die volle Vermietung als Büros. Die Breite von 34 m ermöglicht im Untergeschoß eine Tiefgarage mit zwei Parkreihen (vgl. Abb. 16.7a und 16.7b).

Gebäudeplanung

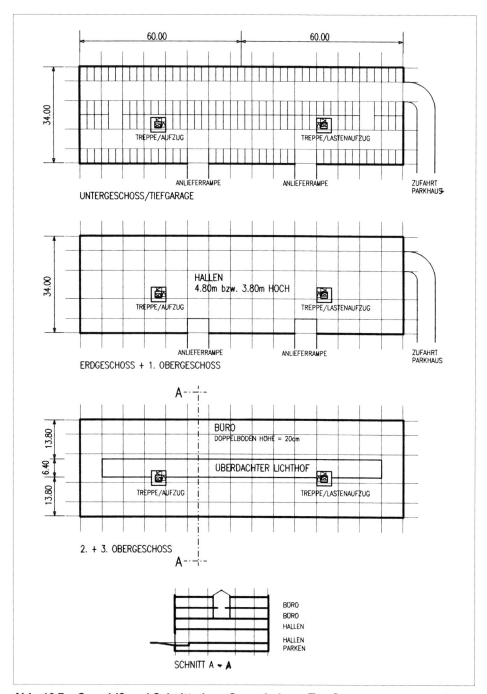

Abb. 16.7a: Grundriß und Schnitt eines Gewerbebaus Typ C

Gebäudeplanung

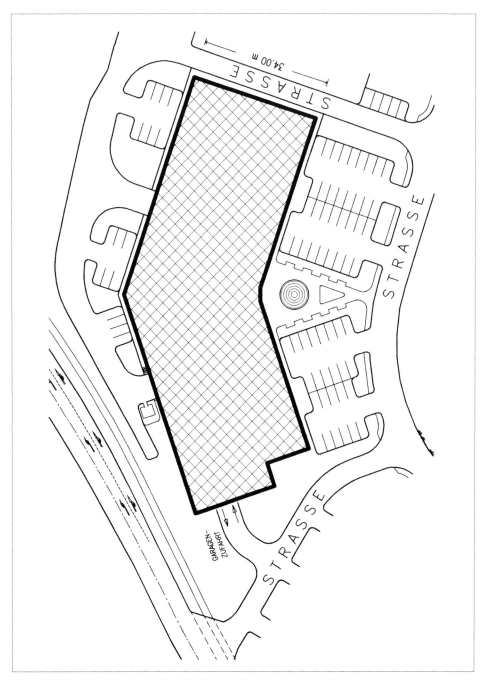

Abb. 16.7b: Gewerbeblock Typ C. Grundrißvariante mit Außenanlagen und ebenerdigen Parkplätzen

Gebäudeplanung

Die Vorteile des Gebäudes:

- Hohe Grundstücksausnutzung
- Integrierte Parkplätze
- Günstige Baukosten
- Gute architektonische Gestaltungsmöglichkeiten

Durch die Verbindung sternförmiger Bauten können großen Nutzern große Flächen angeboten werden.

16.5.4 Bürogebäude „Stern"

Maße: 65 m lang, maximale Flügellänge 30 m, 13 bis 14 m breit, 27 m hoch (sechs bis sieben Stockwerke)

Wie oben unter Punkt 16.3.1 bereits erläutert, können bei Bürohäusern in einem Gewerbepark durch die freie Wählbarkeit der Bauquartiere optimale

Baukörper erstellt werden, bei denen die Fluchtweglänge die Gebäudelänge bestimmen kann. Günstig ist die Sternform, bei der die Gesamtverkehrsfläche minimiert wird. Die einzelnen Flügel bei der Sternform ergeben bei maximaler Ausdehnung Büroeinheiten von jeweils ca. 400 m², so daß es sinnvoll ist, die Flügel verschieden lang auszubilden, um so vermietungsfähige Flächen von etwa 150 m² aufwärts zu haben. Die Aneinanderreihung und Verbindung von sternförmigen Bauten geben die Möglichkeit, auch großen Nutzern große Flächen zur Verfügung zu stellen und besonders wirtschaftlich zu bauen (vgl. Abb. 16.8 und 16.9).

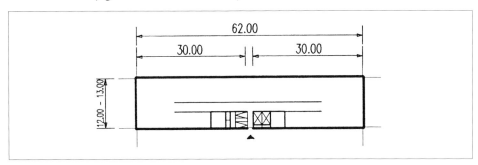

Abb. 16.8: Grundriß einfaches Bürohaus

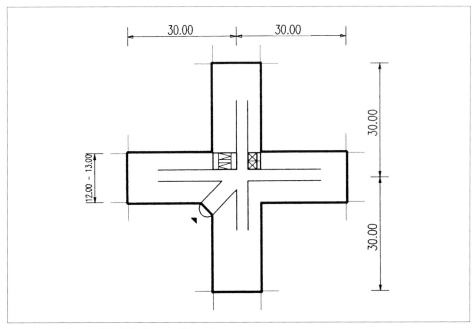

Abb. 16.9: Grundriß Bürohaus „Stern"

Gebäudeplanung

16.5.5 Bürogebäude „Turm"

Maße: zum Beispiel 24 m x 24 m oder andere Maße

Der Turm als Baukörper kommt in seiner Ausführung zwar teuerer als ein Baukörper in Kreuz- oder Längsform, bietet dafür aber architektonisch reizvolle Gestaltungsmöglichkeiten und macht vor allem dann, wenn viele Kleinmieter zu befriedigen sind, optimale Aufteilungen möglich.

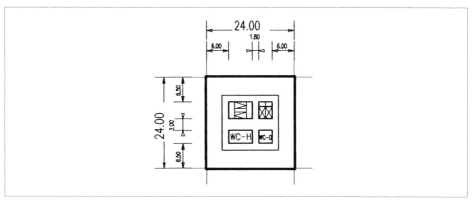

Abb. 16.10: Grundriß Bürohaus „Turm"

Der feste Kern mit Aufzug und Treppenhaus liegt auf einer Seite im Inneren des Gebäudes, so daß im Hinblick auf die Restgestaltung freie Möglichkeiten bleiben (vgl. Abb. 16.10).

17

Detailplanung für den Außenbereich

17. Detailplanung für den Außenbereich

17.1 Verkehrsanlagen

Zu den Verkehrsanlagen in einem Gewerbepark zählen der Anschluß an die öffentliche Straße, die internen Straßen, aber auch Lieferhöfe, Fuß- und Fahrradwege. Dem Thema Parkplätze ist ein eigenes Kapitel gewidmet (vgl. Kap. 18). Die Dimension des gesamten Verkehrswegenetzes bemißt sich nach Art und Umfang des Verkehrs und muß sehr sorgfältig erarbeitet werden. Die Art der Fahrzeuge und ihre Anzahl hängen vom Typ des Gewerbeparks und der geplanten Nutzung ab. Ein Lager- und Speditionspark wird z.B. andere Straßenbreiten und einen festeren Unterbau benötigen als ein Forschungs- und Entwicklungspark.

Bei der Erarbeitung der Straßenführung ist den speziellen Anforderungen eines Gewerbeparks Rechnung zu tragen. Eine der obersten Forderungen muß sein, daß der gesamte Verkehr leicht und flüssig abgewickelt werden kann. Ringstraßen tragen, wo immer sie möglich sind, zu einer übersichtlichen Straßenführung bei und sind, selbst unter Einbeziehung öffentlicher Straßen, sehr vorteilhaft. Für die Besucher des Gewerbeparks muß ersichtlich werden, daß sie, falls sie eine Adresse im ersten Anlauf nicht finden, problemlos eine zweite Runde fahren können. Sackgassen und tote Enden können vermieden werden, wenn alle Straßen als Schleifen angelegt werden. Einbahnstraßen sind, wenn irgend möglich, zu vermeiden. Eine weitere Forderung ist die leichte Orientierung. Sie wird dann erreicht, wenn alle Bauten an dem leicht überschaubaren Straßennetz liegen und sich gut präsentieren.

Wichtig ist weiterhin die Sicherheit des Verkehrs. Übersichtlichkeit und klare Verkehrsführung sowohl im Inneren des Geländes als auch an den Zufahrten von und zu den öffentlichen Straßen und einfache Ein- und Ausfahrtslösungen von der Haupterschließungsstraße zu den Parkplätzen tragen zur Sicherheit des Verkehrs bei. Das Parken entlang der Straßen, vor allem senkrecht zu den Straßen, ist sehr unfallträchtig und sollte im Interesse der Sicherheit nach Möglichkeit vermieden werden. Die Hinzuziehung von Verkehrsexperten ist in diesem Bereich sehr wichtig.

Zur Anbindung an das öffentliche Straßennetz werden Kreuzungen und Einmündungen geschaffen. Um den Gewerbepark gut und leistungsfähig an den Verkehr anzuschließen, sind mehrere Einfahrten sinnvoll. Dabei ist jedoch darauf zu achten, daß das Wegesystem innerhalb des Gewerbeparks nicht als Durchfahrtsstraße benutzt wird, d. h., Zu- und Abfahrten dürfen nicht zwei wichtige Verkehrsadern durch eine Diagonale verbinden. Das Durchfahren des Gewerbeparks muß im Hinblick auf Wegstrecke und Zeit so aufwendig sein, daß es uninteressant wird. Ist nur eine Ein- und Ausfahrt möglich, sollte sie durch eine Ampel gesteuert werden, weil nur auf diese Weise das Verkehrsaufkommen des Gewerbeparks reibungslos in das öffentliche Straßennetz eingeführt werden kann. Grundsätzlich sind mehrere Einfahrten günstiger.

Der Gewerbepark wird auch durch Fußwege erschlossen. Diese müssen nicht unbedingt immer entlang den Straßen führen, es sollte jedoch auf einer Seite der Straße ein Fußgängerweg vorgesehen werden. Ein zweiter Fußweg kann auch an den Gebäuden entlanggeführt werden und diese untereinander verbinden. Vor allem Gebäude, in denen Versorgungsfunktionen wie Banken, Kantinen oder Supermärkte untergebracht sind, sollten durch bequeme und sichere Fußwege erreichbar sein.

Großzügig angelegte Gewerbeparks haben manchmal (man sieht das vor allem in den Vereinigten Staaten) spezielle Jogging-Trails, die von der Belegschaft und den Bewohnern der Umgebung genutzt werden. Sie betonen den Parkcharakter der Anlage und können auch unter dem Gesichtspunkt der Imagepflege gesehen werden.

Wenn im Gewerbepark viel Fahrradverkehr erwartet wird, ist es eine Überlegung wert, ob eigene Radwege angelegt werden sollen. In jedem Fall müssen Abstellflächen mit Sicherungsmöglichkeiten für Fahrräder vorgesehen werden. Da Fahrräder heute teuere und wertvolle Geräte geworden sind, könnte man sogar daran denken, sie in Parkgaragen unterzubringen.

Für Motorräder sollten ebenfalls Parkflächen zur Verfügung stehen, da es unwirtschaftlich ist, wenn Motorräder ganze Pkw-Stellplätze belegen (zum Thema Parkplätze vgl. ansonsten Kap. 18).

Zu den Verkehrsanlagen gehören auch die Lieferbereiche. Sie müssen bedarfsgerecht ausgelegt und richtig dimensioniert werden, um ihre Funktion erfüllen zu können und eine einfache Abwicklung der Arbeiten zu ermöglichen. Es können Einzelanlieferungen und gemeinschaftliche Anlieferungen für mehrere Firmen geplant werden. Einzelanlieferungen werden immer dort notwendig sein, wo ein großer Nutzer viel Verkehr erzeugt. Mehrere Einzelnutzer mit gelegentlicher Anlieferung können eine gemeinsame Anlieferung benutzen, selbst wenn dadurch intern größere Wegstrecken zu überbrücken sind. Laderampen werden nach der erwarteten Nutzung konzipiert. Zu überlegen ist auch, ob eine zentrale Anlage mit Hubplattform errichtet wird, so daß das Be- und Entladen schwererer Lieferungen mit einer Hubanlage ermöglicht werden.

Die Zufahrten zu Höfen und Lieferhöfen können durchaus so schmal sein, daß nur ein Fahrzeug einfahren kann, wenn die Gesamtstrecke zu überschauen ist. Der meist geringe Verkehr in Lieferhöfe läßt solche Lösungen zu. Auf diese Weise wird weniger Fläche für Verkehrsflächen verbraucht, so daß die verbleibende Fläche als Grünfläche angelegt werden kann.

Lieferbereiche müssen die einfache Abwicklung der Arbeiten ermöglichen.

17.2 Abfallentsorgung

Das Bemühen, Abfall zu reduzieren und Wertstoffe zu recyceln, hat in Deutschland zu einem gesetzlich geregelten System der Mülltrennung geführt, das die Aufstellung verschiedener Behälter zum Sortieren der Abfälle notwendig macht. Bei der Planung der Außenanlagen in einem Gewerbepark müssen deshalb besondere Flächen für Müllsammelstellen vorgesehen werden. Möglichst große Behältnisse machen eine wirtschaftliche Beseitigung und Abholung möglich, beanspruchen aber in der Summe auch erhebliche Flächen.

Die Abfallbehälter für den fast überall anfallenden Müll, wie z. B. Papier und Restmüll, werden vermutlich sinnvoller in größerer Zahl dezentral aufgestellt, wohingegen Spezialabfälle wie Blech, Holz, Styropor etc. in zentralen Sammelbereichen erfaßt werden können.

Besondere Aufmerksamkeit brauchen Spezialprobleme, z. B. Speiseöl oder organische Abfälle. Der einfachste Fall ist ein Großnutzer mit einem eigenen Abfallbereich, z. B. ein Restaurant, das über die üblichen Behältnisse hinaus noch Sonderbehälter für Fett und organische Abfälle braucht. Solche Tonnen können nicht im Freien aufgestellt werden, da sie im Sommer (weil dieser Abfall nicht täglich, sondern nur in längeren Perioden abgeholt wird) störende Gerüche abgeben. Schwieriger wird der Fall, wenn mehrere Nutzer eine gemeinsame Anlage für solche Abfälle brauchen.

Besondere Vereinbarungen und besondere Sorgfalt sind notwendig, wenn ein Nutzer Sondermüll produziert. Die Gestaltung der Flächen muß dann so ausgelegt werden, daß durch den Sondermüll keine Kontamination im Erdreich oder an der Bausubstanz entsteht.

Die bauliche Gestaltung der Abfallbereiche muß auf besondere Bedingungen Rücksicht nehmen. Abfallbereiche sollen so plaziert werden, daß die Abholfahrzeuge der Entsorger so nah an die Behältnisse heranfahren können, daß diese nicht über weite Strecken bewegt werden müssen. Die Bodenbeläge müssen hohen Belastungen gewachsen sein, denn die Container können sehr schwer werden und sind daher fast immer mit kleinen Rollen versehen. Abfälle fallen neben die Tonnen, es kann Flüssigkeit austreten, wenn die Tonnen undicht werden, bei Glascontainern passiert es, daß außen Glas zerbricht. Die Reinigung der Bereiche muß daher einfach und effizient erfolgen können. Absolut glatte Böden erleichtern das Kehren, ein leichtes Gefälle, Wasseranschluß und Abwassereinlässe sind für die Naßreinigung wichtig.

Eine Überdachung zur Verhinderung der Sonneneinstrahlung und Geruchsentwicklung ist besonders dann sinnvoll, wenn organische Bestandteile im Restmüll sind. Falls Gefahr besteht, daß fremder Müll angeliefert wird, sind gegebenenfalls abschließbare Bereiche vorzusehen sind. Vor allem in Bürogebäuden kann es im Interesse der Optik und der Sauberkeit sinnvoll sein, Abfallbehälter innerhalb des Gebäudes unterzubringen, soweit nicht im Außenbereich gut abgeschirmte Möglichkeiten sind. Bei der Planung und Ausarbeitung der Abfallstellen und des Sichtschutzes sind Architekt und Landschaftsplaner gemeinsam gefordert.

17.3 Landschaftsgestaltung

17.3.1 Grünanlagen

Ein großer Teil der Grundstücksfläche eines Gewerbeparks, nämlich alle Flächen, die nicht als Verkehrsflächen oder für andere Nutzungen vorgesehen sind, werden landschaftsplanerisch gestaltet. Zu diesen Flächen gehören Vorplätze, Fußgängerbereiche und die Grünanlagen. Für das Gesamterscheinungsbild und die Wertigkeit des Gewerbeparks ist es wichtig, daß ein Gesamtkonzept für Gestaltung und gärtnerische Anlage der Außenbereiche erarbeitet wird. Besondere Bedeutung für das Erscheinungsbild des Gewerbeparks haben die Grünanlagen.

Es ist die Aufgabe eines Landschaftsplaners, die Grüngestaltung für die Gesamtanlage zu entwickeln. Wirkungsvoll und auch ökologisch sinnvoll sind Grünanlagen, wenn sie zu einer größeren Fläche zusammengefaßt werden. Zum Beispiel kann ein kleiner Park, eventuell mit einer Wasserfläche, Spazierwegen und Sitzmöglichkeiten, als zentraler Bereich in einem Gewerbepark mit großer Wirkung für den Gesamteindruck der Anlage geschaffen werden.

Für die Beschäftigten bietet sich dadurch in den Pausen die Möglichkeit, sich im Freien aufzuhalten. Man könnte auch an kleine Picknickbereiche mit Tischen oder, falls größere Grünflächen vorhanden sind, an eine Möglichkeit zum Grillen und für Betriebsfeste denken.

Der Gartenplaner erarbeitet auch Vorgaben für die Grünflächen an den einzelnen Gebäuden. Zu kleine Pflanzflächen geben den Bäumen und Sträuchern kaum eine Chance, sich gut zu entwickeln. Auch Rasen ist in zu schmalen Streifen nur mit unverhältnismäßigem Aufwand an Beregnung zu

Detailplanung für den Außenbereich

Grünanlagen (wie hier im Süd-West-Park Nürnberg) erhöhen die Attraktivität des Gewerbeparks beträchtlich.

Detailplanung für den Außenbereich

Ein kleiner Park im zentralen Bereich (im Bild Gewerbepark Regensburg) hat große Wirkung auf den Gesamteindruck.

erhalten. Daher sollten für die Gesamtanlage Richtlinien über die Mindestgröße für Grünflächen aufgestellt werden, damit bei der Verplanung der einzelnen Bauquartiere darauf Rücksicht genommen werden kann, z. B. in der Form, daß Grünflächen länger als 5 m und nicht schmäler als 4 m sein sollen.

Die gesamten Grünanlagen sind Teil des Gewerbeparks und müssen unterhalten und gepflegt werden, was erhebliche Kosten auslöst. Bereits bei der Anlage und Planung ist darauf zu achten, diese Kosten möglichst niedrig zu halten.

Dies beginnt mit der Aufteilung der Grünanlage in Rasen, Hecken, Bodendecker, Büsche und Bäume und geht weiter mit der Auswahl der Pflanzen. Dabei sollen möglichst wartungs- und unterhaltsarme Lösungen gefunden werden: Bodendecker, die Unkraut unterdrücken, Heckenpflanzen und Bäume, die wenig Pflege erfordern. An einem Beispiel kann man das verdeutlichen: Bäume wie Robinien oder Birken, die das ganze Jahr über Blüten, Samen und Laub abwerfen, erfordern einen ständigen Reinigungsauf-

Detailplanung für den Außenbereich

wand und geben der Anlage trotzdem ein ungepflegtes, unsauberes Erscheinungsbild. Mit Bäumen, die ihr Laub im Herbst innerhalb kurzer Zeit abwerfen, bleibt die Anlage, wenn sie einmal gereinigt ist, sauber und gepflegt.

Natürlich können die Pflanzungen nicht allein unter dem Pflege- und Kostenaspekt gesehen werden. Im Sinne eines guten Gesamteindrucks kann durchaus überlegt und abgewogen werden, ob auch arbeitsintensivere Pflanzen wie etwa Rosen gepflanzt werden sollen. Auch bunte Sommerpflanzen in gut sichtbarer Lage setzen Farbtupfer und werten das Gesamterscheinungsbild eines Gewerbeparks sehr auf. Auch hier muß aber der Arbeitsaufwand in Betracht gezogen werden, da die Beete von einer Gärtnerei (oder eigenen Leuten) mehrmals im Jahr neu bepflanzt und auch im Winter gestaltet werden müssen. Wenn man diesen Kostenaufwand scheut, ist es besser, auf diese Pflanzungen zu verzichten, als das Erscheinungsbild des Gewerbeparks durch ungepflegte Flächen zu stören.

Immergrüne Bäume und Sträucher bringen auch im Winter Grün in die Anlage. Das ist besonders dort wichtig, wo für gewisse Bereiche Sichtschutz gewünscht wird.

Die Grünanlagen haben immer auf die Funktion des Gewerbeparks Rücksicht zu nehmen. Die Gebäude dort werden geschäftlich genutzt. Man erwartet z. B. optimalen Lichteinfall an jedem Fenster. Für die Anlage der Pflanzungen heißt das in diesem Beispiel, daß großwachsende Bäume mindestens 5 m Abstand vom Gebäude haben sollen. Ein solcher Abstand ist auch deshalb sinnvoll, weil dann weitgehend vermieden wird, daß stärkere Äste an der Fassade entlangwachsen und sie bei Wind beschädigen.

Gewerbeparks können auch an andere Grünanlagen anschließen und sich übergangslos in die Nachbaranlage einfügen (soweit dies natürlich erlaubt wird). Eine Einzäunung des Gewerbeparks wird ohnehin kaum das Ziel der Investoren sein. So kann die Öffnung nach außen eine tatsächliche Erweiterung des Grünbereiches darstellen.

17.3.2 Gestalterische Akzente

Zu den Außenanlagen gehören neben den Grünflächen auch andere nicht dem Verkehr dienende Flächen: Plätze vor den Eingängen großer Bürogebäude brauchen repräsentative Qualität; zwischen zwei Gebäuden kann ein gepflasterter Platz mit einem Brunnen als belebendem Element oder mit Skulpturen städtisches Ambiente schaffen. Nicht nur Grünflächen, sondern

Detailplanung für den Außenbereich

Ein zentraler Platz mit Brunnenanlage setzt einen städtebaulich bedeutsamen Akzent.

auch gestaltete Plätze können ein prägender Bestandteil des Erscheinungsbildes eines Gewerbeparks sein.

In großen Grünflächen ist ein kleiner See ein sehr belebendes und für die Gestaltung wichtiges Element. Er kann auch als Rückhaltebecken für Sturmwasser benutzt werden und Dachwässer, soweit sie gesondert erfaßt werden, aufnehmen. Die kurzzeitige Überschwemmung der Uferzonen ist für Pflanzung und Anlage ohne Probleme.

Große Skulpturen, wie man sie in amerikanischen Gewerbeparks auf Grünflächen im Bereich der Eingänge oder Zufahrten postiert sieht, sind markante Signets für den Business Park. Die Anlagen erhalten durch Kunstobjekte, die in die Landschaftsgestaltung integriert sind, einen besonderen Reiz und schaffen für Besucher und Beschäftigte eine angenehme Atmosphäre. Für den Gewerbepark – sowohl für den Entwickler als auch für die ansässigen Firmen – bedeutet es auch einen Imagegewinn, Kunstförderer zu sein.

Detailplanung für den Außenbereich

In die Landschaftsgestaltung integrierte Kunstobjekte (wie im Gewerbepark Regensburg) schaffen einen besonderen Reiz.

17.3.3 Landschaftsgärtnerische Gestaltung von Parkplätzen

Bei der Anlage von ebenerdigen Parkplätzen sollte es immer das Ziel sein, die Parkplätze in den Hintergrund treten zu lassen und möglichst unauffällig in die Landschaft zu integrieren. Dieses Ziel verfolgen auch die Grünordnungspläne der Städte. Das Bestreben, große Asphaltseen zu vermeiden, ist zu unterstützen; schwierig wird es allerdings, wenn die Vorschrift, wie es nicht selten vorkommt, verlangt, nach jedem fünften Parkplatz einen Baum zu pflanzen und eine kleine grüne Insel zu machen.

Viel zweckmäßiger ist es, die Grünflächen zusammenzufassen, um dann an einer Stelle die vorgeschriebenen Bäume zu pflanzen. In der Praxis kann das so aussehen, daß jeweils 15 bis 20 Fahrzeuge in einem Parkplatz untergebracht werden, der rundum durch breite Grünstreifen (5 m), auch zur Straße hin, eingefaßt wird (vgl. Abb. 17.1).

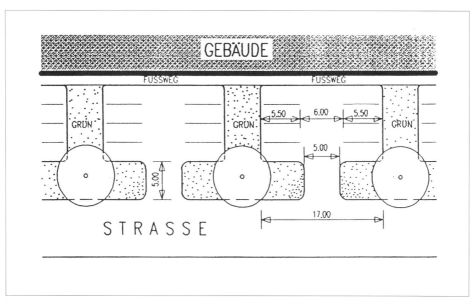

Abb. 17.1: Parkbuchten vor einem Gebäude

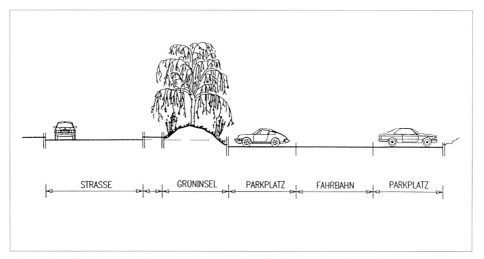

Abb. 17.1: Abgesenkter Parkplatz/Parkplatz mit abschirmendem Grünwall

Detailplanung für den Außenbereich

Durch überhöhte Eingrünung treten parkende Fahrzeuge optisch in den Hintergrund.

Detailplanung für den Außenbereich

Wälle sind zur Abschirmung von Funktionsflächen besonders gut geeignet.

Die Eingrünung wird noch effizienter, wenn die Grünflächen überhöht und nicht nur mit Gras, sondern auch mit Sträuchern bepflanzt werden.

Um die Parkplätze noch mehr in den Hintergrund treten zu lassen, können sie gegenüber dem allgemeinen Niveau abgesenkt werden. Eine Absenkung bis zu 1 m ist durchaus im Bereich des Möglichen. Der Effekt ist ein doppelter: Die Autos verschwinden nahezu im Grün, und sie verstellen auch nicht mehr die Sicht auf die Fassaden und Eingänge der Gebäude. Für diese Lösung müssen die Gebäude etwa 25 bis 30 m von der Straße zurückgesetzt sein (vgl. Abb. 17.7).

Die entstehenden Parkplätze können als Kunden- und Besucherstellplätze genutzt werden. Wenn diese Lösung auf beiden Seiten der Straße gewählt und mehrmals wiederholt und der Grünstreifen zwischen Parkplätzen und Straße mit großen Bäumen bepflanzt wird, ist die Hauptverkehrsader von einer Allee gesäumt.

17.3.4 Abschirmung von Funktionsflächen

Es gibt in jedem Gewerbepark unschöne Funktionsflächen, beispielsweise Lieferzonen, Außenlager, technische Gebäude, Lagerflächen für Gärtnereimaterialien, Pflanzgut, Schnittgut etc. Diese Bereiche müssen so abgeschirmt werden, daß sie das Erscheinungsbild des Gewerbeparks nicht negativ beeinflussen. Es gibt vielfältige landschaftsgärtnerische Möglichkeiten für Sichtschutz, z. B. Mauern, Palisaden, Absenkungen, Wälle oder Hecken.

Wenn ein Gewerbepark an ein sensibles Gebiet, beispielsweise ein Wohngebiet, angrenzt, so wird in den meisten Fällen ein Schutzstreifen, oft sogar ein Schutzwall gefordert. Diese Streifen sollten positiv gesehen und in die Gesamtgrüngestaltung des Gewerbeparks einbezogen werden. Wälle müssen nicht unbedingt als ein exakter Erdwall durch das Gelände laufen, sie können onduliert werden. Die Bepflanzung auf den Wällen kann variieren und interessant gestaltet werden. Solche Flächen können eine grüne Kulisse für den gesamten Park abgeben.[1]

---

[1] Bei der Bildung von Flurstücken können solche Schutzstreifen als eigene Flurstücke ausgewiesen werden (vgl. Punkt 15.3.1).

17.4 Wartung und Pflege

Bereits in der Planungs- und Bauphase der Außenanlagen sollte mitbedacht werden, daß die Anlagen später gewartet und gepflegt werden müssen. Unzweckmäßige Anlagen können zu erheblichen zusätzlichen personellen Aufwendungen führen.

Alle Dimensionen der Außenanlagen müssen so gewählt werden, daß eine maschinelle Bearbeitung möglich ist. Dabei geht es, wie die folgenden Beispiele zeigen, oft um durchdachte Details. Wenn bei der Herstellung von Parkplatzflächen die Innenecken ausgerundet werden, reinigt der Kehrradius der Kehrmaschine die Ecken mit; ist die Ecke rechtwinklig, bleibt dort Schmutz, der anschließend durch Handarbeit beseitigt werden muß. Wenn Fußwege richtig dimensioniert und angelegt und die Bordsteine an geeigneter Stelle zur Straße hin abgesenkt sind, können Kleinkehrmaschinen und Geräte zum Schneeräumen eingesetzt werden. Abgesenkte Zu- und Abfahrten sind auch zwischen den Straßen und den Rasenflächen notwendig, damit mit selbstfahrenden Mähgeräten problemlos zugefahren werden kann. Bäume und Pflanzungen in Rasenflächen sollten so plaziert werden, daß sie überall den Einsatz motorisierter Geräte erlauben.

Zur Pflege der Grünanlagen gehört die Bewässerung. Eine Beregnungsanlage ist im Interesse der Arbeitsersparnis und einer schönen Anlage eine wichtige Investition. Wenn die Beregnungsanlage durch eigene Brunnen versorgt wird, kann dies erheblich zur Kosteneinsparung beitragen.[2]

---

[2] Hinweis: Wasser, das für die Beregnungsanlage verbraucht wird, unterliegt nicht den Kanalabgaben.

18

Parkplätze

18. Parkplätze

18.1 Bedeutung der Parkplätze

Parkplätze sind für einen Gewerbepark in zweierlei Hinsicht von großer Bedeutung: Zum einen, weil sie einen entscheidenden Teil des Gewerbeparkkonzepts ausmachen, und zum anderen, weil sie für einen erheblichen Anteil der Gesamtinvestitionen verantwortlich sind.

18.1.1 Parkplätze als Standortkriterium

Ausreichende und gut angelegte Parkplätze sind für das Gelingen eines Gewerbeparks sehr wichtig. Für viele Nutzer sind Stellplätze das ausschlaggebende Entscheidungskriterium für die Wahl eines Standorts in einem Gewerbepark.[1] Sie brauchen Stellplätze für eigene Fahrzeuge, einschließlich der Nutzfahrzeuge, für Lieferanten, für die Belegschaft und nicht zuletzt für die Kunden.

Nutzer, die viel mit dem Fahrzeug unterwegs sind, z. B. Servicebetriebe, die einen intensiven und ständigen Kontakt zu ihren Kunden halten müssen, brauchen Stellplätze, die ständig zur Verfügung stehen und vom Geschäft aus auf kurzem Wege zu erreichen sind. Abstellflächen für Nutzfahrzeuge und für die An- und Auslieferung sind wichtig. Für die Kunden der Gewerbeparkfirmen ist das Parkplatzangebot nicht selten das Entscheidungskriterium, wo sie ihre Geschäfte tätigen. Auch für den Kunden bedeutet schnelles und leichtes Parken Effizienz, Zeit- und Kostenersparnis.

Genügend Mitarbeiterstellplätze sind gleichermaßen aus der Sicht des Arbeitgebers wie der Belegschaft wichtig. Die Bereitstellung von Stellplätzen für alle Belegschaftsmitglieder macht die Arbeitsplätze in einem Gewerbepark attraktiv. Insbesondere höherqualifizierte Beschäftigte sind an eigenen Stellplätzen interessiert. Die Möglichkeit, den Arbeitsplatz mit dem eigenen Fahrzeug zu erreichen, bedeutet für die Beschäftigten Bequemlichkeit und Zeitersparnis und eröffnet für viele überhaupt erst die Möglichkeit, einen solchen Arbeitsplatz anzunehmen, wenn öffentliche Verkehrsmittel nicht zur Verfügung stehen.

---
[1] Siehe Annex 3.

Parkplätze

Zusammenfassend läßt sich sagen, daß eine ausreichende Anzahl an Parkplätzen für viele Firmen eine Voraussetzung für die effiziente und kostengünstige Abwicklung ihrer Geschäfte ist und Zeitersparnis, aber auch Bequemlichkeit bedeutet.

18.1.2 Dimensionen: Flächen- und Investitionsbedarf für Parkraum

Die Parkplätze nehmen einen erheblichen Teil der Flächen ein, die in einem Gewerbepark bebaut oder gestaltet werden und erfordern einen bedeutenden Teil der gesamten Investitionssumme. Die genauen Relationen zwischen Nutzfläche in den Gebäuden und Parkplatzfläche variieren je nach den einzelnen Typen von Gewerbeparks und nach der Nutzung (vgl. Tab. 18.1).

Für einen Stellplatz werden zwischen 25 und 30 m^2 Fläche benötigt, in gut geplanten Parkhäusern vielleicht etwas weniger. In einem Büropark wird üblicherweise je 30 m^2 Gebäudenutzfläche ein Stellplatz erstellt, d. h., auf jeden Quadratmeter Bürofläche kommen zwischen 0,8 und 1,0 m^2 Parkraum. Bei einem Büropark mit 100.000 m^2 Geschoßfläche sind demnach mindestens 80.000 m^2 Parkflächen erforderlich, das entspricht etwa 3.000 Pkw-Stellplätzen.

Bei einem gemischt genutzten Gewerbepark mit gewerblichen Flächen für Einzelhandel, Großhandel, Dienstleister, Ausstellungsflächen, Reparaturwerkstätten etc. ist ein Verhältnis von einem Stellplatz je 40 m^2 Nutzfläche realistisch, d. h., auf jeden Quadratmeter Nutzfläche kommen etwa 0,6 m^2 Parkfläche. Ein gemischt genutzter Gewerbepark von 100.000 m^2 erfordert ca. 60.000 m^2 Parkfläche, das sind etwa 2.400 Stellplätze.[2] Bei einem Gewerbepark mit starker Einzelhandelsbetonung ist der Anteil der Parkfläche höher.

Die Zahlen für die Parkflächen beinhalten nur die Parkboxen und die zugehörigen Parkstraßen. Werden die Parkflächen ebenerdig erstellt, so erhöht sich der Flächenverbrauch noch um die notwendigen Grünflächen und eventuell um weitere Verkehrsflächen für Zu- und Abfahrten.

Die Herstellungskosten für Parkplätze hängen stark von der Art der Parkplätze (ebenerdig, Parkhäuser, Tiefgaragen) ab. Ein ebenerdiger Stellplatz kostet mindestens 2.000 DM plus Grundstückskosten. Diese wären, bei 400 DM/m^2, 10.000 DM (1997).

---

[2] Gewerbepark Regensburg: 160.000 m^2 Geschoßfläche im Endausbau und 3.500 Parkplätze

Parkplätze

Parkplatzversorgung in Deutschland					
Nr.	Name	Bruttofläche*** brutto (in m²)	Parkplatzversorgung		
			Anzahl	1/x-m² brutto (brutto)	1/x-m² netto < 1 > (netto)
	Berlin:				
1	Brandenburg Park	k.A.		42	25
2	GiP Berlin-Mahlsdorf	42.300	1.143	37	22
3	GiP Potsdam-Babelsberg	* 21.100	1.000	35	21
	SUMME/DURCHSCHNITT				
	Düsseldorf:				
1	Erkrath Park	3.977	231	17	10
2	GP "Am Flughafen"	4.455	124	36	22
3	GP Airport	7.200	119	61	36
4	GP Halskestraße	6.000	133	45	27
5	Hilden Park	9.500	176	54	32
6	GP Hochdahl	4.400	235	19	11
7	GP Ratingen, Halskestr.	4.519	176	26	15
8	GP Ratingen, Kaiserw.-Str.	5.600	119	47	28
9	Hansa Park	30.000	961	31	19
10	Wahler Park	10.000	438	23	14
	SUMME/DURCHSCHNITT	85.651	2.712	32	19
	Frankfurt:				
1	Acorum	** 40.686	922	44	26
2	Bischofsheim Park	10.000	350	29	17
3	Dietzenbach Park	7.200	103	70	42
4	Dreieich Park	3.420	114	30	18
5	Eschbach Park	3.276	89	37	22
6	GIP, Liederbach	18.036	492	37	22
7	GP Dietzenbach	10.240	316	32	19
8	GP Langen	2.450	68	36	22
9	Hayn Parc	15.000	323	46	28
10	Isenburg-Park	6.480	197	33	20
11	Langen-Park	6.480	151	43	26
12	Leuschner Park	7.930	522	15	9
13	Limes Park	14.950	617	24	15
14	Mörfelden I	2.211	21	105	63
15	Mörfelden II	2.496	113	22	13
16	Mörfelden III	2.835	94	30	18
17	Pallaswiesenpark	12.191	258	47	28
18	Raunheim-Park	4.550	180	25	15
19	Rheinpark	16.200	556	29	17
20	Steuben Park	4.050	72	56	34
21	Volta-Park	6.050	165	37	22
22	Weiterstadt Park	1.507	72	21	13
	SUMME/DURCHSCHNITT	198.238	5.795	34	21

Tab. 18.1: Parkplatzversorgung in Deutschland und England
Quelle: Viehbacher, Alfons: Ein Vergleich deutscher Gewerbeparks mit englischen Business Parks, a.a.O., S. 101f.

Parkplätze

Parkplatzversorgung in Deutschland					
Nr.	Name	Bruttofläche*** brutto (in m²)	Parkplatzversorgung			
			Anzahl	1/x-m² brutto (brutto)	1/x-m² netto < 1 > (netto)
	Sonstige:				
1	Butzweiler Hof, Köln	11.000	351	31	19
2	Gewerbepark Puchheim, München	14.300	450	32	19
3	GIP In de Tarpen, Hamburg	3.500	106	33	20
4	GP Regensburg	130.000	3.500	37	22
5	Süd-West-Park, Nürnberg	125.000	3.500	36	21
	SUMME/DURCHSCHNITT	283.800	7.907	36	22

Parkplatzversorgung in England					
Nr.	Name	Bruttofläche*** brutto (in m²)	Parkplatzversorgung			
			Anzahl	1/x-m² brutto (brutto)	1/x-m² netto < 1 > (netto)
1	Aztec West			200	19
2	Birmingham BP			215	20
3	Blythe BP			323	30
4	Croxley BP			200	19
5	Gillingham BP			245	23
6	Kings Hill			200	19
7	Solent Business Park			215	20
8	St. Andrews			200	19
9	Stockley Park			269	23
10	Thames Valley			230	21
	SUMME/DURCHSCHNITT				21

Erläuterung:
< 1 > Nettobürofläche 60 % der Bruttobürofläche;
* Gesamtnutzfläche
** = incl. 20.822 m² Büro- und Servicefläche in Planung;
*** = nach Rücksprache mit dem Autor den Begriff „Bürofläche" abgeändert in „Bruttofläche".

Tab. 18.1: (Fortsetzung)

Ein Stellplatz im Parkhaus ist ab 12.000 DM zu bauen, ein Platz in einem Parkgeschoß unter einem Gebäude mit dafür optimalen Maßen (vgl. dazu Punkt 16.5) ab 8.000 DM (Preise von 1997). Die Höhe der Investition für Parkplätze variiert also mit dem Anteil der Stellplätze, die ebenerdig, in Parkhäusern und in Tiefgaragen untergebracht werden. Man kann davon ausgehen, daß etwa 15 bis 20 % der Gesamtinvestition für Parkplätze aufzuwenden sind.

18.2 Stellplatzbedarf

Bei der Ermittlung des Stellplatzbedarfs für Pkws laufen zwei Fäden aus verschiedenen Richtungen zusammen. Da sind einmal die juristischen Vorgaben: Das Baurecht schreibt, je nach Nutzung, eine bestimmte Anzahl von Stellplätzen in Relation zu den Geschoßflächen vor. Zum zweiten ergibt sich aus dem Konzept des Gewerbeparks die Forderung, den Nutzern ihrem tatsächlichen Bedarf entsprechend immer genügend Stellplätze anzubieten. Der Entwickler eines Gewerbeparks wird sich (unter Beachtung der rechtlichen Vorschriften) immer am realen Bedarf orientieren, der in der Projektphase genau abzuschätzen ist.

18.2.1 Einflußfaktoren auf den tatsächlichen Bedarf an Pkw-Stellplätzen

Der tatsächliche Parkplatzbedarf in einem Gewerbepark wird je nach Art des geplanten Gewerbeparks unterschiedlich sein und hängt von zahlreichen Einflußfaktoren ab. Sie können hier nicht alle erwähnt und aufgezählt werden, besonders wichtige werden nachfolgend angesprochen.

18.2.1.1 Nutzung

Die Relation zwischen Nutzfläche und bedarfsgerechter Anzahl an Stellplätzen variiert je nach Art der geplanten Nutzung. Die verschiedenen Nutzer eines Gewerbeparks haben einen höchst differenzierten Parkplatzbedarf. Firmen mit viel Kundenverkehr, Dienstleister oder Ärzte brauchen nicht nur Stellplätze für die eigene Belegschaft, sondern auch für ihre Kunden oder Patienten. Im Handel machen die Kundenparkplätze ein Mehrfaches der Belegschaftsparkplätze aus. Die Relation ist am extremsten beim Lebensmitteleinzelhandel. Dort ist ein Verhältnis zwischen Belegschafts- und Kundenstellplätzen von 1:10 anzunehmen (ein Kundenstellplatz je 10 m^2 Verkaufsfläche, ein Beschäftigter je 100 m^2).

Auch bei Firmen, die nur Belegschaftsparkplätze benötigen, kann das Verhältnis zwischen Nutzfläche und Parkplätzen sehr unterschiedlich sein: Bei Lagerung rechnet man mit einem Stellplatz je 500 m^2, bei Büros mit einem Stellplatz je 30 m^2 Nutzfläche.

18.2.1.2 Belegschaft

Ein weiterer Faktor für den Parkplatzbedarf ist die Art der Belegschaft. Geschlecht und Einkommensniveau spielen eine Rolle, denn weibliche Beschäftigte kommen zu einem geringeren Anteil mit dem eigenen Auto zur Arbeit als ihre männlichen Kollegen, und Arbeitnehmer in niedrigen Einkommensgruppen seltener als hochqualifizierte und gut bezahlte Beschäftigte.

18.2.1.3 Öffentlicher Personennahverkehr

Einfluß auf den Parkplatzbedarf hat auch das Angebot an öffentlichen Verkehrsmitteln. Der Anschluß an Bus, U- oder S-Bahn kann den Parkplatzbedarf erheblich reduzieren. Liegt ein Gewerbepark in einem Gebiet mit geringer öffentlicher Verkehrserschließung, so ist ein erhöhter Parkplatzbedarf zu erwarten.

18.2.1.4 Siedlungsstruktur der Umgebung

Weiterhin kann der Parkplatzbedarf beeinflußt werden durch das Einzugsgebiet. Nahegelegene dichte Wohnbebauung kann einem Teil der Belegschaft die Möglichkeit bieten, zu Fuß oder mit dem Fahrrad den Arbeitsplatz zu erreichen.

18.2.1.5 Nutzerspezifische Einflüsse

Die speziellen Anforderungen einzelner Nutzer des Gewerbeparks können den Bedarf an Stellplätzen erheblich beeinflussen. Arbeitet beispielsweise ein Unternehmen in Schichten, so kann der Schichtwechsel nur dann reibungslos abgewickelt werden, wenn freie Kapazitäten an Stellplätzen in der Größenordnung der wechselnden Belegschaft vorhanden sind, denn die Personen für die neue Schicht kommen vor dem Zeitpunkt des Schichtwechsels an, während die den Arbeitsplatz verlassenden Angestellten erst nach dem Schichtwechselzeitpunkt abfahren.

Wenn dabei mehrere hundert Beschäftigte wechseln und vor allem, wenn der Schichtwechsel in die Hauptarbeitszeit fällt (z.B. Schichtwechsel um 14.00 Uhr, wenn auch der übrige Gewerbepark sehr hohen Parkplatzbedarf hat), kann ein solcher Schichtwechsel zum Problem werden. Eine Lösungsmöglichkeit wäre es dann, mit der Geschäftsleitung dieses Betriebes eine Staffelung des Schichtwechsels zu vereinbaren.

Probleme werfen auch Nutzungen auf, die periodisch einen sehr hohen Parkplatzbedarf haben, z. B. Veranstaltungen während des Tages.[3] Hier muß prinzipiell überlegt werden, ob Nutzungen, die zeitweise extreme Parkplatzkapazitäten fordern, überhaupt erwünscht sind.

Ein Veranstaltungszentrum etwa wäre nur dann akzeptabel, wenn sein Stellplatzbedarf innerhalb der möglichen Parkplatzkapazitäten bliebe. Keinesfalls dürfen Sonderveranstaltungen den regulären Parkplatzbetrieb eines Gewerbeparks stören, denn das würde eine Geschäftsschädigung für alle anderen bedeuten.

Auch andere Veranstaltungen, z. B. Radrennen an Wochenenden, mögen zwar dem Image des Gewerbeparks sehr nützlich sein, die dadurch notwendige Sperrung der Parkplätze und Straßen beeinträchtigt aber Betriebe, die auch sonntags geöffnet haben. Solche Veranstaltungen sind mit diesen Betrieben abzusprechen, der Nutzen ist abzuwägen.

18.2.1.6 Einlappungseffekte

Ein Effekt, der bei der Ermittlung der nötigen Stellplatzanzahl berücksichtigt werden sollte, ist die sogenannte Einlappung, die vielleicht mit einem Beispiel am besten erklärt wird.

Betrachten wir ein einzelnes Bürohaus mit genau so vielen Stellplätzen, wie dort Beschäftigte arbeiten, die mit dem Auto zur Arbeit kommen: Am Morgen nach Arbeitsbeginn sind theoretisch alle Stellplätze belegt. In Wirklichkeit ist, über den Tag hin und auch über das ganze Jahr hin gesehen, immer ein Teil der Stellplätze frei, weil die Angestellten unterschiedliche Arbeitszeiten haben, weil einige Mitarbeiter in Urlaub, andere krank sind, weil sie das Auto der Frau überlassen haben oder bei schönem Wetter mit dem Fahrrad kommen.

Durch die Vielzahl der Gebäude und Nutzer in einem Gewerbepark verstärkt sich dieser Effekt noch: Beginn und Ende der Arbeitszeit differieren sehr stark. Besonders deutliche Einlappungseffekte ergeben sich bei Nutzern mit Abendöffnung oder bei Hotels, deren Kunden meist erst am Abend mit dem Fahrzeug ankommen und morgens wieder abreisen.

---

[3] Im Gewerbepark Regensburg wurde für einige Jahre eine Veranstaltungshalle betrieben. Bei Veranstaltungen – Messen während des Tages – hat die Fülle der Messebesucher alle Parkplatzkapazitäten ausgenutzt und sogar überbelegt.

Einlappungseffekt heißt also, daß ein Stellplatz, der theoretisch für ein Fahrzeug vorhanden ist und nicht für ein bestimmtes Einzelfahrzeug mit Nummernschild reserviert ist, immer dann von anderen genutzt werden kann, wenn dieses Fahrzeug nicht im Gelände ist.[4]

Im Gewerbepark Regensburg wurde eine Studie durchgeführt, um die echte Parkplatznutzung festzustellen.[5] Daraus läßt sich erkennen, daß, obwohl eine große Zahl der Beschäftigten angibt, immer mit dem Auto zu kommen, die maximale Belegung der Parkplätze einschließlich Kundennutzung erheblich niedriger als diese Zahl liegt.

Nach dieser Beschäftigtenbefragung im Gewerbepark Regensburg vom Herbst 1990 kommen von 2.001 Beschäftigten 1.606 (80,26 %) „immer" und insgesamt 1.786 (89,26 %) „immer", „oft" oder „gelegentlich" mit dem Pkw zur Arbeit. Die parallel durchgeführte Verkehrsanalyse ermittelte in einer durchschnittlichen Woche ein Maximum von 1.393 gleichzeitig belegten Stellplätzen. 1.142 (82 %) davon waren Langzeitparker (über 3 Stunden), also Beschäftigte. Daraus ergibt sich, daß nur 64 % der Beschäftigten, die angaben, „immer", und 71 % der Beschäftigten, die angaben, „immer" bis „gelegentlich" mit dem Auto zu kommen, wirklich gleichzeitig im Gewerbepark parken.

18.2.1.7 Gezielte Maßnahmen zur Reduzierung des Stellplatzbedarfs

Ein Gewerbepark will zwar seinen Nutzern immer eine dem Bedarf angemessene Zahl von Stellplätzen bieten, die Erbauer und die Betreiber eines Gewerbeparks haben aber auch ein großes Interesse, den Parkplatzbedarf so niedrig wie möglich zu halten. Parkplätze sind teuere Investitionen.

Die Stärkung und Förderung des öffentlichen Verkehrs können wesentliche Hilfe bedeuten. Wenn der Gewerbeparkentwickler frühzeitig die Zusammenarbeit mit den öffentlichen Nahverkehrsbetrieben sucht und auf die Größenordnung der in einem neuen Gewerbepark entstehenden Arbeitsplätze hinweist, können diese sich in ihrer Linienführung und Kapazitätsplanung darauf einstellen. Liegt ein Gewerbepark außerhalb der bisherigen Linienführung, so sollte man versuchen, ihn in den öffentlichen Nahverkehr einzubinden. Dem Gewerbeparkentwickler stehen viele Möglichkeiten zur

---

[4] Für ein Parkhaus (Nürnberg) mit einer Kapazität von 567 Stellplätzen wurden 917 Parkberechtigungen ausgegeben, aber trotzdem wurde bisher noch keine Vollbelegung erreicht, weil der Gleichzeitigkeitsfaktor aller Parkenden weit unter 1 liegt.
[5] Siehe Annex 4.

Verfügung, um die Benutzung des öffentlichen Nahverkehrs zu erleichtern und zu fördern:

- Bau von Fußwegen zwischen dem Gewerbepark und den Haltestellen
- Anlage von Haltestellen im Gewerbepark
- Information über die Abfahrtszeiten
- Zuschüsse zu den Tickets oder Ticketvergünstigung durch Zusammenfassung – Job-Tickets

Wenn der Gewerbepark aufgrund seiner Lage zu Fuß und mit dem Fahrrad erreichbar ist, sollten diese Möglichkeiten durch den Bau von Fuß- und Fahrradwegen und Fahrradabstellplätzen unterstützt werden. Da Fahrradfahren vorwiegend eine Schönwetterbeschäftigung ist, entlastet es die Vorhaltung von Pkw-Parkplätzen allerdings nur geringfügig, weil viele Radfahrer bei schlechtem Wetter auf das motorisierte Fahrzeug umsteigen und dann doch einen Stellplatz brauchen. Das gilt in ähnlicher Weise auch für Mitarbeiter, die durch Fördermaßnahmen auf den ÖPNV umgestiegen sind, aber bei schlechtem Wetter oder wenn sie unter Zeitdruck sind, wieder auf ihr Auto zurückgreifen.

Viele Großbetriebe mit mehreren tausend Beschäftigten betreiben eigene Buslinien. Auch ein Gewerbepark mit mehreren tausend Beschäftigten hat die Möglichkeit, ähnliche Busverbindungen einzuführen, die zu bestimmten Zeiten eine feste Route im Hinterland abfahren und die Beschäftigten dort abholen und sie am Abend auf den gleichen Schleifen wieder zurück in den Wohnort bringen.

Die Bildung von Fahrgemeinschaften wäre ein weiterer Weg, um den Parkplatzbedarf zu reduzieren, wenn auch nur ein geringer Teil der Belegschaft bereit ist, solche Fahrgemeinschaften zu gründen.[6] Zwangsmaßnahmen auf diesem Gebiet, wie sie beispielsweise in Kalifornien bereits von der Genehmigungsbehörde auferlegt werden, sind sicher erfolgreich, aber das letzte, was wir uns wünschen sollten.

Zu einer Erhöhung des Parkplatzbedarfs hingegen wird jede Einzelreservierung von Parkplätzen in einem Gewerbepark führen, weil dadurch Einlappungseffekte entfallen.

---

[6] Im Gewerbepark Regensburg wurden zusammen mit einem Einkaufszentrum große Anstrengungen unternommen, um Fahrgemeinschaften zu gründen. Bei zusammen über 5.000 Beschäftigten war es aber nur möglich, ca. 50 Fahrgemeinschaften zu organisieren.

18.2.2 Abschätzung des zukünftigen Bedarfs

Die Abschätzung des zukünftigen Stellplatzbedarfs ist notwendig, damit schon in der Planungsphase Möglichkeiten offengehalten werden, diesen Bedarf später durch Parkplatzerweiterungen zu decken. In der Planungs- und Ersterrichtungsphase ist es zum Beispiel denkbar, größere Flächen als ebenerdige Parkplätze auszuweisen, auf denen später Parkebenen errichtet werden können. Für einen in der Zukunft höheren Parkplatzbedarf als gegenwärtig sprechen mehrere Annahmen.

Der motorisierte Individualverkehr wächst weiter. Gerne werden die Prognosen der Shell AG zitiert, wenn es um die Einschätzung dieses Wachstums geht. In der Prognose von 1995 wird für die Zeit von 1995 bis 2020 je nach Szenarium ein Zuwachs von 10 bis 25 % für Deutschland angenommen, das bedeutet 44 bis 50 Mio. Fahrzeuge im Jahr 2020 und 661 bzw. 700 Fahrzeuge je 1.000 Erwachsene.[7] Gegenwärtig (1995) kommen etwa 500 Fahrzeuge auf 1.000 Erwachsene.

Die Folge der höheren Motorisierung für den Gewerbepark ist, daß mehr Kunden und mehr Angestellte mit dem Kfz kommen. Insbesondere die bisher noch nicht motorisierten Teile der Bevölkerung, das sind die niedrigeren Einkommensgruppen und auch Frauen, die dann ein Zweitfahrzeug der Familie werden nutzen können, werden ihren Arbeitsplatz mit dem Auto aufsuchen.

Ein weiterer Grund für einen in der Zukunft erhöhten Stellplatzbedarf in einem Gewerbepark liegt in der Änderung der Nutzung. Die Erfahrung in den USA zeigt, daß gut konzipierte und gut gelegene Gewerbeparks über die Zeit hin eine qualitativ höhere Nutzung erfahren. Je höherwertig die Nutzung wird, beispielsweise bei der Umwidmung von gewerblich genutzten Flächen in Büroflächen (wo die Beschäftigtenzahl in Relation zur Fläche höher ist) oder von Ausstellungs- in Handelsflächen (die mehr Kundenverkehr haben), desto höher wird der Parkplatzbedarf sein.

18.2.3 Bedarf an Stellplätzen für Nutzfahrzeuge

Für viele Nutzer des Gewerbeparks ist der eigene Bestand an Nutzfahrzeugen von herausragender Bedeutung. Es ist Teil des Konzepts eines Gewerbeparks, auch für diesen Bereich optimale Verhältnisse zu schaffen. Die Be-

---

[7] Shell Pkw-Szenarien, Gipfel der Motorisierung in Sicht, in: Aktuelle Wirtschaftsanalysen, 9/1995, Heft 26.

reitstellung von Flächen, auf denen die gewerblichen Fahrzeuge abgestellt und bewegt werden können, ist von großer Bedeutung. Die Anlieferbereiche müssen so großzügig ausgelegt werden, daß dort die je nach Art der Nutzung zu erwartenden Nutzfahrzeuge abgestellt werden können, und daß auch für Fremdfahrzeuge, die zur Anlieferung kommen und parken müssen, weil sie nicht sofort entladen werden können, genügend Platz vorhanden ist.

18.3 Baurechtliche Stellplatzauflagen

18.3.1 Juristische Grundlage

Die Bereitstellung von Parkplätzen ist gesetzlich geregelt. So heißt es beispielsweise in Art. 58 (2) der Bayerischen Bauordnung: „Werden bauliche Anlagen oder andere Anlagen errichtet, bei denen ein Zu- und Abfahrtsverkehr zu erwarten ist, so sind Stellplätze in ausreichender Zahl und Größe und in geeigneter Beschaffenheit herzustellen. Anzahl und Größe der Stellplätze richten sich nach Art und Zahl der vorhandenen und zu erwartenden Kraftfahrzeuge der ständigen Benutzer und Besucher der Anlagen."

Diese allgemeine Vorschrift wird ergänzt durch Stellplatzrichtlinien, die die einzelnen Gemeinden als Genehmigungsbehörden für Baumaßnahmen erlassen. Als Beispiel mag der folgende Auszug aus den Stellplatzrichtlinien der Stadt Regensburg dienen (vgl. Tab. 18.2):

Nr.	Verkehrsquelle	Zahl der Stellplätze (Stpl.)	hiervon für Besucher in %
1	Büro- und Verwaltungsräume allgemein	1 Stpl. je 30 m^2 Nutzfl.	20
2	Räume mit erhebl. Besucherverkehr (Beratungsräume, Arztpraxen und dgl.)	1 Stpl. je 20 m^2 Nutzfl.	75
3	Läden, Geschäftshäuser	1 Stpl. je 30 m^2 Verkaufsnutzfl. jedoch mind 2 Stpl. je Laden	75
4	Geschäftshäuser mit geringem Besucherverkehr	1 Stpl. je 50 m^2 Nutzfl.	75
5	Verbrauchermärkte	1 Stpl. je 10 m^2 Nutzfl.	90
6	Gaststätten aller Art – Stehausschänke	1 Stpl. je 10 m^2 Nutzfl.	75
7	Hotels, Pensionen, Kurheime und andere Beherbergungsbetriebe	1 Stpl. je 3 Betten f. zugeh. Restaurationsbetr. Zuschl. nach Nr. 6	75
8	Handwerks- und Industriebetriebe	1 Stpl. je 50 m^2 Nutzfl. oder je 3 Beschäftigte*	10 – 30
9	Lagerräume, Ausstellungs- und Verkaufsplätze	1 Stpl. je 80 m^2 Nutzfl.	0

* Der Stellplatzbedarf ist in der Regel nach der Nutzfläche** zu berechnen; ergibt sich dabei ein offensichtliches Mißverhältnis zum tatsächlichen Stellplatzbedarf, so ist die Zahl der Beschäftigten zugrunde zu legen.
** Die Nutzfläche wird berechnet nach DIN 277 Teil 1.

Tab. 18.2: Auszug aus den Stellplatzrichtlinien für Regensburg
Quelle: Stellplatzrichtlinien 1982 für die Stadt Regensburg

18.3.2 Genehmigungspraxis

Ausschlaggebend für die Zahl der geforderten Stellplätze ist die Art der Nutzung. Das übliche Verfahren sieht vor, daß die geplante Nutzung eines Bauwerks in den zur Genehmigung bei der Behörde eingereichten Unterlagen aufgeführt ist. Auf der Grundlage dieser Nutzung wird die Anzahl der erforderlichen Stellplätze ermittelt und mit der Baugenehmigung bekanntgegeben. Wenn die endgültige Nutzung bereits in der Genehmigungsphase bekannt ist, ergibt sich keine Schwierigkeit.

Bei einem Gewerbepark jedoch ist es die Ausnahme, daß die genaue Nutzung eines Bauwerks bereits in der Planungsphase bekannt ist. Üblicherweise werden die Bauten geplant und errichtet, ehe sie vollständig vermietet sind. In der Praxis wird der Großteil der Flächen erst sechs bis neun Monate vor der Fertigstellung vermietet. Erst dann ist die endgültige Nutzung bekannt. Da die Bauämter aber trotzdem mit der Einreichung der Baupläne zur Genehmigung die Eintragung einer Nutzung verlangen, muß der Bauherr eine mutmaßliche Nutzung angeben.

Die Parkplatzauflage wird aufgrund der Nutzung erteilt, die zum Genehmigungszeitpunkt spekulativ in die Planung eingetragen worden war. Abweichungen davon und damit auch andere Parkplatzauflagen sind im Zuge der Vermietung vorprogrammiert, beispielsweise können anstelle der angenommenen Kundendienst- und Lagerflächen Schulungsräume entstehen.

Bei der Endabnahme des Gebäudes verlangt die Baubehörde dann so viele Stellplätze, wie sich nach den Stellplatzrichtlinien aus der tatsächlichen Nutzung ergeben. Werden diese Stellplätze nicht bereitgestellt, so kann die Behörde die Abnahme des Bauwerks ablehnen oder die Nutzung untersagen. Die Konsequenz für den Developer muß es sein, über die nach der Erstplanung behördlich geforderten Stellplätze hinaus so viele Parkplätze herzustellen, daß die gesetzlichen Parkplatzauflagen die Vermietung nicht behindern.

Bei der Berechnung der nach Baurecht notwendigen Stellplätze gibt es in einem Gewerbepark einige Besonderheiten, auf die vom Developer in Verhandlungen mit der Baubehörde hingewiesen werden sollte. Beispielsweise sind auf alle Einrichtungen, die der Belegschaft im Gewerbepark dienen, wie Cafeterias und Kantinen, die in den Richtzahlen geforderten Stellplätze je Sitzplatz nicht anzuwenden, weil die dort essenden Personen ja nicht mit dem Auto kommen und bereits in der Berechnung der Stellplatzauflagen für ihren jeweiligen Arbeitsplatz auf dem Gelände des Gewerbeparks berücksichtigt wurden. Ein weiteres Beispiel wären Hotels und andere Betriebe wie Sportanlagen, deren Kunden zum großen Teil erst nach Ende der üblichen Arbeitszeit Parkplätze benötigen. Durch die Einlappungseffekte können die Stellplatzanforderungen reduziert werden.

18.3.3 Änderung der Stellplatzauflagen durch Nutzungsänderung

In einem Gewerbepark ist es auch nach der Erstvermietung an der Tagesordnung, daß sich Nutzungen ändern. Diese Nutzungsänderungen durch Umbauten oder Neuvermietungen können zu einer Änderung der Stellplatzauflagen führen. Wenn z.B. aus einem Ausstellungsraum ein Café wird, erhöht sich nach den Stellplatzrichtlinien die notwendige Anzahl der Parkplätze. Die zusätzlich geforderten Stellplätze müssen nachgewiesen werden, ehe eine Umbaugenehmigung erteilt wird.

Wenn die Anzahl der Stellplätze, die vom Gewerbeparkentwickler intern ermittelt und dann auch gebaut wurde, höher ist als die Stellplatzanforderungen durch das Baurecht, so sind keine Probleme zu erwarten, wenn durch Nutzungsänderungen zusätzliche Stellplätze nach der Bauordnung gefordert werden: Die zusätzlich geforderten Stellplätze sind bereits vorhanden. Wenn dagegen nur so viele Stellplätze gebaut wurden, wie bei der Erstherstellung nach den Stellplatzrichtlinien notwendig waren, dürfte das sehr bald zu Genehmigungsproblemen bei Nutzungsänderungen führen. Können die baurechtlichen Auflagen nicht durch bereits vorhandene Stellplätze kurzfristig erfüllt werden, können sich die Genehmigungen erheblich verzögern oder sogar abgelehnt werden. Diese Unsicherheit kann dazu führen, daß Flächen mehrere Monate ungenutzt freistehen. Die vom Entwickler in Aussicht genommene und von den Eigentümern eines Gewerbeparks erhoffte intensivere und höherwertige Nutzung der Gebäude eines Gewerbeparks wird auf diese Weise blockiert.

Nutzungsänderungen können auch zu einer Reduzierung der gesetzlich notwendigen Parkplätze führen. Die überzähligen Parkplätze sind sorgfältig zu ermitteln und der Parkplatzreserve zuzuordnen.

Die Ablösung der Stellplatzpflicht bedeutet, daß finanzieller Aufwand ohne Nutzen entsteht.

Hier kann nur nochmals wiederholt werden, was in dieser Abhandlung bereits des öfteren vertreten wurde, nämlich, daß es wichtig ist, Vorsorge zu treffen für die mögliche Ausweitung des Parkplatzangebotes. Ein Mehr an Parkplätzen über die behördlicherseits „notwendigen" Stellplätze hinaus in einem solchen Umfang, daß alle laufenden Nutzungsänderungen problemlos abgedeckt werden können, ist für eine ungehinderte Vermietung in einem Gewerbepark unbedingt notwendig.

18.3.4 Restriktive Stellplatzgenehmigung

In neuerer Zeit ist auch eine gegenläufige Genehmigungspraxis zu beobachten. Um den Autoverkehr einzudämmen und den öffentlichen Nahverkehr zu fördern, wird in zunehmendem Maße in Baugenehmigungen die Zahl der Stellplätze auf oder sogar unter die Anzahl begrenzt, die nach den üblichen Stellplatzrichtlinien erforderlich wäre.

Genügend Parkplätze sind ein Teil des Gewerbeparkkonzepts und tragen als ein wichtiges Entscheidungskriterium für potentielle Nutzer zum Erfolg des ganzen Projektes bei. Der Entwickler eines Gewerbeparks sollte daher Restriktionen, die die Stellplätze auf eine geringere Anzahl begrenzen als jene, die er in seinen internen Berechnungen als tatsächlichen Bedarf ermittelt hat, nicht akzeptieren. Ein wichtiger Vorteil eines Gewerbeparks gegenüber anderen Gewerbestandorten wäre sonst verloren. Weniger Parkplätze sollten nur dann errichtet werden, wenn sehr fundierte Gründe dafür vorliegen und die Parkplatzbedarfsanalyse zu dem Ergebnis kommt, daß nur eine geringe Anzahl von Stellplätzen für einen erfolgreichen Gewerbepark erforderlich ist. Gefährlich für einen Gewerbepark wird eine Parkplatzrestriktion dann, wenn Konkurrenzunternehmen in der Herstellung von Parkplätzen nicht behindert werden.[8] Wenn weniger Stellplätze genehmigt werden, als der Developer für bedarfsgerecht hält, so steht ernsthaft in Frage, ob das Projekt Gewerbepark überhaupt verwirklicht werden kann.

Für einen Gewerbepark ist daher wichtig, bereits bei der Aufstellung eines Bebauungsplans darauf zu achten, daß der Bebauungsplan keine zahlenmäßige Begrenzung der Stellplätze enthält. Der zukünftige Mehrbedarf durch die später mögliche intensivere Nutzung des Gewerbeparks muß bereits mitkalkuliert werden. Auch die gute Erschließung durch öffentliche Verkehrsmittel wie Busse, S-Bahn, U-Bahn wird bei freier Wahl der Verkehrsmittel zwar eine Reduzierung des Parkplatzbedarfs nach sich ziehen, der verbleibende Bedarf an Parkplätzen muß jedoch vor Ort gedeckt werden können, weil andernfalls Nutzungsvorteile für den Gewerbepark entfal-

---

[8] Der Süd-West-Park Nürnberg hat keinerlei Parkplatzrestriktionen. Ein von der Stadt ausgewiesenes Areal für einen Büropark in Nürnberg-Langwasser ist mit Parkplatzrestriktion belegt, weil es U-Bahn-Anschluß hat.

len. Wie groß dieser verbleibende Bedarf ist, hängt unter anderem von der Zusammensetzung der Belegschaft ab (Erschließung des Hinterlandes durch öffentliche Verkehrsmittel, zumutbare Reisezeiten).[9]

Die Möglichkeit, in einem Gewerbepark so viele Stellplätze zu erstellen, wie nach der Bedarfsermittlung nötig sind, ist in der Projektprüfungsphase für den Developer ein Entscheidungskriterium für oder gegen die Verwirklichung des Gewerbeparks.

18.3.5 Nachweis der geforderten Stellplätze

Normalerweise wird bei der Genehmigung von Bauplänen verlangt, daß die Stellplätze auf dem zum Bauwerk gehörenden Grundstück nachgewiesen werden. Das Baurecht läßt es jedoch auch zu, daß die auferlegten Stellplätze außerhalb des Baugrundstücks, sowohl ebenerdig als auch in Parkhäusern, nachgewiesen werden. In diesem Fall verlangt die genehmigende Behörde allerdings, daß die dort ausgewiesenen Stellplätze im Grundbuch oder Baulastenbuch besichert werden müssen.

Bei einer guten Ausnutzung des Grundstücks und der Baurechte kann es sein, daß die verbleibende, nicht überbaute Fläche auf dem Baugrundstück nicht groß genug ist, um Grünflächen und ebenerdige Parkplätze in notwendiger Zahl aufzunehmen. Außerdem kann aus Gründen der Landschaftsgestaltung die Anlage von ebenerdigen Parkplätzen oder auch der Bau von anderen Parkplatzstrukturen auf dem unmittelbaren Baugelände nicht beabsichtigt sein.

In einem größeren Gewerbepark wird es mehrere Gebäude geben, auf deren Grundstück die notwendigen Stellplätze nicht untergebracht werden können. Für diese Gebäude kann ein gemeinsamer großer Parkplatz oder ein gemeinsames Parkhaus auf einer dafür vorgesehenen Parzelle geschaffen werden. Die Bildung einer eigenen Flurstücksnummer (vgl. Kap. 9) innerhalb des Gewerbeparks läßt es zu, die Belastungen zugunsten verschiedener Gebäude einzutragen. Die Zusammenfassung der Stellplätze für mehrere Gebäude auf einem Grundstück erhöht die Übersichtlichkeit. Keinesfalls sollten Stellplatzauflagen für ein Gebäude auf andere bebaute Grundstücke eingetragen werden, weil dort gerade Kapazitäten frei sind. Diese Kapazitäten können sehr schnell für das jeweilige Gebäude selbst be-

---

[9] Von 2.001 befragten Beschäftigten des Gewerbeparks Regensburg haben nur 458 Personen die Möglichkeit, ein öffentliches Verkehrsmittel zu benutzen. Tatsächlich nehmen aber nur 133 diese Möglichkeit wahr (vgl. Annex 4).

nötigt werden, wodurch zeitaufwendige Umschreibungen im Grundbuch erforderlich wären.

Die Stellplatzfestlegung für ein Gebäude richtet sich nach den Nutzern und den Nutzungen. Ändern sich die Nutzungen, so ändert sich auch die Zahl der nachzuweisenden Stellplätze, sie kann steigen oder fallen. Die Behörden fordern bei jeder Nutzungsänderung einen Stellplatznachweis. Diese Forderungen sind jedoch meistens nur auf die Erhöhung des Bedarfs ausgerichtet.

Die Minderung der notwendigen Stellplätze sollte aber nachgewiesen und den Behörden belegt werden. Als sehr hilfreich für die Verwaltung eines Gewerbeparks erweist es sich, für die einzelnen Gebäude, für die Parkplatzparzellen und für alle anderen freien Flächen, auf denen Stellplätze nachgewiesen werden, eine Art Stellplatzbuchhaltung einzurichten. Dort werden die jeweils aktuellen baurechtlichen Stellplatzfestlegungen fortgeschrieben und alle Änderungen, die sich durch veränderte Nutzungen ergeben, festgehalten.

In einem Gewerbepark mit häufig wechselnden Mietern ändert sich auch der aus dem Baurecht resultierende Bedarf an „notwendigen Stellplätzen" häufig. Um in der Auswahl der Mieter, in der Vermietung und in der Nutzung des Gewerbeparks nicht behindert zu sein, sollte die Anzahl der erstellten Stellplätze komfortabel über der Anzahl der durch die Baugenehmigung festgelegten Stellplätze liegen. Wenn der berechnete Bedarf und die Anzahl „notwendiger Stellplätze" etwa gleich sind, so ist eine Anzahl von Reservestellplätzen zu schaffen; wenn der berechnete Bedarf weit über der behördlicherseits geforderten Anzahl liegt, sollte der Bauherr die seinen Berechnungen entsprechenden Parkmöglichkeiten bereitstellen.

Zusammenfassend kann man sagen, daß weder die behördlichen Stellplatzrichtlinien noch andere Erfahrungsrichtzahlen schematisch als Vorgabe für die Planung der Parkplätze eines Gewerbeparks genutzt werden können. Die Planung muß sich vielmehr auf fundierte Annahmen stützen, in die die oben angeführten Einflußfaktoren auf den Bedarf eingehen. Dabei ist auch dafür Vorsorge zu treffen, daß Anpassungen nach oben möglich sind.

18.4 Konzeptplanung für Parkplätze

Einleitend zu diesem Kapitel wurde bereits auf die Dimension hingewiesen, die die Parkplätze bei einem Gewerbepark annehmen. Das Verhältnis zwischen Parkplatzfläche und Nutzfläche liegt je nach Nutzung zwischen 1:1 und 1:4 oder darüber; die Herstellkosten für die Parkplätze können 15 bis 20 % der gesamten Investition ausmachen.

18.4.1 Planungsaufgaben

Ein wichtiger Teil der Konzeptplanung für einen Gewerbepark betrifft die Parkplätze. Zunächst wird, nach dem ermittelten realen Bedarf, die Anzahl der Stellplätze als Größenordnung festgelegt. Dann muß eine Zuordnung der Stellplätze zu den einzelnen geplanten Gebäuden oder eine räumliche Zuordnung zu den Bauquartieren stattfinden. Die Parkplatzplanung geschieht in engem Austausch mit den anderen Bereichen der Gesamtkonzeptplanung, vor allem der Architektur und der Landschaftsgestaltung.

Es gibt drei prinzipielle Möglichkeiten, Parkierungsanlagen herzustellen: ebenerdige Parkplätze, Parkhäuser und Tiefgaragen unter Gebäuden. Meist wird man eine Kombination dieser drei Arten wählen.

Die Fläche des Gesamtareals, die für Parkplätze verwendet werden soll, ist je nach diesen drei Arten der Herstellung unterschiedlich hoch. Um sie genauer bestimmen zu können, müssen detailliertere Planungen gemacht werden: Bei ebenerdigen Parkplätzen wird z. B. ein Zuschlag für Verkehrswege und Grünflächen gemacht, bei Parkhäusern müssen auch Abstandsflächen, Umgriff und Zufahrtsflächen mitberechnet werden. Die ersten Planungen, darüber muß man sich immer klar sein, sind keine absoluten Festlegungen, weil die Zeitspanne, in der ein Gewerbepark entwickelt wird, so lang ist, daß sich auch grundlegende Bedarfsveränderungen ergeben können. Daher sei auch hier noch einmal darauf hingewiesen, daß die Planungen bei einer Änderung der ersten Vorgaben Anpassungen an den neuen Bedarf zulassen müssen.

18.4.2 Anforderungen an die Parkplätze

Alle Parkmöglichkeiten, gleich, ob ebenerdige Parkplätze, Parkhäuser oder Tiefgaragen, müssen so im Gelände liegen, daß sie über das Hauptstraßennetz leicht und ohne Probleme angefahren werden können, und daß das Straßennetz von den Parkplätzen aus wieder leicht erreichbar ist. Die Lage der Parkplätze muß außerdem so gewählt werden, daß die Wege zu den zugeordneten Gebäuden möglichst kurz sind.

Bei der Positionierung von Parkhäusern im Gelände ist die Anbindung an das interne und das öffentliche Straßennetz besonders wichtig, damit der nicht unerhebliche Pkw-Verkehr, der hier konzentriert wird, möglichst schnell und leicht in diese Parkierungsanlagen hinein- und wieder hinausfließen kann.

Parkplätze, die in Untergeschossen bereitgestellt werden sollen, müssen in Zusammenhang mit der Gebäudeplanung konzipiert werden. Art und Lage der Gebäude, die mit Tiefgaragen versehen werden sollen, und der Umfang der Tiefgaragen (z. B. eine oder zwei Ebenen) sind zu bestimmen.

Die Lage der Parkplätze zu den Gebäuden, welche sie mit Stellplätzen versorgen sollen, unterliegt auch nutzungsabhängigen Anforderungen. Ebenerdige Parkplätze direkt vor den Gebäuden oder leicht zugängliche ebenerdige Geschosse von Parkhäusern sind für Besucher und Kunden in einem Gewerbepark sehr wichtig. Um diese günstig gelegenen Stellplätze für Kunden freizuhalten, können sie später als Kurzparkzonen ausgewiesen werden, die z. B. als blaue Zone gekennzeichnet und mit Parkscheibe kostenlos zu nutzen sind. Auch viele Nutzer eines Gewerbeparks schätzen diese Stellplätze, denn sie benötigen ihr Auto immer wieder für Dienstfahrten und möchten möglichst geringe Wege zurücklegen. Eventuell eignen sich auch Untergeschoßparkplätze (Tiefgaragen) zur Deckung des allgemeinen Parkplatzbedarfs im übrigen Gewerbepark, wenn in dem jeweiligen Gebäude ein niedriger eigener Bedarf besteht.

Parkplätze für die Belegschaft müssen nicht unbedingt vor den Gebäuden liegen. Eine gewisse Wegstrecke bis zur Arbeitsstätte ist durchaus zumutbar.

18.4.3 Bauliche Gestaltung

Ebenerdige Parkflächen und auch Parkhäuser sind in das Gesamtgestaltungskonzept eines Gewerbeparks zu integrieren.

Ebenerdige Parkplätze sollten nicht zu groß dimensioniert werden. Günstiger ist oft die Aufteilung in Parkplatzgruppen mit dazwischenliegendem Grün. Gärtnerisch gestaltete Grünflächen sind in jedem Fall wichtig und können so angelegt werden, daß sie die parkenden Autos etwas abschirmen. Durch Geländestrukturen, Wälle und Pflanzen lassen sich Sichtbarrieren errichten, die dem Erscheinungsbild eines Gewerbeparks guttun.

Alle Parkplatzanlagen müssen ihre funktionalen Anforderungen erfüllen. Die Parkplatzboxen vor Gewerbebauten sollten großzügig ausgelegt werden. Diese Parkplätze müssen verschiedenste Fahrzeuge aufnehmen, angefangen von großen Limousinen bis hin zu Kleinlieferwägen, die vor der Tür abgestellt werden. Parkzeilen von mindestens 17 m Breite und ein Raster der einzelnen Parkboxen von mindestens 2,50 m gewährleisten einfaches und reibungsloses Ein- und Ausparken.

Anders ist das bei den Belegschaftsparkplätzen: Dort ist durchaus eine etwas weniger komfortable Einteilung der Parkplätze möglich. In den USA haben sich Lösungen bewährt, bei denen auf einer Seite der Parkstraße kürzere Stellplätze für Kleinfahrzeuge und auf der anderen Seite Normalplätze ausgewiesen werden. Dies läßt es zu, daß die Parkplatzbreite bei zwei gegenüberstehenden Fahrzeugreihen von 17 m auf 16 m reduziert werden kann.[10]

Die bauliche Ausführung wird durch Fachleute geplant. Dazu noch eine Detailanmerkung aus der Praxis: Die Bauämter fordern manchmal, daß ebenerdige Parkflächen mit Rasengittersteinen belegt werden, die jedoch als sehr ungünstig eingeschätzt werden müssen, vor allem im Hinblick auf die Reinigung, auf sicheres Gehen (besonders mit Absatzschuhen) und im Hinblick auf Umweltschäden. Es kommt immer wieder vor, daß Fahrzeuge größere Mengen Öl oder Treibstoff oder auch Bremsflüssigkeit verlieren. Es gibt keine Versicherungsgesellschaft, die bereit wäre, das Kontaminationsrisiko unter derartigen Parkplätzen zu versichern.

Parkhäuser sollen einerseits einfach und preiswert erstellt werden, damit der einzelne Stellplatz wirtschaftlich in vertretbaren Dimensionen bleibt, andererseits sollen diese riesigen Gebäude ansprechend gestaltet sein und vom Erscheinungsbild her nicht störend wirken.

Bei der Erstellung der Gesamtplanung ist es immer möglich, Parkhäuser so zu plazieren, daß sie nicht dominant werden. Eine weitere Möglichkeit besteht darin, Parkhäuser und andere Gebäude so zu kombinieren, daß wesentliche Fassadenflächen eines Parkhauses abgedeckt werden.

Die Fassadengestaltung eines Parkhauses kann das Erscheinungsbild akzeptabel machen, ist jedoch ein erheblicher Kostenfaktor. Die Möglichkeit, ein Parkhaus einzugrünen, sollte nicht ausgeschlossen werden, denn hiermit sind sehr gute Effekte zu erzielen.

---

[10] Regulär: 6 m Fahrgasse, links und rechts je 5,5 m Parkplatzlänge (gesamt 17 m).
Verkürzt: 6 m Fahrgasse, einmal 5,5 m und einmal 4,5 m Parkplatzlänge (gesamt 16 m).
Voraussetzung ist, daß die Genehmigungsbehörde diese Lösung erlaubt.

Parkplätze

Die Kombination von Parkhäusern und anderen Gebäuden verhindert deren Dominanz.

Die Ausstattung von Parkhäusern und Tiefgaragen ist für ihre Funktionsfähigkeit und Akzeptanz wichtig. Bei größeren Parkplatzanlagen, besonders in Parkhäusern und Tiefgaragen, ist die Sicherheit für Kunden und Belegschaft von großer Bedeutung. Maßnahmen zur Erhöhung der Sicherheit sind:

- Einbau von Videokameras
- Gute Ausleuchtung
- Übersichtlichkeit
- Einbau von Alarmanlagen

Dabei muß bereits in der Planung auf die spätere Wirtschaftlichkeit im Betrieb der Anlage geachtet werden. Die Beleuchtung eines Parkhauses beispielsweise ist ein Kostenfaktor, der nicht zu vernachlässigen ist. Da Parkhäuser in Gewerbeparks oftmals nur periodisch, nämlich bei Arbeitsbeginn und Arbeitsende, genutzt werden, ist eine Ein- und Ausschaltung durch Bewegungsmelder eine wirkungsvolle Maßnahme zum Energiesparen.

Ein wichtiger Punkt in Parkhäusern ist die Belüftung. Ein offenes Parkhaus mit natürlicher Belüftung ist die wirtschaftlichste Lösung. Eine künstliche Belüftung ist in der Herstellung und im Betrieb teurer. Die Schaltung der Belüftung über CO-Wächter kann jedoch Energie sparen.

Mit eingegrünten Parkhäusern sind gute Effekte zu erzielen.

Alle Parkhäuser benötigen Fluchtwege. Diese müssen 24 Stunden am Tag begehbar sein. Daher sollten Treppenhäuser und Wege, die aus dem Parkhaus direkt in die angeschlossenen gewerblichen Räume oder Büros führen, nicht als Fluchtwege ausgelegt werden, weil sie damit nicht mehr abgeschlossen werden können.

Wenn das Fahrzeug abgestellt wird, wird der Autofahrer zum Fußgänger und will sein Ziel möglichst schnell, einfach und sicher erreichen. Gut angelegte und gut beleuchtete Fußwege tragen dazu bei.

Lieferhöfe sind in einem Gewerbepark als Lkw-Parkplätze wichtig. Ihre Dimensionierung soll großzügig, aber bedarfsorientiert sein. Durch ihre große Fläche und die dort oft abgestellten Container, Lieferwagen, Rücklaufmaterialien etc. geben sie kein schönes Erscheinungsbild ab. Aus diesem Grund muß besondere Sorgfalt darauf verwendet werden, diese Flächen abzuschirmen. Sichtblenden sind durch Grünwälle, Pflanzungen und andere Bauwerke möglich, es können auch Mauern, Palisaden oder Holzzäune errichtet werden.

Parkplätze

18.5 Kosten der Parkplätze

18.5.1 Anteil der Parkplatzkosten an der Gesamtinvestition

Bei der Überlegung, in welcher Form der Parkplatzbedarf eines Gewerbeparks abgedeckt werden soll, sind alle drei Möglichkeiten (ebenerdig, Parkhaus, Tiefgarage) unter Kostengesichtspunkten zu prüfen.

Wenn man die Preise des Jahres 1995 zugrunde legt, so liegen die reinen Herstellkosten für einen ebenerdigen Stellplatz bei mindestens 2.000 DM, hinzuzurechnen sind die Kosten des benötigten Grunds. Bei Grundstückskosten von etwa 400 DM betragen die Herstellkosten für ebenerdige Parkplätze etwa genausoviel wie die Herstellkosten von besonders wirtschaftlich erstellten Parkhäusern, nämlich 12.000 DM je Stellplatz. Die Kosten für einen Stellplatz in Untergeschossen von Gewerbebauten betragen etwa 8.000 DM je Stellplatz.

Im Vergleich mit der gesamten Investition ergeben sich, je nach Art des Gewerbeparks, folgende Kenngrößen für die Investition für Parkplätze:

- Büroflächen
  durchschnittliche Gebäudeinvestition je m^2 Geschoßfläche
  einschließlich Parkplätze: ca. 2.500 DM
  davon Parkplatzanteil: ca.   380 DM[11]

Bei einem Büropark entfallen also etwa 15 % oder knapp ein Sechstel der Investitionen auf die Parkplätze.

- Gemischt genutzter Gewerbepark
  durchschnittliche Investition je m^2 Geschoßfläche
  einschließlich Parkplätze: ca. 2.000 DM
  davon Parkplatzanteil: ca.   300 DM[12]

Von der Endsumme entfallen somit 15 % oder ca. ein Sechstel bis ein Siebtel der gesamten Investitionskosten auf Parkplätze.[13]

---

[11] Pro 1 m^2 Bürofläche sind 0,8 m^2 Parkplatzfläche nötig. Ein Stellplatz (25 m^2) kostet 12.000 DM; 1 m^2 Parkplatzfläche kostet 480 DM; 0,8 m^2 kosten 384 DM.
[12] Pro 40 m^2 Nutzfläche ein Stellplatz (25 m^2), pro 1 m^2 Nutzfläche also ca. 0,6 m^2 Parkplatzfläche. Bei 480 DM pro m^2 Parkplatzfläche ergeben sich 300 DM für die 0,6 m^2.
[13] Die für die Stellplatzberechnung relevanten Flächen sind meist geringer als die Geschoßfläche, so daß Abweichungen auftreten können.

Bei einem Gewerbepark mit einer Geschoßfläche von 100.000 m² und einer Gesamtinvestition von 200 bis 250 Mio. DM macht der Parkplatzanteil also etwa 30 bis 40 Mio. DM aus. Dies ist ein so wesentlicher Investitionsanteil, daß es eingehende Überlegungen wert ist, wie diese Kosten in die Kalkulation eingebaut werden und in welcher Form sie als Mieten oder Nutzungsentgelte Eingang in die Kalkulation der Einnahmen finden können.

18.5.2 Kalkulation der Grundstücks- und Herstellkosten von Parkplatzflächen

18.5.2.1 Ebenerdige Parkplätze

Für die Kalkulation von ebenerdigen Parkplätzen ist der Grundstücksanteil von ausschlaggebender Bedeutung. Es hat großen Einfluß auf die Kosten, welcher Teil der theoretisch zur Verfügung stehenden Fläche zu Grünanlagen und welcher zu ebenerdigen Parkplätzen gemacht wird. Der Anteil der Grünflächen hängt von den Begrünungsauflagen und den konzeptionellen und gestalterischen Vorstellungen des Entwicklers eines Gewerbeparks ab. Soll der Grünanteil besonders groß gehalten werden, so wird die Fläche, die für ebenerdige Parkplätze zur Verfügung steht, relativ klein oder es muß ein sehr großes Grundstück zur Verfügung stehen. Die anteiligen Grünflächen werden kalkulatorisch der für den Parkplatz nötigen Grundstücksfläche zugeschlagen.

Die Grundstückskosten für Parkplätze sind auch von der Art der Bebauung abhängig. Für ein Gebäude ist nach Baurecht eine von der Geschoßflächenzahl[14] abhängige Grundstücksfläche notwendig, um das geplante Gebäude errichten zu können. Für die Herstellung der gleichen Geschoßflächen wird auf dem dafür nach GFZ notwendigen Grundstück bei mehrgeschossiger Bebauung weniger Grundfläche überbaut als bei eingeschossiger Bauweise (z.B. Hallen). Es bleibt auf diesem Grundstück also je nach Art der Bebauung mehr oder weniger Fläche für ebenerdige Parkplätze übrig.

---

[14] Die Geschoßflächenzahl (GFZ) drückt das Verhältnis von Grundstücksfläche und maximal möglicher Gesamtgeschoßfläche der Bebauung aus. Eine GFZ von 1 bedeutet, daß auf einem 1.000 m² großen Grundstück Gebäude mit 1.000 m² Geschoßfläche errichtet werden dürfen.
Die GRZ (Grundflächenzahl) drückt den Anteil des Grundstücks aus, der überbaut werden darf. Eine GRZ von 0,5 bedeutet, daß die Hälfte des Grundstücks überbaut werden darf.

Parkplätze

Beispiel 1:
Es werden eine Geschoßflächenzahl von 1 und ein siebengeschossiges Bürogebäude mit 10.000 m² Geschoßfläche angenommen. Es erfordert ein Grundstück von 10.000 m². Die Kosten dieses notwendigen Grundstücks gehen in die Kalkulation des Gebäudes ein (vgl. Kap. 9). Von diesen 10.000 m² werden ca. 1.300 m² überbaut. Mit Vorflächen und Zugangsbereichen werden ca. 1.500 m² des Grundstücks für das Gebäude benötigt. Die verbleibenden 8.500 m² stehen für andere Nutzungen, d.h. für Parkplätze und Grünflächen, zur Verfügung.

In Bürohäusern wird meist ein Stellplatz je 30 m² Geschoßfläche gefordert. Somit müssen ca. 330 Stellplätze für das Bürohaus errichtet werden. Bei 25 m² Flächenverbrauch je Stellplatz braucht man dafür ca. 8.250 m². Alle Stellplätze könnten also auf dem Restgrundstück hergestellt werden, allerdings mit außerordentlich geringem Grünanteil.

Bei der Kalkulation dieser Parkplätze ist kein Grundstücksanteil anzurechnen, weil er bereits in den Gebäudekosten enthalten ist.

Es entstehen billige Parkplätze, weil als echte Herstellungskosten lediglich die Kosten für die Parkplatzbefestigung und für den Bau der Zufahrt zu rechnen sind (ca. 2.000 DM je Stellplatz).[15]

Beispiel 2:
Angenommen wird das gleiche siebengeschossige Bürogebäude, allerdings mit einer Geschoßflächenzahl von 2. Das bedeutet, daß die 10.000 m² Geschoßfläche auf einem Grundstück von 5.000 m² errichtet werden dürfen. Der Flächenverbrauch für das Gebäude einschließlich der Zugangsbereiche beträgt wiederum 1.500 m². Auf den verbleibenden 3.500 m² kann weniger als die Hälfte der 330 notwendigen Stellplätze errichtet werden. Um die Parkplätze ebenerdig herzustellen, sind zusätzlich andere Grundstücksflächen zu verwenden, deren Baurechte nicht ausgenutzt werden können, wenn das Grundstück dem Baugrundstück zugemessen wird. Bei der Kalkulation der ebenerdigen Parkplätze ist für diesen zusätzlichen Teil der volle Grundstückswert anzusetzen.[16]

---

[15] Für genaue Berechnung siehe Annex 5.
[16] Für genaue Berechnung siehe Annex 5.

18.5.2.2 Parkhäuser

Die Kostenkalkulation von Parkhäusern muß ebenfalls unter dem Gesichtspunkt gesehen werden, ob das Parkhaus auf Grundstücksflächen mit oder ohne Baurechte gebaut wird. Nach deutschem Baurecht werden Parkhäuser, in denen notwendige Parkplätze erstellt werden, nicht der Geschoßflächenzahl hinzugerechnet.

Nehmen wir noch einmal das siebengeschossige Bürohaus von 10.000 m^2 Geschoßfläche auf einem Grundstück mit einer Geschoßflächenzahl von 1. Wir errichten zwei derartige Bürohäuser nebeneinander auf einem gemeinsamen Grundstück von 20.000 m^2. Es bleiben 17.000 m^2 unbebaute Grundstücksfläche, deren Baurechte aber bereits genutzt sind. Wenn hierauf ein gemeinsames Parkhaus für die nötigen 660 Stellplätze errichtet wird (weil man im Interesse der Erhaltung großer Grünflächen keine ebenerdigen Parkplätze will), so ist bei der Kalkulation des Parkhauses kein Grundstücksanteil zu be/errechnen.

Auch im Fall 2, bei einer Geschoßflächenzahl von 2, steht bei der Errichtung von zwei Gebäuden ein ausreichend großes Restgrundstück von 7.000 m^2 zur Verfügung, um darauf ein Parkhaus zu errichten. Auch in diesem Fall ist kein Grundstücksanteil zu ber/errechnen.

Die Baukosten für das Parkhaus werden, ebenso wie die Baukosten der ebenerdigen Parkplätze, in der üblichen Weise durch die beteiligten Architekten und Ingenieure ermittelt.

Nun kann man in jedem der Fälle die gesamten Herstellungskosten für einen Stellplatz errechnen. Vergleicht man sodann die Herstellungskosten für einen ebenerdigen Stellplatz auf einem Grundstück mit vollem Baurecht mit den Herstellungskosten eines Stellplatzes in einem Parkhaus, so ist nur dann der ebenerdige Stellplatz billiger, wenn die Grundstückskosten niedrig sind. Durch eine einfache Rechnung kann ermittelt werden, ab welchem Grundstückspreis der Bau von Parkhäusern kostengünstiger ist.

18.5.2.3 Tiefgaragen

Die Frage des Grundstücksanteils stellt sich nicht bei Parkplätzen unter Gewerbebauten, weil das Parkplatzgeschoß nicht der Geschoßflächenzahl zugerechnet wird, soweit es sich um notwendige Parkplätze handelt.

18.5.3 Abschreibungen

Bei der Abwägung, ob ebenerdige Parkplätze oder Parkhäuser errichtet werden sollen, muß auch der spätere steuerliche Effekt durch Abschreibungen bedacht werden. Setzt man ein Parkhaus in Vergleich zu ebenerdigen Parkplätzen auf teuren (baurechtlich nicht ausgenutzten) Grund, so entsteht, bei gleicher Investitionssumme, im ersten Fall eine höhere Abschreibungssubstanz (Baukosten des Parkhauses) als im zweiten Fall, wo in der Investitionssumme ein hoher Grundstücksanteil enthalten ist (Grundstücke können nicht abgeschrieben werden).

Inwieweit die höheren Abschreibungen für Parkhäuser tatsächlich vorteilhaft sind, muß eine Gegenüberstellung der Kosten zeigen.[17]

18.5.4 Mietkalkulation der Parkplätze

Wenn bei der Berechnung der Mieten die Parkplatzkosten gleichmäßig in alle Mieten eingehen, so ist in jedem kalkulierten Mietangebot der gleiche Parkplatzanteil enthalten. Bei Parkplatzkosten in Höhe von 15 % der Gesamtinvestition z. B. wäre in jedem Mietangebot ein Anteil von 15 % für Parkplätze enthalten. Nun haben die verschiedenen Nutzer aber sehr unterschiedlichen Parkplatzbedarf. Bei anteiliger Berechnung würden Mieter mit unterdurchschnittlichem Stellplatzbedarf zu hoch und Mieter mit überdurchschnittlichem Bedarf zu gering belastet und von den anderen subventioniert. Wenn andererseits in die Mieten für jeden Nutzer der Parkplatzanteil eingeht, der seinem Bedarf entspricht oder wenn Gebäude- und Parkplatzmiete getrennt berechnet werden, ist das zwar gerecht, aber es ergeben sich im Extremfall Mieten, die nicht marktgerecht sind.

Betrachtet man beispielsweise einen Supermarkt von 800 m^2, so braucht er etwa 100 Stellplätze. Für einen Stellplatz müßte bei 12.000 DM Herstellkosten ein Mietpreis von 1.200 DM jährlich, das sind 100 DM pro Monat, berechnet werden, in diesem Fall also insgesamt 10.000 DM monatlich, oder, umgelegt auf die 800 m^2 angemietete Fläche, 12,50 DM je Quadratmeter. Geht man von einer Miete von 15 DM für Gewerbeflächen aus, so müßte der Supermarkt insgesamt 27,50 DM pro Quadratmeter bezahlen, um den gesamten Raum- und Stellplatzbedarf abzudecken. Dieser Preis ist aber am Markt nicht zu erzielen. Ein Supermarkt ist sicher das extremste Beispiel.

---

[17] Vgl. Annex 5.

Das andere Extrem wäre ein Dienstleister mit großen Lageranteilen, z. B. für Ersatzteile: Bei einem Stellplatz je 100 m^2 Mietfläche hätte er einen Mietanteil für Stellplätze von nur 1 DM je Quadratmeter zu tragen.

Es bleibt festzuhalten, daß der Kostenanteil von Parkplätzen an der Miete je nach verschiedener Nutzung nach unseren Beispielen von 1 bis 12,50 DM pro Monat und pro gemietetem Quadratmeter ausmacht.

Es stellt sich also die Frage, wie der unterschiedliche Stellplatzbedarf kalkulatorisch in die Mieten eingehen kann. Für die folgenden Überlegungen wird davon ausgegangen, daß das Parkplatzangebot im Gewerbepark so groß ist, daß Angestellte und Kunden ausreichend Parkplatz finden. Es gibt keine Zuteilung von einzelnen Stellplätzen.

Lösung A:
Bei der Kalkulation der Mietangebote wird für Mieter mit hohem Stellplatzbedarf ein entsprechender Zuschlag für Stellplätze in die Gebäudemiete einkalkuliert.

Lösung B:
Die Miete für die notwendige Anzahl von Stellplätzen wird gesondert berechnet. Auch in diesem Fall wird es nötig sein, einen Teil, beispielsweise 50 % der gesamten Parkplatzkosten in die Gebäudemiete aller Mieter einzurechnen, weil kaum alle im Gewerbepark errichteten Parkplätze auf diese Weise vermietet werden können, insbesondere nicht die notwendigen Überkapazitäten. Daneben wird eine gesonderte Miete für Stellplätze verlangt, so daß ein gewisser Ausgleich zwischen jenen, die viele Parkplätze benötigen und jenen mit geringem Parkplatzbedarf hergestellt wird.

Mietern, die einen sehr hohen Stellplatzbedarf auslösen, weil sie eine hohe Besucherfrequenz haben, können auch bei dieser Lösung kaum alle nötigen Besucherparkplätze in Rechnung gestellt werden, da sie dann meist auch die Reservierung dieser Parkplätze vor der Tür verlangen. (Die Reservierung der Parkplätze ist nachteilig, weil die Einlappungseffekte entfallen.) Hier muß wie bei Lösung A ein entsprechender Zuschlag in die Gebäudemiete eingerechnet und diese höhere Miete gefordert werden.

18.5.5 Kosten des Betriebs und der Verwaltung von Gewerbeparkparkplätzen

Beim Betrieb der Parkplätze entstehen Kosten, z. B. für Reinigung, Schneeräumung, Beleuchtung, Reparaturen etc. Neben diesen üblichen können das auch solche Kosten sein, die sich erst zu einem späteren Zeitpunkt einstellen, z. B. können Zugangskontrollen notwendig werden, wenn (je nach Lage des Gewerbeparks) die Belegung der Parkplätze durch fremde, nichtberechtigte Fahrzeuge überhand nimmt. Oft handelt es sich um Lkws, für die in Städten kein ausreichender öffentlicher Abstellplatz vorhanden ist, so daß die Fahrer auf Gewerbeparks ausweichen; das können Pkws sein oder auch Hänger und Aufleger.

Zugangskontrollen sind jedoch kostspielig. Daher muß zwischen dem Schaden, der durch die Fremdnutzung entsteht, und den Kosten und Unbequemlichkeiten durch die Kontrollen abgewogen werden. Kostengünstige Alternativen, die einen gewissen Erfolg versprechen, sind das Anbringen von Zetteln, die Unberechtigte auf ihr Tun hinweisen, oder die Beobachtung durch das Personal der Gewerbeparkverwaltung.

19

Vermarktung von Gewerbeparks

19. Vermarktung von Gewerbeparks

19.1 Äußere Einflüsse auf die Entwicklung und Vermarktung

Voraussetzung für eine erfolgreiche Vermarktung ist die Qualität des Produktes „Gewerbepark", die, wie bereits besprochen, vom Gesamtkonzept abhängt, wobei Faktoren wie Lage und Architektur wichtig sind, ferner eine solide Finanzierung und ein marktgerechter Preis für die angebotenen Flächen. Um das Projekt langfristig zum Erfolg zu führen, braucht es neben einem guten Entwicklungskonzept ein gutes Vermarktungskonzept, das im Detail die Vermarktungsfähigkeit der entstehenden Flächen sicherstellt und auch auf die von außen kommenden Einflüsse reagiert, denen ein Gewerbepark aufgrund seiner langen Entwicklungszeit in besonderem Maße ausgesetzt ist. Zu diesen Einflüssen, die vom entwickelnden Unternehmen zwar nicht beeinflußt werden können, die aber immer mit berücksichtigt werden müssen, gehören die Einflüsse der Konjunktur, die inflationsbedingte Preisentwicklung und die Marktveränderungen.

Die Vermarktung eines Gewerbeparks steht in engem zeitlichen Zusammenhang mit der gesamten Entwicklung des Projekts. Die Vermarktungsstrategie muß die eigenen Flächen so gut wie möglich im Markt plazieren, aber gleichzeitig das eigene Angebot im Umfang so steuern, daß Störungen im Markt vermieden werden.

Die Größe[1] des Projektes bedingt die schrittweise Markteinführung über einen längeren Zeitraum hin. Die entwickelte Grundstücksfläche, oft mehr als 15 ha, und die gewerblichen Gebäudeflächen von weit über 100.000 m² sind in jedem Marktgebiet so bedeutsam, daß sie, würden sie innerhalb kurzer Zeit auf den Markt kommen, nicht nur das Angebot beeinflussen, also einen Preisverfall erzeugen würden, sondern wahrscheinlich überhaupt nicht auf genügende Nachfrage treffen würden.

Ein Projekt dieser Größe kann nur dann marktschonend vermarktet werden, wenn es über einen längeren Zeitraum verteilt in den Markt kommt.

---

[1] Durch die Größe ergeben sich, wie bereits mehrfach erwähnt, eine lange Vorlaufphase und Planungsperiode. In der Vorlaufphase sind Untersuchungen notwendig, die weit über das Maß hinausgehen, das für ein einzelnes Gewerbegebäude notwendig wäre. Zeit erfordern auch die Baurechtserlangung und die Erschließung, besonders wenn der Flächennutzungsplan und/oder Bebauungspläne zu erstellen oder zu ändern sind, so daß das Gesamtprojekt durchaus eine Verwirklichungsdauer von zehn und mehr Jahren haben kann.

Vermarktung von Gewerbeparks

Wie lange diese Zeit dann ist, hängt im Einzelfall unter anderem von der Größe des Marktgebietes und der Konkurrenz ab: In großen Marktgebieten ist sie kürzer, in kleinen länger. Die Aufnahmefähigkeit des Marktes entscheidet über die Projektdauer und die Verteilung der Investitionen über diese Zeit hin.

Im folgenden sollen zunächst der Einfluß und die Risiken der Konjunkturentwicklung, der langfristigen Preisentwicklung, der Veränderung des lokalen politischen Umfeldes und des örtlichen Marktes behandelt werden, die wegen der langen Vermarktungsphase eines Gewerbeparks von Bedeutung sind; dann wird die eigentliche betriebswirtschaftliche Vermarktung behandelt.

19.1.1 Einfluß der Konjunktur

Bei der Produktion von Gütern und auch bei der Herstellung von gewerblichen Flächen reagieren die Marktteilnehmer auf eine Marktsituation. Wenn die Mietpreise steigen und gute Nachfrage herrscht, werden Immobilieninvestitionen begonnen. Da der Immobilienmarkt auf starke Nachfrage nur mit einer gewissen Trägheit reagieren kann (die Beschaffung von Bauland, Baureifmachung, Planung, Genehmigung und Herstellung erfordern Jahre), wächst die Nachfrage zunächst schneller als das Angebot, was zu steigenden Preisen führt. Durch diesen starken Impuls werden viele Bauvorhaben begonnen. Wenn diese Objekte auf den Markt kommen, entsteht oft ein Überangebot, und die Preise verfallen. Der Konjunkturzyklus nimmt seinen Lauf.

Mit fallenden Renditen wird auch der Anreiz zu investieren gedrosselt, der Markt absorbiert das Überangebot, und nach einiger Zeit verringert sich das Angebot. (Auch bei den Immobilien gibt es eine Art „Schweinezyklus".) Nun bleibt aber die Nachfrage nicht, wie eben angenommen, konstant, sondern ist mit der allgemeinen Konjunktur Schwankungen unterworfen, so daß der Immobilienzyklus noch zusätzlich vom allgemeinen Wirtschaftszyklus überlagert wird, was zu erheblichen Ausschlägen in Angebot und Nachfrage und dementsprechend im Preisniveau führen kann. In Zeiten aufwärtsgerichteter Konjunktur besteht ein sehr guter Immobilienmarkt mit steigenden Mietpreisen und großer Nachfrage, während sich in Zeiten wirtschaftlicher Beruhigung oder eines Abwärtstrends die Aktivitäten sehr beruhigen und zum Teil zum Stillstand kommen. Die Zeitspanne, über die hin ein Gewerbepark entwickelt wird, wird mindestens einen dieser Investitionszyklen umfassen.

Die Vermarktungsstrategie und daraus abgeleitet das Investitionsverhalten müssen auf die zyklische Entwicklung der Wirtschaft eingehen, damit nicht durch Fehlinvestitionen oder Überinvestitionen in der Endphase der Hochkonjunktur Flächen gebaut werden, die danach bei langsam laufender Konjunktur nicht mehr vermarktet werden können. Solche Fehlinvestitionen erzeugen in jedem Fall Verluste und können je nach finanzieller Stärke des Entwicklers sogar existenzbedrohend sein. Das richtige Timing für Investitionsentscheidungen kann erheblich zum Erfolg oder Mißerfolg beitragen. So ist mit neuen Bauten in der Flaute zu beginnen, so daß mit anlaufender Konjunktur Flächen zur Vermarktung zur Verfügung stehen.

Es ist einfach, den Rat zu geben, antizyklisch zu investieren. Es gehört jedoch ein großes Maß an Urteilsvermögen und unternehmerischem Mut dazu, dann neue Investitionen zu beginnen, wenn die Konjunktur das unterste Tal erreicht hat und die Stimmung sehr schlecht ist. Trotzdem ist dieser Zeitpunkt günstiger für Investitionen als die Zeit der Euphorie beim Auslaufen der Hochkonjunktur. Antizyklische Immobilieninvestitionen profitieren von niedrigen Baupreisen und reichlich verfügbaren Bauleistungen. In dieser Phase stehen meist auch zinsgünstige Kredite in ausreichendem Maße zur Verfügung.

19.1.2 Einfluß der Preisentwicklung

Der Preis, zu dem die Flächen im Gewerbepark vermietet oder verkauft werden können, unterliegt Angebot und Nachfrage. Das große zusätzliche Angebot eines neuen Gewerbeparks beeinflußt den Markt: Menge und Preis der entstehenden Flächen bedingen sich gegenseitig. Um den entstehenden Gewerbepark in den Markt einzupassen, sind also genaue Untersuchungen nötig: Wieviel Fläche, welche Art von Flächen und Flächen zu welchem Preis kann der Markt aufnehmen? Welche Preispolitik wird verfolgt? Ist eine aggressive Preisgestaltung möglich, um Konkurrenz zu verdrängen, um ein größeres Bauvolumen zu vermarkten oder soll bei hohen Mietpreisen und vermutlich dann bei besserer Rentabilität ein geringeres Bauvolumen umgesetzt werden? Aus dem Ergebnis dieser Analysen und Überlegungen ergeben sich das jährliche Bauvolumen und die Zeitspanne bis zur Fertigstellung des gesamten Projektes.

Im Falle von niedrigen Mietpreisen besteht die Möglichkeit, größere Flächen in den Markt zu drücken. Wenn die Herstellungskosten durch wirtschaftliches Bauen sehr niedrig liegen, können niedrige Mieten noch immer eine gute Rendite ermöglichen.

Werden die Gesamterlöse des Projektes jedoch so gering, daß Verlust entsteht, so mag dies zwar in manchen Fällen kurzfristig als Teil der Vermarktungsstrategie hingenommen werden. Es ist jedoch wirtschaftlich nicht zu vertreten.

Wenn aber eine Vermarktung unter Kosten in der Hoffnung betrieben wird, daß über die Inflation die Mietpreise steigen und damit in Zukunft ein ausgeglichenes Ergebnis oder sogar ein inflationsbedingter Überschuß erwirtschaftet wird, so birgt dies große Risiken in sich.

Auch bei abflachender Konjunktur sollte man versuchen, das eigene Preisniveau zu halten und durchzusetzen. Dabei ist immer wieder darauf zu verweisen, daß die Qualitäten eines Gewerbeparks bessere Mieten zulassen als konkurrierende Immobilien an anderen Standorten.

19.1.3 Einfluß des Marktes

19.1.3.1 Die lokalpolitische Situation

Positive wie negative Einflüsse auf die Vermarktung eines Gewerbeparks kommen auch von der Kommune. Ein Projekt wie ein Gewerbepark wird nur in einer Gemeinde begonnen werden, die eine positive Einstellung zu einem solchen Projekt hat. Die Zeitspanne seiner Verwirklichung umfaßt aber meist mehrere Kommunalwahlperioden, so daß sich bei einer Veränderung der politischen Mehrheiten auch eine veränderte Einstellung zum Projekt Gewerbepark ergeben kann.

Eine indifferente oder sogar negative Einstellung einer Gemeinde kann für den Gewerbepark Nachteile bringen, etwa der Art, daß durch eine geänderte Verkehrspolitik, z.B. Straßensperrungen oder Stop-and-go-Politik, der Standort schlechter erreichbar und damit abgewertet wird. Auch ein überzogener Umweltschutz, Nachforderungen in der ökologischen Bauweise wie Dachbegrünungen etc. können zusätzliche Kosten verursachen und die weitere Entwicklung des Gewerbeparks verteuern, was zu höheren Preisen führt und damit die Konkurrenzfähigkeit mindert.

Politische Veränderungen können sich aber auch positiv auswirken und eine größere Aufgeschlossenheit gegenüber der Wirtschaft bringen. Auf den Gewerbepark bezogen ist vor allem die Ausweisung zusätzlicher Gewerbegebiete von Belang: Die vermehrte Ansiedlung von Gewerbe und die daraus resultierende Belebung der Wirtschaft sind insgesamt gesehen gut für die Entwicklung eines Gewerbeparks, insbesondere wenn dies zur Ansiedlung neuer Gewerbebetriebe und Industrien führt. Die Herstellung weiterer gewerblicher Flächen bedeutet aber auch zusätzliche Konkurrenz mit Auswirkungen auf die eigene Vermarktung.

19.1.3.2 Die lokale Wirtschaftsentwicklung

Die Chancen eines Gewerbeparks werden vor allem durch die ökonomische Entwicklung im Marktgebiet beeinflußt. Die Marktanalyse, die am Anfang des Projektes stand, um die Standortentscheidung zu unterbauen, ging von der vorhandenen Marktsituation und damals bekannten Planungen aus. Während der langen Verwirklichungszeit eines Gewerbeparks können jedoch neue Gegebenheiten entstehen. Die wirtschaftlichen Rahmenbedingungen eines Raums können sich ändern, auch die Ansiedlung von Großbetrieben z.B. verbessert die Standortqualität wesentlich.[2]

Die Einflüsse der Konjunktur werden auch im lokalen Markt wirksam. In Zeiten der Konjunkturabschwächung treten vermehrt gewerbliche Flächen von Unternehmen, die schließen, auf den Markt. Dieses Angebot wirkt bis in die konjunkturelle Aufstiegsphase hinein und reduziert den Bedarf an neuen Flächen.

Trotz der besonderen Vorteile, die ein Gewerbepark seinen Mietern bietet, wird bei einem zusätzlichen Flächenangebot aus Altbeständen die Vermarktung der Gewerbeparkflächen erschwert und verlangsamt, da viele potentielle Interessenten, die nicht unbedingt die Qualitäten eines Gewerbeparks brauchen, auf diese anderen Flächen ausweichen werden.

Alte Industriestädte wie z.B. Nürnberg und Augsburg mußten in den letzten Jahrzehnten große Umstrukturierungen weg von der Produktion und hin zum Dienstleistungsbereich verkraften, mit der Folge von industrieller Brache, d.h. einem vermehrten Angebot an bebauten und unbebauten Gewerbeflächen. Die bei Werksschließungen freigesetzten Arbeitskräfte sind für eine Gemeinde Schaden und Chance zur gleichen Zeit, denn je nach Standortqualität und Ansiedlungspolitik kann das auch eine Chance zur Modernisierung und Diversifizierung des allgemeinen Wirtschaftslebens sein.

---

[2] In Regensburg z.B. hat der Bau der Universität, die Ansiedlung von BMW, Toshiba, Autoelektrik Siemens und Chipwerk Siemens innerhalb von 20 Jahren zu einer Verdoppelung der Arbeitsplätze geführt.

Auch bei der Infrastruktur können sich neue Umstände und Voraussetzungen ergeben. Negative Folgen hat es z. B., wenn sich geplante und für den Gewerbepark wichtige Baumaßnahmen verzögern;[3] wenn durch den Bau neuer Verkehrswege die Verkehrsströme verlagert werden und mit der Annoncenwirkung auch Standortvorteile verlorengehen; oder wenn durch eine auf lange Sicht zwar günstige Entwicklung (z. B. den Ausbau von Straßen) während der Bauzeit so große Behinderungen auftreten, daß die Vermarktung in dieser Periode leidet.

Andere Veränderungen im unmittelbaren Umfeld des Gewerbeparks können ebenfalls von Einfluß sein. Neue Wohnbebauung, die besondere Schutzmaßnahmen von seiten des Gewerbeparks nötig macht, oder der Bau von störenden Anlagen in unmittelbarer Umgebung wirken sich negativ aus, obwohl die Größe eines Gewerbeparks hier viel abfangen kann.

19.1.3.3 Außerordentliche Faktoren

Neben den oben erwähnten Einflüssen, die nur einige Beispiele für eine Vielzahl von möglichen Situationen darstellen, können die Entwicklung und Vermarktung eines Gewerbeparks auch durch außerordentliche Faktoren beeinflußt werden. Ein solcher war etwa die Ostöffnung, die in der Bundesrepublik eine Neubewertung insbesondere ehemals grenznaher Standorte gebracht hat. Die massive Förderung von Investitionen in den neuen Bundesländern hat die Neuansiedlung und damit den gewerblichen Flächenbedarf in Westdeutschland sehr reduziert, wodurch der Zeitrahmen für die Verwirklichung eines Gewerbeparks möglicherweise ausgeweitet werden muß. Durch die politischen Veränderungen sind auch viele ehemals militärisch genutzten Areale frei geworden, die jetzt zum Teil ebenfalls für eine gewerbliche Nutzung in Frage kommen.

19.1.4 Risikoabsicherung

Die in diesem Kapitel besprochenen Einflüsse auf die Vermarktung eines Gewerbeparks können so gravierend sein, daß sie die Rentabilität erheblich beeinflussen. Bei richtiger Risikovorsorge kann aber trotzdem ein erfolgreiches Projekt entstehen.

---

[3] So wurde z. B. der Ausbau von überregionalen Straßen und Autobahnen in Westdeutschland in vielen Fällen zurückgestellt und die Mittel in die neuen Bundesländer transferiert.

Voraussetzung für eine wirtschaftlich richtige Vermarktungsstrategie ist, daß das Projekt so reichlich mit Eigenkapital ausgestattet und so gut finanziert ist, daß aus dem Grundstück und der Erschließung des Grundstücks keine Dauerlasten entstehen, die Handlungsdruck auf den Entwickler ausüben, sondern daß er die Möglichkeit hat abzuwarten, und nur dann mit neuen Projekten in den Markt geht, wenn dies wirtschaftlich richtig ist. Dann hat er die Freiheit, eine Vermarktung zu nicht kostendeckenden Konditionen abzulehnen. Bei weniger guter finanzieller Ausstattung kann es sein, daß der Developer zur kurzfristigen Liquiditätssicherung mit Verlusten vermarkten muß, was zwar eine momentane Hilfe bringt, langfristig aber in den Ruin führt.

Eine gesunde Entwicklung ist gegeben, wenn beim Verkauf von Grundstücken immer mit Gewinn, zumindest aber kostendeckend gearbeitet wird; im Falle von Mietobjekten wird es besonders in den konjunkturell guten Zeiten möglich sein, Mietpreise zu erzielen, die auskömmlich sind und eine gute Rendite ermöglichen.

Das Verhalten des Unternehmers, der einen Gewerbepark entwickelt, muß langfristig orientiert sein. Er hat langfristige Entwicklungen der Volkswirtschaft genauso in seine Überlegungen einzubeziehen wie Veränderungen vor Ort. Eine langfristig angelegte Vermarktungsstrategie mit vorausschauender Anpassung an die Konjunkturzyklen zeichnet den guten Unternehmer aus.

19.2 Analysen und Strategien der Vermarktung

Um ein so großes Immobilienprojekt, wie es ein Gewerbepark ist, erfolgreich in den Markt einzuführen, braucht es ein langfristiges gutes Vermarktungskonzept, das auf genauen Analysen des Marktes basiert, die oben besprochenen Einflüsse einbezieht und ständig an stattfindende Veränderun-gen angepaßt wird.

19.2.1 Marktuntersuchung

Für einen Gewerbepark, der neue Gewerbe- und Büroflächen in einen Markt einführen will, sind die ständige Marktbeobachtung und die laufende Aktualisierung der Daten aus der Marktanalyse, die in der Projektphase als Entscheidungsgrundlage erstellt wurde (vgl. Kap. 7), erforderlich, denn er ist in all seinen Dispositionen von dem Angebot abhängig, das jetzt und in Zukunft auf dem Markt vorhanden ist.

19.2.1.1 Analyse der konkurrierenden Anbieter

Um einschätzen zu können, ob man mit dem eigenen Produkt eine Chance im Markt hat, ist die Kenntnis der Quantität und Qualität des konkurrierenden Angebotes im gesamten tangierten Marktgebiet erforderlich.

Wichtig für die Beurteilung des Konkurrenzangebotes ist die Kenntnis der anderen Anbieter. Gibt es viele kleine Anbieter, gut strukturierte Immobiliengesellschaften, einzelne Großanbieter oder solche, die nur sporadisch den Markt belegen? Wichtig ist vor allem, wie lange die anderen Anbieter bereits im Markt sind, wie sie im Markt bewertet werden und welche Qualität sie mit ihren zukünftigen Gewerbeimmobilien auf den Markt bringen können. Diese Informationen sollten in Form einer Marktanalyse vorliegen. Als Konkurrenz im weiteren Sinne kann man auch den Mietinteressenten sehen, der zwischen der Anmietung von Räumen im Gewerbepark und dem Bau von eigenen Immobilien an einem anderen Standort schwankt.

19.2.1.2 Analyse der konkurrierenden Produkte und Preise

Der Entwickler eines Gewerbeparks erarbeitet mit seinem Konzept ein Produkt mit gewissen Qualitätsstandards. Ein Vergleich dieses Standards mit den am Markt vorhandenen Produkten ist wichtig. Aber erst der Vergleich mit den Preisen für ähnliche Konkurrenzprodukte wird darüber entscheiden, ob die eigenen Produkte im Markt konkurrenzfähig sind.

Darüber hinaus ist die gesamte Marktsituation sehr wesentlich und muß genauestens beobachtet werden, um das vermarktungsfähige Volumen und das Preisniveau richtig einzuschätzen. Um seinen Marktanteil zu erwerben, muß der Gewerbepark seine Qualität, zusätzliche Werbung und auch günstige Preise einsetzen. Die Preisgestaltung ist dabei von der Qualität der Konkurrenzangebote abhängig: Handelt es sich bei der Konkurrenz um Altflächen, so ist deren Preisflexibilität besonders groß. Besteht die Konkurrenz aus Neuflächen, so kann bei eigener preisgünstiger Herstellung durchaus ein Verdrängungswettbewerb erfolgreich sein, ohne die eigene Wirtschaftlichkeit zu gefährden.

19.2.1.3 Analyse der Aufnahmefähigkeit des Marktes

Ein wichtiges Instrument für die Analyse des Immobilienmarktes ist die Absorptionsrate. Als Absorptionsrate bezeichnet man heute die Aufnahmefähigkeit des Marktes für Gewerbeflächen pro Jahr in Quadratmetern.[4] Für Informationen über vermietete Büro- und Einzelhandelsflächen kann man auf Daten zurückgreifen, die von Maklern erfaßt und publiziert werden. Schwieriger ist die Erfassung der übrigen gewerblichen Flächen, wie Ausstellungsflächen, handwerklichen Flächen, Gaststätten usw., die im Marktgebiet angeboten werden. Es wird daher nicht einfach sein, die Absorptionsrate für alle Nutzer zu ermitteln, auf die ein Gewerbepark abgestellt ist.

Wichtig für die Marktanalyse sind auch die Leerstandsquoten in den einzelnen Flächenkategorien.[5] Auch hier ist es wieder so, daß Leerstandsquoten zwar für Büros und Handelsflächen ermittelt werden, nicht aber für sonstige Gewerbeflächen (vgl. Tab. 19.1 und 19.2).

Stadt/Region	Vermietungen*			Leerstand*		Höchstmieten*	
	1. Halbj. 1998	1. Halbj. 1997	1997	30.06.98	31.12.97	30.06.98	31.12.97
Berlin	100.000	150.000	364.000	1.410.000	1.313.000	45	45
Dortmund	15.000	12.500	24.000	68.000	82.000	23	23
Dresden	25.000	38.000	74.000	430.000	400.000	22	24
Düsseldorf	72.000	80.000	191.000	344.000	396.000	40	40
Essen	27.000	18.000	59.000	70.000	623.000	25	25
Frankfurt	300.000	190.000	452.000	k. A.	997.000	60	60
Hamburg	115.000	115.000	240.000	700.000	741.000	42	42
Köln	45.000	42.000	104.000	180.000	198.000	29	33
Leipzig	40.000	26.000	86.000	900.000	898.000	23	25
München	275.000	207.000	488.000	280.000	387.000	52	50
Stuttgart	97.000	k. A.	158.000	220.000	237.000	30	30
* inklusive Umland							

Tab. 19.1: Der Büromarkt in Deutschland
Quelle: Müller International, 1998

---

[4] Beispiel: in München wurden im Jahr 1994 280.000 m² Büroflächen vermietet (DIP, Deutsche Immobilien-Partner, Markt & Fakten 1995/1996, S. 75).
[5] Beispiel: München hatte bei Büroflächen im Jahr 1993 einen Leerstand von ca. 500.000 m² (Immobilien Manager 2/1994, S. 77).

Vermarktung von Gewerbeparks

	Hamburg	Düsseldorf	Frankfurt/M.	Stuttgart	München	Berlin	Leipzig	Dresden
IST: Rahmendaten								
Bevölkerung								
- Stand 31.12.1995	1.707.900	571.030	650.050	585.600	1.236.370	3.471.400	470.780	469.110
Beschäftigte 1995	754.500	337.500	458.580	344.130	650.570	1.254.000	208.000	229.300
- Zuwachs 1995/92 (%)	-4,7	-7,9	-7,7	-10,7	-7,8	(W) -5,7	(-)	(-)
Bürobeschäftige 1995	326.140	158.530	230.780	163.240	310.200	(W) 284.470	80.000	95.000
- Veränderung 1995/94 (%)	-1,7	-3,0	-3,3	-3,0	-2,0	(W) -0,9	--	--
- Bürobeschäftigten-quote (%)	43,2	47,0	50,3	47,4	47,7	(W) 34,1	38,5	41
Bruttowertschöpfung je Erwerbstätigen 1992 (DM)	118.200	110.850	148.262	118.740	126.234	(W) 91.572	(-)	(-)
Arbeitslosenquote 1. Hj. 96 (%)	11,7	11,4	8,4	8,9	6,6	(W) 15,5 / (O) 14,6	14,8	12,7
PROGNOSE (1996-2001)								
Bruttowertschöpfung Wachstum in % p.a.	2,5	2,0	2,5 bis 3	1,5	2 bis 2,5	2,5	6,0	5 bis 6
Beschäftigte Wachstum in % bis 2001	1,5	0,0	2,0	-1,0	1,5	4,0	4,5	4,0
Bürobeschäftigte Zuwachs bis 2001	20.000	5.000	15.000	3.000	15.000	70.000	11.000	10.000
IST: Büroimmobilien								
Büroflächenbestand 31.12.1995 ca. (Mio. m²)	11,4	4,2	8,8	5,5	11,2	14,3	1,9	2,3
Leerstandsquote Stadtgebiet ca. (%)	6,0	6,5	8,3	5,0	5,5	8,0	30,0	15,0
Mietniveau in Spitzenlagen ca. (DM/m²)	38-40	30-36	55-60	25-28	35-40	38-45	20-28	20-26
TENDENZ (1996-2001)								
Gesamtbedarf ca. (m²)	690.000	220.000	510.000	200.000	580.000	2,2 Mio.	450.000	390.000
Leerstandsquote								
- Stadtgebiet	stagnierend	zunehmend	stagnierend	stagnierend	leicht sinkend	zunehmend	stark zunehm.	stark zunehm.
- Peripherie	zunehmend	zunehmend	zunehmend	zunehmend	zunehmend	stark zunehm.	stark zunehm.	stark zunehm.
Mietniveau in Spitzenlagen ca. (DM/m²)	38-40	30-34	50-60	25-28	35-40	36-40	18-26	20-25

(-) zur Zeit nicht verfügbar; (W) West-Berlin

Tab. 19.2: Stagnation an den deutschen Immobilienmärkten
Quelle: Deutsche Bank Research/Deutsche Immobilien Anlagegesellschaft (in: Frankfurter Allgemeine Zeitung, 03.01.1997)

Die Aufnahmefähigkeit des Marktes für Gewerbeflächen wirkt zurück auf die mögliche Entwicklungsgeschwindigkeit des Gewerbeparks. Daher ist die ständige Marktbeobachtung für einen Gewerbeparkentwickler eine wichtige Grundlage für seine Entscheidungen. Gerade die zeitliche Komponente ist dabei bedeutend, denn für die erfolgreiche Vermarktung eines neuen Gewerbeparks ist die Entwicklung des zukünftigen Angebotes im Markt entscheidend. Die Aktualisierung der Informationen aus der Marktanalyse, die in der Anfangsphase des Projektes erstellt wurde, ist eine wichtige Hilfe zur Einschätzung des Marktes.

19.2.1.4 Das marktgerechte Angebot

Der Gewerbepark muß mit seinem Angebot in den Markt eingepaßt werden. Das Ziel dieser Analyse des Marktes ist es, aus Absorptionsraten, Leerstandsquoten und anderen Daten auf die zukünftige Aufnahmefähigkeit des Marktes zu schließen und den Marktanteil, den das eigene Angebot davon haben kann, richtig einzuschätzen. Danach kann festgelegt werden, wie viele Flächen aus dem eigenen Projekt in den Markt gebracht werden können und welcher Art (z. B. Büros, Gewerbeflächen, Lagerflächen) diese Flächen sein sollen.

Nur anhand von sorgfältig erhobenen Daten und später auch im Vergleich zur eigenen Performance, d. h. der eigenen Vermietung in den vorausgehenden Jahren, wird es möglich sein, das Entwicklungstempo eines Gewerbeparks zu bestimmen.

Wenn Mietobjekte erstellt werden, wäre es ideal, mit dem Bau erst zu beginnen, wenn alle geplanten Flächen vermietet sind. Die Praxis zeigt jedoch, daß Mietinteressenten bei reichlicher Marktversorgung nicht bereit sind, lange im voraus Flächen anzumieten, sondern kurzfristig disponieren (vgl. Tab. 19.3).

Zeitspanne zwischen Abschluß des Mietvertrages und Übernahme der Räume in Abhängigkeit von der Fläche am Beispiel des Gewerbeparks Regensburg						
Untersuchungszeitraum von 1989 bis 1992						
Zeitspanne bis Einzug	Mietverträge über eine Fläche:					
	bis 200 m²	bis 400 m²	bis 950 m²	bis 4.200 m²	Gesamt	in %
	Anzahl der Verträge					
bis 1 Monat	27	5	3	2	37	30,2
bis 3 Monate	26	15	7	3	51	41,8
bis 6 Monate	9	6	9	2	26	21,3
bis 1 Jahr	2	3	0	1	6	4,9
bis 2 Jahre	0	0	0	1	1	0,8
über 2 Jahre	0	1	0	0	1	0,8
Summe	64	30	19	9	122	100

Tab. 19.3: Zeitspanne zwischen Abschluß des Mietvertrages und Einzug
Quelle: Gewerbepark Regensburg, 1992

Über 90 % der Mieter schließen, wie das Beispiel des Gewerbeparks Regensburg zeigt, Mietverträge innerhalb der letzten sechs Monate vor Bezugsfertigkeit der Räume ab. Ausnahmen davon machen nur einige Großmieter, die langfristiger planen. Da die Bauzeit meist länger als ein Jahr ist, werden die meisten Gebäude begonnen, ehe überhaupt Mietverträge vorliegen. Um so wichtiger ist es, diese nach der ermittelten Absorptionsrate des Marktes zu dimensionieren, um später längere Leerstände zu vermeiden.

Wichtig für die richtige Dimensionierung und Markteinpassung ist auch die Größe des Marktes im Vergleich zum geplanten Angebot. Je nach Marktsituation können die zusätzlichen Flächen, die im Gewerbepark entstehen, den Markt mehr oder weniger stark beeinflussen und zu einem Überangebot führen, das dann einen Preiseinbruch nach sich zieht oder zu einem längeren Leerstand der neuen Gewerbeflächen führt.

19.2.2 Konkurrenzfähigkeit des eigenen Produkts

19.2.2.1 Qualität

Ein Gewerbepark muß ein marktgerechtes und konkurrenzfähiges Angebot haben. Von Marktlücken abgesehen, die er abdecken kann, muß er sich durch seine besondere Qualität gegenüber der Konkurrenz im Markt durchsetzen. Nun zeichnet sich ein Gewerbepark, wie in dieser Abhandlung immer wieder betont wurde, durch spezielle Qualitätsmerkmale aus, die ihn von anderen Angeboten unterscheiden. Sie sind wichtige Marketingargumente. Hier sollen wichtige Eigenschaften eines Gewerbeparks und Argumente, die der positiven Produktdarstellung in der Vermarktung dienen können, noch einmal zusammengefaßt werden.

- Die Lage
  Gute Immobilien entstehen nur in guten Lagen. Bei einem Gewerbepark bestimmt sie sich vor allem durch die Lage zu den Hauptverkehrswegen.

- Die Präsentation nach außen durch gute Architektur, gute interne Erschließung und Landschaftsgestaltung

- Die Annoncenwirkung zu den Verkehrsadern

- Funktional gestaltete Gebäude
  Flexible innere Erschließung und Raumaufteilung und bequeme Anlieferungen ermöglichen den Nutzern einen optimalen Geschäftsbetrieb.

- Die Besucherfreundlichkeit der Anlage
  Leichte Erreichbarkeit, gute interne Orientierungsmöglichkeiten und Kundenparkplätze sind für viele Nutzer, die durch Kontakte und Verbindungen in das Wirtschaftsgeschehen der Region eingebunden sind, wichtig.

- Die Belegschaftsfreundlichkeit der Anlage
  Ganz bewußt werden Standortvorteile geschaffen, wie ausreichend Parkplätze, Essensversorgung über Kantinen oder Restaurants, Einkaufsmöglichkeiten in den Pausen oder nach Geschäftsschluß, Banken, Ärzte und anderes, die den Gewerbepark auch für eine anspruchsvolle Belegschaft des Miet- oder Kaufinteressenten zu einem bevorzugten Arbeitsplatz machen.

- Die Synergieeffekte
  Ein Unternehmen im Gewerbepark bekommt viele Dienstleistungen unmittelbar vor Ort angeboten und findet umgekehrt vor Ort auch Kunden für die eigenen Dienstleistungen. Dieser Aspekt ist für Branchen wie Computer, Fotografie, Werbung, Anwälte oder/und Steuerbüros wichtig. Synergieeffekte stellen sich mit zunehmender Belegung der Flächen aber für alle Nutzer ein.

- Fühlungsvorteile und Spezialisierungsmöglichkeiten
  Sie ergeben sich in einem Gewerbepark durch Branchenkonzentration, z.B. bei Computern, Werbung, Großhandel für industrielle Produkte.

19.2.2.2 Wirtschaftlichkeit

Auch wenn es gelungen ist, den Interessenten von der Qualität des Gewerbeparks zu überzeugen, bleiben als wichtigstes Argument bei der Vermarktung die Wirtschaftlichkeit und der konkurrenzfähige Preis der angebotenen Flächen. Für den gewerblichen Nutzer eines Gewerbeparks sind die Kosten für die Nutzung von Gewerbeflächen genauso bedeutsam wie der günstige Einkauf oder die günstige Produktion seiner Güter.

Die Mietpreise in einem Gewerbepark sind prinzipiell Marktpreise und müssen sich mit den Preisen vergleichbarer Angebote auf dem Markt messen. Neben dem reinen Mietpreis bieten sich weitere Argumente an, die den Mietinteressenten von der Wirtschaftlichkeit der angebotenen Lösung im Gewerbepark überzeugen können.

- Nebenkosten
  sind zwar zum Teil durch städtische und staatliche Abgaben vorgegeben, die eigene kostenbewußte und effiziente Bauweise sowie eine gute Verwaltung tragen zur günstigen Kostengestaltung bei.

- Optimierte und kostensparende Raumlösungen
  Die Räume in einem Gewerbepark sind optimal an die Bedürfnisse des Nutzers angepaßt und können bei veränderten Anforderungen jederzeit durch Umbauten und Einbauten modifiziert werden. Darüber hinaus können, je nach Geschäftsentwicklung, die Miträume vergrößert oder auch Mietflächen abgegeben werden, ohne den Standort zu wechseln. Größere Umzüge sind aus der Natur eines Gewerbeparks heraus nicht notwendig, weil fast immer wieder Flächen in der bisherigen Umgebung des Mieters bereitgestellt werden können. Der Mieter spart dadurch an den unmittelbaren Kosten für den physischen Umzug und außerdem entfällt die aufwendige und teure Umpolung der Kundschaft auf einen neuen Standort.

- Betriebskosten
  Bei der Argumentation in der Vermarktung ist es wichtig, dem Interessenten klarzumachen, daß er in einem Gewerbepark wirtschaftlich arbeiten kann. Hier kann auf viele kostensparende Punkte hingewiesen werden. Beim Waren-Handling z. B. reduzieren optimale Betriebsabläufe bei Anlieferung und Vertikaltransport mit Aufzügen die Betriebskosten; die schnelle Erreichbarkeit der eigenen Fahrzeuge durch nahe Parkhäuser verringert die Reisezeiten; die gute technische Auslegung der Gebäude trägt zur Kostensenkung bei: Eine gute Isolierung beeinflußt die Lüftungs- und Heizkosten, große Fenster sparen an der Beleuchtung usw. Dabei kann es durchaus von Vorteil sein, tief ins Detail einzusteigen und z. B. bei Büros die Vor- und Nachteile von eingefärbten Glasscheiben bei der Klimatisierung und die dadurch entstehenden zusätzlichen Beleuchtungskosten gegeneinander abzuwägen. Jeder einzelne kostenmindernde Punkt, der aufgezählt werden kann, erhöht die Chancen für eine erfolgreiche Vermarktung der Mietflächen.

Für die Vermarktungsfähigkeit eines Gewerbeparks gibt es, wie man zusammenfassend feststellen kann, einige Voraussetzungen: Die genaue Kenntnis des Marktes, die Qualität des eigenen Produktes und der richtige Preis führen zu einem marktgerechten Angebot.

19.2.3 Struktur und Motive der Kunden

Um seine Kunden richtig ansprechen zu können, ist es für die Vermarktung wichtig, die Struktur und die Motive der potentiellen Kunden zu kennen. Zu untersuchen ist daher, mit welcher Klientel für den Gewerbepark zu rechnen ist. Die Schwerpunkte können hier je nach Marktgebiet differieren.[6]

Wie das Beispiel des Gewerbeparks Regensburg zeigt, gibt es dort vor allem Umzüge aus dem Marktgebiet und der weiteren Umgebung (Ostbayern). Diese Nutzer suchen einen neuen Standort in ihrem bisherigen Marktgebiet, vielleicht weil die Flächen am alten Standort veraltet sind oder keine Expansion zulassen.

Eine weitere Kategorie sind jene Nutzer, die sich einen neuen Markt erschließen oder neu im Markt präsent sein wollen und schnell günstige Flächen benötigen. Die Neugründer schließlich sind hier zwar von der Fläche her unbedeutend, sollten aber in einen Gewerbepark unbedingt aufgenommen werden, da sie wichtige Funktionen für eine Wirtschaftsregion erfüllen.

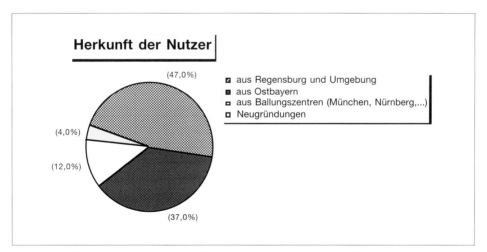

Abb. 19.1: Zusammensetzung der Nutzer des Gewerbeparks Regensburg

---
[6] Vgl. Annex 1.

Vermarktung von Gewerbeparks

Für die Vermarktung kann es auch hilfreich sein, die Motive der Kunden für die Anmietung im Gewerbepark zu kennen.[7]

Die leichte Erreichbarkeit und die verkehrsgünstige Lage, die ausreichende Parkplatzversorgung für Kunden und Belegschaft sind für viele Firmen wichtige Gründe, einen Standort in einem Gewerbepark zu wählen. Viele Unternehmen suchen das Image eines Gewerbeparks, weil sie sich davon eine Aufwertung des eigenen Images versprechen, andere werden als Mieter gewonnen, weil sie die besonderen Qualitäten eines Gewerbeparks für sich und ihr Personal attraktiv finden.

Darüber hinaus gibt es noch unausgesprochene, teils egoistische Gründe, die nicht ermittelt werden können. Sie liegen z. B. bei den Entscheidungsträgern, die Gefallen am Gewerbepark gefunden haben und vom neuen Standort Gewerbepark überzeugt sind, die aber vielleicht auch nur ihren Arbeitsplatz näher an ihren eigenen Wohnort legen oder staubelasteten Straßen ausweichen wollen.

Hingewiesen werden soll noch auf ein Potential an Mietern, das eigentlich gerne in den Gewerbepark kommen würde, aber noch durch die Vertragslaufzeiten ihrer gegenwärtigen Mietverhältnisse gebunden ist. Diese potentiellen Kunden im Auge zu behalten, am Projekt zu interessieren und laufend durch Werbematerial zu informieren ist bei der Vermarktung sehr wichtig, um sie später als Mieter zu gewinnen.

19.3 Vermarktungsstrategie

Die Vermarktungsstrategie wird sich unterscheiden, je nach dem, ob das Areal bis zur Baureife entwickelt und dann parzellenweise verkauft wird (vgl. Kap. 22) oder ob auf dem Gelände gewerbliche Gebäude errichtet und vermietet werden – der Fall, von dem in diesem Buch meist ausgegangen wird.

Da die Vermarktungsstrategie letztlich zum Ziel hat, das Projekt Gewerbepark wirtschaftlich zum Erfolg zu führen, sind auch Überlegungen anzustellen, wie beispielsweise das Gelände abschnittsweise zu bebauen ist, damit auch in der letzten Phase der Bebauung des Gewerbeparkareals beste und preiswerte Lagen zur Verfügung stehen.

---

[7] Vgl. Annex 3.

19.3.1 Kosten der Vermarktung

Die Kosten, die in der ersten Phase der Vermarktung für den Verkauf oder die Vermietung der entwickelten Grundstücksflächen oder der geschaffenen Mietflächen anfallen, müssen im Finanzierungsbudget des Projektes berücksichtigt werden. Die Höhe der Mittel bemißt sich je nach Projektgröße und Marktverhältnissen. Im Falle von Mietobjekten wird das Gewerbeparkmanagement auch nach der Erstvermietung am Markt operieren, um die durch Mieterwechsel leer werdenden Flächen wieder zu vermieten. Die Kosten hierfür müssen aus den laufenden Mieteinnahmen gedeckt werden. Dagegen sind die Vermarktungskosten während der Erstellungsphase zu den „weichen Kosten" der Herstellung zu zählen.

Die für die Vermarktung eingeplanten finanziellen Mittel werden zum einen zeitlich gesehen auf die Herstellungsphase aufgeteilt und dann zum anderen den einzelnen zum Einsatz kommenden Vermarktungsinstrumenten wie Werbemitteln, Merchandising, Aufwendungen für Veranstaltungen etc. zugeordnet. Dabei spielen Kosten-Nutzen-Abwägungen eine große Rolle, damit die Mittel möglichst effizient und produktorientiert eingesetzt werden und wirklich zur Vermarktung der Flächen führen.

19.3.2 Ablauf der Vermarktung

Die Vermarktung beginnt mit der ersten Vorstellung des Projektes in der Öffentlichkeit. Diese erste Vorstellung bestimmt bereits in großem Maße das Bild des Gewerbeparks in der Öffentlichkeit für die Zukunft. Eine sorgfältige Vorbereitung des Inhalts dieser ersten Veröffentlichung ist wichtig, damit die ersten Aussagen langfristig Bestand haben und nicht nach kurzer Zeit revidiert werden müssen. Bei einem ernsthaft betriebenen Projekt ist der Zeitpunkt des Grunderwerbs ein guter Anlaß, das Projekt vorzustellen. (Manche Entwickler gehen auch wesentlich früher an die Öffentlichkeit, weil sie den Markt testen wollen oder weil sie eine Marke setzen wollen, um den Markt zu besetzen, um andere davon abzuhalten, im gleichen Sektor tätig zu werden.)

Ziel der Vermarktung in der ersten Zeit ist es zum einen, den Gewerbepark in der Öffentlichkeit und bei geeigneten Multiplikatoren bekanntzumachen, um ein günstiges Klima für das Projekt zu schaffen, und zum anderen, den Gewerbepark bei potentiellen Mietern oder Käufern als guten Standort bekanntzumachen. Wichtig ist dabei, dem Gewerbepark ein gutes Image zu verschaffen und die Besonderheiten des Konzepts zu erläutern.

Bei der Vermarktung soll einerseits das Projekt als Ganzes dargestellt werden, und andererseits sollen die einzelnen zu vermarktenden Objekte (Büros, Hotels, Gewerbeblocks) präsentiert werden. Dem potentiellen Nutzer muß zunächst einmal die Botschaft vermittelt werden, daß ein Gewerbepark durch sein Konzept besondere Qualitäten hat, die ihn von herkömmlichen Gewerbegebieten oder -flächen unterscheiden. Dazu muß man den Kunden auch verständlich machen, daß der Gewerbepark eine Gesamtentwicklungszeit durchläuft und daß seine besonderen Vorteile mit Fortschreiten des Projektes ausreifen. Nicht nur die heutige Qualität, sondern auch die zukünftige Qualität nach Fertigstellung des Gewerbeparks ist ein Verkaufsargument.

Mit der zunehmenden Fertigstellung muß dann das Vermarktungskonzept immer wieder modifiziert und an die neuesten Gegebenheiten angepaßt werden. Spezielle Standortqualitäten wie z. B. der Imagegewinn durch eine besonders renommierte Firma oder Fühlungsvorteile durch die Konzentration bestimmter Branchen, die sich nur zum Teil planen lassen, werden sich in einem gut geführten Gewerbepark im Lauf der Jahre entwickeln.

Ein Ziel der Vermarktungsbemühungen muß es daher sein, solche Standortvorteile aktiv herbeizuführen, indem z. B. keine Mühen gescheut werden, um bedeutende Unternehmen für den Standort zu gewinnen. Die neu entstehenden Qualitäten können dann wieder als Argumente in die Vermarktung eingehen. Besonders erfolgversprechend ist es dabei, die bereits im Gewerbepark angesiedelten Firmen in den Werbe- und Vermarktungsprozeß einzubeziehen.

19.4 Vermarktungsinstrumente

19.4.1 Vertriebsorganisation

Eine eigene Vermarktungsabteilung ist zwar kostspielig, aber effizient. Mit der eigenen Vermarktungsabteilung wird ein Stab von Leuten herangebildet, der alle Einzelheiten des Gewerbeparks kennt, durch laufende Schulungen[8] Vertrautheit mit dem Projekt, Fachwissen und Sicherheit erhält und

---

[8] ULI – The Urban Land Institute (Hrsg.), Office Development Handbook, 3. Auflage, Washington D.C. 1988, S. 90: „The Koll Company of California has weekly education sessions for people in the sales offices covering self-motivation, product presentation, listening, negotiation techniques, overcoming objections, getting commitments, following up and closing."

immer sachkundig Auskunft geben kann. Die Vermarktungsfachleute sind auch über alle Entscheidungen und Entwicklungen im Zusammenhang mit dem Gesamtprojekt bestens informiert. Dazu ist es nötig, daß sie eng mit der Spitze des Development-Teams zusammenarbeiten.

Die Hauptaufgabe der Vertriebsorganisation eines großen Gewerbeparks ist der Abschluß von Verträgen zur Vermietung der errichteten Gebäude oder zum Verkauf der Grundstücke im Gewerbepark. Für diese und alle anderen Aufgaben, die im Zusammenhang mit der Vermarktung eines Gewerbeparks anfallen, sind gute Vertriebsleute unverzichtbar.

Für Miet- oder Kaufverhandlungen ist es besonders wichtig, daß die Kontaktpersonen in der oberen Firmenhierarchie angesiedelt sind, damit die Interessenten den Eindruck haben und dann auch die Erfahrung machen, daß sie mit kompetenten und abschlußfähigen Personen verhandeln. Die Ausarbeitung von Details und die Abwicklung der Verträge können in der Hierarchie nach unten delegiert werden, nicht aber das Aushandeln von Verträgen.

Teile der Vermarktungsaufgaben können an Außenstehende vergeben werden, die zentrale Vermarktungsstrategie wird aber immer im Hause des Developers zu erarbeiten sein.

Immobilienmakler oder Immobilienverwaltungsgesellschaften, die mit der Vermarktung beauftragt werden, müssen von der personellen Seite und der Sachkompetenz her fähig sein, ein so umfangreiches Angebot, wie es durch den Gewerbepark geschaffen wird, zu vermarkten. Es gibt große und gute Makler, die durchaus in der Lage sind, die Vermarktung zu übernehmen.

Der Vertrag zwischen dem Developer und den Maklern oder Immobilienverwaltungsgesellschaften ist umfangreicher als ein üblicher Maklervertrag, weil eine kontinuierliche Aufgabe gegeben ist, nicht nur einzelne gelegentliche Vermittlungen. In die vertragliche Abmachung muß unter anderem aufgenommen werden, inwieweit der Makler vor Ort auch andere Projekte betreuen und in Konkurrenz zum beauftragten Projekt vermieten darf. Eine Interessenteilung erscheint äußerst schwierig, wenn ein Makler auf breiter Ebene tätig ist. Der Exklusivauftrag, den der Entwickler der Agentur gibt, sollte auf der anderen Seite ebenfalls Exklusivität bringen. Ein weiterer Vertragspunkt ist die Frage, von wem und in welcher Höhe Provisionen zu zahlen sind.

Bei der Vermarktung des Gewerbeparks durch einen Makler, besonders dann, wenn er einen Exklusivauftrag hat, ist der enge Kontakt zwischen der obersten Spitze des Gewerbeparkentwicklungsteams und den Vertriebsleuten des Maklerbüros notwendig. Sie müssen genausogut wie ein eigenes Team über alle Entwicklungen informiert werden und in die Erarbeitung aller Broschüren und aller Werbemittel einbezogen werden, damit die Vermarktung effizient läuft.

Arbeitet man mit vielen oder allen Maklern zusammen, bietet es sich an, sie in regelmäßigen Abständen in eigenen Veranstaltungen über das Projekt zu informieren und die neuesten Informationen und neuesten Broschüren zur Verfügung zu stellen.

Will der Developer mit vielen oder allen Maklern eines Marktgebietes zusammenarbeiten, kann er allen in Frage kommenden Maklern Stellungnahmen zukommen lassen, auf welcher Basis die Zusammenarbeit geplant ist. Makler in Deutschland leiten zum Teil aus der Zusendung eines Prospekts schon eine Beauftragung und Provisionsansprüche ab.

Die Kenntnis der jeweiligen Rechtslage ist wichtig, damit nicht bei Kontakten mit Maklern, die nicht beauftragt werden sollen, der Eindruck entsteht, sie wären beauftragt, die Flächen zu vermarkten.

Es gibt weitere Arbeiten, die an Dritte vergeben werden können. Für die Erstellung der Werbeunterlagen wird man meist eine professionelle Werbeagentur einschalten. Auch hier sind jedoch die Mitarbeit und Sachkenntnis des eigenen Teams des Gewerbeparks notwendig, z.B. bei der Textung von Prospekten. Ebenso ist die Vergabe der Public-Relations-Aufgaben, also der Pflege des Kontaktes mit der Öffentlichkeit, an große PR-Agenturen oft üblich, es wird aber immer ein Teil der Arbeit im eigenen Hause zu leisten sein.

19.4.2 Allgemeine vertriebsfördernde Maßnahmen

19.4.2.1 Schaffen eines Images

Für einen neuen Gewerbepark, der in den Markt eingeführt werden soll, ist es wichtig, daß er von Anfang an mit einem positiven Image in der Öffentlichkeit und bei der Zielgruppe der potentiellen Kunden verankert wird. Um diese Wirkung zu erreichen, gibt es eine Reihe von Maßnahmen, bei deren Ausarbeitung man auch auf die Hilfe professioneller Werbe- und PR-Agenturen zurückgreifen kann.

Ein wichtiger erster Punkt ist die Namensgebung: Ein Name stellt Assoziationen und Verbindungen her, er drückt Art, Charakter und Image des

Parks aus und sollte daher mit Bedacht gewählt werden. Der Begriff „Gewerbepark" ist heute zum Gattungsbegriff geworden, so daß eine Gewerbegebietsentwicklung, die als Gewerbepark im Sinne dieses Buches ausgelegt ist, einen Namen braucht, der die individuelle Identifikation möglich macht.[9] Dafür bieten sich z.B. an: der Name des Entwicklers[10], die Art des Gewerbeparks[11], die geographische Lage[12], das Land oder die Stadt[13].

Eine Corporate Identity im übertragenen Sinne hat auch für einen Gewerbepark einen hohen Wert. Ein einheitliches Erscheinungsbild durch ein Logo und einen bestimmten Stil in der Werbung und auf Geschäftspapieren prägt das Image des Gewerbeparks und hat einen großen Wiedererkennungseffekt. Die einmal gewählte Linie sollte während der Vermarktungsphase nicht geändert werden.

Das Bild des Gewerbeparks wird auch geprägt durch die Art des Merchandising, etwa durch das gepflegte Gelände oder die Freundlichkeit gegenüber den Kunden. Weiterhin ist die Ansiedlung von national oder international bedeutenden Unternehmen in einem Gewerbepark von hoher Bedeutung für das Image, vor allem, wenn das Prestige dieser Firmen in der Vermarktung eingesetzt wird und der Gewerbepark sich bei potentiellen Kunden und in der Öffentlichkeit als Spitzenstandort präsentieren kann.

19.4.2.2 Indirekter Vertrieb

Die Bekanntheit und Akzeptanz eines Gewerbeparks bei der Zielgruppe können durch die Hilfe geeigneter Multiplikatoren gefördert werden. Dazu gehören die städtischen und staatlichen Stellen, die mit der Stadtentwicklung und Wirtschaftsförderung befaßt sind.

Die Wirtschaftsförderungsreferate oder -gesellschaften der Kommune oder der Bezirksregierung beispielsweise können gezielt angesprochen und mit Informationsmaterial über die Planungen und die fortlaufende Entwicklung des Gewerbeparks versorgt werden, so daß diese Stellen Informationen über den Gewerbepark in ihre Broschüren und Publikationen aufneh-

---

[9] Im Jahr 1980 war der Begriff „Gewerbepark" in Deutschland noch nicht etabliert, so daß ich diesen Namen in Anlehnung an das englische „Business Park" für das damals begonnene Projekt in Regensburg wählte. Der Name „Gewerbepark Regensburg" wurde firmenrechtlich geschützt. Der Begriff setzte sich in kurzer Zeit als Bezeichnung für alle Gewerbegebiete durch.
[10] Tucher Park, München
[11] Media Park, Köln
[12] Süd-West-Park Nürnberg
[13] Gewerbepark Regensburg

men können und Firmen, die mit Anfragen zu ihnen kommen, auf den Gewerbepark verweisen können. Selbst die Zuzahlung zu Broschüren, die von diesen Stellen erstellt werden, um für den Standort zu werben, wäre denkbar. Auch die Selbstverwaltungsgremien der Wirtschaft, Industrie- und Handelskammern sowie Handwerkskammern beraten bei der Ansiedlung von Gewerbebetrieben und sollten ebenfalls über Informationsmaterial über den Gewerbepark verfügen.

Zu den Multiplikatoren, die in den Informationsprozeß eingebunden werden können, gehört auch die Presse: Zeitschriften und Zeitungen mit Wirtschafts- und Immobilienteil und Fachzeitschriften (z.B. für die Textilwirtschaft oder für Gaststätten), die Berichte über Immobilien bringen.

Der indirekte Vertrieb über Multiplikatoren ist dann erfolgreich, wenn die Erstinformation ganz gezielt auf die zuständige Person hin vorgenommen wird. Außerdem können für die zuständigen Mitarbeiter der Behörden, der Presse usw. eigene Informationsveranstaltungen organisiert werden.

Ein Gewerbeparkprojekt, das von den Sachbearbeitern der Städte, der Regierungen, den Abteilungsleitern der Kammern und den Journalisten der Immobilienressorts sachkundig vertreten wird, hat bereits einen hohen Stellenwert in einer Wirtschaftsregion gewonnen.

19.4.2.3 Das Vermarktungspotential des Geländes

Das Baugrundstück bietet eine Fülle von oft preiswerten Möglichkeiten, einer breiten Öffentlichkeit das Projekt zu präsentieren und dabei auch potentielle Mieter oder Nutzer anzusprechen.

Nach deutschem Recht ist auf jeder Baustelle eine Bautafel aufzustellen. Durch gute Gestaltung, Abbildungen der geplanten Objekte und erklärenden Text kann diese Bautafel ein Werbeträger mit großer Annoncenwirkung werden, vor allem, wenn das Grundstück an einer vielbefahrenen Straße, an einer überregionalen Verkehrsverbindung oder an der Autobahn liegt und die Tafel gut sichtbar ist. Die wichtigsten Informationen müssen aus dem Auto heraus zu erfassen sein, darüber hinaus gibt es noch Texte mit detaillierten Einzelinformationen. Die ständige Aktualisierung und die gefällige Gestaltung der Umgebung dieser Bau- und Werbetafeln sind als Teil des Merchandising wichtig. Bereits zu Beginn der Entwicklung des Gewerbeparks können, wie es in den Vereinigten Staaten üblich ist, die Kreuzungen zum öffentlichen Verkehrsnetz ausgebaut und die Umgebung der Einfahrten repräsentativ, aber nicht überzogen gestaltet werden.

Vermarktung von Gewerbeparks

Bautafeln vor im Bau befindlichen Gebäuden dienen der Information von Mietinteressenten.

Von hohem Wert ist die Beschilderung der öffentlichen Straßen mit Wegweisern zum Gewerbepark. Sie sollte, auch wenn das gegenüber den Behörden nur schwer durchzusetzen ist, bereits zu Beginn der Bauarbeiten vorgenommen werden.

Werbung ist auch die Gesamtpräsentation des Geländes. Hinweisschilder innerhalb des Geländes tragen zur guten Orientierung bei. Kleine Bautafeln vor Gebäuden im Bau dienen der Information von möglichen Interessenten. Ein einfaches Werbemittel, das aber hohen Aufmerksamkeitswert bringt, sind bunte oder mit dem Logo des Gewerbeparks versehene Fahnen.

Das Gelände selbst sollte sich gepflegt und sauber zeigen. Selbst wenn erst an einigen Stellen mit dem Bauen begonnen wird, kann das gesamte Gelände bereits gärtnerisch bearbeitet werden – ohne großen Aufwand, aber ersichtlich gepflegt. Wenn die ersten Gebäude fertiggestellt sind, sollte auch ihr Umfeld endgültig gärtnerisch angelegt und ein Bereich geschaffen werden, der im weiteren Bauverlauf als fertig und unantastbar zu gelten hat, damit potentielle Mieter nicht „in eine Baustelle" einziehen.

Ein frei zugänglicher Verkaufs- und Informationspavillon auf dem Grundstück, möglichst an einer Stelle, wo er bis zur Fertigstellung des Gewerbeparks stehenbleiben kann, gibt Interessenten die Möglichkeit zu unverbindlichen Informationsbesuchen. Sachkundiges Personal gibt bei Interesse Auskunft, es liegen Broschüren über die einzelnen Objekte aus, Modelle, Pläne, Bilder und Videos geben eine Vorstellung davon, wie der Gewerbepark bei Fertigstellung aussehen wird. Die Kosten eines solchen Pavillons können sehr hoch sein, wenn er jedoch Leerstand vermeiden hilft, bringt er größere Ersparnisse als er Kosten verursacht.

19.4.2.4 Merchandising

Direkte Werbung will den Interessenten nahebringen, welche rationalen Vorteile ein Gewerbepark, eine bestimmte Immobilie, ein Büro oder spezielle gewerbliche Räume bieten. Die Argumentation wendet sich eher an den Verstand. Es gibt aber vor allem bei der Immobilienpräsentation daneben noch Maßnahmen des Merchandising, die sich an das sinnlich Wahrnehmbare, an die Augen, an das Gemüt und an die Persönlichkeit des Kunden wenden. Beides – Werbemaßnahmen und Merchandising – wollen letztlich Kunden für die Anmietung von Flächen oder für den Kauf eines Grundstücks oder einer Immobilie gewinnen.

Alle Werbemaßnahmen können vergeblich sein, wenn der Kunde das Areal des Gewerbeparks aufsucht und durch schmutzige Straßen, schlechtes Erscheinungsbild, unfreundliches Personal oder nicht sachkundige Gesprächspartner irritiert und verärgert wird und einen schlechten Eindruck erhält. Merchandising im Gewerbepark zielt darauf ab, daß der Interessent das Umfeld, das er erlebt, und die Menschen, mit denen er zu tun hat, als freundlich und positiv empfindet.

Der Gewerbepark darf sich nicht als wüste Baustelle mit schmutzigen Straßen, abgelagerten Baustoffen, Abfall und unpassierbaren Wegen präsentieren, vielmehr sollten von Anfang an eine sauber abgegrenzte Baustelle, saubere Straßen, Besucherparkplätze, von denen aus man trockenen Fußes das Verkaufsbüro und die Baustelle erreichen kann, die Beeinträchtigungen für den Besucher minimieren. Wenn darüber hinaus noch nicht genutzte Teile des Geländes gepflegt, die Einfahrtsbereiche gestaltet und beschildert sind, erste Pflanzungen angelegt oder nach Fertigstellung der ersten Gebäude auch die zugehörigen Außenanlagen fertiggestellt sind, entsteht ein positiver Gesamteindruck.

Ein potentieller Kunde, der zu einem Gespräch in den Gewerbepark kommt, sollte in freundlicher Atmosphäre empfangen werden. Wenn der Gesprächspartner nicht sofort zur Verfügung steht, kann dem Interessenten angeboten werden, sich umzusehen und zu informieren, z. B. durch Informationsbroschüren, Modelle oder in Musterbüros. Ein aufmerksam behandelter Interessent wird längere Wartezeiten eher ohne Ärger in Kauf nehmen als jemand, der auf einem einsamen Stuhl in der Halle wartet.

Je weiter der Gewerbepark fortschreitet, desto mehr werden die Gestaltung und Pflege der Gesamtanlage eine Merchandising-Chance für das gesamte Projekt. Eine Anlage, die sich mit einem positiven Erscheinungsbild präsentieren kann, hat schon viele Pluspunkte gesammelt, vor allem im Vergleich mit manchen herkömmlichen Gewerbeansiedlungen.

19.4.3 Public Relations

Für ein Gewerbeparkprojekt ist die Kontaktpflege des Developers mit der Öffentlichkeit von Anfang an sehr wichtig. Über die Medien, im wesentlichen über Printmedien, aber auch über das Radio und Fernsehen, wird die Öffentlichkeit über das Projekt informiert und bildet sich ihre Meinung dazu. Die oberste Geschäftsleitung eines Gewerbeparks muß ständig für Public Relations zur Verfügung stehen, um in kompetenter Weise zu informieren und Rede und Antwort zu stehen. Die Verantwortung für Public Relations wird daher zumindest zu einem Teil immer im obersten Führungsbereich angesiedelt werden.

PR-Aktionen haben die Aufgabe, für das Projekt Gewerbepark ein günstiges Klima mit anderen Mitteln zu schaffen, als es die Werbung kann. Sie richten sich an die interessierte Öffentlichkeit, an Wirtschaft, Politik und Verwaltung. Die angesprochenen Personen und die Öffentlichkeit sind zwar nicht unmittelbar als Mieter oder Käufer eines Gewerbeparks zu sehen, indirekt aber wird das durch die Öffentlichkeitsarbeit erzeugte Image zum Erfolg eines Gewerbeparks beitragen. Daneben gibt es auch PR-Veranstaltungen, die sich an die potentiellen Mieter oder Käufer richten und in erster Linie der Vermarktung dienen. Ebenso wie die Werbung muß auch die Öffentlichkeitsarbeit ihre Ziele und Zielgruppen und die entsprechenden Instrumente analysieren und definieren.

Eine große Presseabdeckung in der Genehmigungsphase mag durchaus die richtigen Leute treffen, nämlich Öffentlichkeit und Politik, und dort die Akzeptanz des Projektes erhöhen und ein gutes Klima für die Genehmigung

Vermarktung von Gewerbeparks

schaffen, die gleiche Presseabdeckung wird aber vielleicht die angepeilte Nutzergruppe nicht erreichen.

19.4.3.1 Medienarbeit

Ein wichtiger Teil der Öffentlichkeitsarbeit ist die Zusammenarbeit mit den Medien. Wenn die Journalisten durch den Developer des Gewerbeparks gut informiert werden, können Fehlinformationen vermieden werden. Gute Pressearbeit beinhaltet auch, daß die Presse nicht wegen zu geringer Informationen verärgert wird oder Artikel entstehen, die gegenüber dem Projekt negative Einstellungen hochkommen lassen. Die Medien selbst üben durch Kommentierung und Meinungsäußerungen einen Einfluß auf die Öffentlichkeit aus, der nicht immer nur nach den Vorstellungen des Entwicklers sein wird.

Durch intensive PR-Arbeit kann das Bild in der Öffentlichkeit wesentlich beeinflußt werden. Gerald Hines, ein amerikanischer Developer, erläuterte bei einer Tagung des Urban Land Institut 1984 in Washington sein Konzept dazu. Er macht ein neues Projekt, noch ehe es der Presse vorgestellt wird, in eigenen Textanzeigen und durch eigene Programmbeiträge in gekauften Radio- und Fernsehzeiten der Öffentlichkeit bekannt, um sicherzustellen, daß die Erstinformation seinen Vorstellungen entspricht. Diese erste Information formt das Bild, das sich die Öffentlichkeit von dem Projekt macht. Sie wird für so wichtig gehalten, daß dieser Developer sie nicht den Journalisten überlassen und bei der Vorstellung eines Projektes nicht davon abhängig sein will, was die Presse als „Story" bringt und welchen Teil einer Presseinformation oder eines Pressegespräches sie veröffentlicht. Das Projekt wird den Journalisten erst nach der eigenen Präsentation vorgestellt. Erst dann haben die Medien die Möglichkeit, darüber zu berichten.

19.4.3.2 Veranstaltungen

Veranstaltungen sind eine gute Möglichkeit, einen Gewerbepark in der Projekt- oder Entwicklungsphase und auch bei teilweiser Fertigstellung einer breiten interessierten Öffentlichkeit vorzustellen. PR-Maßnahmen können Informationsveranstaltungen für die Presse, für die Nachbarschaft, für Politiker und Parteien, für die Wirtschaft und allgemein für die interessierte Öffentlichkeit sein, oder sie können als Vermarktungsinstrument genutzt werden und sich direkt an die potentiellen Mieter oder Käufer wenden.

Für Veranstaltungen, die der Imagebildung dienen, bieten sich z. B. der Spatenstich zu Beginn des Projektes, Richtfeste einzelner Gebäude während der Bauphase, Jubiläen wie „5 Jahre Gewerbepark" oder der 100. Mieter als Anlässe an. In welchem Rahmen derartige Veranstaltungen ablaufen, ist davon abhängig, wie groß das Projekt ist und was der Anlaß ist. Es kann z. B., wenn es die erste Präsentation in der Öffentlichkeit ist, der Developer oder Investor die Bedeutung des Projektes für die Region erläutern, zu anderen Gelegenheiten kann die Rede einer bekannten Persönlichkeit im Vordergrund stehen oder eine Musikgruppe auftreten.

Presseveranstaltungen können echte Informationsveranstaltungen sein oder auch so geplant und gestaltet werden, daß die daraus resultierenden Presseberichte rein der Vermarktung dienen, besonders dann, wenn der Gewerbepark bereits zum Teil fertiggestellt ist und sie mit Mieterveranstaltungen kombiniert werden.

Veranstaltungen, die sich gezielt an die zukünftigen Nutzer eines Gewerbeparks richten, sind sowohl in der Planungsphase als auch zu einem späteren Zeitpunkt, wenn der Gewerbepark bereits entwickelt ist, von Bedeutung. In diese Aktionen können bereits im Gewerbepark ansässige Firmen einbezogen werden, z. B. indem diese ihre potentiellen Kunden in den Gewerbepark einladen, um ihre Leistungsfähigkeit zu zeigen. Aus dieser Gruppe mögen durchaus spätere Nutzer von Büros, Ausstellungsräumen oder anderen Räumen des Gewerbeparks kommen.

Man sollte sehr vorsichtig sein, Veranstaltungen mit sachfremden Einlagen aufzupeppen, damit die gewünschte Klientel kommt, da das schnell sehr teuer werden kann und nur zu leicht dazu führt, daß man sich immer weiter von der eigentlichen Zielsetzung aller Bemühungen, nämlich der Markteinführung des Gewerbeparks, entfernt. Oft werden durch solche Veranstaltungen Personen angesprochen, die nicht Zielgruppe sind. Ein hoher Bekanntheitsgrad in gewissen Kreisen muß nicht unbedingt auch den kaufmännischen Erfolg eines Gewerbeparks nach sich ziehen. Sogenannte reine PR-Veranstaltungen müssen unter diesem Gesichtspunkt besonders kritisch gesehen werden. Sie fördern sonst schnell ausschließlich das Image des Managements und führen nur noch zu gegenseitigem Schulterklopfen.

Veranstaltungen finden oft ein großes Presseecho in der lokalen und überregionalen Presse und in Fachzeitschriften. Eine gute Pressedokumentation kann den Umfang dieser Publizität belegen. Presseveröffentlichungen können als indirekte Werbung aufgefaßt werden und sind oft wirkungsvoller als eigene Zeitungsanzeigen. Um ihre Wirkung zu vergleichen, werden die Millimeter an Presseberichten in Relation zu dem für eine vergleichbare Wirkung aufzuwendenden Betrag für Werbeanzeigen in Zeitungen gesetzt. Anhand einer Pressedokumentation kann auch immer wieder kritisch gefragt werden, ob die Veröffentlichungen innerhalb oder außerhalb des Marktbereiches erscheinen, wo sie einen hohen Streuverlust haben, und ob sie die Klientel erreichen, die man ansprechen will.

19.4.4 Werbung

19.4.4.1 Analyse der Zielgruppen und Werbemittel

Werbung richtet sich direkt an die Zielgruppe. Am Beginn der Werbemaßnahmen stehen die genaue Analyse und Definition der Zielgruppe und der geeigneten Werbemittel, welche wiederum von der Zielgruppe und damit vom Typus des Gewerbeparks abhängig sind. Der Einsatz der begrenzten Geldmittel für die Werbung muß zielgruppenorientiert sein: Ein innerstädtischer Gewerbepark, der ein breites Spektrum von Nutzern ansprechen will, wird andere Werbemittel benutzen müssen als ein Büropark, ein Sciencepark neben einer Universität andere als ein Speditions- und Lagerpark. Die Entscheidung über die geeigneten Werbemittel kann nur anhand sorgfältiger Analysen getroffen werden, in die auch die einzelnen Werbeträger und Medien einbezogen werden. In einem Fall bringen Mailings den größten Erfolg, in einem anderen die Publikation in Fachzeitschriften und wieder in einem anderen Fall eine breit angelegte Werbekampagne. Aufgrund der Größe des Marktgebietes kann es möglich sein, daß die Streuverluste so groß sind, daß die Kosten einer Werbung in keinem Verhältnis zu den erreichten Interessenten stehen. Es kann aber auch umgekehrt so sein, daß die Zielgruppe so weit im Marktgebiet verstreut ist, daß sie nur von den breit streuenden Medien erreicht wird. Der Umfang der notwendigen Werbung wird auch bestimmt durch die Konjunktur. Bei guter Konjunktur sucht der Kunde den Anbieter, bei schlechter Konjunktur der Anbieter den Kunden.

19.4.4.2 Professionelle Gestaltung der Werbung

Der Einsatz einer guten Werbeagentur stellt sicher, daß der ganze Stil der Werbung, Logo und grafisches Erscheinungsbild professionell sind. Technische Informationen, Werbeanzeigen, Werbebroschüren und alle anderen Werbemittel sollten von hoher Qualität sein. Der dafür notwendige finanzielle Aufwand sollte nicht gescheut werden, um den Erfolg der Vermarktung zu fördern.

19.4.4.3 Einzelne Werbemittel

Zur Vorstellung des Gesamtprojektes in der Öffentlichkeit und zur Werbung für Einzelobjekte gibt es zahlreiche mögliche Werbemittel: Anzeigen in verschiedenen Pressepublikationen, Radio- und Fernsehspots, Prospekte, Videos, Mailings und anderes.

Ganz allgemein sollte jede Art von Werbung auf die Zielgruppe abgestellt sein und klare, leicht verständliche und sachgerechte Aussagen enthalten, wobei man sich aus Gründen der Glaubwürdigkeit vor Übertreibungen hüten sollte.

Anzeigen in der Presse, Radio- und Fernsehwerbung sollten wenige, einfache und schnell erfaßbare Informationen vermitteln. Prospekte, Broschüren und sonstige Unterlagen, die im Vertrieb eingesetzt werden, ebenso wie Videos oder CD-ROM, können einerseits das Gesamtprojekt vorstellen und andererseits für einzelne Objekte oder Nutzungen werben. Bei Werbung für das Gesamtprojekt kann man zeigen, wie das Projekt als Ganzes nach der Fertigstellung aussehen wird, was die Besonderheiten des Konzepts sind und welche Synergieeffekte und Vorteile den Nutzer erwarten.

Einzelprojekte können in hochwertigen Werbemitteln vorgestellt werden, um eine möglichst frühzeitige Vermarktung der Flächen zu fördern. Im Vertrieb werden weiterhin technisch ausgerichtete Unterlagen für die einzelnen Flächentypen und für die verschiedenen Gebäude verwendet, in denen technische Informationen und Beispiele für Grundrisse und mögliche Nutzungseinheiten aufgezeigt werden. Mit zunehmender Vollendung des Gewerbeparks werden die Inhalte der Werbungsunterlagen modifiziert und der neuen Situation angepaßt, indem z. B. auch auf neu entstandene Standortvorteile durch Spezialisierung und Branchenkonzentration hingewiesen wird.

Zielgruppenspezifische Mailings sind ein wichtiges Werbemittel bei der Vermarktung von Gewerbeflächen. Adressen, z. B. von Ärzten, Anwälten, Steuerberatern, erhält man bei den Kammern und bei Adreßanbietern. Die Zielgruppe kann durch ein einfaches Schreiben für den Standort Gewerbepark interessiert werden, hochwertigere Unterlagen werden erst im Falle einer Rückantwort versandt, da die Druck- und Portokosten wegen der Vielzahl der zu versendenden Unterlagen sonst sehr hoch werden würden.

Die zunehmende Zahl der Mieter in einem Gewerbepark ist ein ganz wichtiger Werbefaktor für einen Gewerbepark. Alle Post, die von den Firmen im Gewerbepark versandt wird, trägt mit der Absenderadresse „Gewerbepark soundso" eine Werbebotschaft nach außen, die noch größer wird, wenn sich die Nutzer bereit erklären, zusätzlich das Logo des Gewerbeparks zu benutzen.

Man kann den Nutzern z. B. auch Briefkuverts mit einem Werbeaufdruck zur Verfügung stellen oder ihrer Post Werbeinformationen beilegen, wozu sie meist bereit sind, wenn ihnen im Gegenzug beispielsweise andere Werbemöglichkeiten geboten werden. Oft ist es für die Vermarktung von Flächen günstiger, die Anzeige einer renommierten Firma zu finanzieren, in der sie ihren Umzug in den Gewerbepark bekanntgibt (mit Bild des Objekts), als selbst eine Anzeige zu schalten.

In einem zum Teil fertiggestellten Gewerbepark kann man die Bildung einer Werbegemeinschaft der Nutzer initiieren, weil dadurch anderen Gewerbetreibenden im Marktgebiet das Engagement und die Aktivität des „Gewerbeparks" demonstriert werden.[14]

Die Werbemittel wären nicht vollständig, wenn nicht auch auf die kleinen Werbemittel wie Kugelschreiber, Streichhölzer, Notizblöcke hingewiesen würde. Es ist allerdings immer wieder zu fragen, welche Wirkung diese Give-aways auf die Zielgruppe haben, ob z. B. Zündhölzer mit einem Bild des Gewerbeparks, die in irgendeiner Küche benutzt werden, die Zahl der Nachfrager nach Gewerbeflächen in einem Gewerbepark erhöhen.

---

[14] Beispiele für Aktionen der Verwaltung des Gewerbeparks Regensburg in Zusammenarbeit mit der Werbegemeinschaft:
– Sondereintrag im Telefonbuch als gemeinsame Seite aller Mieter
– Eintragung in Branchenregister
– Alphabetisch geordnete Liste aller Dienstleister, Großhandlungen und Einzelhändler im Gewerbepark und ihres Angebotes (vierteljährlich)
– Gemeinsame Werbeanzeigen z. B. der Computerbetriebe, Beratungsunternehmen, Großhandlungen etc.

20
Vermietung

20. Vermietung

20.1 Grundsätze für Gewerbeparkmietverträge

Der Mietvertrag zwischen dem Vermieter und dem Mieter in einem Gewerbepark ist nicht einfach ein üblicher Mietvertrag für gewerbliche Räume, sondern enthält zusätzliche Regelungen, die für die Umsetzung, langfristige Erhaltung und Verbesserung des Gewerbeparkkonzepts wichtig sind. Jedes Konzept für einen speziellen Gewerbepark und jeder Standort werden besondere Regelungen erfordern. Erst nachdem das Entwicklungsteam klare Vorstellungen über die Inhalte des Mietvertrages erarbeitet hat, kann die Vorlage den Juristen zur Erarbeitung einer rechtlich tragfähigen Textfassung übergeben werden.

Der Mietvertrag soll von einem Geist der Partnerschaft und einem fairen Interessenausgleich getragen werden und in seinen Formulierungen klar und eindeutig sein, so daß keine Interpretationszweifel entstehen können. Klarheit und Fairneß der Verträge sind eine gute Basis für die Zusammenarbeit zwischen Mieter und Vermieter. Nichts ist dem Image eines Gewerbeparks abträglicher als juristische Auseinandersetzungen mit den Mietern.

20.2 Die Vertragsparteien

Es wäre naheliegend, bei der Vermietung von Flächen in einem Gewerbepark Mietverträge zwischen dem Eigentümer des Gewerbeparks und den einzelnen Nutzern abzuschließen. Vor allem steuerliche Gründe (die Befreiung der Mieteinnahmen von der Gewerbesteuer) erfordern andere Gestaltungen, die nachfolgend dargestellt werden.

20.2.1 Der Eigentümer als Vermieter

Zunächst soll der Fall der direkten Vermietung durch den Eigentümer bzw. durch die Besitzgesellschaft an die Mieter diskutiert werden, der jedoch steuerlich problematisch sein kann, wenn nicht sehr klare Abgrenzungen eingehalten werden.

Vermietung

Die Vorteile dieser Vorgehensweise sind

- klare, übersichtliche Rechtsbeziehungen,
- klare, übersichtliche Zuordnung der Einnahmen und Ausgaben aus dem Objekt,
- direkte Eigentümerkontrolle aller mit der Vermietung zusammenhängenden Punkte wie Miethöhe, Bonität, Laufzeiten, Sicherheiten,
- effiziente und sparsame Verwaltung des Objektes durch die Eigentümerinteressen.

(Die Beauftragung einer fremden Verwaltungsgesellschaft wird jedoch aus steuerlichen Gründen kaum vermieden werden können, siehe unten.)

Ein wichtiger Punkt für den Vermieter ist die steuerliche Gestaltung. Mieteinnahmen werden nach der deutschen Steuergesetzgebung unterschiedlich besteuert, je nachdem, welcher der verschiedenen Einkunftsarten sie zugeordnet werden. Leider ist es oft so, daß gewisse Formalien darüber entscheiden, ob mehr oder weniger Steuern zu zahlen sind.

Einnahmen aus Vermietung und Verpachtung unterliegen nur der Einkommensteuer. Das Vermögen wird als Privatbesitz betrachtet. Einkünfte aus Gewerbebetrieb dagegen unterliegen zusätzlich der Gewerbesteuer, die nicht nur auf den Gewinn, sondern auch auf die Zinsen der Fremdfinanzierung erhoben wird. Der Gewinn bei Veräußerung von Betriebsvermögen wird voll versteuert.

Ein „ruhender Gewerbebetrieb" mit Immobilienvermögen erzielt Einkünfte aus Vermietung und Verpachtung, die nicht der Gewerbesteuer unterworfen werden. Es sind jedoch gewerbliche Einkünfte. Veräußerungsgewinne werden wie bei einem Gewerbebetrieb besteuert.

Die steuerlichen Verhältnisse sind kompliziert und müssen mit einem Steuerfachmann geklärt werden. Hier sollen nur einige wichtige Anregungen gegeben werden.

Für die Eigentümer eines Gewerbeparks kann es steuerlich günstig sein, die Einkunftsart „Vermietung und Verpachtung" zu haben, für die das Steuerrecht jedoch enge Regeln vorschreibt. Sie limitieren die Aktivitäten des Immobilienbesitzers auf hausverwalterische Tätigkeiten „im üblichen Umfang", die Vereinnahmung der Miete und die Wiedervermietung der Räumlichkeiten. Alle Aktivitäten, die darüber hinausgehen, gelten als gewerblich mit den entsprechenden Folgen für die Besteuerung.

Da die Verwaltung eines Gewerbeparks mehr ist als simple Hausverwaltung, ist es außerordentlich schwer, den Status „Vermietung und Verpachtung" zu erhalten.

Unter anderem ziehen folgende Aktivitäten die Gewerblichkeit nach sich:

- Kurzfristige Vermietung von Flächen
- Wartungs- und Pflegearbeiten, die über das übliche Maß hinausgehen beispielsweise Gestaltung der Grünanlagen, Betrieb von Brunnen, gärtnerischer Unterhalt, Pflanzung von Sommerblumen etc.
- Verkauf von Materialien, die bei einem Umbau anfallen
- Werbung für den Gewerbepark, PR-Maßnahmen etc.

Es wird daher in jedem Fall sinnvoll sein, eine selbständige Managementgesellschaft oder Verwaltungsgesellschaft mit der Verwaltung des Gewerbeparks zu beauftragen, wenn der Vermieter die Gewerblichkeit vermeiden will.

Mit der Verwaltungsgesellschaft ist ein Verwaltervertrag abzuschließen, der sicherstellt, daß das Konzept des Gewerbeparks mit seinen Zielsetzungen tatsächlich umgesetzt wird. Zu den Verwaltungsaufgaben gehören Maßnahmen für Werbung und Imagepflege, gute Mieterbetreuung, Fortentwicklung des Konzepts durch die Vermietung an Firmen mit hochwertigen Nutzungen und an renommierte Unternehmen sowie eine wirtschaftliche Verwaltung, um die Nebenkosten niedrig zu halten. Wichtig vor allem ist, daß die Leerstandsquote in einem Gewerbepark bei gleichzeitig hohem Mietniveau so niedrig wie möglich gehalten wird. Besonderer Wert ist darauf zu legen, daß die Aufgaben der Hausmeisterei sorgfältig erfüllt und Bauten und Außenanlagen fortlaufend gepflegt und anstehende Reparaturen sofort erledigt werden, um immer ein gutes Erscheinungsbild zu haben. Ausstiegsmöglichkeiten für die Eigentümer aus diesem Managementvertrag sollen offengehalten werden.

20.2.2 Vermietung und Verwaltung durch eine Managementgesellschaft

Um für den Immobilieneigentümer den steuerlichen Status „Einkünfte aus Vermietung und Verpachtung" zu erhalten, hat sich die Zwischenschaltung von gewerblichen Gesellschaften[1] herausgebildet. Diese Verwaltungsge-

---

[1] Vgl. Annex 6 und Annex 9.

sellschaft tritt als Beauftragter des Vermieters oder als Generalmieter auf und vermietet dann ihrerseits die Einzelflächen des Gewerbeparks weiter, so daß der Eigentümer ausschließlich Einnahmen aus Vermietung und Verpachtung bezieht und lediglich jene Kosten trägt, die der unmittelbaren Hausverwaltung dienen.

Ein Generalmietvertrag mit der Managementgesellschaft wird auch abgeschlossen werden, wenn die Eigentümergesellschaft, z. B. als Fondsgesellschaft, selbst nicht handlungsfähig ist, in einer Vielzahl von Fällen als Vermieter aufzutreten. Ein weiterer Grund für die Einschaltung eines Generalmieters ist, den Fondsbesitzern gegenüber den Nachweis zu führen, daß die Gesamtanlage vermietet ist. Dabei wird der Generalmietvertrag oft noch zusätzlich durch Garantieträger abgesichert. Neben den steuerlichen Aspekten sind in einem solchen Fall Vermarktungsüberlegungen entscheidend.

Die Verwaltungsgesellschaft darf nicht vom Eigentümer beherrscht sein, sonst entsteht eine Betriebsaufspaltung, die wiederum die Gewerblichkeit für die Eigentümergesellschaft nach sich zieht.

Für ihre Tätigkeit erhält die Verwaltungsgesellschaft von der Besitzgesellschaft ein Entgelt zur Honorierung der Vermietungstätigkeit und der Hausverwaltung sowie das Recht, von den Mietern die Nebenkosten für jene Aufgaben zu erheben, die mit der speziellen Verwaltung eines Gewerbeparks in Zusammenhang stehen.

Der Verwaltervertrag zwischen der Eigentümergesellschaft des Gewerbeparks und der Verwaltungsgesellschaft muß genau beschreiben, wie die Besitzer den Gewerbepark verwaltet sehen wollen. Die Eigentümer sollten sich insbesondere den Einfluß auf das Konzept, die Bonität der Mieter, die Laufzeiten der Verträge und die ordnungsgemäße Verwaltung vorbehalten. Gegenstand dieses Vertrages sollte auch der Mietvertrag sein, den die Verwaltungsgesellschaft in ihrer Eigenschaft als Vermieter verwendet, wenn sie Räume und Anlagen im Gewerbepark an einzelne Nutzer vermietet, denn dieser Mietvertrag ist entscheidend für die Umsetzung der Zielsetzungen und des Konzepts eines Gewerbeparks.

Ein außerordentliches Kündigungsrecht muß sicherstellen, daß der Generalmietvertrag aufgekündigt werden kann, falls die Verwaltungsgesellschaft nicht im Interesse der Eigentümer arbeitet. Alle Rechte und Pflichten aus den Vermietungen sollten in diesem Fall auf die Eigentümer oder auf eine Nachfolgegesellschaft übergehen.

20.3 Besondere Regelungen im Mietvertrag

Es soll in diesem Rahmen nicht auf alle Punkte und Besonderheiten eines Mietvertrags[2] in einem Gewerbepark eingegangen werden, es soll jedoch auf einige wichtige gewerbeparkspezifische Vertragsinhalte hingewiesen werden.

20.3.1 Nutzung der Mietflächen

Das Konzept des Gewerbeparks sieht bestimmte Nutzungen vor und schließt andere aus, die nicht zum Konzept passen oder für die die Voraussetzungen fehlen. Im Mietvertrag muß daher detailliert festgehalten werden, für welche Art der Nutzung die Miträume vermietet werden. Vertragsgegenstand muß auch die ausschließlich gewerbliche Nutzung der Räume sein, um zu verhindern, daß andere Nutzungen, wie z. B. Wohnnutzung, Viehhaltung etc., entstehen.

20.3.2 Nutzungsordnung

Die Nutzungsordnung ist Vertragsbestandteil.[2] Die Nutzungsordnung eines Gewerbeparks geht über die übliche Hausordnung einer Immobilie hinaus. Sie enthält Regelungen über die Gemeinschaftseinrichtungen, über die Nutzung von Lieferhöfen, Abfallhöfen, Lastenaufzügen etc., über Emissionen und auferlegt dem Nutzer Vorsorgemaßnahmen, um die übrigen Mieter im Gewerbepark nicht zu beeinträchtigen.

Ein Teil der Nutzungsordnung ist die Regelung für die Parkplätze, insbesondere die Aufteilung der Parkplätze in Kunden- und Belegschaftsparkplätze. Die Durchsetzung dieser Parkregelung ist sehr wichtig.

20.3.3 Parkplätze

In einem Gewerbepark werden nicht nur Mietflächen, sondern auch Parkplätze vermietet. Nachdem aber der Bedarf an Parkplätzen je nach Nutzung verschieden ist, sind Regelungen in den Mietvertrag aufzunehmen, die die finanzielle Last für die Parkplätze dem zuordnen, der sie nutzt (vgl. Kap. 18).

---

[2] Beispiel eines Mietvertragstextes mit Anlagen, Annex 7.

Vermietung

20.3.4 Nebenkosten

Die Zahlungen des Mieters sind aufgeteilt in die Miete, die ganz oder teilweise an die Besitzgesellschaft abgeführt wird, und in Nebenkosten, die der Verwaltung des Gewerbeparks für ihre Aufgaben zufließen. Umfangreiche und sehr detaillierte Regelungen über Nebenkosten sind wichtig.[3] Dabei ist die Trennung zwischen Mieten und Nebenkosten nicht eindeutig. In manchen Fällen werden Grundsteuern und Abgaben an die Gemeinden als Teil der Nebenkosten erfaßt und umgelegt. Sie verändern sich ja auch entsprechend den Hebesätzen, die vorgegeben werden. Sie können aber auch als Teil der Miete von der Besitzgesellschaft vereinnahmt werden.

Nebenkosten können pauschaliert abgerechnet oder im einzelnen nachgewiesen werden. Dem Vorteil der Pauschalierung, nämlich geringer Arbeitsaufwand, wenig Kontrolle und Einfluß durch die Mieter, steht der Nachteil gegenüber, daß die frühzeitige Abschätzung der Nebenkosten sehr schwierig ist und daher die Gefahr besteht, daß sich die Nebenkosten anders entwickeln als die dafür mit den Mietern vereinbarten Zahlungen.

Regelungen, die für einige Jahre eine Pauschalierung der periodischen Anpassungen an das Kostenniveau vorsehen, verbinden beides, Arbeitserleichterung und Reduzierung des Kostenrisikos. Dabei erhöhen sich die Nebenkosten, ausgehend von einem vereinbarten Niveau, für einige Jahre um einen festen Prozentsatz. Nach diesen z. B. fünf Jahren werden die tatsächlichen Nebenkosten erfaßt und nachgewiesen und auf dieser Basis wiederum für fünf Jahre pauschaliert und zu einem festen Satz erhöht. Denkbar wäre auch eine Indexierung, die aber wegen der vorgeschriebenen Laufzeit von mindestens zehn Jahren nur in begrenzten Fällen anwendbar ist.

Zu den Nebenkosten im weiteren Sinne gehören auch die Kosten für Werbung und PR. Sie werden in Zusammenarbeit mit den Mietern gesondert erhoben und verwaltet.

20.3.5 Untervermietung

Eine Untervermietung von Flächen muß vom Vermieter genehmigt werden, um unerwünschte Nutzungen auszuschließen, aber auch um zu verhindern, daß Mieter bei steigendem Mietniveau im Gewerbepark selbst in billi-

---
[3] Vgl. Annex 7

gere Lagen umziehen und die hochwertigen Flächen teuer untervermieten und so einen Zwischengewinn erzielen.

20.3.6 Konkurrenzausschluß

Ein Konkurrenzausschluß, also Ausschließlichkeit für ihr Gewerbe, wie er von manchen Mietern (z. B. Ärzten, Rechtsanwälten oder auch Einzelhändlern) gewünscht wird, sollte nicht gewährt werden. Eine Festlegung dieser Art würde eine Behinderung in der Vermietung der Gesamtanlage bedeuten. Ein Gewerbepark sollte hier nicht anders gesehen werden als jede andere Einzelimmobilie auch. Er kann durchaus zwei oder drei gleichartige Unternehmen aufnehmen, ja vielfach entsteht dadurch ein Fühlungsvorteil, der den Standort für diese Nutzer erst interessant macht. Ein Konkurrenzausschluß würde dies verhindern. Zusicherungen wie Konkurrenzausschluß führen zu unübersichtlichen Verträgen mit der Gefahr, daß neue Vertragsabschlüsse Zusicherungen aus bestehenden Verträgen verletzen. Rechtsstreitigkeiten und Schadensersatzstreitigkeiten sind vorprogrammiert.

20.3.7 Umsatzmiete

Eine Leistung des Gewerbeparkkonzepts und -managements ist die Schaffung und laufende Verbesserung der Lage, von der besonders der Handel profitiert. Es ist daher naheliegend, neben einer festen Miete eine Umsatzmiete zu vereinbaren.

20.3.8 Bauunterhalt

Üblicherweise ist der Unterhalt der Bauten Sache des Vermieters und der Unterhalt der technischen Anlagen innerhalb der Räume Sache des Mieters. Unterhalt, Pflege und Reinigung der Außenflächen, Grünanlagen, Parkplätze etc. sollten im Interesse eines guten Gesamterscheinungsbildes durch den Vermieter bzw. die Verwaltungsgesellschaft erledigt und nicht dem Mieter auferlegt werden. Die Kosten dafür können umgelegt und als Nebenkosten eingefordert werden.

20.3.9 Umbauten

Die Möglichkeit von Umbauten ist im Vertrag zu regeln, wobei es im Einzelfall eine Entscheidung des Managements sein wird, für welche Umbauten Genehmigungen erteilt werden. Eingriffe in die Fassaden und in die Gestaltung der Gebäude sollten nur gegen Genehmigung zugelassen werden.

20.3.10 Sicherheitsauflagen

In den Vertrag ist aufzunehmen, daß der Vermieter über solche Nutzungen (wie z.B. das Verbringen von Ware, die Nutzung von Verfahren etc.), für die aufgrund von Umweltgesetzen, gewerbepolizeilichen Auflagen, Brandschutzvorschriften etc. behördliche Genehmigungen notwendig sind, informiert wird, sie genehmigt und das Recht erhält, sie laufend zu kontrollieren oder, wenn es im Interesse des gesamten Gewerbeparks liegt, solche Nutzungen auszuschließen.

20.3.11 Versicherungen

Die Verwaltungsgesellschaft schließt eine Haftpflicht- und Brandversicherung, auch für übergreifende Schäden im Interesse der Nachbarn und der Anlieger, ab. Die Kosten werden auf die Mieter umgelegt.

20.3.12 Optionen

Eine Option ist die vertragliche Vereinbarung, daß der Mieter nach der vereinbarten Vertragslaufzeit die Wahl hat, das Vertragsverhältnis zu beenden oder zu gleichen Konditionen fortzuführen, also beispielsweise: zehn Jahre Vertragslaufzeit plus zweimal fünf Jahre Option.

Der Nachteil dieser Regelungen ist, daß mit Auslaufen der Bindungsfristen der Verträge die Mietkonditionen nicht mehr verhandelt werden können. In einer schlechten Phase der Konjunktur können die Marktmieten unter das Vertragsniveau fallen. In diesem Fall wird der Optionsinhaber nicht optieren, sondern neue Konditionen aushandeln. Der Mieter, nicht aber der Vermieter, kann durch Nichtausüben der Option das Vertragsverhältnis beenden. Optionen sind in jedem Fall einseitige Rechte für den Mieter.

20.3.13 Laufzeitgestaltung

Beim Abschluß der Mietverträge ist darauf zu achten, daß nicht alle Mietverträge im gleichen Monat, z.B. am 1. Januar, sondern verteilt über das ganze Jahr auslaufen. Der Grund ist einfach: Eine Häufung von Vertragsenden und Mieterwechseln ist von der Verwaltung eines Gewerbeparks nur schwer zu bewältigen. Über das Jahr verteilte Verträge erleichtern die Abwicklung. Besonders bei der Erstvermietung sollte auch darauf geachtet werden, daß nicht alle Verträge z.B. eines größeren Bürohauses auf zehn Jahre abgeschlossen werden, da sonst in zehn Jahren plötzlich ein sehr großes Volumen zur Neuvermarktung ansteht und die Gefahr von Leerständen oder eines Preisverfalls besteht, zumindest dann, wenn diese Mietflächen in ihrem Volumen zum Gesamtmarkt Bedeutung haben.

Eine Staffelung der Laufzeiten bei Erstvermietung über mehrere Jahre ist sinnvoll. Erst bei einem alten Gewerbepark, wenn der Abbruch oder die Sanierung von Gebäuden ansteht, wird eine Laufzeitgestaltung wichtig, die einen gemeinsamen Endtermin aller Mietverträge eines oder mehrerer Gebäude vorsieht, denn noch laufende Verträge verursachen Kosten für Ablösungen, Umzugsfinanzierung und Umsetzungen.

20.4 Der Mietpreis

20.4.1 Die kalkulatorische Kostenmiete

Grundsätzlich werden gewerbliche Flächen zu Marktpreisen vermietet. Wenn in einem Gewerbepark Mietobjekte erstellt werden sollen, ist jedoch auch die kalkulierte Kostenmiete in der Vorkalkulation eine wichtige Hilfe für die Entscheidung, ob und wann gebaut werden soll. Wenn mindestens die kalkulatorische Kostenmiete einschließlich des Gewinnaufschlags am Markt erzielbar ist, ist das Projekt rentabel und kann verwirklicht werden. Je höher die erzielbare Marktmiete über der berechneten Kostenmiete liegt, um so höher ist die Rentabilität.

20.4.2 Die Marktmiete

Ausschlaggebend für eine Investitionsentscheidung ist der Vergleich der Kostenmiete mit der Marktmiete. Daher muß bei der Vorkalkulation eines

Immobilienobjektes in einem Gewerbepark die Marktmiete für Immobilien möglichst zuverlässig ermittelt werden. Einfacher wird die Situation, wenn der Gewerbepark bereits teilweise verwirklicht ist und die Nachfrage nach den auf dem Markt angebotenen Gewerbeparkflächen zeigt, daß das gewählte Mietpreisniveau richtig ist und die angebotenen Flächen zu diesen Preisen zu vermarkten sind.

Die einmal ermittelte Marktmiete bzw. das bei bisherigen Vermietungen erzielte Mietniveau ist langfristig jedoch nicht statisch. Da ein Gewerbeparkprojekt über viele Jahre läuft und immer wieder neue Mietangebote auf den Markt bringt, ist die langfristige Mietpreisentwicklung von Bedeutung. In neue Mietobjekte wird nur dann investiert, wenn die über die Vermietung erzielbare Rendite den Markterwartungen entspricht. Die langfristige Mietpreiserwartung hat daher großen Einfluß auf die Investitionsaktivitäten und lenkt auch die Investitionsentscheidungen eines Gewerbeparkentwicklers. Die langfristige Mietpreisentwicklung wird von mehreren Faktoren beeinflußt (vgl. Kap. 19), vor allem von der Konjunktur, der Konkurrenz und dem Markteinfluß des neu entstehenden Gewerbeparks selbst.

Für den Mieter gewerblicher Flächen sind die Gesamtkosten entscheidend, die ihm aus der Flächennutzung entstehen. Diese Kosten setzen sich zusammen aus der Miete, die an den Vermieter zu zahlen ist, und anderen mit der Immobilie verbundenen Kosten, die ihm als Nebenkosten weiterberechnet werden. Das Interesse des Vermieters ist auf die Nettomiete gerichtet, aus der die Kapitalverzinsung, die Abschreibungen sowie die Reparaturen an Dach und Fach bestritten werden müssen.

Für den Vermieter ist die genaue Kenntnis der aktuellen Marktmieten nötig, um für seine Flächen einen marktgerechten Preis zu verlangen; der Mieter will seine Gesamtkosten bei verschiedenen Angeboten vergleichen können. Die Schwierigkeit liegt nun darin, daß das Angebot an Mietflächen und die Preise dafür nur schlecht vergleichbar sind, denn man findet am Markt verschiedene Berechnungsarten für den Mietpreis: Sie variieren von sogenannten Netto-Netto-Netto-Mieten, bei denen alle im Zusammenhang mit der Immobilie stehenden Kosten (Grundsteuern, Versicherungen, laufende Reparaturen, Unterhalt, Verkehrssicherungspflicht, städtische Abgaben, Wartungskosten etc.) als zusätzliche Nebenkosten auf den Mieter umgelegt werden, bis hin zu sogenannten All-inclusive-Mieten, in die die meisten Kosten eingerechnet sind.

Die erste Schwierigkeit ist, daß schon die Mietsache an sich schwer vergleichbar ist, weil es sich bei gewerblichen Räumen nicht um Standardflächen, sondern um sehr individuelle Flächen handelt, die ganz verschieden ausgestattet sind, z.B. hinsichtlich der Architektur, Traglast, Anzahl der Stützen, Belichtung, Fenster, Zugänglichkeit, Aufzüge, Anliefermöglichkeiten, Parkmöglichkeiten etc. Auch die weichen Standortfaktoren wie Nahverkehrsanbindung, Nahversorgung, Kantinen usw. und die Bereitstellung oder Nichtbereitstellung von kostenlosen Parkplätzen[4] erschweren einen Vergleich. Dann ist es eine Frage, auf welche Flächen sich die Mietpreise beziehen. Zwar gibt es eine DIN für Flächenberechnung, doch wird sie nicht immer angewendet. Darüber, was in den Mietpreisen enthalten sein soll und was nicht, gibt es keine Standardregelung. Die meisten Mietforderungen für gewerbliche Räume liegen irgendwo zwischen der Netto-Netto-Netto-Miete und der All-inclusive-Bruttomiete. Um Vergleichbarkeit zu erreichen, kann die Aufteilung der Kosten zwischen Vermieter und Mieter anhand einer Checkliste erfaßt werden. Die möglichst genaue Vergleichbarkeit ist ein wichtiges Verkaufsargument gegenüber den Mietinteressenten.

20.4.3 Rentabilität

Bevor ein Projekt begonnen wird, zeigt der Vergleich der kalkulierten Kosten mit der ermittelten Marktmiete, ob Kostendeckung und wenn ja, welcher Mehrertrag erreicht wird. Der Unternehmer wird aufgrund dieses theoretischen Cash-flows entscheiden, ob ein Projekt eine für ihn interessante langfristige Rentabilität hat. In dieser Phase entscheidet sich, ob ein Projekt gebaut wird oder nicht. Die Nachkalkulation zeigt, wie hoch das eingesetzte Kapital verzinst wird und wieviel Liquidität nach Zins und Tilgung für Fremdmittel zur Bedienung des Eigenkapitals bleibt.

Um die Kapitalrentabilität zu ermitteln, werden von den Mieteinnahmen die Kosten abgezogen, die der Vermieter selbst zu tragen hat. Der verbleibende Teil der Einnahmen steht als Cash-flow für die Verzinsung des Eigenkapitals bzw. für die Bedienung der Finanzierung zur Verfügung.

Zusammenfassend ist festzuhalten, daß immer mindestens die marktübliche Miete verlangt werden sollte. Die Kalkulation dient lediglich der Feststellung, ob die erzielbare Marktmiete im Vergleich mit den eigenen Kosten eine angemessene Rendite des eingesetzten Kapitals bietet.

---

[4] In Mietangeboten, die kostenlose Stellplätze einschließen, ist meist ein hoher Anteil für diese Stellplätze enthalten; vgl. Kap. 18.

20.5 Preispolitik

20.5.1 Langfristige Preispolitik

Ein Gewerbeparkprojekt ist nur dann langfristig erfolgreich, wenn bei der Vermietung Preise erzielt werden, die eine gute Rendite der eingesetzten Mittel garantieren. Ein Grundsatz ist es, gute und rentable Mietobjekte zu haben, die zu Marktpreisen vermietet werden und dabei eine gute Rendite bringen. Die Mietpreise unterliegen dabei zwar den bereits angesprochenen Marktkräften und Einflußgrößen, sie können aber auch durch die Preispolitik des Gewerbeparks gestaltet werden. Unabhängig von der Marktsituation dient die Preisgestaltung dazu, dem Gewerbepark seine besonderen Qualitäten zu geben und aus diesen Qualitäten dann den größtmöglichen Nutzen zu ziehen.

Ziel in einem Gewerbepark ist es, durch ein gutes Konzept und gutes Management bei Fertigstellung eine hohe Standortqualität zu erreichen, die sich in entsprechender Nachfrage und in einem hohen Mietpreisniveau niederschlägt, das über dem vergleichbarer Angebote ohne Gewerbeparkbonus liegen kann. In der Anfangszeit werden die Mieten meist noch niedriger sein; im Laufe der Zeit werden sich mit Ausreifen der gewerbeparkspezifischen Vorteile ein höheres Mietniveau und eine höherwertige Nutzung einstellen.

Ausgangspunkt für die Qualität eines Gewerbeparks ist das Potential, das aus der Lage des gewählten Grundstücks resultiert. Mit der zunehmenden Verwirklichung des Konzepts des Gewerbeparks verbessert sich dann die Standortqualität. Gegenläufig dazu besteht jedoch die Gefahr, daß aufgrund der Baumaßnahmen die Qualität des Standorts für längere Zeit durch Staub, Schmutz, Lärm und Stau gemindert wird, was sich sowohl in der Nachfrage als auch im Preisniveau negativ auswirken wird.

Eine wichtige Voraussetzung für gute Preise ist es daher, alle Beeinträchtigungen, die durch Baumaßnahmen entstehen können, so gering wie möglich zu halten. Die verschiedenen Maßnahmen und Merchandising-Möglichkeiten wie Gestaltung der Eingangszonen, gärtnerische Pflege der Freiflächen, klare Abgrenzung der Baustellen, rasche endgültige Fertigstellung der Außenanlagen, der Parkplätze und Zufahrten der bezugsfertigen Gebäude wurden bereits in Kapitel 19 besprochen. Wenn die baubedingten Unannehmlichkeiten für die ersten Nutzer auf diese Art minimiert werden, können sich die schon in der Anfangssituation vorhandenen Qualitäten eines Gewerbeparks in der Menge und Qualität der Vermietung positiv niederschlagen und bereits in dieser Phase zu guten Mietpreisen führen.

So wie das Projekt fortschreitet und sich im Markt etabliert, können höhere Mietpreise realisiert werden. Wie weit die Mietpreise über die Kostenpreise angehoben werden können, hängt in dieser Phase von der allgemeinen Konjunktur und darüber hinaus vor allem davon ab, wie das Projekt vom Markt beurteilt und wie es präsentiert wird. Vor allem darf zu keinen Zeiten ein Zweifel daran aufkommen, daß das Projekt erfolgreich begonnen wurde und zügig fortgesetzt und fertiggestellt wird.

Wichtig für die Preisbildung ist auch, wie bereits erwähnt, daß ein Preisverfall durch ein selbsterzeugtes Überangebot vermieden wird. Eine zu umfangreiche Bautätigkeit in der Absicht, den Gewerbepark schnell fertigzustellen, kann dazu führen, daß das Angebot zu groß wird und keine den Qualitäten des Gewerbeparks angemessenen Mieten mehr erzielt werden können. Die Schnelligkeit geht hier zu Lasten der Rentabilität. Preisniveau, Bauvolumen und Realisierungszeit eines Gewerbeparks stehen in engem Zusammenhang und bedingen sich gegenseitig. Neben den Neubauten müssen bei der Planung des Angebotsvolumens auch die Rücklaufflächen berücksichtigt werden, die mit zunehmender Fertigstellung des Gewerbeparks aus dem vermieteten Bestand frei werden und die zusätzlich zum Neubauvolumen vermarktet werden müssen. Schon bei der Erstvermietung sollte man daher, besonders bei Großmietern, darauf achten, daß die Laufzeiten der Verträge so gestaffelt werden, daß nicht ein größeres Volumen aus mehreren gleichzeitig frei werdenden Flächen innerhalb kurzer Zeit forciert neu vermietet werden muß – mit der Gefahr eines sinkenden Preisniveaus.

Nach Fertigstellung aller Gebäude eines Gewerbeparks wird sich die Vermarktung auf jene Flächen reduzieren, die durch auslaufende Mietverträge und vorzeitige Beendigung von Mietverträgen frei werden. Dieses Volumen wird über die Zeit hin je nach Konjunkturlage schwanken, mit mehr leer werdenden Flächen bei schlechter Konjunktur und geringeren Freistellungen in guten Konjunkturzeiten. In diesen letzteren Zeiten stehen der erhöhten Nachfrage zwar nur wenige Flächen gegenüber, bei deren Vermietung jedoch wird man den Preisspielraum nach oben nutzen, um den Gewerbepark langfristig rentabler zu gestalten.

Die Mieter der Anfangsphase, die noch zu einem niedrigeren Mietniveau abgeschlossen haben, werden nach Ablauf ihres Mietvertrages bei einer

Wiedervermietung das inzwischen gestiegene Preisniveau nicht immer wirtschaftlich tragen wollen oder können. Die Vermietungspolitik in guten Gewerbeparks zielt darauf hin, weniger hochwertige Nutzungen durch höherwertige Nutzungen zu ersetzen. Es wäre verfehlt, wenn man alten Nutzern bei der Vertragsverlängerung Mietpreise gewähren würde, die unter dem Niveau liegen, das neue Mieter zu zahlen bereit sind. Die höchste Standortqualität erreicht ein Gewerbepark tendenziell dann, wenn er vollendet ist, so daß die zu dieser Zeit abgeschlossenen Mietverträge auch tendenziell den größeren Gewinnanteil enthalten.

Es ist daher von Anfang an wichtig, daß man kontinuierlich verfolgt, wie der Standort Gewerbepark im Markt plaziert ist und Jahr für Jahr daraus eine Preisvorstellung für die anstehenden Vermietungen gewonnen wird. Ein hilfreicher Indikator für den richtigen Marktpreis in einem Gewerbepark ist der Leerstand. Ein Leerstand von 5 % der gesamten vermieteten Fläche erscheint akzeptabel und zeigt auch, daß die Flächen nicht zu billig angeboten wurden.

Ein Leerstand unter 3 % ist (bei normaler Konjunktur) ein Indikator dafür, daß die Flächen zu billig angeboten werden. Ein Leerstand von über 5 % kann ein Indikator dafür sein, daß die Mietpreise zu hoch sind, er kann jedoch auch andere Gründe haben: Konjunkturschwankungen, stärkere Konkurrenz im Markt oder auch eigene Managementfehler, z. B. schlechte Vermarktung, schlechte Imagepflege, schlechter Zustand der Anlage, weil notwendige Renovierungen und Erhaltungsmaßnahmen nicht durchgeführt werden; kurz gesagt, eine Verschlechterung der Standortqualität des Gewerbeparks.

20.5.2 Mietpreisgestaltung

Als Grundsatz in der Mietpreisgestaltung kann gelten, daß mindestens kostendeckende Preise mit einem Gewinnzuschlag gefordert werden. Liegen die marktüblichen Preise noch darüber, wird man diese Marktpreise verlangen. Je nach Situation kann jedoch eine sehr flexible Preisgestaltung notwendig sein.

In der Anfangsphase eines Gewerbeparks etabliert die schnelle Vermietung der Erstobjekte an gute Mieter das Projekt im Markt und setzt ein Zeichen, daß der Gewerbepark erfolgreich begonnen wurde. Die Zweifel mancher Mietinteressenten, daß das Projekt in den Anfängen steckenbleiben könnte, werden gemindert. Daher wird man den ersten oder den für das

Image wichtigen Mietern mit besonders guten Konditionen entgegenkommen und im Sinne einer langfristigen Ertragsoptimierung Preiszugeständnisse machen.

Solche Mietverträge sollten nur kurze Laufzeiten haben, weil mit zunehmender Fertigstellung des Gewerbeparks wegen der Standortqualität bessere Mietkonditionen durchgesetzt werden können.

Abhängig von der Größe des Marktes kann auch eine Vermarktung über niedrige Preise erfolgversprechend sein: Wird ein Gewerbepark (durch optimale Gebäudegestaltung, niedrigere Erschließungskosten, gute Planung und Kostenrechnung etc.) besonders preisgünstig hergestellt, so kann ein Teil dieses Preisvorteils vor allem in großen Märkten dazu genutzt werden, größere Flächen schnell in den Markt zu drücken. Je kleiner der Markt ist, desto eher ist er allerdings selbst bei niedrigsten Preisen nicht mehr ergiebig. Die Angebotssteuerung durch ein dem Markt angemessenes eigenes Bauvolumen ist hier besonders wichtig.

Die Mietpreisgestaltung muß auch auf die verschiedenen Marktentwicklungen und Sondersituationen reagieren. Investitionsentscheidungen für Immobilien, die nicht vorvermietet sind, haben immer einen teilweise spekulativen Charakter und werden je nach Markteinschätzung getroffen. Wenn sich der Markt besser entwickelt als erwartet und die Mietpreise steigen, kann der Developer diese günstige Situation bei der Gestaltung seiner Mietpreise mitnehmen.

Wenn sich aber der Markt schlechter entwickelt als erwartet und (durch den oben angedeuteten Bauzyklus, durch Überbauung, durch das Freiwerden bestehender Anlagen oder durch einen Konjunktureinbruch) am Markt ein Überangebot mit Preisverfall entsteht, gerät der Entwickler eines Gewerbeparks in eine sehr schwierige Situation. Will er bei fallendem Preisniveau nicht auf die Vermietung von Räumlichkeiten verzichten, so muß er seine Preise den fallenden Marktpreisen anpassen. Das Problem in einem bestehenden Gewerbepark ist, daß bereits viele Flächen zum vergangenen höheren Mietniveau vermietet wurden. Unzufriedenheit und Ärger mit den Mietern, die zu einem höheren Niveau abgeschlossen haben, sind vorprogrammiert.

Die ehrlichste Lösung wäre ohne Zweifel eine den Marktverhältnissen entsprechende Preisreduzierung. Um das Preisniveau zumindest optisch zu halten, kann man jedoch auch auf eine Reihe von Praktiken der verdeckten Mietreduzierung zurückgreifen:

- Mietfreie Zeiten
  Bei einem zehnjährigen Vertrag entspricht eine sechsmonatige mietfreie Zeit etwa einer Preisreduzierung von knapp 7 %, soweit man die nicht erhobene Miete mit einem Zinssatz von 7 % hochrechnet; eine einjährige mietfreie Periode am Beginn der Vertragslaufzeit entspricht bereits einem Nachlaß von gut 13 %[5].

- Kostenfreie Ausstattung
  Die Mieträume werden für den Mieter nach seinen Wünschen ausgestattet, ohne die dafür anfallenden Kosten zu berechnen.

- Umzugshilfen
  Der Vermieter übernimmt die Umzugskosten für den neuen Mieter.

- Barrückflüsse
  Der Mieter, der von Anfang an eine hohe Miete bezahlt, erhält zu Beginn des Mietverhältnisses vom Vermieter eine einmalige Rückvergütung, z.B. in Höhe einer Jahresmiete. Um den Mietnachlaß in Prozenten zu erhalten, wird der Barrückfluß mit Zins und Zinseszins auf die Vertragslaufzeit hochgerechnet.

- Reduzierter Index
  Höhere Mieten bei Vertragsbeginn lassen sich auch erzielen, wenn auf die normalerweise übliche Indexierung der Miete ganz oder teilweise verzichtet wird (vgl. Kap. 21).

Es sind weitere Methoden der verdeckten Mietreduzierung denkbar. Der Phantasie sind im Grunde genommen keine Grenzen gesetzt. Wichtig für den Vermieter ist es, derartige Mietreduzierungen möglichst kurzfristig zu gewähren, indem Mietverträge mit Vertragslaufzeiten von nur vier oder fünf Jahren abgeschlossen werden, um auf diese Weise nach Ablauf der Vertragsperiode und Überwinden der Konjunkturflaute wieder ein höheres Mietniveau zu erreichen.

---

[5] Berechnung des relativen Mietnachlasses durch eine einjährige mietfreie Periode am Beginn eines zehnjährigen Vertrages bei einem Zinssatz von 7 %:
$1 - [(1{,}07^{-1} + 1{,}07^{-2} + ... + 1{,}07^{-9}) / (1 + 1{,}07^{-1} + ... + 1{,}07^{-9})] = 0{,}133$

Mißbräuchlich und in betrügerischer Absicht werden verdeckte Mietnachlässe immer wieder dazu verwendet, in Mietverträgen hohe Mieten nachzuweisen, um dadurch bei der Finanzierung höhere Beleihungen oder beim Verkauf eines Objektes höhere Verkaufspreise zu erreichen. Hier wird lediglich der Vollständigkeit halber auf solche Praktiken hingewiesen, die man zumindest kennen sollte, wenn es z. B. darum geht, vertraglich nachgewiesene Mieten zu vergleichen.[6]

---

[6] Vgl. Annex 8.

21

Die Wertsicherung der Miete

21. Die Wertsicherung der Miete

21.1 Werterhaltung und Wertsteigerung von Gewerbeimmobilien

Für den Investor, der in einen Gewerbepark investiert, sind die langfristige Werterhaltung und Wertsteigerung seiner Großimmobilie entscheidend. Der Wert einer Immobilie wird (neben anderen Faktoren) wesentlich bestimmt durch die langfristig nachhaltig erzielbaren Mieteinnahmen. Lage, Bauqualitäten und Maßnahmen wie Mietermix, Imageverbesserungen und Bauunterhalt dienen letztlich dem Ziel, das Mietniveau zu halten und zu erhöhen. Im folgenden soll der Einfluß untersucht werden, den Mietvertragsklauseln zur Absicherung der Mieten gegen Inflation auf die Wertentwicklung der Immobilien eines Gewerbeparks haben.

21.1.1 Einfluß der Inflation

Das 19. Jahrhundert und die Zeit bis zum Beginn des Ersten Weltkrieges waren durch relativ stabile Preise gekennzeichnet; das 20. Jahrhundert erlebte eine Hyperinflation in den zwanziger Jahren, eine große Geldentwertung nach dem Zweiten Weltkrieg und eine Steigerung des Preisniveaus seit der Währungsreform 1949 bis Ende 1994 von 100 auf 348,9 Punkte. Dabei ist die Deutsche Mark in Europa und der Welt eine der Währungen mit sehr geringer Geldentwertung (vgl. Tab. 21.1 und 21.2).

Die Mark von 1949 ist 1994 noch 29 Pfennige wert; sie hat 71 % an Wert verloren. Oder anders ausgedrückt: Die Mark von 1949 war das 3,49fache unserer heutigen Mark[1] wert.

Über eine längere Zeit hin gilt nicht „Mark ist gleich Mark", sondern – so lehrt dies jedenfalls die Vergangenheit – „die Mark der Zukunft ist weniger wert". Inflationsraten von 1,5 % bis 2 % per anno gelten als sehr gering und werden nur selten erreicht, sie sind das Ziel der Währungspolitik.

---
[1] Quelle: Deutsche Bundesbank

Die Wertsicherung der Miete

Jahr	Preisindex*	Veränd. ggü. Vorjahr in %	Preisindex gleitender Durchschnitt	Veränd. ggü. den letzten 5 Jahren in %
1949	100,0		100,0	
1950	93,7	-6,25 %		
1951	100,9	7,58 %		
1952	103,1	2,25 %		
1953	101,1	-1,93 %		
1954	101,4	0,28 %		
			100,1	0,06%
1955	103,1	1,68 %		
1956	105,7	2,48 %		
1957	108,0	2,15 %		
1958	110,2	2,11 %		
1959	111,1	0,77 %		
			107,6	7,55%
1960	112,8	1,53 %		
1961	115,6	2,52 %		
1962	118,7	2,70 %		
1963	122,4	3,11 %		
1964	125,3	2,32 %		
			119,0	10,56%
1965	129,5	3,40 %		
1966	134,1	3,51 %		
1967	136,1	1,48 %		
1968	137,8	1,25 %		
1969	140,6	2,06 %		
			135,6	13,99%
1970	145,2	3,23 %		
1971	152,6	5,09 %		
1972	160,8	5,40 %		
1973	171,6	6,71 %		
1974	183,2	6,79 %		
			162,7	19,94%
1975	184,1	0,47 %		
1976	203,1	10,34 %		
1977	209,9	3,36 %		
1978	215,3	2,57 %		
1979	223,6	3,83 %		
			207,2	27,38%
1980	235,2	5,21 %		
1981	250,3	6,40 %		
1982	263,4	5,22 %		
1983	272,2	3,34 %		
1984	278,4	2,30 %		
			259,9	25,42%
1985	284,1	2,04 %		
1986	283,5	-0,20 %		
1987	283,8	0,10 %		
1988	286,9	1,10 %		
1989	295,2	2,87 %		
			286,7	10,32%
1990	303,1	2,69 %		
1991	313,9	3,56 %		
1992	326,4	3,98 %		
1993	338,9	3,83 %		
1994	348,9	2,93 %		
			326,2	13,79%

* Lebenshaltungskostenindex (Vier-Personen-Haushalt von Arbeitern und Angestellten mit mittlerem Einkommen), Jahresdurchschnittswerte umbasiert auf 1949; Angaben ab 1991 nur für Westdeutschland berücksichtigt.

Tab. 21.1: Preisindex für Lebenshaltungskosten 1949 bis 1994
Quelle: Statistisches Bundesamt Wiesbaden, Reihe 7, Dez. 1994 (Eilbericht)

Die Wertsicherung der Miete

Jahr	Index der Lebens-haltungskosten (1810 = 100)	Jahr	Index der Lebens-haltungskosten (1810 = 100)	Jahr	Index der Lebens-haltungskosten (1810 = 100)
1810	100	1844	127	1878	189
1811	98	1845	127	1879	182
1812	113	1846	140	1880	191
1813	113	1847	136	1881	189
1814	111	1848	104	1882	184
1815	120	1849	98	1883	182
1816	149	1850	100	1884	178
1817	211	1851	116	1885	178
1818	147	1852	138	1886	176
1819	113	1853	127	1887	176
1820	93	1854	156	1888	176
1821	102	1855	167	1889	184
1822	107	1856	140	1890	182
1823	98	1857	140	1891	191
1824	89	1858	124	1892	187
1825	98	1859	129	1893	178
1826	87	1860	138	1894	173
1827	89	1861	149	1895	173
1828	109	1862	144	1896	173
1829	102	1863	138	1897	178
1830	113	1864	140	1898	182
1831	111	1865	133	1899	182
1832	111	1866	138	1900	184
1833	107	1867	158	1901	187
1834	102	1868	151	1902	189
1835	102	1869	147	1903	189
1836	109	1870	153	1904	187
1837	107	1871	178	1905	196
1838	118	1872	200	1906	200
1839	120	1873	207	1907	204
1840	109	1874	213	1908	209
1841	104	1875	204	1909	213
1842	111	1876	202	1910	218
1843	131	1877	198		

Tab. 21.2: Index der Lebenshaltungskosten von 1810 bis 1910, Steigerung von 1810 bis 1910 von 100 auf 218 Punkte.
Quelle: Gömmel, R.: Realeinkommen in Deutschland. Ein internationaler Vergleich (1810-1914), Nürnberg 1979, S. 28

Bei Zahlungen aus langfristigen Vereinbarungen wie bei der Miete ist daher die Wertsicherung sehr wichtig, weil nicht nur die Kaufkraft der laufenden Mietzahlungen, sondern auch der Wert des Mietobjektes davon abhängt. Bei sehr kurzen Laufzeiten eines Mietvertrages bildet sich der Mietpreis am Markt immer wieder neu. Die Frage der Wertsicherung stellt sich dann nicht. Bei langfristigen Mietverträgen jedoch addieren sich die jährlichen Wertminderungen des Geldes über die Jahre hin zu erheblichen Größen.

In einem Mietvertrag stellt der Vermieter seine Immobilie dem Mieter gegen ein Entgelt zur Verfügung und gewährleistet den Gebrauch der Miet-

Die Wertsicherung der Miete

sache, wobei davon auszugehen ist, daß deren Nutzwert über die ganze Vertragslaufzeit gleich bleibt. Der Mieter sollte dafür eine im Wert gleichbleibende Gegenleistung als Miete erbringen. Der Grundsatz „Mark ist gleich Mark", der bei allen Rechtsgeschäften gilt, berücksichtigt jedoch eine laufende Minderung der Pachtzahlung durch Geldentwertung nicht. Es gibt keinen im Gesetz und in der Rechtsprechung verankerten Anspruch eines Vermieters auf Ausgleich des laufenden Wertverlustes durch die inflatorische Entwicklung des Geldwertes. Eine Wertsicherung von Zahlungen aus langfristigen Verträgen kann nur durch vertragliche Regelungen erreicht werden. Eine Anpassung von Zahlungen an die veränderten Wertverhältnisse ohne vertragliche Regelungen ist kaum möglich, im Verhandlungswege sicherlich nur in seltenen Fällen. Die Gerichte haben lediglich bei Erbpachtverträgen geringfügige Anpassungen zugelassen. Es gibt jedoch verschiedene Möglichkeiten der Mietanpassung, die in den Mietvertrag aufgenommen werden können.

21.1.2 Verschiedene Methoden der Wertsicherung

- Sachleistung
  Eine archaische Form der Wertsicherung sind Sachleistungen, z.B. bei landwirtschaftlichen Pachten, die die Pacht oder Miete an den unmittelbaren Nutzen des Pächters binden. Sie sind in unserer heutigen arbeitsteiligen Geldwirtschaft nicht möglich.

- Anpassung an die Marktmiete
  Wollen die Parteien keine Festmiete, sondern eine Marktmiete, so kann durch Vereinbarungen, die z.B. die Anpassung nach ein, zwei oder drei Jahren vorsehen, eine Wertsicherung angestrebt werden, die so eng wie möglich an die Marktmiete herankommt. Beide Parteien haben das Risiko der Änderung der Marktmiete. Zur Ermittlung der Marktmiete müssen Ermittlungsverfahren vereinbart und Gutachterberufung und Schiedsverfahren geregelt werden.

- Indexierung
  Die Wertentwicklung des Geldes wird durch die Preisentwicklung verschiedener Warenkörbe ermittelt, die in verschiedenen Indizes vom Statistischen Bundesamt in Wiesbaden laufend publiziert werden. Die Miete wird an einen solchen Index, meist den Lebenshaltungskostenindex, ge-

bunden und entweder in regelmäßigen Abständen oder dann, wenn sich der Index z. B. um 10 % geändert hat, angepaßt. Die Koppelung der Miete an einen Index der Kaufkraftentwicklung löst die Miethöhe von der wirtschaftlichen Entwicklung und der Marktmiete. Diese Abtrennung vom Marktgeschehen ist bei einem langfristigen Mietvertrag beabsichtigt, weil beide Parteien langfristig feste Verhältnisse wollen.

Vertragliche Vereinbarungen zur automatischen Wertsicherung über Indexklauseln müssen von der Bundesbank genehmigt werden. Der Gesetzgeber verbietet eine automatische Indexierung von Verträgen, die kürzer als zehn Jahre laufen. Für kürzere Verträge besteht nur die Möglichkeit, definitive Einzelvereinbarungen über die Anhebung von Mieten zu vereinbaren, z. B. Staffelmieten. Eine gleitende automatische Anbindung an Indizes ist nicht erlaubt.

- Staffelmieten
Bei Staffelmieten werden die Mieten in festen Zeitabständen um einen fest vereinbarten Satz gesteigert. Sie finden Anwendung vor allem bei Verträgen, wenn die Parteien eine zeitlich verschobene Mietzahlung beabsichtigen.

- Verhandlungsklauseln
Das Ziel einer Wertsicherung durch Verhandlung kann entweder sein, die Miete an die Marktmiete heranzuführen oder einen Ausgleich für die stattgefundene Geldentwertung zu erreichen. Eine Verhandlungsklausel muß unbedingt folgende Punkte enthalten:
1. Einen Wert, ob Index oder Marktmiete, der als Richtgröße dient,
2. feste Zeitintervalle für die Anpassung und
3. eine Schiedsgerichtsvereinbarung, wenn die Parteien sich nicht einigen.

Bei Verhandlungsklauseln müssen die Parteien über die beabsichtigten Ergebnisse Einigkeit erzielen. Vage Formulierungen machen Verhandlungsklauseln weitgehend unwirksam.

Das Mieterinteresse zielt oft auf Klauseln, die die wirtschaftliche Entwicklung des Mieters mitberücksichtigen oder die einen Abschlag von der möglichen Mieterhöhung bringen. Ob solche Regelungen akzeptiert werden, hängt von der Verhandlungsstärke der Parteien und der Immobilienmarktlage ab.

Die Wertsicherung der Miete

- Umsatzmiete
  Umsatzmieten sind kein Wertsicherungsinstrument, sondern ermöglichen dem Vermieter, am wirtschaftlichen Erfolg oder Mißerfolg des Mieters teilzuhaben. Umsatzmieten können zu Mietsteigerungen führen, die weit über das Inflationsmaß hinausgehen, aber umgekehrt bei schlechter wirtschaftlicher Entwicklung auch bedeuten, daß die Miete stagniert oder unter das einmal vereinbarte Niveau fällt. Um letzteres zu vermeiden, wird bei der Umsatzmiete oft auch eine Mindestmiete vereinbart.

- Zusammenfassung
  Die Wertsicherung der vereinbarten Miete kann unter dem Aspekt des Ausgleichs der Geldentwertung erfolgen. Die hierfür übliche Methode der Absicherung ist die Indexierung. Wertsicherung kann aber auch bedeuten, daß der Vermieter und der Mieter jeweils die Miete vereinbaren, die dem Marktwert entspricht. Darüber hinaus gibt es weitere Möglichkeiten, eine veränderliche Miete zu vereinbaren, wie etwa durch die Berücksichtigung der Entwicklung des allgemeinen Mietniveaus am Standort. Die Berücksichtigung der wirtschaftlichen Entwicklung des Mietpartners ist hingegen keine Wertsicherung, sondern Teilhabe am wirtschaftlichen Erfolg oder Mißerfolg des Mieters.

21.2 Wertsicherung der Mieten durch Indexbindung

21.2.1 Verschiedene Indizes

Es gibt eine Vielzahl von Indizes, so daß es schwierig ist, einen Maßstab für die Werthaltigkeit der Mietzahlungen zu finden. Bei langfristigen Verträgen wird das Interesse des Vermieters mehr in Richtung einer allgemeinen Absicherung der Kaufkraft seiner Miete gehen, hingegen wird beim Mieter ein Interesse vorliegen, die Miete nur so abzusichern, daß sie der Preisentwicklung seines Geschäftszweiges entspricht.

Heute wird bei Indexabsicherungen üblicherweise die Indexreihe für die Lebenshaltungskosten eines Vier-Personen-Haushalts gewählt.[2]

Wenn der reale Wert von Mietzahlungen über die Vertragslaufzeit hin

---

[2] In der Bundesrepublik Deutschland werden Indexreihen vom Statistischen Bundesamt in Wiesbaden herausgegeben. Die Indexreihen können im Einzelabonnement bezogen werden.

konstant bleiben soll, wird die Miete an den Lebenshaltungskostenindex gebunden und der nominale Wert der Miete je nach Entwicklung des Indexes erhöht oder vermindert. Bleibt der reale Wert aber wirklich gleich? Die Frage, inwieweit ein Index überhaupt die Entwicklung des Geldwertes repräsentieren kann, ist schwierig zu beantworten. Der Warenkorb, der dem Index zugrunde liegt, wird von Zeit zu Zeit in Zusammenstellung und Qualität verändert. Preiserhöhungen, die durch Qualitätsverbesserungen bedingt sind, mögen im Index eine Geldentwertung suggerieren, wo dies nicht der Fall ist. (Dies ist auch einer der Gründe, warum von den Vertragsparteien bisweilen eine nur teilweise Anwendung des Indexes vereinbart wird. Dem liegt die Überlegung zugrunde, daß nur ein Inflationsausgleich abgegolten werden soll, nicht aber eine Preissteigerung, die aus der Verbesserung der Produkte herrührt.)

In den 30 Jahren von 1965 bis 1994 ist der Lebenshaltungskostenindex von 100 auf 269,3 gestiegen oder anders ausgedrückt, die Mark von 1965 ist 1994 noch 37,1 Pfennige wert. Diese Entwicklung zeigt, wie notwendig eine Indexierung von Mieten in langfristigen Verträgen ist. Bereits bei zehnjährigen Verträgen ist der Inflationsverlust erheblich: Der Index ist von 1965 bis 1974 um 41,4 % gestiegen, 1974 war die Mark nur noch 70,7 Pfennige wert. Nach 20 Jahren, also bis 1984, betrug die Indexsteigerung 114,9 %, die Mark von 1965 war zu dieser Zeit nur noch 46,5 Pfennige wert.

Vergleicht man den Lebenshaltungskostenindex mit den Baukostenindizes, so wird ersichtlich, daß die Baukosten für Bürogebäude und gewerbliche Gebäude im gleichen Zeitraum wesentlich stärker gestiegen sind als die allgemeinen Lebenshaltungskosten, nämlich bei Bürogebäuden von 1965 = 100 auf 389,2 Punkte in 1993 und bei gewerblichen Gebäuden von 1965 = 100 auf 381,7 Punkte in 1993. Im Vergleich dazu sind die Lebenshaltungskosten von 1965 bis 1993 (1965 = 100) auf 261,6 gestiegen.

Bei gleichen Kapitalkosten werden daher die Mieten in Neuprojekten höher sein als die Mieten selbst bei 100%iger Indexierung in Altobjekten (vgl. für Bürobauten und gewerbliche Bauten Tab. 21.5). Das oft zu hörende Argument, daß eine indexierte Wertsicherung langfristig Mietpreise bedingen würde, die über dem Marktniveau liegen und den Mieter im Markt benachteiligen würden, greift nach den Erfahrungen der Vergangenheit nicht (vgl. Tab. 21.3 und 21.4).

Dies bedeutet, daß die Marktmiete für ein gewerbliches Gebäude nach einer gewissen Zeit höher sein wird als die vertraglich vereinbarte an den Lebenshaltungskostenindex gebundene Miete.

Die Wertsicherung der Miete

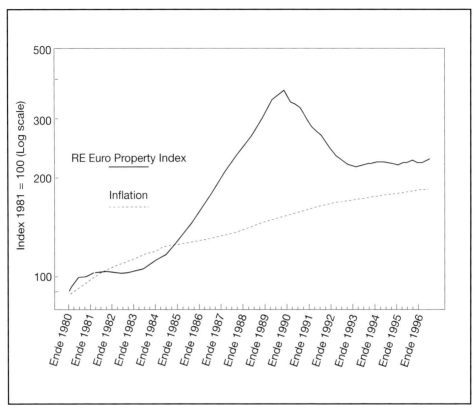

Tab. 21.3: Richard Ellis Euro Property Index
Quelle: Richard Ellis, European Office Market Bulletin, London, July 1997

Die Entwicklung der letzten 30 Jahre wird in der folgenden Tabelle und Grafik für den Preisindex für Lebenshaltung (früheres Bundesgebiet) im Vergleich mit den Preisindizes für Neubauten von Bürogebäuden und gewerblichen Gebäuden dargestellt, jeweils auf der Basis 1965[3] (vgl. Tab. 21.4 und 21.5).

Bei der Wertung der Indizes für Bürogebäude und gewerbliche Gebäude ist allerdings zu berücksichtigen, daß die Qualität der Bauten in den letzten 30 Jahren erheblich verbessert wurde, was die technischen Anforderungen (Isolierung, Doppelböden, Elektroinstallation etc.) und auch die Ansprüche in der Ausstattung anbelangt, so daß ein Vergleich der Gebäude von 1965 mit denen von 1995 nicht angebracht ist. Altbauten haben einen erheb-

---

[3] Die vom Statistischen Bundesamt mit Basis 1985 erhaltenen Indizes wurden auf 1965 umbasiert.

Die Wertsicherung der Miete

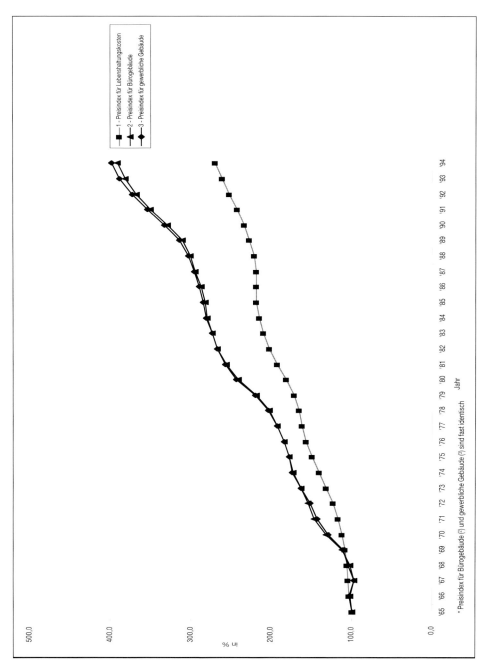

Tab. 21.4: Preisindezis für Lebenshaltung, Büro- und gewerbliche Gebäude (früheres Bundesgebiet) Basis 1965
Quelle: Statistisches Bundesamt Wiesbaden

Die Wertsicherung der Miete

Jahr	Preisindex für Lebenshaltungskosten* in %	Veränderung in % gegenüber Vorjahr	Preisindex für Bürogebäude** in %	Veränderung in % gegenüber Vorjahr	Preisindex für gewerbliche Gebäude in %	Veränderung in % gegenüber Vorjahr
1965	100,0		100,0		100,0	
1966	103,5	3,5	103,4	3,4	102,8	2,8
1967	105,0	1,4	97,5	(5,7)	97,7	(5,0)
1968	106,4	1,3	104,8	7,5	103,1	5,5
1969	108,6	2,1	111,4	6,3	112,1	8,7
1970	112,1	3,2	130,1	16,8	132,4	18,1
1971	117,8	5,1	143,5	10,3	146,7	10,8
1972	124,2	5,4	152,8	6,5	154,1	5,0
1973	132,5	6,7	163,6	7,1	163,4	6,0
1974	141,4	6,7	174,7	6,8	172,9	5,8
1975	150,0	6,1	178,4	2,1	177,7	2,8
1976	156,8	4,5	184,4	3,4	184,8	4,0
1977	162,1	3,4	192,9	4,6	192,7	4,3
1978	166,3	2,6	204,0	5,8	203,1	5,4
1979	172,6	3,8	220,2	7,9	219,1	7,9
1980	181,6	5,2	243,2	10,4	241,7	10,3
1981	193,2	6,4	257,7	6,0	256,6	6,2
1982	203,3	5,2	267,3	3,7	267,0	4,1
1983	210,1	3,3	273,6	2,4	272,9	2,2
1984	214,9	2,3	281,5	2,9	279,7	2,5
1985	219,3	2,0	284,1	0,9	281,7	0,7
1986	218,8	(0,2)	289,2	1,8	287,6	2,1
1987	219,1	0,1	295,7	2,2	294,1	2,3
1988	221,5	1,1	303,1	2,5	300,3	2,1
1989	227,8	2,8	314,2	3,7	310,7	3,5
1990	234,0	2,7	332,4	5,8	329,8	6,1
1991	242,3	3,5	353,4	6,3	350,4	6,2
1992	252,0	4,0	372,7	5,5	367,6	4,9
1993	261,6	3,8	389,2	4,4	381,7	3,8
1994	269,3	2,9				

Die Daten des Statistischen Bundesamtes auf der Basis von 1985 wurden auf Basis 1965 = 100 umbasiert.

* Vier-Personen-Haushalte von Arbeitern und Angestellten mit mittlerem Einkommen.
** einschließlich Umsatz- bzw. Mehrwertsteuer.

Tab. 21.5: Preisindex für gewerbliche Gebäude und Preisindex für Lebenshaltungskosten im Zeitvergleich (früheres Bundesgebiet), Basis 1965
Quelle: Statistisches Bundesamt Wiesbaden, Fachserie 17, Reihen 4 und 7 und eigene Berechnung und Zusammenstellung

lichen Investitionsbedarf, wenn sie auf das Niveau von 1995 gebracht werden sollen. Ein Teil der Erhöhung des Indexes für Bürogebäude und gewerbliche Gebäude ist jedoch nicht auf zusätzliche Ausstattungen und qualitativ hochwertigere Bauten zurückzuführen, sondern auf Preissteigerungen.

Eine Bindung an die Entwicklung der Einzelhandelspreise ist oft das Interesse des Handels, weil die Entwicklung des Indexes für Einzelhandelspreise im Verhältnis zur allgemeinen Preissteigerung zurückbleibt. Dies bedeutet, daß bei einer 100 %igen Bindung der Miete an den Index der Lebenshaltungskosten die Miete relativ stärker steigt als das Preisniveau der im Handel veräußerten Waren.

Die Wertsicherung der Miete

Wenn der prozentuale Anteil der Mieten an den Einzelhandelsumsätzen tatsächlich steigt, ist dies ein Anzeichen dafür, daß die Mieten stärker steigen als die Preise.

Jahr	Miete in % vom Umsatz*			
	SBL	**SM**	**DISC**	**Durchschnitt**
1957	•	•	•	1,0
1960	•	•	•	1,0
1970	1,4	1,9	•	1,5
1975	1,7	2,5	•	2,0
1980	1,8	2,5	•	2,1
1985	2,6	3,6	•	3,2
1990	2,3	3,5	•	3,1
1991	2,6	3,8	•	3,5
1992	2,9	3,7	2,8	3,6
1993	3,2	4,0	•	4,0

* = ab 1992 inkl. Discounter
SBL = SB-Läden und SB-Märkte
SM = Supermärkte ab 400 m² Verkaufsfläche
DISC = Discounter
Durchschnitt = Gesamtdurchschnitt
• = nicht getrennt ausgewiesen

Tab. 21.6: Miete in % vom Umsatz nach Betriebsformen 1957 bis 1993
Quelle: EHI, Handel aktuell, 1995, Seite 220

Ein Teil der Steigerungen in Tabelle 21.6 mag auch auf größere Flächen im Verhältnis zum Umsatz und auf bessere Ausstattung zurückzuführen sein.

Ein Vergleich der Indizes über die Entwicklung der Lebenshaltungskosten und der Entwicklung der Preise für gewerbliche Bauten zeigt, daß die Preise für gewerbliche Immobilien schneller steigen als die allgemeinen Lebenshaltungskosten (vgl. Tab. 21.4 und 21.5).

21.2.2 Indexregelungen im Mietvertrag

Bei der Vereinbarung einer Indexklausel in einem Mietvertrag ist wichtig, exakt die Indexreihe zu definieren, die als vereinbart gilt, und Bezug zu nehmen auf den Index eines bestimmten Jahres. Der Index beginnt in der Regel mit Bezugsfertigkeit des Gebäudes zu laufen.

Werden mehrere Verträge, z. B. für ein Gebäude, abgeschlossen, so sollte der Beginn des Indexes für alle Mieter gleich sein, da andernfalls, wenn für den Indexbeginn z. B. der Zeitpunkt des Vertragsabschlusses gewählt wird, die später abgeschlossenen Mietverträge weniger Miete während der Vertragslaufzeit bringen als die vorher abgeschlossenen Verträge, weil z. B. bei einer Zeitdifferenz von einem halben Jahr auch die erste Indexanpassung erst ca. ein halbes Jahr später erfolgt.

Teil der Indexvereinbarung sind auch die Intervalle, zu denen der Index angepaßt wird, z.B. nach Erhöhung oder Minderung des Indexes um zehn Punkte oder bei Änderung des Indexes um 10 % oder nach bestimmten Perioden, z. B. jährlich, zweijährig, dreijährig etc., zu einem jeweils fest vereinbarten Datum. Die Erfahrung aus der Vergangenheit zeigt, daß der Index mit Ausnahme weniger Jahre ständig steigt. Bei Anpassung nach einer 10%igen Änderung bedeutet dies, daß die letzte Mietzahlung vor der Änderung bereits 10 % unter dem realen Wert lag. Im Durchschnitt ergibt sich auch bei 100%iger Anpassung ein laufender Inflationsverlust von ca. 5 % der Mietzahlungen. Je nachdem, wie groß die Stufen der jeweiligen Anpassung sind, wird dieser Verlust größer oder kleiner. Eine jährliche Anpassung bringt in dieser Hinsicht den geringsten Inflationsverlust.

Sinnvoll in der Indexierungsvereinbarung ist der Passus, daß die Indexerhöhung ab dem Monat zu zahlen ist, in dem die für die Erhöhung vereinbarte Indexmarke erreicht wird, ganz unabhängig davon, wann dies festgestellt und berechnet wird. Fehlt diese Vereinbarung, wird die erhöhte Mietzahlung erst mit der Berechnung und Inrechnungstellung fällig. Verzögerungen von mehreren Monaten können eintreten, weil die Veröffentlichung der Statistik und die Berechnung der sich daraus ergebenden Miete längere Zeit in Anspruch nehmen können.

Wichtig ist weiterhin, daß die Mindestlaufzeit des Mietverhältnisses von zehn Jahren eingehalten wird, weil andernfalls die Klausel nicht genehmigt werden kann bzw. ungültig ist.[4]

---

[4] Beispiel für eine Indexklausel (aus dem Mietvertrag Gewerbepark Regensburg):
Indexbindung
1. Die Miete ist an den amtlichen Lebenshaltungskostenindex für einen Vier-Personen-Haushalt von Arbeitern und Angestellten mit mittlerem Einkommen gebunden, den das Statistische Bundesamt ermittelt und veröffentlicht. Basisjahr ist 1991 = 100 Punkte. Die Indexbindung dieses Vertrages läuft ab dem…
Ändert sich der Lebenshaltungskostenindex um mehr als 10 % nach diesem Termin, so werden die Mieten automatisch im gleichen prozentualen Verhältnis der Änderung zur vorhergehenden Basis erhöht oder gesenkt. Die Vermieterin nimmt entsprechende Mietneu- bzw. -nachberechnungen jeweils nach Veröffentlichung der Indexreihe vor. Die Veränderung wird zum 01. des auf den Stichtag folgenden Monats wirksam.
2. Nach einer weiteren Änderung des Lebenshaltungskostenindexes um mehr als 10 %, bezogen auf den Tag der letzten Feststellung der Miete, erfolgt eine weitere Anpassung entsprechend Absatz 1.
3. Die vereinbarte Indexbindung der Miete bedarf der Genehmigung durch die Landeszentralbank. Sollte diese Genehmigung versagt werden, so vereinbaren die Parteien, daß sie sich verpflichten, einvernehmlich eine Änderung der Miete durchzuführen, die in ihrer Größenordnung wirtschaftlich der automatischen Veränderung, wie sie in Abschnitt 1 und 2 dieses Paragraphen vorgesehen ist, entspricht.

Optionen bei wertgesicherten Verträgen

Ist im Mietvertrag eine Option vereinbart, kann das Einfluß auf die Wertsicherung haben. Eine Option ist die vertragliche Vereinbarung, daß der Mieter nach Ablauf einer vereinbarten Vertragslaufzeit das Vertragsverhältnis zu meist gleichen Konditionen durch einseitige Erklärung um eine neue Mietzeitspanne verlängern kann. Der Mieter, nicht jedoch der Vermieter, kann durch Nichtausübung der Option das Mietverhältnis beenden.

Optionen, die in langfristigen Verträgen vereinbart werden, können vom Mieter unter Androhung der Nichtfortführung des Vertrages zu Mietanpassungsverhandlungen genutzt werden, wenn zum Zeitpunkt der Optionsausübung das vertragliche Mietniveau über dem Mietniveau des Marktes liegt. Für den Mieter stellen Optionen die Möglichkeit dar, alle Wertsicherungsklauseln zu korrigieren, wenn die vereinbarte Miete über das Marktniveau steigen würde. Umgekehrt aber ist der Vermieter nicht in der Lage, durch periodisch wiederkehrende Zeitpunkte eine unter Marktniveau gefallene Miete im Verhandlungswege anzupassen, weil Optionen nur einseitig dem Mieter und nicht dem Vermieter gewährt werden.

Rechtliche Zulässigkeit der Indexierung

Gesetzliche Regelung

Nach § 3 Währungsgesetz der Bundesrepublik Deutschland sind Klauseln, nach denen ein in Deutscher Mark geschuldeter Betrag durch den künftigen Kurs einer anderen Währung oder durch den künftigen Preis oder Wert von Gütern oder Leistungen bestimmt werden soll, grundsätzlich nicht erlaubt; es sei denn, der Vertrag läuft

- über die Lebenszeit einer der Parteien,
- über die Dauer von mindestens zehn Jahren,
- diese Mindestdauer von zehn Jahren ist auch gegeben, wenn der Mieter oder Pächter die Vertragsdauer auf mindestens zehn Jahre verlängern kann oder
- wenn der Vertrag in der Weise abgeschlossen ist, daß er vom Vermieter oder Pächter frühestens nach Ablauf von zehn Jahren durch Kündigung beendet werden kann[5].

---

[5] NJW 1978, Heft 47, Seite 2381. Änderungen mit Einführung des Euro ab 1999.

Die Wertsicherung der Miete

Genehmigung und Gültigkeit von Wertsicherungsklauseln

Verträge mit Indexierungen oder Währungsabsicherungen sind zur Genehmigung der Landeszentralbank vorzulegen. Die Wertsicherungsklauseln sind erst nach Genehmigung rechtsgültig.

- Genehmigungsbedürftig ist nicht nur die Wertsicherungsklausel, sondern grundsätzlich der gesamte Mietvertrag.
- Jegliche Veränderung des Mietvertrages, die den ursprünglich genehmigten Vertrag verändert, ist genehmigungsbedürftig.
- Wird bei einer Vertragsänderung der wirtschaftliche Inhalt verändert, so wird eine Genehmigung nur erteilt, wenn die Laufzeit wiederum über zehn Jahre geht.
- Die alte Laufzeit des Vertrages gilt weiter, z. B. bei Flächenreduzierungen, redaktionellen Änderungen eines Vertrages wegen aktueller Rechtsprechung, Umbaumaßnahmen, bei denen ausschließlich die Kosten für den Umbau als Zuschlag zur Miete berechnet werden, so lange die Grundmiete gleichbleibt.
- Sonderkündigungsrechte des Mieters verkürzen die Laufzeit nicht.
- Die Ausübung einer Option nach der Vertragslaufzeit bedeutet die Fortsetzung des alten Vertragsverhältnisses.
- Der Umzug eines Mieters innerhalb eines Gebäudes bei gleichbleibenden Vertragskonditionen bedeutet nicht den Beginn eines neuen Mietverhältnisses.
- Tritt ein Nachmieter in alle Rechte und Pflichten eines Mietvertrages ein, so ist dies nicht schädlich. Die Genehmigung der Wertsicherung ist weiterhin gültig.

Die Ausübung einer Option nach zehn Jahren (eventuell Vormietrecht) für einen Zeitraum unter zehn Jahren bei gleichzeitiger Neufestsetzung der Miete ist nicht genehmigungsfähig. Wird ein neuer Vertrag abgeschlossen, der den Inhalt des Vertrages ändert, so ist wieder eine Laufzeit von zehn Jahren notwendig.

Grundsätzlich erlischt die Genehmigung für eine Wertsicherungsklausel bei allen Vertragsänderungen und Nachträgen, d. h., für alle Änderungen und Nachträge müssen Genehmigungen eingeholt werden. Diese Genehmigung wird innerhalb kurzer Zeit erteilt, soweit die Änderungen genehmigungsfähig sind oder die Restlaufzeit von zehn Jahren besteht.

Wird ein Mietverhältnis aus den im Vertrag vorgesehenen Möglichkeiten heraus gekündigt und läuft der Vertrag damit vor zehn Jahren aus, so bleibt die Indexierung gültig, d.h., bisherige Angleichungen aus der Wertsicherungsklausel behalten ihre Gültigkeit. Die spätere Verkürzung der Vertragslaufzeit ist für die Vergangenheit nicht schädlich.

Die exakte Vereinbarung einer vertraglichen Laufzeit von mindestens zehn Jahren ist wichtig. Zu beachten ist z.B., daß die Vereinbarung, nach der die Mietzeit mit Bezugsfertigkeit der Räumlichkeiten beginnt und ausgehend vom erwarteten Bezugstermin ein fixer Endtermin für die Beendigung des Mietverhältnisses vereinbart wird, zu einer Verkürzung der Mietlaufzeit führen kann, wenn die Bezugsfertigkeit später eintritt. Ein derartiger Mietvertrag kann unter eine Laufzeit von zehn Jahren kommen. Ist der Vertrag von der Landeszentralbank aufgrund der im Vertrag angenommenen Beginn- und Endtermine genehmigt worden, so verfällt diese Genehmigung, wenn sich der Anfangstermin so weit verschiebt, daß keine zehn Jahre Vertragslaufzeit mehr gegeben sind. Wird in einem solchen Fall die Wertsicherungsklausel trotzdem angewandt, so sind die in Rechnung gestellten Mieterhöhungen nicht rechtens.

21.2.3 Die Entwicklung indexierter und teilindexierter Mieten

Obwohl es selbstverständlich sein müßte, daß Leistung und Gegenleistung bei einem Miet- oder Pachtvertrag über die gesamte Vertragslaufzeit im realen Wert gleichbleiben, wird oft, insbesondere bei Mietverträgen über Handelsimmobilien, vereinbart, daß die Steigerungen des Indexes nur mit einem bestimmten Prozentsatz, z.B. 50 %, 60 %, 75 %, 80 %, der Miete zugeschlagen werden. Der inflationsbereinigte Wert der Miete verringert sich dann fortlaufend, je länger der Mietvertrag läuft. Aufgrund der inflatorischen Entwicklung steigen zwar die nominalen Mieten, der reale Wert jedoch sinkt. Welchen Umfang dies annimmt, wird in den nachfolgenden Tabellen und Berechnungen dargelegt. Eine teilweise Indexierung der Mieten bedeutet (wenn man davon ausgeht, daß zum Zeitpunkt des Vertragsabschlusses Marktmieten gezahlt wurden und die Nutzbarkeit der gemieteten Flächen, die sich in Lage und Funktionalität ausdrückt, erhalten bleibt) eine laufende Mietsenkung für das Objekt.

Eine geringere Teilanpassung kann jedoch durch hoch angesetzte Ausgangsmieten teilweise kompensiert werden. Ein Vermieter kann daran aus verschiedenen Gründen interessiert sein, etwa, weil er durch höhere Aus-

Die Wertsicherung der Miete

gangsmieten eine höhere Finanzierung auf dem Objekt unterbringt oder weil er glaubt, einen höheren Verkaufspreis zu erzielen, wenn die Ausgangsmieten höher sind. Im letzteren Fall allerdings ist davon auszugehen, daß ein sachkundiger Käufer einen Mehrpreis für ein Objekt mit auf diese Weise erhöhten Mieten nicht zahlt.

In den nachfolgenden Darstellungen wird von langfristigen Verträgen zwischen zehn und 30 Jahren ausgegangen. Es sollen die historischen Werte dargestellt werden, wie sich Mieten, die an den Lebenshaltungskostenindex gebunden waren, in den vergangenen 30 Jahren entwickelt haben. Es werden systematisierte Tabellen mit Zahlenreihen erstellt, die die Entwicklung der Miete unter verschiedenen Bedingungen darstellen und transparent machen, wie sich die Inflation und die vertraglichen Vereinbarungen bei einer teilweisen Indexierung der Mieten auswirken.

Bei teilindexierten Mietverträgen tritt nur für einen Teil der Mietzahlung ein Inflationsausgleich ein. Nun wurde bereits darauf hingewiesen, daß das für die jeweilige Anpassung gewählte Intervall immer (auch bei 100%iger Indexierung) einen gewissen Inflationsverlust bei den Mietzahlungen bedeutet. Bereits eine jährliche Anpassung bedeutet einen Verlust, der je nach Inflationsrate mehr oder weniger hoch ausfällt (nur eine kontinuierliche monatliche Anpassung der Mieten an den sich verändernden Index könnte als 100%iger Ausgleich von Inflationsverlusten betrachtet werden). In der Bundesrepublik Deutschland sind diese Verluste – im Gegensatz zu Ländern mit hohen Inflationsraten von über 10 % – bei den niedrigen Inflationsraten von 1 bis 4 % relativ gering. Dazu kommt bei teilindexierten Verträgen noch der volle Inflationsverlust aus dem nicht indexgebundenen Teil der Mietzahlung.

Jedem Vermieter muß die Tatsache bewußt sein, daß beim Abschluß von Mietverträgen mit Teilindexierungen eine über die Vertragslaufzeit fallende Miete vereinbart wird. Sie erhöht sich zwar nominell, real in Kaufkraft gemessen jedoch fällt sie. Die Tabellen 21.7 und 21.13 geben die Verluste bzw. die nicht realisierten Mieten bei verschiedenen Indexanwendungssätzen an. Es zeigt sich, daß eine 50%ige Mietanpassung bei langfristigen Verträgen dazu führt, daß letztlich nicht 50 % der Inflationierung aufgefangen werden, sondern erheblich weniger. In Tabelle 21.7 beträgt die Miete bei einer Ausgangsmiete von 100,00 DM und 50%iger Anpassung im 20. Jahr 157,28 DM, bei 100%iger Anpassung waren es jedoch 214,55 DM. Besonders extrem entwickeln sich die Verhältnisse bei höheren Inflationsraten auseinander (vgl. Tab. 21.7, 21.8, 21.9, 21.10).

Die Wertsicherung der Miete

Miethöhe
(auf der Basis des Lebenshaltungskostenindexes[1]) von 1965 bis 1994 mit der Basis Januar 1965 = 100)

Jahr		Index zum Jahresende[2]) (Jan. 1965 = 100)	Änderung d. Indexes in %	100 %ige Anpassung			Anpassung nach 10 %iger Änderung des Indexes zum nächsten Monat[4])[5])						
				jährlich	alle 2 Jahre	alle 3 Jahre	100 %	90 %	80 %	70 %	60 %	50 %	0 %
a	b	c	d	e	f	g	h	i	j	k	l	m	n
1965	1	103,79		100,00 DM	100,00 DM	100,00 DM	100,00 DM	100,00 DM	100,00 DM	100,00 DM	100,00 DM	100,00 DM	100,00 DM
1966	2	106,03	2,16 %	103,79 DM	100,00 DM	100,00 DM	100,00 DM	100,00 DM	100,00 DM	100,00 DM	100,00 DM	100,00 DM	100,00 DM
1967	3	106,70	0,63 %	106,03 DM	106,03 DM	100,00 DM	100,00 DM	100,00 DM	100,00 DM	100,00 DM	100,00 DM	100,00 DM	100,00 DM
1968	4	109,15	2,30 %	106,70 DM	106,03 DM	106,70 DM	100,00 DM	100,00 DM	100,00 DM	100,00 DM	100,00 DM	100,00 DM	100,00 DM
1969	5	111,38	2,04 %	109,15 DM	109,15 DM	106,70 DM	108,37 DM	107,53 DM	106,70 DM	105,86 DM	105,02 DM	104,19 DM	100,00 DM
1970	6	115,62	3,81 %	111,38 DM	109,15 DM	106,70 DM	110,04 DM	109,04 DM	108,03 DM	107,03 DM	106,02 DM	105,02 DM	100,00 DM
1971	7	122,10	5,60 %	115,62 DM	115,62 DM	115,62 DM	111,90 DM	110,71 DM	109,52 DM	108,33 DM	107,14 DM	105,95 DM	100,00 DM
1972	8	129,69	6,22 %	122,10 DM	115,62 DM	115,62 DM	121,21 DM	119,09 DM	116,97 DM	114,85 DM	112,73 DM	110,61 DM	100,00 DM
1973	9	139,06	7,22 %	129,69 DM	129,69 DM	115,62 DM	129,39 DM	126,45 DM	123,51 DM	120,57 DM	117,63 DM	114,70 DM	100,00 DM
1974	10	147,54	6,10 %	139,06 DM	129,69 DM	139,06 DM	134,60 DM	131,14 DM	127,68 DM	124,22 DM	120,76 DM	117,30 DM	100,00 DM
Zwischensumme 1 (1965-1974)				1.144 DM	1.121 DM	1.106 DM	1.116 DM	1.104 DM	1.092 DM	1.081 DM	1.069 DM	1.058 DM	1.000 DM
1975	11	155,58	5,45 %	147,54 DM	147,54 DM	139,06 DM	146,18 DM	142,18 DM	137,50 DM	132,81 DM	128,12 DM	123,44 DM	100,00 DM
1976	12	161,16	3,59 %	155,58 DM	147,54 DM	139,06 DM	146,87 DM	142,18 DM	137,50 DM	132,81 DM	128,12 DM	123,44 DM	100,00 DM
1977	13	166,52	3,33 %	161,16 DM	161,16 DM	161,16 DM	161,61 DM	155,45 DM	149,29 DM	143,13 DM	136,97 DM	130,81 DM	100,00 DM
1978	14	170,31	2,28 %	166,52 DM	161,16 DM	161,16 DM	162,95 DM	156,66 DM	150,36 DM	144,07 DM	137,77 DM	131,48 DM	100,00 DM
1979	15	179,24	5,24 %	170,31 DM	170,31 DM	161,16 DM	162,95 DM	156,66 DM	150,36 DM	144,07 DM	137,77 DM	131,48 DM	100,00 DM
1980	16	188,84	5,36 %	179,24 DM	170,31 DM	179,24 DM	178,50 DM	170,65 DM	162,80 DM	154,95 DM	147,10 DM	139,25 DM	100,00 DM
1981	17	201,56	6,74 %	188,84 DM	188,84 DM	179,24 DM	185,94 DM	177,35 DM	168,75 DM	160,16 DM	151,56 DM	-42,97 DM	100,00 DM
1982	18	210,49	4,43 %	201,56 DM	188,84 DM	179,24 DM	197,99 DM	188,19 DM	178,39 DM	168,59 DM	158,79 DM	-49,00 DM	100,00 DM
1983	19	216,29	2,76 %	210,49 DM	210,49 DM	210,49 DM	197,99 DM	188,19 DM	178,39 DM	168,59 DM	158,79 DM	-49,00 DM	100,00 DM
1984	20	220,54	1,96 %	216,29 DM	210,49 DM	210,49 DM	214,55 DM	203,10 DM	191,64 DM	180,19 DM	168,73 DM	-57,28 DM	100,00 DM
Zwischensumme 2 (1975-1984)				1.718 DM	1.757 DM	1.720 DM	1.756 DM	1.681 DM	1.605 DM	1.529 DM	1.454 DM	1.378 DM	1.000 DM
1985	21	223,88	1,51 %	220,54 DM	220,54 DM	210,49 DM	217,86 DM	206,07 DM	194,29 DM	182,50 DM	170,72 DM	-58,93 DM	100,00 DM
1986	22	221,43	-1,09 %	223,88 DM	220,54 DM	223,88 DM	217,86 DM	206,07 DM	194,29 DM	182,50 DM	170,72 DM	-58,93 DM	100,00 DM
1987	23	223,21	0,80 %	221,43 DM	221,43 DM	223,88 DM	217,86 DM	206,07 DM	194,29 DM	182,50 DM	170,72 DM	158,93 DM	100,00 DM
1988	24	227,01	1,70 %	223,21 DM	221,43 DM	223,88 DM	217,86 DM	206,07 DM	194,29 DM	182,50 DM	170,72 DM	158,93 DM	100,00 DM
1989	25	234,15	3,15 %	227,01 DM	227,01 DM	227,01 DM	227,86 DM	206,07 DM	194,29 DM	182,50 DM	170,72 DM	158,93 DM	100,00 DM
1990	26	240,62	2,76 %	234,15 DM	227,01 DM	227,01 DM	223,33 DM	211,00 DM	198,66 DM	186,33 DM	174,00 DM	161,67 DM	100,00 DM
1991	27	250,89	4,27 %	240,62 DM	240,62 DM	227,01 DM	239,73 DM	225,76 DM	211,78 DM	197,81 DM	183,84 DM	169,87 DM	100,00 DM
1992	28	259,82	3,56 %	250,89 DM	240,62 DM	250,89 DM	239,73 DM	225,76 DM	211,78 DM	197,81 DM	183,84 DM	169,87 DM	100,00 DM
1993	29	268,75	3,44 %	259,82 DM	259,82 DM	250,89 DM	258,32 DM	242,49 DM	226,66 DM	210,82 DM	194,99 DM	179,16 DM	100,00 DM
1994	30	276,12	2,74 %	268,75 DM	259,82 DM	250,89 DM	264,51 DM	248,06 DM	231,61 DM	215,16 DM	198,71 DM	182,26 DM	100,00 DM
Zwischensumme 3 (1985-1994)				2.370 DM	2.339 DM	2.316 DM	2.315 DM	2.183 DM	2.052 DM	1.920 DM	1.789 DM	1.657 DM	1.000 DM
Summe 1965-1994				5.311 DM	5.217 DM	5.142 DM	5.187 DM	4.968 DM	4.749 DM	4.531 DM	4.312 DM	4.093 DM	3.000 DM
in %			100,00 %	98,21 %	94,20 %	97,65 %	93,54 %	89,42 %	85,30 %	81,18 %	77,07 %	56,48 %

1) Preisindex für die Lebenshaltung eines Vier-Personen-Haushalts von Arbeitern und Angestellten mit mittlerem Einkommen.
2) Der Jahresindex wird als Jahresendwert angegeben.
3) Es wird unterstellt, daß die Miete jeweils an dem Endwert des Indexes des Vorjahres angepaßt wird.
4) Bei einer Indexänderung um mehr als 10 % wird die Miete im folgenden Monat um diesen %-Satz verändert.
5) Die Mieten p.a. sind als Durchschnitt der einzelnen Monate berechnet.

Tab. 21.7: Entwicklung indexierter Mieten für 100 DM Miete p.a.
Quelle: Eigene Berechnungen auf der Basis von Zahlen des Statistischen Bundesamtes Wiesbaden

Die Wertsicherung der Miete

Jahr		Index Jan. 1965 = 100	Änderung d. Indexes in %	100 %ige Anpassung			Anpassung nach 10 %iger Änderung des Indexes zum Jahresende						
				jährlich	alle 2 Jahre	alle 3 Jahre	100 %	90 %	80 %	70 %	60 %	50 %	0 %
a	b	c	d	e	f	g	h	i	j	k	l	m	n
1965	1	103,79											
1966	2	106,03	2,16 %	3,79 %	0,00 %	0,00 %	0,00 %	0,00 %	0,00 %	0,00 %	0,00 %	0,00 %	0,00 %
1967	3	106,70	0,63 %	2,16 %	6,03 %	0,00 %	0,00 %	0,00 %	0,00 %	0,00 %	0,00 %	0,00 %	0,00 %
1968	4	109,15	2,30 %	0,63 %	0,00 %	6,70 %	0,00 %	0,00 %	0,00 %	0,00 %	0,00 %	0,00 %	0,00 %
1969	5	111,38	2,04 %	2,30 %	2,94 %	0,00 %	8,37 %	7,53 %	6,70 %	5,86 %	5,02 %	4,18 %	0,00 %
1970	6	115,62	3,81 %	2,04 %	0,00 %	0,00 %	1,54 %	1,40 %	1,25 %	1,10 %	0,95 %	0,80 %	0,00 %
1971	7	122,10	5,60 %	3,81 %	5,93 %	8,36 %	1,69 %	1,54 %	1,38 %	1,22 %	1,05 %	0,89 %	0,00 %
1972	8	129,69	6,22 %	5,60 %	0,00 %	0,00 %	8,32 %	7,57 %	6,80 %	6,02 %	5,21 %	4,39 %	0,00 %
1973	9	139,06	7,22 %	6,22 %	12,17 %	0,00 %	6,75 %	6,18 %	5,59 %	4,99 %	4,35 %	3,70 %	0,00 %
1974	10	147,54	6,10 %	7,22 %	0,00 %	20,27 %	4,03 %	3,71 %	3,37 %	3,02 %	2,66 %	2,27 %	0,00 %
1975	11	155,58	5,45 %	6,10 %	13,76 %	0,00 %	9,12 %	8,42 %	7,69 %	6,91 %	6,10 %	5,23 %	0,00 %
1976	12	161,16	3,59 %	5,45 %	0,00 %	0,00 %	0,00 %	0,00 %	0,00 %	0,00 %	0,00 %	0,00 %	0,00 %
1977	13	166,52	3,33 %	3,59 %	9,23 %	15,89 %	10,04 %	9,33 %	8,58 %	7,77 %	6,90 %	5,97 %	0,00 %
1978	14	170,31	2,28 %	3,33 %	0,00 %	0,00 %	0,83 %	0,78 %	0,72 %	0,66 %	0,59 %	0,51 %	0,00 %
1979	15	179,24	5,24 %	2,28 %	5,68 %	0,00 %	0,00 %	0,00 %	0,00 %	0,00 %	0,00 %	0,00 %	0,00 %
1980	16	188,84	5,36 %	5,24 %	0,00 %	11,22 %	9,54 %	8,93 %	8,27 %	7,56 %	6,77 %	5,91 %	0,00 %
1981	17	201,56	6,74 %	5,36 %	10,88 %	0,00 %	4,17 %	3,92 %	3,66 %	3,36 %	3,03 %	2,67 %	0,00 %
1982	18	210,49	4,43 %	6,74 %	0,00 %	0,00 %	6,48 %	6,12 %	5,71 %	5,27 %	4,77 %	4,21 %	0,00 %
1983	19	216,29	2,76 %	4,43 %	11,46 %	17,43 %	0,00 %	0,00 %	0,00 %	0,00 %	0,00 %	0,00 %	0,00 %
1984	20	220,54	1,96 %	2,76 %	0,00 %	0,00 %	8,36 %	7,92 %	7,43 %	6,88 %	6,26 %	5,56 %	0,00 %
1985	21	223,88	1,51 %	1,96 %	4,77 %	0,00 %	1,54 %	1,47 %	1,38 %	1,29 %	1,18 %	1,05 %	0,00 %
1986	22	221,43	-1,09 %	1,51 %	0,00 %	6,36 %	0,00 %	0,00 %	0,00 %	0,00 %	0,00 %	0,00 %	0,00 %
1987	23	223,21	0,80 %	-1,09 %	0,40 %	0,00 %	0,00 %	0,00 %	0,00 %	0,00 %	0,00 %	0,00 %	0,00 %
1988	24	227,01	1,70 %	0,80 %	0,00 %	0,00 %	0,00 %	0,00 %	0,00 %	0,00 %	0,00 %	0,00 %	0,00 %
1989	25	234,15	3,15 %	1,70 %	2,52 %	1,40 %	0,00 %	0,00 %	0,00 %	0,00 %	0,00 %	0,00 %	0,00 %
1990	26	240,62	2,76 %	3,15 %	0,00 %	0,00 %	2,51 %	2,39 %	2,25 %	2,10 %	1,92 %	1,72 %	0,00 %
1991	27	250,89	4,27 %	2,76 %	6,00 %	0,00 %	7,34 %	7,00 %	6,60 %	6,16 %	5,66 %	5,07 %	0,00 %
1992	28	259,82	3,56 %	4,27 %	0,00 %	10,52 %	0,00 %	0,00 %	0,00 %	0,00 %	0,00 %	0,00 %	0,00 %
1993	29	268,75	3,44 %	3,56 %	7,98 %	0,00 %	7,75 %	7,41 %	7,02 %	6,58 %	6,07 %	5,47 %	0,00 %
1994	30	276,12	2,74 %	3,44 %	0,00 %	0,00 %	2,40 %	2,30 %	2,18 %	2,06 %	1,90 %	1,73 %	0,00 %

Tab. 21.8: Entwicklung indexierter Mieten für 100 DM Miete p.a. Prozentuale Änderung im Vergleich zur Vorjahresmiete

Quelle: Eigene Berechnungen auf der Basis von Zahlen des Statistischen Bundesamtes Wiesbaden

Die Wertsicherung der Miete

Jahr		Index Jan. 1965 = 100	Änderung d. Indexes in %	100 %ige Anpassung			Anpassung nach 10 %iger Änderung des Indexes zum Jahresende						
				jährlich	alle 2 Jahre	alle 3 Jahre	100 %	90 %	80 %	70 %	60 %	50 %	0 %
a	b	c	d	e	f	g	h	i	j	k	l	m	n
1965	1	103,79		0,00 DM	0,00 DM	0,00 DM	0,00 DM	0,00 DM	0,00 DM	0,00 DM	0,00 DM	0,00 DM	0,00 DM
1966	2	106,03	2,16 %	3,79 DM	0,00 DM	0,00 DM	0,00 DM	0,00 DM	0,00 DM	0,00 DM	0,00 DM	0,00 DM	0,00 DM
1967	3	106,7	0,63 %	2,24 DM	6,03 DM	0,00 DM	0,00 DM	0,00 DM	0,00 DM	0,00 DM	0,00 DM	0,00 DM	0,00 DM
1968	4	109,15	2,30 %	0,67 DM	0,00 DM	6,70 DM	0,00 DM	0,00 DM	0,00 DM	0,00 DM	0,00 DM	0,00 DM	0,00 DM
1969	5	111,38	2,04 %	2,45 DM	3,12 DM	0,00 DM	8,37 DM	7,53 DM	6,70 DM	5,86 DM	5,02 DM	4,19 DM	0,00 DM
1970	6	115,62	3,81 %	2,23 DM	0,00 DM	0,00 DM	1,67 DM	1,50 DM	1,34 DM	1,17 DM	1,00 DM	0,84 DM	0,00 DM
1971	7	122,1	5,60 %	4,24 DM	6,47 DM	8,92 DM	1,86 DM	1,67 DM	1,49 DM	1,30 DM	1,12 DM	0,93 DM	0,00 DM
1972	8	129,69	6,22 %	6,48 DM	0,00 DM	0,00 DM	9,31 DM	8,38 DM	7,45 DM	6,52 DM	5,59 DM	4,65 DM	0,00 DM
1973	9	139,06	7,22 %	7,59 DM	14,07 DM	0,00 DM	8,18 DM	7,36 DM	6,54 DM	5,73 DM	4,91 DM	4,09 DM	0,00 DM
1974	10	147,54	6,10 %	9,37 DM	0,00 DM	23,44 DM	5,21 DM	4,69 DM	4,17 DM	3,65 DM	3,13 DM	2,61 DM	0,00 DM
Zwischensumme 1 zusätzl. Miete d. Anpassung				39,06 DM	29,69 DM	39,06 DM	34,60 DM	31,14 DM	27,68 DM	24,22 DM	20,76 DM	17,30 DM	0,00 DM
1975	11	155,58	5,45 %	8,48 DM	17,85 DM	0,00 DM	12,27 DM	11,04 DM	9,82 DM	8,59 DM	7,36 DM	6,14 DM	0,00 DM
1976	12	161,16	3,59 %	8,04 DM	0,00 DM	0,00 DM	0,00 DM	0,00 DM	0,00 DM	0,00 DM	0,00 DM	0,00 DM	0,00 DM
1977	13	166,52	3,33 %	5,58 DM	13,62 DM	22,10 DM	14,74 DM	13,27 DM	11,79 DM	10,32 DM	8,84 DM	7,37 DM	0,00 DM
1978	14	170,31	2,28 %	5,36 DM	0,00 DM	0,00 DM	1,34 DM	1,21 DM	1,07 DM	0,94 DM	0,80 DM	0,67 DM	0,00 DM
1979	15	179,24	5,24 %	3,79 DM	9,15 DM	0,00 DM	0,00 DM	0,00 DM	0,00 DM	0,00 DM	0,00 DM	0,00 DM	0,00 DM
1980	16	188,84	5,36 %	8,93 DM	0,00 DM	18,08 DM	15,55 DM	14,00 DM	12,44 DM	10,89 DM	9,33 DM	7,78 DM	0,00 DM
1981	17	201,56	6,74 %	9,60 DM	18,53 DM	0,00 DM	7,44 DM	6,70 DM	5,95 DM	5,21 DM	4,46 DM	3,72 DM	0,00 DM
1982	18	210,49	4,43 %	12,72 DM	0,00 DM	0,00 DM	12,05 DM	10,85 DM	9,64 DM	8,44 DM	7,23 DM	6,03 DM	0,00 DM
1983	19	216,29	2,76 %	8,93 DM	21,65 DM	31,25 DM	0,00 DM	0,00 DM	0,00 DM	0,00 DM	0,00 DM	0,00 DM	0,00 DM
1984	20	220,54	1,96 %	5,80 DM	0,00 DM	0,00 DM	16,56 DM	14,90 DM	13,25 DM	11,59 DM	9,94 DM	8,28 DM	0,00 DM
Zwischensumme 2 zusätzl. Miete d. Anpassung				77,23 DM	80,80 DM	71,43 DM	79,95 DM	71,96 DM	63,96 DM	55,97 DM	47,97 DM	39,98 DM	0,00 DM
1985	21	223,88	1,51 %	4,25 DM	10,05 DM	13,39 DM	3,31 DM	2,98 DM	2,65 DM	2,32 DM	1,99 DM	1,66 DM	0,00 DM
1986	22	221,43	-1,09 %	3,34 DM	0,00 DM	0,00 DM	0,00 DM	0,00 DM	0,00 DM	0,00 DM	0,00 DM	0,00 DM	0,00 DM
1987	23	223,21	0,80 %	-2,45 DM	0,89 DM	0,00 DM	0,00 DM	0,00 DM	0,00 DM	0,00 DM	0,00 DM	0,00 DM	0,00 DM
1988	24	227,01	1,70 %	1,78 DM	0,00 DM	3,13 DM	0,00 DM	0,00 DM	0,00 DM	0,00 DM	0,00 DM	0,00 DM	0,00 DM
1989	25	234,15	3,15 %	3,80 DM	5,58 DM	0,00 DM	5,47 DM	4,92 DM	4,38 DM	3,83 DM	3,28 DM	2,74 DM	0,00 DM
1990	26	240,62	2,76 %	7,14 DM	0,00 DM	0,00 DM	16,40 DM	14,76 DM	13,12 DM	11,48 DM	9,84 DM	8,20 DM	0,00 DM
1991	27	250,89	4,27 %	6,47 DM	13,61 DM	23,88 DM	0,00 DM	0,00 DM	0,00 DM	0,00 DM	0,00 DM	0,00 DM	0,00 DM
1992	28	259,82	3,56 %	10,27 DM	0,00 DM	0,00 DM	18,59 DM	16,73 DM	14,87 DM	13,01 DM	11,15 DM	9,29 DM	0,00 DM
1993	29	268,75	3,44 %	8,93 DM	19,20 DM	0,00 DM	6,19 DM	5,57 DM	4,95 DM	4,33 DM	3,71 DM	3,10 DM	0,00 DM
1994	30	276,12	2,74 %	8,93 DM	0,00 DM	40,40 DM	49,96 DM	44,96 DM	39,97 DM	34,97 DM	29,98 DM	24,98 DM	0,00 DM
Zwischensumme 3 zusätzl. Miete d. Anpassung				52,46 DM	49,33 DM	40,40 DM	49,96 DM	44,96 DM	39,97 DM	34,97 DM	29,98 DM	24,98 DM	0,00 DM
zusätzl. Miete nach 30 Jahren durch Anpassung				168,75 DM	159,82 DM	150,89 DM	164,51 DM	148,06 DM	131,61 DM	115,16 DM	98,71 DM	82,26 DM	0,00 DM

Die Mieterhöhungen während der anpassungsfreien Jahre kommen durch die Indexanpassung während des laufenden Jahres.

Tab. 21.9: Entwicklung indexierter Mieten für 100 DM Miete p.a.
Jährliche Änderung in DM
Quelle: Eigene Berechnungen auf der Basis von Zahlen des Statistischen Bundesamtes Wiesbaden

Die Wertsicherung der Miete

Jahr		Index Jan. 1965 = 100	Änderung d. Indexes in %	100 %ige Änderung			Anpassung nach 10 %iger Änderung des Index zum Jahresende						
				jährlich	alle 2 Jahre	alle 3 Jahre	100 %	90 %	80 %	70 %	60 %	50 %	0 %
a	b	c	d	e	f	g	h	i	j	k	l	m	n
1965	1	103,79		0,00 DM	0,00 DM	0,00 DM	0,00 DM	0,00 DM	0,00 DM	0,00 DM	0,00 DM	0,00 DM	0,00 DM
1966	2	106,03	3,48 %	3,79 DM	0,00 DM	0,00 DM	0,00 DM	0,00 DM	0,00 DM	0,00 DM	0,00 DM	0,00 DM	0,00 DM
1967	3	106,70	0,63 %	6,03 DM	6,03 DM	0,00 DM	0,00 DM	0,00 DM	0,00 DM	0,00 DM	0,00 DM	0,00 DM	0,00 DM
1968	4	109,15	2,30 %	6,70 DM	6,03 DM	6,70 DM	0,00 DM	0,00 DM	0,00 DM	0,00 DM	0,00 DM	0,00 DM	0,00 DM
1969	5	111,38	2,04 %	9,15 DM	9,15 DM	6,70 DM	8,37 DM	7,53 DM	6,70 DM	5,86 DM	5,02 DM	4,19 DM	0,00 DM
1970	6	115,62	3,81 %	11,38 DM	9,15 DM	6,70 DM	10,04 DM	9,04 DM	8,03 DM	7,03 DM	6,02 DM	5,02 DM	0,00 DM
1971	7	122,10	5,60 %	15,62 DM	15,62 DM	15,62 DM	11,90 DM	10,71 DM	9,52 DM	8,33 DM	7,14 DM	5,95 DM	0,00 DM
1972	8	129,69	6,22 %	22,10 DM	15,62 DM	15,62 DM	21,21 DM	19,09 DM	16,97 DM	14,85 DM	12,73 DM	10,61 DM	0,00 DM
1973	9	139,06	7,22 %	29,69 DM	29,69 DM	15,62 DM	29,39 DM	26,45 DM	23,51 DM	20,57 DM	17,63 DM	14,70 DM	0,00 DM
1974	10	147,54	6,10 %	39,06 DM	29,69 DM	39,06 DM	34,60 DM	31,14 DM	27,68 DM	24,22 DM	20,76 DM	17,30 DM	0,00 DM
Miete nach 10 Jahren inkl. Erhöhung				139,06 DM	129,69 DM	139,06 DM	134,60 DM	131,14 DM	127,68 DM	124,22 DM	120,76 DM	117,30 DM	100,00 DM
1975	11	155,58	5,45 %	47,54 DM	47,54 DM	39,06 DM	46,87 DM	42,18 DM	37,50 DM	32,81 DM	28,12 DM	23,44 DM	0,00 DM
1976	12	161,16	3,59 %	55,58 DM	47,54 DM	39,06 DM	46,87 DM	42,18 DM	37,50 DM	32,81 DM	28,12 DM	23,44 DM	0,00 DM
1977	13	166,52	3,33 %	61,16 DM	61,16 DM	61,16 DM	61,61 DM	55,45 DM	49,29 DM	43,13 DM	36,97 DM	30,81 DM	0,00 DM
1978	14	170,31	2,28 %	66,52 DM	61,16 DM	61,16 DM	62,95 DM	56,66 DM	50,36 DM	44,07 DM	37,77 DM	31,48 DM	0,00 DM
1979	15	179,24	5,24 %	70,31 DM	70,31 DM	61,16 DM	62,95 DM	56,66 DM	50,36 DM	44,07 DM	37,77 DM	31,48 DM	0,00 DM
1980	16	188,84	5,36 %	79,24 DM	70,31 DM	79,24 DM	78,50 DM	70,65 DM	62,80 DM	54,95 DM	47,10 DM	39,25 DM	0,00 DM
1981	17	201,56	6,74 %	88,84 DM	88,84 DM	79,24 DM	85,94 DM	77,35 DM	68,75 DM	60,16 DM	51,56 DM	42,97 DM	0,00 DM
1982	18	210,49	4,43 %	101,56 DM	88,84 DM	79,24 DM	97,99 DM	88,19 DM	78,39 DM	68,59 DM	58,79 DM	49,00 DM	0,00 DM
1983	19	216,29	2,76 %	110,49 DM	110,49 DM	110,49 DM	97,99 DM	88,19 DM	78,39 DM	68,59 DM	58,79 DM	49,00 DM	0,00 DM
1984	20	220,54	1,96 %	116,29 DM	110,49 DM	110,49 DM	114,55 DM	103,10 DM	91,64 DM	80,19 DM	68,73 DM	57,28 DM	0,00 DM
Miete nach 20 Jahren inkl. Erhöhung				216,29 DM	210,49 DM	210,49 DM	214,55 DM	203,10 DM	191,64 DM	180,19 DM	168,73 DM	157,28 DM	100,00 DM
1985	21	223,88	1,51 %	120,54 DM	120,54 DM	110,49 DM	117,86 DM	106,07 DM	94,29 DM	82,50 DM	70,72 DM	58,93 DM	0,00 DM
1986	22	221,43	-1,09 %	123,88 DM	120,54 DM	123,88 DM	117,86 DM	106,07 DM	94,29 DM	82,50 DM	70,72 DM	58,93 DM	0,00 DM
1987	23	223,21	0,80 %	121,43 DM	121,43 DM	123,88 DM	117,86 DM	106,07 DM	94,29 DM	82,50 DM	70,72 DM	58,93 DM	0,00 DM
1988	24	227,01	1,70 %	123,21 DM	121,43 DM	123,88 DM	117,86 DM	106,07 DM	94,29 DM	82,50 DM	70,72 DM	58,93 DM	0,00 DM
1989	25	234,15	3,15 %	127,01 DM	127,01 DM	127,01 DM	123,33 DM	111,00 DM	98,66 DM	86,33 DM	74,00 DM	61,67 DM	0,00 DM
1990	26	240,62	2,76 %	134,15 DM	127,01 DM	127,01 DM	139,73 DM	125,76 DM	111,78 DM	97,81 DM	83,84 DM	69,87 DM	0,00 DM
1991	27	250,89	4,27 %	140,62 DM	140,62 DM	127,01 DM	139,73 DM	125,76 DM	111,78 DM	97,81 DM	83,84 DM	69,87 DM	0,00 DM
1992	28	259,82	3,56 %	150,89 DM	140,62 DM	150,89 DM	158,32 DM	142,49 DM	126,66 DM	110,82 DM	94,99 DM	79,16 DM	0,00 DM
1993	29	268,75	3,44 %	159,82 DM	159,82 DM	150,89 DM	164,51 DM	148,06 DM	131,61 DM	115,16 DM	98,71 DM	82,26 DM	0,00 DM
1994	30	276,12	2,74 %	168,75 DM	159,82 DM	150,89 DM	264,51 DM	248,06 DM	231,61 DM	215,16 DM	198,71 DM	182,26 DM	0,00 DM
Miete nach 30 Jahren inkl. Erhöhung				268,75 DM	259,82 DM	250,89 DM	264,51 DM	248,06 DM	231,61 DM	215,16 DM	198,71 DM	182,26 DM	100,00 DM

Tab. 21.10: Entwicklung indexierter Mieten für 100 DM Miete p.a.
Aufgelaufene Änderungen und Miethöhe nach jeweils zehn Jahren
Quelle: Eigene Berechnungen auf der Basis von Zahlen des Statistischen Bundesamtes Wiesbaden

	Indexierte Mieten		Staffelmieten			
Jahr	100 % Index-anpassung jährlich**	100 %ige Anpassung nach 10 %iger Änderung d. Indexes***	Anpassung 2 % jährlich	Anpassung 3 % jährlich	Anpassung 4 % jährlich	Anpassung 4 % zweijährig
1985	100,70 DM	100,00 DM	100,00 DM	100,00 DM	100,00 DM	100,00 DM
1886	100,53 DM	100,00 DM	102,00 DM	103,00 DM	104,00 DM	100,00 DM
1987	100,60 DM	100,00 DM	104,00 DM	106,10 DM	108,20 DM	104,00 DM
1988	101,70 DM	100,00 DM	106,10 DM	109,30 DM	112,50 DM	104,00 DM
1989	104,65 DM	100,00 DM	108,20 DM	112,60 DM	117,00 DM	108,20 DM
1990	107,48 DM	100,00 DM	110,40 DM	115,90 DM	121,70 DM	108,20 DM
1991	111,28 DM	106,71 DM	112,60 DM	119,40 DM	126,50 DM	112,50 DM
1992	115,73 DM	111,07 DM	114,90 DM	123,00 DM	131,60 DM	112,50 DM
1993	120,11 DM	111,91 DM	117,20 DM	126,70 DM	138,20 DM	117,00 DM
1994	123,70 DM	121,15 DM	119,50 DM	130,50 DM	143,70 DM	117,00 DM
Mietsumme*	1.086,48 DM	1.050,84 DM	1.094,90 DM	1.146,50 DM	1.203,40 DM	1.083,40 DM

* Mietsumme nach zehn Jahren bei 100 DM Jahresmiete zu Vertragsbeginn auf Basis des Indexes Jan. 1985 = 100.
** Jahresmieten bei sofortiger monatlicher Anpassung der Miete noch im Monat der Indexänderung.
*** Bei einer Indexsteigerung um mehr als 10 % wird die Miete des folgenden Monats um diesen Satz erhöht.

Tab. 21.11: Vergleich indexierter Mieten mit Staffelmieten auf der Basis von 100 DM Miete p.a. (auf der Basis des Lebenshaltungskostenindexes von 1985 bis 1994 mit der Basis Januar 1985 = 100)
Quelle: Eigene Berechnungen auf der Basis von Zahlen des Statistischen Bundesamtes Wiesbaden

21.3 Wertsicherung durch Staffelmieten

Bei Mietverträgen unter zehn Jahren ist keine Indexbindung möglich. In diesem Fall werden oft Staffelmieten vereinbart. Sie kommen dem Bedürfnis der Mietparteien entgegen, mit fest definierten Mietzahlungen über den vereinbarten Vertragszeitraum kalkulieren zu können. Staffelmieten können der wertmäßigen Absicherung der Mieten dienen, aber auch Teil der Vermietungsstrategie sein. In einem Gewerbepark können sie einem frühen Mieter niedrige Eingangsmieten gewähren, die stufenweise an die Mietpreisentwicklung angepaßt werden, um mit Fertigstellung des Projektes die erwartete Marktmiete zu erreichen.

Ein Einzelhandelsunternehmen kann an einer Staffelmiete mit niedrigen Anfangsmieten interessiert sein, um die Anlaufverluste gering zu halten. Die Mieten steigen dann gegen Ende der Laufzeit stärker als Kompensation für die niedrigen Eingangsmieten an.

Wenn eine vereinbarte Staffelmiete bei Vertragslaufzeiten unter zehn Jahren der Kompensation der Geldentwertung dienen soll, hängt es von der Staffelung der Miete und von der Einschätzung der tatsächlichen Inflations-

Die Wertsicherung der Miete

entwicklung durch die Vertragsparteien ab, in welchem Maße dies gelingen wird (vgl. Tab. 21.11).

21.4 Einfluß der Wertsicherung der Mieten auf die Wertentwicklung von Immobilien

21.4.1 Wertsicherung und Renditen

Beim Erwerb von Immobilien spielt die Wertsicherung der Mieten eine wichtige Rolle. Immobilieninvestitionen gelten als inflationssicher. Welchen Umfang diese Absicherung – für die Einnahmen, aber auch für den Wert der Immobilie selbst – erreicht, hängt wesentlich von den Vereinbarungen über die Wertsicherung ab. Erst mit Ende der Mietverträge laufen die Wirkungen einer ungenügenden Wertsicherung aus.

Der Realzins des eingesetzten Kapitals bei einem Immobilienobjekt ist im ersten Jahr identisch mit der nominalen Miete. Ist keine Indexierung vereinbart, fällt der Realzins entsprechend der kumulierten jährlichen Inflationsrate. Ist eine Indexierung vereinbart, so wird dieser Verlust je nach vereinbarter Indexanpassung ausgeglichen. In welchem Umfang, zeigt die nachfolgende Tabelle 21.12.

21.4.2 Auswirkung verschiedener Indexanpassungen auf die Wertentwicklung von Immobilien

Auch für Immobilienpreise gilt der Grundsatz, daß sie sich durch Angebot und Nachfrage am Markt bilden. Während in Zeiten starker Nachfrage nach Immobilien die Preise steigen, fallen sie bei Immobilienflauten. Immobilienpreise werden oft als das Vielfache der Nettomiete ausgedrückt. Dieser Multiplikator schwankt bei sonst gleichen Bedingungen mit dem Auf und Ab der Konjunktur.

Werden gute Immobilien in Boom-Zeiten mit einer Nettorendite von 5 bis 6 % gekauft, also dem 17- bis 20fachen der Nettomieten, so können gleichwertige Immobilien in Zeiten schlechter Konjunktur für eine Nettorendite von 6,5 bis zu 7,8 % oder besser erworben werden, d. h., die Multiplikatoren sind 15,3 bis 12,8.

Von Einfluß auf die Bewertung einer Immobilie ist neben dem Bauzustand

Die Wertsicherung der Miete

	Index	100 %ige Anpassung nach			Anpassung nach 10 % Änderung des Indexes						
		1 Jahr	2 Jahre	3 Jahre	100 %	90 %	80 %	70 %	60 %	50 %	0 %
Nach 10 Jahren											
1974 Mietsumme*	147,54	1.144	1.121	1.106	1.116	1.104	1.092	1.081	1.069	1.058	1.000
Miete in % zur 100%igen jährlichen Anpassung		100 %	98,0 %	96,7 %	95,3 %	94,3 %	93,2 %	92,3 %	91,3 %	90,3 %	85,4 %
Inflationsverlust****			2,0 %	3,3 %	4,7 %	5,7 %	6,8 %	7,3 %	8,7 %	9,7 %	14,6 %
Nach 20 Jahren											
1984 Mietsumme**	220,54	2.942	2.878	2.687	2.872	2.785	2.697	2.610	2.523	2.436	2.000
Miete in % zur 100 %igen jährlichen Anpassung		100 %	97,8 %	91,3 %	95,3 %	92,4 %	89,5 %	86,6 %	83,7 %	80,8 %	66,4 %
Inflationsverlust****			2,2 %	8,7 %	4,7 %	7,6 %	8,5 %	13,4 %	16,3 %	19,2 %	33,6 %
Nach 30 Jahren											
1994 Mietsumme***	276,12	5.311	5.217	5.003	5.187	4.968	4.749	4.531	4.312	4.093	3.000
Miete in % zur 100 %igen jährlichen Anpassung		100 %	98,2 %	94,2 %	95,6 %	91,6 %	87,6 %	83,6 %	79,5 %	75,5 %	55,3 %
Inflationsverlust****			1,8 %	5,8 %	4,4 %	8,4 %	12,4 %	16,4 %	20,5 %	24,5 %	44,7 %

* Vgl. Tab. 21.7, Zwischensumme 1;
** Vgl. Tab. 21.7, Zwischensumme 1 und Zwischensumme 2;
*** Vgl. Tab. 21.7, Summe 1965 bis 1994;
**** Inflationsverlust ist die bei Teilanpassung (im Vergleich zur jährlichen 100 %igen Anpassung) entgangene Mietsumme, betrachtet über die jeweiligen Vertragslaufzeiten.

Tab. 21.12: Inflationsverlust teilindexierter Mieten für 100 DM Miete p.a. nach 10-, 20- und 30jähriger Laufzeit der Verträge, jeweils nach Ende der Vertragslaufzeit (auf der Basis des Lebenshaltungskostenindexes von 1965 bis 1994 mit Basis Januar 1965 = 100)
Quelle: Eigene Berechnungen auf der Basis von Zahlen des Statistischen Bundesamtes Wiesbaden

und der Lage auch die Qualität der Mieter. Die „nachhaltig zu erzielende Miete" durch sehr gute Mieter kann den Wert einer Immobilie beträchtlich erhöhen, wobei langfristige Mietverträge von institutionellen Anlegern und Vermögensverwaltungen oft mit einem Aufgeld beim Kauf honoriert werden. Die langfristig nachhaltig zu erzielende Miete hängt sehr stark von der in den Verträgen vorgesehenen Wertsicherung für die Mietzahlungen ab. Eine fehlende Wertsicherung bei einem langfristigen Vertrag bedeutet eine erhebliche Wertminderung, und auch Mieterhöhungsklauseln, die nur teilweise der Indexerhöhung entsprechen, haben Einfluß auf die Höhe des Kaufpreises, weil die langfristig erreichbare Rendite niedriger ausfällt.

Die Tabellen 21.13 und 21.14 zeigen die Auswirkungen verschiedener Indexklauseln in den Mietverträgen auf den Kaufpreis. Es wird ein Verkauf der Immobilie nach zehn und nach 20 Jahren betrachtet.

Es zeigt sich, daß die Höhe des Kaufpreises – je nach Indexierung der

Die Wertsicherung der Miete

1		100 %ige Anpassung			Anpassung nach 10 %iger Änderung des Indexes						
2		jährlich	2jährlich	3jährlich	100 %	90 %	80 %	70 %	60 %	50 %	0 %
3	a	b	c	d	e	f	g	h	i	j	k
4	Miete im 1. Jahr	100,00	100,00	100,00	100,00	100,00	100,00	100,00	100,00	100,00	100,00
5	Kaufpreis bei: 6 % Rendite (16,6fache Miete)	1.660	1.660	1.660	1.660	1.660	1.660	1.660	1.660	1.660	1.660
6	7 % Rendite (14,3fache Miete)	1.430	1.430	1.430	1.430	1.430	1.430	1.430	1.430	1.430	1.430
7	Miete im 10. Jahr*	139,06	129,69	139,06	134,60	131,14	127,68	124,22	120,76	117,30	100,00
8	Kaufpreis bei: 6 % Rendite (16,6fache Miete)	2.308	2.153	2.308	2.234	2.177	2.119	2.062	2.005	1.947	1.660
9	7 % Rendite (14,3fache Miete)	1.989	1.855	1.989	1.925	1.875	1.826	1.776	1.727	1.677	1.430
10	Miete im 20. Jahr*	216,29	210,49	210,49	214,55	203,10	191,64	180,19	168,73	157,28	100,00
11	Kaufpreis bei: 6 % Rendite (16,6fache Miete)	3.590	3.494	3.494	3.562	3.371	3.181	2.991	2.801	2.610	1.660
12	7 % Rendite (14,3fache Miete)	3.093	3.010	3.010	3.068	2.904	2.740	2.576	2.413	2.249	1.430

* Vgl. Tab. 21.7, Zeile 10 und Zeile 20.

Tab. 21.13: Auswirkungen der Indexierung auf den Kaufpreis für Renditeobjekte. Miete und Kaufpreis (für 100 DM Miete p.a. bei 30jähriger Mietvertragsdauer) im 1., im 10. und im 20. Jahr, jeweils bei 6 % und 7 % Rendite (auf der Basis des Lebenshaltungskostenindexes von 1965 bis 1994 mit der Basis Januar 1965 = 100)
Quelle: Eigene Berechnungen auf der Basis von Zahlen des Statistischen Bundesamtes Wiesbaden

Mietverträge – über die Zeit hin stark differiert. Eine Immobilie, die nach Fertigstellung bei der Erstvermietung auf der Basis von 100 DM Miete einen Verkaufserlös von 1.660 DM erbrachte (Faktor 16,6), erlöst bei einem Verkauf nach zehn Jahren bei 100 % Indexanpassung 2.234 DM und bei 50 % Anpassung 1.947 DM (Tab. 21.13, Spalten 8/e und 8/j).

Bei einem Verkauf nach 20 Jahren ergibt sich bei 100 % Indexanpassung ein Kaufpreis von 3.562 DM und bei 50 % Indexanpassung von 2.610 DM (Spalten 11/e und 11/j), immer eine erwartete Rendite von 6 % für den Anleger unterstellt.

Die Wertsicherung der Miete

	100 %ige Anpassung			Anpassung nach 10 %iger Änderung des Indexes						
	jährlich	2jährlich	3jährlich	100 %	90 %	80 %	70 %	60 %	50 %	0 %
a	b	c	d	e	f	g	h	i	j	k
Kaufpreis nach 10 Jahren*	2.308	2.153	2.308	2.234	2.177	2.119	2.062	2.005	1.947	1.660
Miete für die restlichen 20 Jahre	4.168	4.096	3.897	4.071	3.864	3.657	3.450	3.243	3.035	2.000
Miete in % des investierten Kapitals**	181 %	190 %	169 %	182 %	177 %	173 %	167 %	162 %	156 %	120 %
durchschnittliche Verzinsung p.a.***	9,1 %	9,5 % 1)	8,4 %	9,1 %	8,85 %	8,65 %	8,35 %	8,1 %	7,8 %	6,0 %

*   Rendite 6 %, vgl. Tabelle 21.13, Zeile 7.
**   Miete für die restlichen 20 Jahre in % des Kaufpreises.
***   Die durchschnittliche Verzinsung umfaßt die restliche Laufzeit der Verträge von 20 Jahren, nicht inflationsbereinigt.

1) Die periodische Anpassung der Mieten führt dazu, daß im Jahre des angenommenen Kaufs die Miete niedrig ist und eine Anpassung bevorsteht. Aus diesem Grund ist der Kapitaleinsatz niedrig. Es ist jedoch wahrscheinlich, daß bei tatsächlichem Verkauf für die zukünftige Miete ein Zuschlag gewährt wird, der den Nachteil der periodischen Angleichung ausgleicht.

Tab. 21.14: Auswirkungen der Indexierung auf die Renditen beim Erwerb eines Objektes mit 30jährigem Mietvertrag im 10. Jahr, bei 6 % Rendite (auf der Basis des Lebenshaltungskostenindexes von 1965 bis 1994 mit der Basis Januar 1965 = 100)
Quelle: Eigene Berechnungen auf der Basis von Zahlen des Statistischen Bundesamtes Wiesbaden

In der Realität wird beim Verkauf des teilindexierten Objektes vermutlich ein wesentlich schlechterer Multiplikator angesetzt werden, weil bei Teilindexierung die Rendite des Objektes durch die weniger steigenden Mieten geringer ist (vgl. Tab. 21.14). Wenn statt des 16,6fachen der Miete nur das 14,3fache als Kaufpreis gerechnet wird, liegt beim Verkauf nach zehn Jahren der Preis bei 50 % Indexierung um ca. 13 % unter dem bei 100 % Indexierung; nach 20 Jahren liegt er um ca. 27 % darunter.

Erst nach Auslaufen des 30jährigen Mietvertrages wird der Immobilienwert zum Marktwert zurückkehren, wenn die Neuvermietung zu Marktpreisen erfolgt. Ob der Marktpreis der Mieten dann höher oder niedriger liegen wird, hängt vom Objekt und von der Marktentwicklung für Immobilien ab.

Die Wertsicherung der Miete

21.4.3 Der Einfluß der steuerlichen Komponente (Stand 1998)

Ein Investor, der langfristig seine Immobilien behält und nicht an einen Verkauf denkt, ist natürlich an möglichst hohen laufenden Renditen interessiert. Aber auch für einen Investor, der die Immobilien im Eigenbesitz behält, kann es interessant sein, unter den Gesichtspunkten des steuerfreien Vermögenszuwachses gering indexierte Immobilien zu kaufen, wenn der Standort gut ist und die Immobilie nach Auslaufen der schlecht indexierten Verträge einen hohen Wiedervermietungspreis zuläßt. Die steuerlichen Überlegungen gelten natürlich nicht für Investoren, die von der Einkommensteuer freigestellt sind, wie z.B. Versicherungen.

Nachfolgende Beispielrechnung soll aufzeigen, daß bei Einbeziehung der steuerlichen Komponenten, insbesondere bei Anwendung des Höchststeuersatzes, ein Investor mehr am Vermögenszuwachs interessiert sein kann als an hohen laufenden Mieteinnahmen. Ein hoher Vermögenszuwachs entsteht dann, wenn der Investor ein Objekt mit langlaufenden Mietverträgen und unter der Marktmiete liegenden Mieten kauft, wie sie sich bei nicht indexierten Mietverträgen ergeben. Die Werterhöhung des Immobilienobjektes tritt nach Auslaufen der Mietverträge ein. Liegen die Marktpreise für Mieten dann höher als die bisher erzielten Mieten, so ist über die erzielbaren Mieten auch der Immobilienwert höher.

Für die nachfolgenden Beispiele wird von den Zahlen in den Tabellen 21.13, 21.14 und 21.7 ausgegangen und folgendes angenommen:

Herstellung des Objektes Anfang 1965 mit 30jähriger Vermietung,
Erwerb der Immobilie Ende 1974,
Verkauf der Immobilie Ende 1994.

Basis der Mietberechnung ist die tatsächliche Indexentwicklung dieser Zeitspanne.

Es werden verschiedene Arten der Indexierung durchgerechnet: volle Indexierung, keine Indexierung und 50 %ige Indexierung.

I. 100 % Indexierung und Anpassung nach 10 %iger Änderung des Index

./. Anschaffungswert 1974	2.234,00 DM
+ Verkaufspreis 1994	4.391,00 DM
Steuerfreier Mehrerlös (ist im Grunde die Inflation)	2.157,00 DM
+ Mieten in 20 Jahren: 4.071,00 DM; nach 53 % Steuern:	1.913,00 DM
Gesamtgewinn	4.070,00 DM
+ Kapitaleinsatz	2.234,00 DM
Kapital am Ende der Investitionsperiode	6.304,00 DM

II. Keine Indexierung
(Kapitalangleichung an Fall I: der besseren Vergleichbarkeit wegen wurde eine Erhöhung des Mietvolumens auf die Summe wie im Fall I unterstellt; der Faktor ist 134,6 %[6].)

./. Anschaffungswert 1974 (DM 1.660,00 x 134,6 %)	2.234,00 DM
+ Verkaufspreis 1994 (DM 4.391,00 x 134,6 %)	5.910,00 DM
Verkaufsgewinn (= DM 2.731,00 x 134,6 %)	3.676,00 DM
+ Mieten in 20 Jahren: (2.000,00 DM x 134,6 % = 2.692,00 DM)	
nach 53 % Steuer:	1.265,00 DM
Gesamtgewinn	4.941,00 DM
+ Kapitaleinsatz	2.234,00 DM
Kapital am Ende der Investitionsperiode	7.175,00 DM

Aufgrund der exorbitant hohen Steuern ist der steuerfreie Veräußerungsgewinn in der Lage, den ganzen Verlust auszugleichen, der durch die fehlende Indexierung entsteht. Da bei der Anschaffung einer nicht indexierten Immobilie vermutlich ein wesentlich niedrigerer Multiplikator gewählt wird als hier angenommen, dürfte das Gesamtergebnis sogar noch günstiger liegen als im Fall I. Unterstellt werden bei diesem Beispiel die Steuerfreiheit des Veräußerungsfalls (Stand 1997) und der Verkauf des Objektes auf der Basis der Marktmieten 1994, wobei unterstellt wird, daß diese gleich sind mit den Mieten des Beispiels I.

---

[6] Mit diesem Faktor wird der niedrigere Anschaffungswert hochgerechnet auf einen gleichen Investitionsbetrag.

Die Wertsicherung der Miete

III. 50 % Indexierung
(Kapitalangleichung an Fall I mit Faktor 114,7 %[7])

./. Anschaffungswert 1974 (DM 1.947,00 x 114,7 %)	2.234,00 DM
+ Verkaufspreis 1994 (DM 4.391,00 x 114,7 %)	5.036,00 DM
= Verkaufsgewinn (DM 2.444,00 x 114,7 %)	2.802,00 DM
+ Mieten in 20 Jahren: 3.035,00 DM, nach 53 % Steuer: (DM 1.426,00 x 114,7 %)	1.636,00 DM
Gesamtgewinn	4.438,00 DM
+ Kapitaleinsatz	2.234,00 DM
Kapital am Ende der Investitionsperiode	6.672,00 DM

Dieses Beispiel zeigt auch, daß ein Erwerber für ein teilindexiertes Objekt einen höheren Preis zahlen wird, je näher der Zeitpunkt des Vertragsendes rückt. Gegenläufig dazu besteht ein Risiko hinsichtlich der Neuvermietung, das bei der Bewertung der Immobilie eine Rolle spielen wird. Je nachdem, wie sich die Marktsituation darstellt, führen kurze Restlaufzeiten der Mietverträge zu einem höheren oder geringeren Abschlag.

Hier wurde der Versuch unternommen, den Einfluß der Wertsicherungsklausel auf den Wert einer Immobilie rechnerisch zu fassen. Solche Berechnungen sind für Verhandlungsführer bei Immobilienkäufen, aber auch für Banken bei der Berechnung des Beleihungswertes wichtig. Für den Autor selbst war der starke Einfluß der Einkommensteuer überraschend.

Die steuerlichen Überlegungen gelten nur für einen Käufer von Immobilien mit hohen Steuersätzen. Für den Investor, der Immobilien baut, sind Teilindexierungen immer nachteilig und bringen Verluste bei den Einnahmen wie auch im Falle des Verkaufs.

Der Developer neuer Immobilien muß sich ebenso wie der Vermögensverwalter mit Immobilienbesitz bei der Vermietung von Immobilien (seien es neue Flächen oder frei werdende Flächen) über die Konsequenzen, die Wertsicherungsklauseln sowohl für die langfristige Ertragsentwicklung als auch für die Wertentwicklung einer Immobilie haben, im klaren sein. Der Erwerber von Immobilien wird bei der Bewertung der Mietverträge nicht nur die Bonität und die Laufzeit der Verträge zu bewerten haben, sondern auch die Wertsicherungsklausel. Sie entscheidet über die langfristige Rentabilität des Projektes und über den Wiederverkaufswert in der Zukunft.

---

[7] Anpassungsfaktor, um die Investitionssummen mit Fall I vergleichbar zu machen

22

Verkauf von Gewerbeparkparzellen

22. Verkauf von Gewerbeparkparzellen

In den vorhergehenden Kapiteln wurde über die Vermietung von gewerblichen Flächen in einem Gewerbepark gesprochen. Eine andere Möglichkeit ist es, einen Gewerbepark bis zur Baureife zu entwickeln und dann Einzelgrundstücke zu verkaufen. Der Developer entwickelt das Konzept und erschließt das Gelände. Es werden alle Schritte einer Gewerbeparkentwicklung mit Ausnahme der Bebauung durchlaufen. Diese übernimmt der Grunderwerber. Der Gewinn für den Unternehmer entsteht aus der Wertsteigerung der Grundstücksflächen, welche er von Rohbauland zu baureifen Parzellen macht. Dabei erwartet er bei der Erschließung nach dem Konzept eines Gewerbeparks eine höhere Wertsteigerung als bei konzeptfreier Erschließung. Sein Ziel ist es, mit dem Verkauf Erlöse zu erzielen, die über die Einstandskosten des Grundstücks und die Erschließungskosten hinaus einen Gewinn beinhalten.

22.1 Verkaufsstrategien

Vieles von dem, was in Kapitel 19 über die Vermarktung mit Blick auf die Vermietung gesagt wurde, gilt ganz ähnlich auch für den Verkauf von Parzellen in einem Gewerbepark.

Der Entwickler des Gewerbeparks muß sich am Marktpreis für Gewerbegrundstücke orientieren. Dieser Marktpreis unterliegt Einflüssen wie den Schwankungen der Konjunktur und der Konkurrenz durch Mitanbieter. Es erfordert viel Geschick und eingehende Überlegungen, die Verkaufspreise über die gesamte Dauer der Vermarktung hin (besonders, wenn es sich um einen längeren Zeitraum handelt) so zu gestalten, daß für den Developer letztlich ein interessanter Gewinn übrigbleibt. Über dem allgemeinen Preisniveau liegende Preise kann er dann erzielen, wenn er einen guten Gewerbepark konzipiert hat und das Projekt glaubwürdig in den Markt eingeführt wurde.

Zu Beginn der Vermarktung ist es für die Glaubwürdigkeit wichtig, daß die Infrastruktur von Anfang an zumindest zu einem großen Teil in das Gelände gelegt wird und so ein Zeichen gesetzt wird, daß eine bedeutende und substantielle Entwicklung begonnen wurde. Um dem Projekt einen guten Start zu geben, kann man am Anfang versuchen, besonders interessante Firmen durch Lockangebote in den Gewerbepark zu bringen. Ob das zu Preisen möglich ist, die bereits einen Gewinn beinhalten, hängt von der Marktlage ab.

Bei der Veräußerung der einzelnen Parzellen ist eine Reihenfolge nach einem Plan, z. B. einem schachbrettartigen Muster, sinnvoll, damit auch Parzellen, die weniger günstig erscheinen, am Anfang mitveräußert werden. Sie geben dann die Basis für die Wertsteigerung der umliegenden Grundstücke ab. Keinesfalls dürfen die attraktivsten Flächen alle am Anfang verkauft werden, weil danach nur noch zweitrangige Flächen zur Verfügung stünden. Das Interesse wird vielmehr dahin gehen, wichtigen und für das Image des ganzen Gewerbeparks bedeutsamen Kaufinteressenten über die ganze Entwicklungszeit hin auch Grundstücke erster Qualität anbieten zu können. Diese Nutzer bestimmen letztlich das finanzielle Ergebnis mit, da der Wert der sogenannten „Filetstücke" mit der zunehmenden Fertigstellung des Gewerbeparks überproportional steigt.

22.2 Inhalt der Verkaufsverträge

Verkaufsverträge über Grundstücke in einem Gewerbepark sind nicht nur Grundstücksveräußerungsverträge, sondern müssen darüber hinaus den Erwerber auf das Konzept des Gewerbeparks verpflichten. Mit der Veräußerung des Grundstücks wird der Erwerber durch Zusatzvereinbarungen auf all das verpflichtet, was zur Verwirklichung, Durchsetzung und Erhaltung des Gewerbeparkkonzepts notwendig ist. Diese Zusatzvereinbarungen werden notariell beurkundet und als Dienstbarkeit in das Grundstück an erster Rangstelle eingetragen, um nicht nur den ersten Käufer, sondern auch alle weiteren im Recht nachfolgenden Grundstückseigentümer zu verpflichten.

Dem Käufer eines Grundstücks bieten diese Vereinbarungen die Sicherheit, daß das Konzept des Gewerbeparks tatsächlich verwirklicht und langfristig garantiert wird. Dadurch ist es für ihn auch gerechtfertigt, für den erwarteten Vorteil einen höheren Kaufpreis zu bezahlen.

Zu den konzeptrelevanten Inhalten, die im Grundbuch abgesichert werden, gehören vor allem die Aufgaben des Managements, die Finanzierung der Gewerbeparkverwaltung sowie Regelungen, die den langfristigen Erhalt des Konzepts sichern. Im einzelnen können dazu die folgenden Punkte gehören:

- Definition der zulässigen ebenso wie der nicht zulässigen Nutzungen auf dem zum Verkauf stehenden Grundstück. Die Beschreibung der möglichen Nutzungen und vor allem auch die Restriktionen sind wichtig, damit ein Gewerbepark mit einem speziellen Charakter entstehen kann und auch erhalten bleibt.
- Einsetzen eines Beirats, der nach Gesichtspunkten des Standings, des Rufs, der Art der Produktion oder Nutzung über die Akzeptanz eines möglichen Käufers entscheidet.
- Bedingungen für die Vermietung und Verpachtung von Anlagen durch Immobilienbesitzer im Gewerbepark an Dritte.
- Bauauflagen, die den Stil und die Qualität der Bauten definieren und Vorgaben über verwendbare Materialien (z.B. Ausschluß von Blechfassaden), über zulässige Werbung und anderes machen. Ein Gremium entscheidet im Zweifelsfall über die Konformität der gewünschten Bebauung oder Umbauten mit den vorgegebenen Regelungen.[1]
- Definition der Aufgaben des Managements und der Mittel und Rechte, die die Verwaltung hat, um diese Aufgaben erfüllen und gegenüber den Grundstücksbesitzern durchsetzen zu können. Zu diesen Aufgaben gehören der Unterhalt der Straßen und Parkplätze und -häuser, Beleuchtung und Schneeräumung, die Landschaftsgestaltung und Pflege der Außenanlagen und anderes; ferner Werbung und PR für den Gewerbepark als Ganzes.
- Art und Berechnung der Kosten, die die Nutzer für die Verwaltung des Gewerbeparks zu tragen haben (Nebenkosten, Werbebeiträge), und Verpflichtung der Nutzer auf Zahlung der Kosten. In die vereinbarte Abrechnung der Nebenkosten wird soviel Flexibilität eingebaut, daß die Verwaltung des Gewerbeparks auch bei steigenden Kosten ihren Aufgaben gerecht werden kann.
- Beiträge der Nutzer zu Investitionen zur Verbesserung der Gesamtanlage. Die Entwicklungen in der Wirtschaft, aber auch die Weiterentwicklung eines Gewerbeparks können Investitionen nötig machen, die von der Gesamtheit der Nutzer des Gewerbeparks getragen werden müssen, bei-

---

[1] Bei einem Besuch des Forrestal Centers in New Jersey, USA, das die Yale-Universität entwickelt, wurde uns erläutert, daß der Interessent vor Kauf des Grundstücks detailliert erklären muß, welche Nutzung er beabsichtigt. Er hat ins einzelne gehende Pläne vorzulegen, die einem Expertengremium der Universität zur Begutachtung vorgelegt werden. Nur wenn dieses Gutachtergremium positiv entscheidet, wird ein Grundstück zur Verfügung gestellt. Ziel der Universität ist es, sowohl von der Architektur als auch von den Nutzern und der Nutzung her höchstes Niveau zu erreichen.

spielsweise eine Erweiterung der Parkplatzkapazitäten, wenn die allgemein verfügbaren Stellplätze nicht ausreichen, ein Straßen- oder Kreuzungsausbau, wenn die bisherige Straßendimensionierung den Verkehr nicht mehr aufnehmen kann. Die Entscheidung über diese Investitionen sollte in Gremien stattfinden, in denen auch die Nutzer des Gewerbeparks vertreten sind. Da Einstimmigkeit in diesen Angelegenheiten selten erreicht wird, ist es sinnvoll, nach Mehrheit abzustimmen und zu entscheiden.
- Alle Auflagen und Verpflichtungen, die der jetzige Erwerber übernommen hat, müssen auch auf zukünftige Käufer übergehen, wenn das Grundstück nebst eventuell vorhandenen Anlagen zu einem späteren Zeitpunkt weiterveräußert wird.

Diese der Konzeptumsetzung und -erhaltung dienenden Vereinbarungen zwischen Käufer und Verkäufer von Parzellen müssen, wie bereits erwähnt, dinglich abgesichert werden.

Der Gewinn für den Entwickler eines Gewerbeparks liegt nicht nur in der Wertsteigerung durch die Erschließung und Baureifmachung der Grundstücke, sondern im Idealfall noch zusätzlich in der Wertsteigerung, die aus dem besonderen Konzept des Gewerbeparks resultiert. Die Erwerber wissen, daß sie die Vorteile eines gut konzipierten und geführten Gewerbeparks haben und sind daher bereit, einen höheren Preis für ihr Grundstück zu zahlen. Um diese Vorteile tatsächlich verwirklichen zu können und um in dieser Hinsicht glaubwürdig zu sein, müssen die oben angeführten Regelungen ausnahmslos allen Erwerbern im Gewerbepark auferlegt werden.

23

Konversion von Industrieanlagen in Gewerbeparks: Überlegungen zur Planung konversionsfähiger Industrieanlagen

23. Konversion von Industrieanlagen in Gewerbeparks: Überlegungen zur Planung konversionsfähiger Industrieanlagen

23.1 Probleme bei der Konversion alter Industrieanlagen

Neue Gewerbeparks entstehen oft auf Flächen, die vorher als Industriegelände genutzt wurden. Die Erfahrung zeigt, daß in vielen Fällen die bestehenden Gebäude und industriellen Anlagen komplett beseitigt werden müssen[1], daß es in anderen Fällen jedoch auch möglich ist, stillgelegte Industrieanlagen wieder einer gewerblichen Nutzung zuzuführen[2]. Bei einer solchen Konversion von Industrieanlagen in einen Gewerbepark oder bei der Wiedernutzung der Anlagen durch andere Betriebe ist es aber oft so, daß die Art der bestehenden Anlagen die Nachnutzung einschränkt oder erschwert. Diese Funktionseinschränkung bedeutet eine Wertminderung, da die Gebäude dadurch nur zu niedrigsten Mieten vermietet werden können.

Die notwendigen Umbauten sind häufig teuer: Ihre Finanzierung nimmt so hohe Anteile der Miete in Anspruch, daß im Grunde nur eine Verzinsung des Grund und Bodens, kaum jedoch der alten Bausubstanz erreicht wird. Die Rentabilität für die Bausubstanz wird von den baulichen Gegebenheiten und den Nachfragern am Markt abhängen. Der Abbruch einer alten Industrieanlage erscheint dann sinnvoll, wenn die nötigen Umbaumaßnahmen Kosten verursachen würden, die keine angemessene Verzinsung des Grund und Bodens mehr möglich machen.

23.2 Vorausschauende Planung konvertibler Industrieanlagen

An diesem Punkt der Überlegung kann man nun ansetzen und die in diesem Buch erarbeiteten Grundsätze für die Planung eines Gewerbeparks auf die

---

[1] Gewerbepark Regensburg: früher Holzbearbeitungsbetrieb mit Möbelfabrik. Alle Anlagen, z. B. auch Gleisanlagen, mußten komplett beseitigt werden.
[2] Beispiel Triumph-Schreibmaschinen-Werksanlage in Nürnberg: Sie wurde 1993/1994/1995 nach der Stillegung der Produktion verkauft und anderen Nutzungen zugeführt. Der größte Teil der Gebäude konnte, wenn auch nicht immer optimal, genutzt werden.

Konversion von Industrieanlagen in Gewerbeparks

Planung von Industrieanlagen übertragen. Auch bei Industrieanlagen erscheint es dadurch möglich, daß bei Beendigung der singulären industriellen oder gewerblichen Nutzung eine Nutzung als Gewerbepark mit einer Vielzahl von Mietern möglich wird.

23.2.1 Ziele des Industrieanlagenbaus

Nun ist es ja so, daß bei der Planung von Industrieanlagen in der Regel die Prozeßingenieure und Produktionsfachleute mit ihren Durchflußdiagrammen und Ablaufvorstellungen das Sagen haben. Die wirtschaftlichste Produktion - oft durch Abläufe bestimmt - diktiert den Aufbau der industriellen Immobilien. Auch die Gebäude selbst werden als Schale gesehen und über eine Produktionsanlage gestellt, z.T. wird die Gebäudekonstruktion Teil der Produktionsanlage. Die Immobilie wird Teil der Maschine, wird Teil des Prozesses und teilt insoweit das Schicksal dieser Anlagen. An eine spätere andere Nutzung der Anlage nach Auslaufen der Produktion wird bei der Planung meist nicht gedacht.

Wenn eine Industrieanlage später jedoch konversionsfähig sein soll, erfordert das bestimmte Voraussetzungen bei der Erschließung und bei der Gestaltung der Gebäude im Hinblick auf Flexibilität und Funktion. Daraus können sich natürlich Zielkonflikte ergeben, wenn dadurch beispielsweise bei der Erstnutzung die absolut wirtschaftlichste Form des Materialflusses oder des Prozesses nicht verwirklicht werden kann oder bei der Ersterstellung höhere Kosten anfallen, weil z.B. Teile der Produktionsanlage nicht Teile der Konstruktion werden. Hier muß zwischen der langfristig werterhöhenden Wiedernutzbarkeit der Immobilien und den im ersten Moment höheren Herstellungskosten bzw. der verminderten Wirtschaftlichkeit abgewogen werden. Es gibt jedoch auch viele Fälle, in denen eine Nachnutzung mit geringem oder ohne Mehraufwand denkbar ist, wenn sie schon bei der Konzeption der Anlage mit berücksichtigt wird.

23.2.2 Vorteile der vorausschauenden Planung

Welche Vorteile hat es für ein Industrieunternehmen, wenn es seine Anlagen so plant, daß sie später anders genutzt werden können?

Der wesentliche Vorteil bei einer vorausschauenden Planung für eine Konversion ist darin zu sehen, daß innerhalb eines Industriekomplexes Immobilien entstehen, die unabhängig von der industriellen Nutzung einen

Wert als Immobilie bekommen. Je geringer die bei der Konversion eventuell notwendigen Umbaukosten sind, desto höher ist der Wert dieser Immobilien. Der Restwert einer Anlage bei Beendigung der industriellen Produktion ist um so höher, je größer der konversionsfähige Anteil der Immobilien ist: Die Abbruchkosten und insgesamt gesehen die Stillegungskosten bzw. die Sonder-AfA werden dann bei Betriebsaufgabe um so niedriger sein.

Bei einer Industrieanlage, die aus Immobilien besteht, die langfristig genutzt werden können, besteht die Möglichkeit, diese Immobilien entsprechend der längeren Nutzung und nicht, wie bei singulärer Nutzung, entsprechend der industriellen Nutzungsdauer abzuschreiben. Dabei sind lediglich die Konversionskosten und die Umbaukosten in die Kalkulation einzusetzen, d.h., die Gesamt-AfA reduziert sich.

Ein weiterer Vorteil der vorausschauenden Planung für eine Konversion ist, daß bei Teilstillegungen Teile des Betriebsareals für eine andere Nutzung freigegeben werden können, ohne daß das übrige Betriebsgeschehen gestört wird. Diese Flächen können, da sie eigene Zugänge und Zufahrten haben, ausgegliedert und gegebenenfalls auch durch Zäune abgeteilt werden. Bei Bedarf können sie zurückgenommen und wieder in den Betrieb eingegliedert werden. Der Vorteil liegt vor allem darin, daß die Anlagen bei Schrumpfung des Betriebes nicht stilliegen und Kosten produzieren, sondern im Gegenteil durch Drittnutzung Mieteinnahmen bringen.

Die langfristige Nutzungsmöglichkeit von Immobilien innerhalb einer Industrieanlage aufgrund ihrer Flexibilität erhöht die Qualität der Anlage. Bei der Finanzierung hat das Einfluß auf die Beurteilung dieser Anlage durch die Banken. Für die Banken reduziert sich das Risiko.

Solche Immobilien werden eine Bewertung erfahren, die unabhängig von der industriellen Nutzung ist. Es können die möglichen Mieteinnahmen bei einer Verwertung im Markt zugrunde gelegt werden; auch die mögliche Veräußerung solcher Immobilien, die nun nicht mehr das Schicksal der Industrieanlage teilen, wird in die Bewertung eingehen.

Das bedeutet eine Reduzierung des Finanzierungsrisikos, eine Reduzierung der Kosten und vermutlich auch eine Erhöhung des Finanzierungsbetrages, der für eine derartige Immobilie zur Verfügung gestellt wird. Die Immobilie erhält einen Eigenwert.

23.2.3 Anforderungen an die Planung von konversionsfähigen Industrieanlagen

Industrieanlagen sind auf ein Nutzungskonzept ausgerichtet. Ihre Infrastruktur dient diesem Zweck, z.B. die zentrale Verwaltung mit einem kontrollierten Eingang, ein Zentraltor für Anlieferungen, zentrale Parkplätze für die ganze Anlage, Straßen und Zufahrten, die genau auf den spezifischen Zweck hin angelegt sind, Hallen und gewerblichen Gebäude, die im Verbund und auf den einen Nutzer hin orientiert sind.

Ein Gewerbepark dagegen hat viele Nutzer, kleine und große, aus vielen Branchen. Er braucht viele Zugänge und Anlieferungen und erzeugt viel Verkehr, Parkplätze sollen an den einzelnen Gebäuden vorhanden sein, Heizung, Gas, Wasser, Strom werden in kleinen Einheiten überall benötigt. Bei der Planung einer konversionsfähigen Industrieanlage muß diese Infrastruktur für einen zukünftigen Gewerbepark nicht angelegt, aber vorgesehen sein, ebenso wie die Teilbarkeit des Areals.

Weiterhin ergibt sich die Frage, welche Anforderungen die primäre Nutzung an die Gebäude stellt und welche Voraussetzungen für eine spätere sekundäre Nutzung nötig sind. Die Gebäude für industrielle Nutzungen können z.B. riesige Dimensionen annehmen; in Gewerbeparks mit ihren Aufteilungen und kleinteiligeren Nutzungen sind jedoch so große Flächen kaum brauchbar. In einem solchen Fall muß man sich die Frage stellen, ob der geplante industrielle Prozeß tatsächlich nur in diesen überdimensionierten Räumen möglich ist. Die Herstellung kleinerer Flächen mit geringeren Gebäudetiefen und mit mehr Fassaden ist teurer. Eine Kosten-Nutzen-Analyse im Hinblick auf die mögliche Konversion in einen Gewerbepark wird entscheiden, ob die Mehrkosten getragen werden können. Im übrigen wird auch in der Industrie eine hohe Flexibilität der Gebäude bei Produktionsänderungen oder -umstellungen Vorteile bringen.

In vielen Fällen kann die Konversionsfähigkeit ohne große Mehrkosten erreicht werden: Eine andere Gruppierung der Gebäude oder ein anderer Zuschnitt der Gebäude kann sie bereits für zukünftige Nutzungen flexibler machen. Ein Beispiel, bei dem die Ziele einer Konversion ohne zusätzlichen Aufwand erreicht werden können, sind die Bürobauten, die der Verwaltung eines Industriekomplexes dienen. Sie werden meist durch einen Zentraleingang mit Pförtnerloge erschlossen. Da das Baurecht in jedem Fall eine Ausstattung des Gebäudes mit Fluchttreppenhäusern vorschreibt, können diese Treppenhäuser von Anfang an so gut ausgebaut werden, daß sie bei einer späteren Aufteilung der oft riesigen Verwaltungsgebäude in sinnvolle kleine und mittlere Büroeinheiten der Erschließung dieser Büros dienen können. Ebenso kann z. B. auch der Einbau von Aufzügen, soweit er nicht sowieso vorgesehen ist, durch Einplanen von Schächten vorbereitet werden.

Die Einbeziehung von baulichen Anlagen, die ausschließlich der Produktion dienen, in die Grundkonstruktion der Gebäude ist nicht sinnvoll, wenn dadurch eine Entkernung dieser Gebäude nicht mehr möglich ist. Es sei hier noch einmal auf das bereits früher erwähnte Beispiel der Squash-Anlage verwiesen, das zwar nicht aus dem Bereich der industriellen, sondern aus dem der Freizeitnutzung stammt, aber gut zur Veranschaulichung dienen kann: Für die Squash-Courts sind viele einzelne Zellen nötig. Diese können nun entweder hochgemauert und statisch tragende Wände sein, auf denen die Dachkonstruktion oder die Obergeschosse aufliegen. Bei einer Aufgabe des Squash-Betriebes ist eine Nutzung dieses Gebäudes (sofern nicht Nutzer für die kleinen Kojen gefunden werden) nicht mehr möglich. Oder die Anlage wird so konstruiert, daß ein selbsttragendes fertiges Gebäude nachträglich mit Squash-Kabinen und sonstigen Einbauten versehen wird. Eine Zweitnutzung ist jetzt durch Beseitigung der Einbauten mit relativ niedrigen Kosten möglich.

Ausschlaggebend für die Konversion von großen Industrieanlagen in Gewerbeparks ist, daß schon bei der Planung der Industrieanlage über das Ende der beabsichtigten industriellen Nutzung hinausgedacht wurde und in einer vorausschauenden Planung möglichst alle Faktoren, die für eine Konversion zu niedrigen Kosten relevant sind, berücksichtigt wurden. Das Ziel der vorausschauenden Planung für die Konversion ist es, soviel wie möglich für eine spätere Nutzung vorzubereiten und so geringe Kosten wie möglich bei der Konversion zu verursachen. Daneben wird es sicher immer Immobilien geben, die so spezifisch auf die Produktion hin errichtet werden, z.B. Fördertürme oder Mischanlagen, daß sie selbst bei bester Vorausplanung keiner späteren Nutzung zugeführt werden können und abgebrochen werden müssen, wenn die Produktion oder Nutzung ausläuft.

Man könnte die gesamten Investitionen für einen Industriebetrieb dann unterteilen in Immobilieninvestitionen mit Konversionsqualitäten, Immobilieninvestitionen, die abgebrochen werden müssen, und natürlich Maschinen und Anlagen. Wenn bei der Planung die Immobilien so im Gelände positioniert werden, daß Teile mit einem großen Restwert bei Stillegung der Anlage problemlos abgetrennt werden können, ergibt sich bei der Verwertung der aufgegebenen Industrieanlage ein Teil, der Immobilienbesitz darstellt und zum Immobilienwert verkauft werden kann, und eine Restfläche, auf der industrielle Anlagen abgebrochen werden müssen und die dann zum Grundstückswert verbleibt.

23.3 Management von Industrieimmobilien

Neben der vorausschauenden Planung erfordert die Konversion eines Industriebetriebes in einen Gewerbepark genaues Wissen über die Errichtung eines effizienten Gewerbeparks. Es ist daher sinnvoll, innerhalb des Industriebetriebes eine Abteilung zu haben, die ausschließlich für das Immobilienmanagement zuständig ist. Die Aufgaben einer solchen Abteilung, wie es sie in vielen Industrieunternehmen gibt, werden sich dann jedoch nicht nur in den üblichen Aufgaben der Hausverwaltung erschöpfen; als zusätzliche Aufgabe wird sie die Sicherstellung und Durchsetzung der Konversionsplanung haben.

Überlegungen zur Konvertibilität müssen, wie oben dargelegt, bereits in die erste Planungsphase der Industrieplanung Eingang finden. Die Immobilienabteilung ist die Stelle, die hierfür das nötige Know-how haben und einbringen muß. Es ist wichtig, daß die Mitarbeiter mit den Grundsätzen für die Errichtung eines Gewerbeparks vertraut sowie auf die Besonderheiten einer Konversion spezialisiert sind, damit die Konversionskosten am Ende möglichst niedrig bleiben.

Auch während der gesamten industriellen Nutzungszeit muß die Konversionsmöglichkeit bei allen Umbauten und Änderungen, die in der Industrieanlage erforderlich sein mögen, erhalten bleiben. Bei allen Vorgängen muß sichergestellt werden, daß die Grundsätze der Konvertibilität beachtet werden.

Eine weitere Aufgabe des Immobilienmanagements sind Kalkulationen, die, ausgehend von der zukünftigen Nutzung und unter Einberechnung der Konversionskosten, den zukünftigen Wert der Immobilien aufzeigen. Solche von Zeit zu Zeit aufgestellten Berechnungen können der Unternehmensleitung auch aufzeigen, wie teuer die Nutzung der eigenen Immobilien ist. Dadurch mögen Überlegungen angestoßen werden, ob es gerechtfertigt ist, diese Kosten zu tragen oder ob eventuell der Standort gewechselt werden soll, was besonders dann aktuell wird, wenn grundsätzliche Änderungen in der Maschinenausstattung, in der Produktion oder in den Verfahren anstehen. Eine Vergleichsrechnung kann dann aufzeigen, ob es sich lohnt, an einem neueren, möglicherweise billigeren Standort eine neue Anlage zu errichten.

Die Entscheidung für einen Standortwechsel wird erleichtert, wenn die aufzugebende Immobilie einen hohen Restwert hat, weil sie durch Konversion wieder genutzt werden kann, und Neuinvestitionen, soweit die alte Anlage verkauft wird, zu einem erheblichen Teil daraus finanziert werden können.

Ob die Immobilienabteilung bei Stillegung der Anlage die Konversion in einen Gewerbepark selbst durchführt oder ob sie nur eine Konversionsmöglichkeit durchspielt und die Anlage dann veräußert, hängt sicherlich von der Größe und Leistungsfähigkeit dieses Immobilienmanagements und der Zielsetzung des Unternehmens ab.

Die konsequente Beachtung der Voraussetzungen für eine zukünftige Konversion bei der Planung und beim Betrieb einer industriellen Immobilie führt zu einem wertbeständigen Immobilienbestand innerhalb einer Industrieanlage.

23.4 Volkswirtschaftlicher Nutzen

An dieser Stelle sollen noch einige volkswirtschaftliche Überlegungen angefügt werden, auch wenn sie für die Entscheidungen des einzelnen Unternehmens nicht ausschlaggebend sein mögen. Wir stellen heute oft fest, daß in Industrieanlagen große Areale nicht genutzt werden und auch, so lange der Betrieb weiterläuft, nicht genutzt werden können. Für das Unternehmen bedeutet das, daß Kapitalien nicht genutzt werden, für die Gemeinde bedeutet es eine Vergrößerung der industriellen und gewerblichen Brachflächen und unnötigen Landverbrauch, denn der anfallende Flächenbedarf muß anderswo gedeckt werden.

Die vorausschauende, flexibilitätsorientierte Planung von Industrieanlagen vermindert Industriebrache und Investitionsruinen und fördert die Gewerbeansiedlung auf meist doch sehr preiswerten Flächen.[3] Dadurch ergeben sich oft niedrige Mieten, die manche gewerbliche Ansiedlung erst möglich machen.

Die laufende Evaluation von gegebenen Standorten im Vergleich zu mög-

---

[3] Für Konversionsflächen in den ehemaligen Triumph-Adler-Werken, Nürnberg, werden in zentraler Lage je nach Standard Mieten von 9 DM bis 15 DM je m^2 verlangt (1996) und liegen damit 25 bis 30 % unter den für Neubauten üblichen Preisen.

lichen Austauschstandorten bedeutet eine bessere Allokation der Ressourcen. Die Verlagerung eines Betriebes, z. B. aus einer innerstädtischen Lage in eine preiswertere Außenlage, bedeutet, daß hochwertiger Grund und Boden einer besseren Nutzung zugeführt wird. Konvertible Immobilien werden länger genutzt, so daß der volkswirtschaftliche Kapitalstock einer längeren Nutzung und insgesamt einer geringeren Abnutzung unterliegt.

Bei der immer größeren Konkurrenz und dem immer stärkeren Druck durch die Globalisierung werden Kostenreduzierungen in immer stärkerem Maße für die Fortexistenz unserer Unternehmen wichtig. Multifunktionale, wiederverwertbare industrielle Komplexe sind eine Möglichkeit, erhebliche Kosten einzusparen und konkurrenzfähiger zu bleiben, besonders da die Schnellebigkeit der heutigen Produkte und auch der dahinterstehenden Produktionen es erfordert, daß immer wieder auf Veränderungen reagiert werden muß. Die hier aufgezeigten Möglichkeiten der Konversion von Industrieanlagen mögen dazu einen Beitrag leisten.

Annexe

Annex 1: Mieter nach Nutzungsarten

Gewerbepark Regensburg, Stand August 1998

Nutzung	Anzahl Mieter	m² von/bis	% der ges. Fläche
Industriefirmen			
• Vertriebsbüro	7	50 – 3.700	3
• Verwaltungsbüro	2	2.100 – 2.300	3
• Entwicklungsbüro	7	160 – 2.821	9
• Produktion	1	2.800	2
Handwerk	29	50 – 800	6
Großhandel	39	70 – 2.000	14
Einzelhandel	35	60 – 1.501	9
Gastronomie	8	100-700	2
Hotel	1	3.000	2
Tagungszentrum	1	540	0,4
Dienstleistung	100	16-3.600	25
Rechtsanwälte	2	60 – 80	0,1
Ärzte	10	140 – 450	2
Behörden	5	170 – 4.200	16
Spedition	1	1.250	0,2
Verwaltung/Vertrieb	8	30 – 620	1,3
Sport/Freizeit	5	120 – 1.800	5
	261	**134.500**	**100**

Annex 2: Beispiel für die Kalkulation des Gesamtprojektes eines Gewerbeparks

Gesamtkalkulation eines Gewerbeparks

Basisjahr für die Berechnungen	1990
Grundstücksgröße	120.000 m^2
geplante Geschoßfläche	150.000 m^2

A. Grundstückskalkulation

1. Grundstücks- und Erschließungskosten

1.1 Kaufpreis für das Grundstück   **30.000.000,00 DM**

Notariatskosten, Grunderwerbssteuer		900.000,00 DM
abzüglich eines bestehenden Gebäudes		
Wert des Gebäudes	6.500.000,00 DM	6.500.000,00 DM
Grundstückskosten		**24.400.000,00 DM**

1.2 Kosten für Erschließungsmaßnahmen und Vorlaufkosten

Straßen	1.100.000,00 DM	
Kanal/Abwasser	400.000,00 DM	
Wasser	250.000,00 DM	
Fernwärme	900.000,00 DM	
Grünanlagen	900.000,00 DM	
Strom	700.000,00 DM	
Parkplätze für Besucher	750.000,00 DM	
Außenbeleuchtung, Störmeldung	300.000,00 DM	
Planungskosten	500.000,00 DM	
Kosten des Entwicklers	1.500.000,00 DM	
Zinsen bis zur Baureife 1,5 Jahre	3.700.000,00 DM	
	11.000.000,00 DM	11.000.000,00 DM
Grundstückskosten einschließlich Erschließung und Vorlaufkosten		**35.400.000,00 DM**

2. Kennzahlen

2.1 Flächenberechnungen für das Grundstück

Gesamtgrundstücksfläche		120.000 m²
Grundstücksanteil für bestehende Gebäude	./.	10.000 m²
Bruttofläche des bebaubaren Grundstücks		110.000 m²
Straßen und Zufahrten	./.	12.000 m²
Besucherparkplätze (500 Stellplätze)	./.	12.000 m²
Grünflächen	./.	35.000 m²
Parkhäuser	./.	11.000 m²
Netto-überbaubare Fläche		40.000 m²

2.2 Berechnung der Geschoßflächen

Die Geschoßflächenzahl für das erworbene Grundstück beträgt 2,5

Nach Baurecht mögliche Geschoßfläche: 120.000 m² x 2,5	300.000 m²
Geplante Geschoßflächenzahl	150.000 m²
davon in Bürobauten	80.000 m²
davon in Gewerbebauten	70.000 m²

2.3 Kalkulatorische Preise je m²

Kalkulatorischer Grundstückspreis je m² bebaubares Grundstück 35.400.000,00 DM : 110.000 m² =	321,81 DM/m²
Kalkulatorischer Grundstückspreis je m² geplanter Geschoßfläche 35.400.000,00 DM : 150.000 m² =	236,00 DM/m²
Es werden angesetzt für	
a) Gewerbebauten 70.000 m²	200,00 DM/m²
b) Büroflächen 80.000 m²	268,00 DM/m²

Annex 2

3. Marktpreis je m² erschlossenes Grundstück: 500,00 DM

Der Wert des erschlossenen Grundstücks ist 1,5 Jahre nach dem Kauf im Markt gestiegen. In die Gebäudekalkulation wird der Marktpreis eingesetzt. Der kalkulierte Preis dient nur der internen Kostenkontrolle.

B. Kalkulation der Bebauung

Die Kalkulation der Baukosten beruht auf Erfahrungswerten für die Herstellung von Büro- und Gewerbeflächen (auf den Quadratmeter bezogen) und für die Erstellung von Parkplatzflächen (auf den Stellplatz bezogen). Es wurde das Preisniveau von 1990 zugrunde gelegt.

Nach den Planungen sollen gebaut werden

Büroflächen	80.000 m²
Gewerbeflächen	70.000 m²
insgesamt Geschoßflächen	150.000 m²

1. Gebäude- und Parkplatzkosten

1.1 Gebäudekosten

Büroflächen 1.250,00 DM/m² x 80.000 m²	100.000.000,00 DM
Gewerbeflächen 1.000,00 DM/m² x 70.000 m²	70.000.000,00 DM
Gebäudeinvestitionen insgesamt	170.000.000,00 DM

1.2 Baukosten für Parkplatzflächen

Parkflächen unter Gebäuden	
2.000 Stellplätze à 8.500,00 DM	17.000.000,00 DM
Parkflächen in Parkhäusern	
2500 Stellplätze à 12.000,00 DM	30.000.000,00 DM
Gebäudeinvestition einschließlich Parkplätze	217.000.000,00 DM

Annex 2

2. Kennzahlen

2.1 Anzahl der Stellplätze

unter Gebäuden	2.000
in Parkhäusern	2.500
ebenerdig (für Besucher)	500
gesamt	5.000

2.2 Relation Stellplätze zu Geschoßfläche

150.000 m² : 5.000 Stellplätze = 30 m²
Es kommt auf je 30 m² Geschoßfläche 1 Stellplatz.

C. Gesamtkalkulation

1. Grundstückskosten einschließlich Erschließung und Vorlauf	35.400.000,00 DM
2. Gebäudeinvestitionen einschließlich Parkplätze	217.000.000,00 DM
+ bestehendes Gebäude	6.500.000,00 DM
Gesamtinvestitionen	**258.900.000,00 DM**

D. Rentabilitätsberechnung

Die Kalkulation beruht auf dem Preisniveau von 1990
(1,5 Jahre nach Grundstückskauf)

Bestehendes Gebäude
Vermietbare Fläche   6.000 m² x
Erzielbare Miete   10,50 DM x 12 Monate   750.000,00 DM

Büroflächen
Vermietbare Fläche   80.000 m² x
Erzielbare Miete   16,00 DM x 12 Monate   15.360.000,00 DM

Annex 2

Gewerbebauten	70.000 m² x	
Erzielbare Miete	11,00 DM x 12 Monate	9.240.000,00 DM
Parkplätze	4.000 Stellplätze x	
	60,00 DM x 12 Monate	2.880.000,00 DM
Mieteinnahmen brutto gesamt		28.230.000,00 DM

Rendite der Investition
Gesamtinvestition   258,9 Mio. DM
Mieterlöse   28,2 Mio. DM
Rendite brutto   10,9 %

Annex 3: Die 34 (von 50) meistgenannten Standortfaktoren mit Einfluß auf die Mietentscheidung

Was hat Ihr Unternehmen dazu bewogen, Flächen im Gewerbepark Regensburg anzumieten?	ohne Einfluß	geringer Einfluß	von Bedeutung	von großer Bedeutung	von sehr großer Bedeutung
Mittelwert von 1 - 5	1	2	3	4	5
• Parkmögl. f. Kunden/Besucher					4,3
• Leichte Erreichbarkeit				3,9	
• Parkmögl. f. Mitarbeiter				3,8	
• Störungsfreie An- u. Abfahrt von Pkw und Lkw				3,7	
• Verkehrslage				3,6	
• Freie Gestalt. d. Innenaufteil.				3,5	
• Bestandssicherheit u. -pflege				3,4	
• Service (Hausmeister etc.)			3,3		
• Image			3,2		
• Repräsentative Architektur			2,8		
• Repräsentative Gründe			3,2		
• Miete			3,1		
• Nebenkosten			3,1		
• Arbeitsatmosphäre			2,8		
• Parkähnlicher Charakter			2,8		
• Attraktive Arbeitsplätze			2,7		
• Verkehrsanbindung an das öffentliche Verkehrsnetz			2,5		
• Flexible Flächenanpassung			2,7		
• Wahlmöglichkeit zw. Selbst- oder Fremdausbau			2,6		
• Möglichk. z. Kombination zw. Büro-, Lager- u. Serviceflächen			2,6		
• Ausbauzustand			2,5		
• Vielfalt der Nutzungsmögl.			2,5		
• Störungsfr. Betriebsablauf			3,1		
• Interne Geschäftsbeziehungen			2,4		
• Gewerbepark-Management			2,7		
• Lieferhöfe		2,0			
• Nahversorgungszentrum			2,6		
• Gastronomie			2,4		
• Hotel		1,9			
• Tagungszentrum		1,8			
• Besucherfrequenz			3,1		
• Synergieeffekte mit anderen Mietern			2,6		
• Gemeinschaftswerbung/ Öffentlichkeitsarbeit			2,6		
• Lebensqualität			2,9		

Quelle: Gewerbepark Regensburg GmbH, 1996

168 Unternehmen kreuzten an, wie wichtig die (insgesamt 50) Standortfaktoren für ihre Entscheidung waren.
In der Tabelle sind die Antworten zusammengefaßt.

Annex 4: Parkplatzanalyse Gewerbepark Regensburg (Zusammenfassung)

Stand: Herbst 1990

Bruttogeschoßfläche	82.000 m²	
Arbeitsplätze	2.046	(1 Beschäftigter/40 m²)
Parkplätze	2.014	(1 Parkplatz/41 m²)
Laut Baugenehmigung zu erstellende Parkplätze	1.777	(1 PP/46 m²)
Neufestlegung: laut gegenwärtiger Nutzung zu erstellende Parkplätze	1.930	(1 PP/42,5 m²)

Befragung (Vollerhebung)

2.001	(100,00 %)	befragte Personen
1.606	(80,26 %)	kommen „immer" mit dem Pkw
1.786	(89,26 %)	kommen „immer" bis „gelegentlich" mit dem Pkw
133	(6,65 %)	benutzen „immer" bis „gelegentlich" öffentliche Verkehrsmittel
458	(22,89 %)	könnten öffentliche Verkehrsmittel nutzen
1.305	(65,22 %)	können öffentliche Verkehrsmittel nicht nutzen
145	(7,25 %)	kommen in Fahrgemeinschaften
136	(6,80 %)	haben Interesse an der Gründung der Fahrgemeinschaften

Verkehrsanalyse

Tagesfrequenz: ca. 8.500 Personen täglich

ca. 48 % der einfahrenden Pkws aus Regensburg-Stadt
ca. 30 % der einfahrenden Pkws aus Regensburg-Land
ca. 22 % anderer Herkunftsgebiete

1.393 Stellplätze im Wochenmaximum belegt
1.142 (82 %) davon sind Langzeitparker (über drei Stunden)
  251 (18 %) davon sind Kurzzeitparker (unter drei Stunden)

Parkplatzanalyse Gewerbepark Regensburg

1. Problemstellung und Aufbau der Analyse

Im Herbst 1990 wurde im Gewerbepark Regensburg eine Untersuchung des ruhenden Verkehrs durchgeführt. Zu dieser Zeit galten folgende Eckdaten als Grundlage der Analyse:

Bruttogeschoßfläche	82.000 m^2	
Arbeitsplätze	2.046	(1 Beschäftigter/40 m^2)
Parkplätze	2.014	(1 Parkplatz/41 m^2)

Ziel dieser Parkplatzanalyse war im ersten Schritt, ausgehend vom Ist-Bestand, zu prüfen, ob die städtischen Auflagen laut Baugenehmigung – bzw. auch bei Neuberechnung des Stellplatzbedarfs auf Basis der tatsächlichen Nutzung gemäß Stellplatzrichtlinien – erfüllt werden, und wenn ja, welche Überkapazitäten vorhanden sind. Im zweiten Abschnitt der Analyse wurde durch Befragung jedes einzelnen Beschäftigten der maximale tatsächliche Bedarf an Beschäftigtenstellplätzen ermittelt, da in einem Gewerbepark unabhängig von den Parkplatzanforderungen durch die Baugesetze der Parkplatzbedarf in jedem Fall gedeckt werden soll.

Aus diesen Befragungsergebnissen erhält man auch Aufschluß über mögliche alternative Beförderungsmethoden (Fahrgemeinschaft, Sonderbuslinie usw.) und deren Akzeptanz durch die Beschäftigten.

Die reale Ausnutzung der Stellplatzkapazitäten (Maximalbelegung der Stellplätze) wurde mittels Zählungen festgestellt. Zusätzlich konnte der Anteil der Dauerparker (über drei Stunden Parkzeit) erhoben werden und damit zumindest annähernd die prozentuale Belegung der Parkplätze durch Beschäftigte.

Anschließend wurden die Daten aus den drei vorhergegangenen Schritten zueinander in Vergleich gestellt. Die Abgleichung der Teilergebnisse liefert Einblicke in die Richtigkeit der Stellplatzrichtlinien und in die Diskrepanz zwischen theoretischem und realem Bedarf.

Gestützt auf die gewonnenen Ergebnisse und Erkenntnisse, wird zum Schluß ein mögliches Parkplatzkonzept beleuchtet und zur Diskussion gestellt.

2. Ist-Bestand

Im Gewerbepark Regensburg wurde für den Herbst 1990 ein Ist-Bestand von 2.014 Stellplätzen ermittelt.

3. Stellplatzbestand nach Stellplatzrichtlinien

Die Stellplatzfestlegungen laut Baugenehmigungen (bzw. Tekturen) durch die Stadt Regensburg belaufen sich nach den städtischen Stellplatzrichtlinien für den Gewerbepark Regensburg derzeit auf 1.777 Parkplätze (1 Parkplatz/ 46 m^2). Dieser Wert wird über das Gesamtgelände mit einer Überkapazität von 237 Stellflächen übertroffen; trotzdem werden bei einigen Gebäuden bzw. in einigen Bereichen die Stellplatzanforderungen nicht direkt erfüllt.

Zum Zeitpunkt der Analyse wurden die tatsächlichen Nutzungen in allen Mieteinheiten erhoben. Abweichungen und Änderungen gegenüber den Baugenehmigungen (bzw. Tekturen) wurden in dem Grundrißplan vermerkt. Auf dieser Basis läßt sich der Stellplatzbedarf bestimmen, der bei Neufestlegung gemäß Stellplatzrichtlinien und tatsächlicher Nutzung seitens der Stadt nachzuweisen wäre. Es ergäbe sich bei dieser Art der Festlegung eine Forderung von 1.930 Stellplätzen (1 Parkplatz/42,5 m^2), die mit einer knappen Überkapazität von 84 Stellplätzen für den Gewerbepark gesamt gesehen erfüllt werden würde.

4. Beschäftigten-Befragung
(siehe Tabelle S. 416)

5. Reale Stellplatzbelegung

Die tatsächliche Stellplatzbelegung wurde durch Belegungszählungen ermittelt und sollte Aufschluß über die real benötigten Stellplätze für Kunden und Beschäftigte geben.

In einer als durchschnittlich angesehenen Woche (15.10.1990 bis 19.10. 1990) wurde ein Stundenmaximum von 1.393 belegten Parkplätzen ermittelt (Montag zwischen 11.00 Uhr und 12.00 Uhr).

Annex 4

Ergebnisse der Beschäftigtenbefragung in Rahmen der Parkplatzanalyse im Gewerbepark Regensburg vom Herbst 1990

Es wurden 2.001 Beschäftigte befragt.

Erreichen Sie Ihren Arbeitsplatz ... mit dem Pkw?

	Nennungen	in %
immer	1.606	80,26
oft	113	5,65
gelegentl.	67	3,35
selten	39	1,95
nie	169	8,45
k. A.	7	0,35

Benutzen Sie öffentl. Verkehrsmittel in den GWP?

	Nennungen	in %
immer	37	1,85
oft	40	2,00
gelegentl.	56	2,80
selten	126	6,30
nie	1.634	81,66
k. A.	108	5,40

Haben Sie Interesse an einer Sonderbuslinie GWP-Bahnhof-GWP?

	Nennungen	in %
ja	61	3,05
nein	865	43,23
k. A.	1.075	53,72

Können Sie mit öffentl. Verkehrsmitteln in den GWP gelangen?

	Nennungen	in %
ja	458	22,89
nein	1.305	65,22
weiß nicht	125	6,25
k. A.	113	5,65

Kommen Sie in Fahrgemeinschaften zum Arbeitsplatz?

	Nennungen	in %
ja	145	7,25
nein	1.748	87,36
k. A.	108	5,40

Haben Sie Interesse an der Gründung von Fahrgemeinschaften?

	Nennungen	in %
ja	136	6,80
nein	1.741	87,01
k. A.	124	6,20

Erläuterung: k. A. = keine Angaben
Quelle: Eigene Erhebungen

Anhand einer Tagesstichprobe wurde außerdem erhoben, daß von diesen 1.393 Parkplätzen

- 1.142 (oder 82 %) durch Langzeitparker (über drei Stunden) bzw. Beschäftigte und
- 251 (oder 18 %) durch Kurzzeitparker (unter drei Stunden) bzw. Kunden belegt sind.

Sehr interessant ist die Tatsache, daß das reale Wochenmaximum von 1.393 belegten Parkplätzen weit unter der Stellplatzfestlegung laut Baugenehmigung von 1.777 Parkplätzen und auch unter den möglichen Festlegungen auf der Basis der tatsächlichen aktuellen Nutzung (1.930 Stellplätze) liegt.

6. Ergebnisse

Die Ergebnisse aus den einzelnen Teilbereichen der Analyse sollen an dieser Stelle nochmals kurz zusammenfaßt werden:

- Im Gewerbepark Regensburg werden die Stellplatzanforderungen nach Baugenehmigung der Stadt Regensburg von 1.777 Stellplätzen durch die vorhandenen 2.014 Stellplätzen mit Überkapazität (237) erfüllt.
- Bei einer möglichen Neufestlegung laut Stellplatzrichtlinien auf Basis der tatsächlichen Nutzung würden 1.930 Stellplätze erforderlich sein (Überdeckung 84).
- Im Rahmen der Beschäftigtenbefragung gaben 1.606 (80,26 %) der befragten 2.001 Personen an, „immer" und 180 (9 %) zumindest „oft" und „gelegentlich" den Gewerbepark mit dem Pkw zu erreichen. Das reale Wochenmaximum der Stellplatzbelegung durch die Beschäftigten lag jedoch nur bei 1.142, d.h., nur 71 % (64 %) der Beschäftigten, die angaben, immer (immer bis gelegentlich) mit dem Pkw zur Arbeit zu gelangen, parken wirklich gleichzeitig im Gewerbepark. Demzufolge sind also nur 0,56 Beschäftigtenparkplätze pro Arbeitsplatz bzw. ein Beschäftigtenparkplatz pro 72 m^2 nötig (Bezugsgröße: 2.046 Beschäftigte).
- Die maximale Gesamtbelegung während der untersuchten Zeit betrug 1.393 Stellplätze, d.h., nur ca. 69 % der 2.014 zur Verfügung stehenden Parkplätze waren belegt.
- Die Quote der Kurzzeitparker (unter drei Stunden) lag bei ca. 18 %; ca. 82 % der Stellplätze sind durch Langzeitparker gebunden.

Annex 4

- Als alternative Beförderungsmethoden bieten sich an:
  - Öffentliche Verkehrsmittel
    für 458 Befragte möglich, aber nur von 133 zumindest „gelegentlich" genutzt.
  - Fahrgemeinschaften
    bereits von 145 Beschäftigten gebildet, 136 zeigten Interesse.
  - Sonderbuslinie Gewerbepark <==> Bahnhof
    spricht 3 % der Befragten an.
  - Busschleife
    bei Befragung erhoben; Akzeptanz hängt von sinnvoller Routenplanung ab.

7. Schlußfolgerungen aus der Parkplatzanalyse – ein mögliches Konzept für den Gewerbepark Regensburg

Für den Gewerbepark Regensburg soll anhand der Parkplatzanalyse ein Parkplatzkonzept erarbeitet werden. Dabei wird davon ausgegangen, daß Parkplätze nicht fest vermietet werden, so daß Einlappungseffekte im Gesamtgelände möglich werden.

Bei einem Beschäftigtenstand von 2.046 benötigt man ca. 1.150 Stellplätze für Beschäftigte, da durch Ausfallzeiten, Urlaub und geschäftlich bedingte Abwesenheit etc., abweichend von der theoretischen Quote von knapp 90 %, die angibt, mit dem Auto zu kommen, nur etwa 56 % gleichzeitig ihren Arbeitsplatz mit dem Pkw erreichen. Für Kurzzeitparker (Kunden usw.) müssen nur ca. 250 Parkplätze bereitgehalten werden. Daraus ergibt sich ein realer Stellplatzbedarf von 1.400 Plätzen. Aus vier verschiedenen Gründen ist jedoch in etwa die Anzahl an Stellflächen, die der Anzahl der Beschäftigten im Gewerbepark entspricht, bereitzustellen:

- Eventuelle Spitzenbelastungen müssen abgedeckt werden können (saisonale Schwankungen, Seminare, u. ä.).
- Der Parkplatzsuchverkehr muß minimiert werden.
- Optisch muß der Eindruck gegeben sein, daß Parkraum zur Verfügung steht.
- Bereichsweise muß genügend Stellfläche vorhanden sein, um der Bequemlichkeit Rechnung zu tragen. Einlappungseffekte können also nicht über das Gesamtgelände, sondern nur über mehrere Gebäude genutzt werden.

Annex 4

Bei diesem Szenarium ist also etwa davon auszugehen, daß eine Überkapazität von ca. 400 bis 600 Stellplätzen zur Funktionsfähigkeit nötig ist.

Gesamtstellplatzbedarf	
für Beschäftigte:	1.150
für Kunden:	250
Überkapazität:	500
Wirtschaftlich notwendige Stellplätze:	1.900 Stellplätze

Annex 5: Kalkulation der Parkplätze je nach Baurecht und Grundstücksgröße

Vorgaben: ein Bürohaus mit 10.000 m² Geschoßfläche
Stellplatzauflage: 1 Stellplatz je 30 m² Geschoßfläche
Anzahl der Stellplätze: 330

Es werden die Parkplatzkosten unter verschiedenen Bedingungen kalkuliert.

Beispiel 1: Grundstück mit GFZ 1: 10.000 m²
Herstellung ebenerdiger Parkplätze
Beispiel 2: Grundstück mit GFZ 2: 5.000 m²
Zukauf von 5.000 m² für Parkplätze
Herstellung ebenerdiger Parkplätze
Beispiel 3: Grundstück mit GFZ 2: 5.000 m²
Bau eines Parkhauses

Ergebniszusammenfassung

Beispiel 1:	Herstellkosten insgesamt	660.000,00 DM
	Kosten je Stellplatz pro Jahr (Zins + AfA)[1]	310,00 DM
Beispiel 2:	Herstellkosten insgesamt	4.010.000,00 DM
	Kosten je Stellplatz pro Jahr (Zins + AfA)[1]	1.043,00 DM
Beispiel 3:	Herstellkosten insgesamt	3.960.000,00 DM
	Kosten je Stellplatz pro Jahr (Zins + AfA)[1]	1.333,00 DM

Beispiel 1:

Grundstück mit GFZ 1	10.000 m²
Geschoßfläche Bürogebäude	10.000 m²
Überbauung bei siebengeschossiger Bauweise	1.500 m²
Restfläche Grundstück	8.500 m²
Anzahl Stellplätze	330 Stellplätze
Flächenbedarf je Stellplatz 25 m²	8.250 m²

---

[1] Betriebskosten fallen zusätzlich an.

Annex 5

Kalkulation der Parkplätze

Das ganze Grundstück ist baurechtlich für das Gebäude notwendig und wurde dort rechnerisch erfaßt.

Kosten für Restfläche Grundstück	0,00 DM
Herstellkosten je Stellplatz 2.000 DM	
Baukosten Parkplätze (330 x 2.000 DM)	660.000,00 DM
Investition insgesamt für Parkplätze	660.000,00 DM

Kosten für Parken

AfA 10 % aus 660.000 DM (auf 10 Jahre)	p.a.	66.000,00 DM
Zinsaufwand für die Herstellungskosten im 1. Jahr (7 % aus 660.000 DM)		46.200,00 DM
Gesamtkosten Parken	p.a.	102.200,00 DM
Kosten je Stellplatz pro Jahr		310,00 DM

Finanzierungskosten

Tilgung: 2 % aus 660.000 DM		13.200,00 DM
Steuerlicher Vorteil aus AfA		46.200,00 DM
9 % Annuität (7 % Zins + 2 % Tilgung) aus 660.000 DM		59.400,00 DM
Annuität pro Parkplatz	p.a.	180,00 DM

Beispiel 2, ebenerdige Parkplätze:

Grundstück GFZ 2	5.000 m²
Bürogebäude Geschoßfläche	10.000 m²
Überbauung (sieben Stockwerke)	1.500 m²
Restgrundstück	3.500 m²
Flächenbedarf für 330 Parkplätze	8.250 m²
Zukauf	5.000 m²

Kalkulation Parkplätze

Baugrundstück Restfläche (3.500 m^2) in den Bürobaukosten enthalten	0,00 DM
Zukauf Grundstück 5.000 m^2 à 670 DM/m^2	3.350.000,00 DM
Baukosten Stellplätze (2.000 DM x 330)	660.000,00 DM
Investition insgesamt für Parken	4.010.000,00 DM

Kosten für Parken

AfA (10 Jahre) 10 % aus 660.000,00 DM	p.a.	66.000,00 DM
Zins im 1. Jahr: 7 % aus 4 Mio. DM (Herstellkosten + Grund)		280.000,00 DM
Gesamtkosten Parken	p.a.	346.000,00 DM
Kosten je Stellplatz pro Jahr (Zins und AfA)		1.048,00 DM

Finanzierungskosten

Tilgung: 2 % aus ca. 4 Mio. DM		80.000,00 DM
9 % Annuität aus 4 Mio. DM (7 % Zins + 2 % Tilgung)		360.000,00 DM
Finanzierungslast je Parkplatz	p.a.	1.091,00 DM

(Die Tilgung für den Grundstücksanteil ist aus versteuertem Einkommen zu leisten.)

Beispiel 3, Parkhaus:

Grundstück GFZ 2	5.000 m^2
Bürogebäude Geschoßfläche	10.000 m^2
Überbauung (sieben Stockwerke)	1.500 m^2
Restgrundstück	3.500 m^2
Parkplatzauflage	330 Stellplätze

Annex 5

Kalkulation der Parkplätze

Restfläche Grundstück ohne Kosten	0,00 DM
Herstellkosten je Stellplatz 12.000 DM	
Baukosten Parkhaus (330 x 12.000 DM)	3.960.000,00 DM
Investition insgesamt für Parkhaus	3.960.000,00 DM

Kosten für Parken

AfA (auf 25 Jahre): 4 % aus ca. 4 Mio. DM	p.a.	160.000,00 DM
Zins im 1. Jahr: 7 % aus ca. 4 Mio. DM		280.000,00 DM
Gesamtkosten Parken	p.a.	440.000,00 DM
Kosten je Stellplatz pro Jahr		1.338,00 DM

Finanzierungskosten

Tilgung: 2 % aus ca. 4 Mio. DM		80.000,00 DM
9 % Annuität (7 % Zins + 2 % Tilgung) aus 3.960.000 DM		356.000,00 DM
Annuität pro Stellplatz	p.a.	1.080,00 DM

Tilgung und AfA sind über die ganze Zeit betrachtet identisch, es gibt lediglich eine zeitliche Verschiebung – steuerlich läuft das Parkhaus neutral durch – abgesehen von einer zeitlichen Vorfinanzierung von Steuern.

Annex 6: Beispiel für einen Verwaltervertrag zwischen Generalmieter und Verwaltungsgesellschaft

VERWALTERVERTRAG

Zwischen ... (Generalmieter) und ... (Verwaltungsgesellschaft) wird folgender Vertrag geschlossen:

Präambel

... (Besitzgesellschaft) ist Eigentümerin des Grundstücks und aller Gebäude und Aufbauten im Gewerbepark ... (Generalmieter). ... (Generalmieter) hat von ... (Besitzgesellschaft) folgende Aufgaben übernommen:
Sie ist Generalmieter aller Flächen, Gebäude, Aufbauten und Einrichtungen. Sie erarbeitet die Konzeption, führt die Vermietung durch und hat die Anlage zu verwalten.
Um eine klare Trennung zwischen den Funktionen des Aufbaus und der Vermarktung der Gebäude von der Verwaltung der vermieteten Flächen und der Gemeinschaftseinrichtungen herbeizuführen, um eine klare Kostenabgrenzung zu erreichen und um die Mieter an den Entscheidungen der Verwaltung beteiligen zu können, wird eine Verwaltungsgesellschaft gegründet.
Die Verwaltungsgesellschaft firmiert unter der Bezeichnung ...

Der Verwaltungsgesellschaft treten die Mieter im Gewerbepark als stille Gesellschafter bei.
Dies vorausgeschickt, wurde zwischen ... (Generalmieter) und der ... (Verwaltungsgesellschaft) ein Verwaltervertrag geschlossen.

§ 1 – Vertragsgegenstand
Die Verwaltungsgesellschaft übernimmt die Verwaltung des Gewerbeparks Regensburg nach Maßgabe der nachstehenden Bestimmungen.

§ 2 – Vertragsumfang
Betreuung aller Gemeinschaftsflächen und -einrichtungen im Gewerbepark, soweit sie nicht Einzelmietern der ... (Generalmieter) zuzurechnen sind.
Mit der Betreuung sind folgende Verpflichtungen verbunden:

1. Aufbau und Übernahme aller Kosten einer Hausmeisterei mit dem Ziel:
    a) Unterhaltung, Reparatur, Markierung, Reinigung, Beleuchtung, Schneeräumung, Streuung, eventuelle Bewachung und Verkehrsregelung aller Parkplätze, Straßen, Ladehöfe bzw. Ladestraßen, Schädlingsbekämpfung,
    b) Pflege, Unterhaltung und Neubepflanzung von allen Bepflanzungen und Grünanlagen,

c) Pflege, Unterhaltung, Reparatur und Ersatzbeschaffung aller sonstigen Gemeinschaftseinrichtungen wie Heizungen, Strom-, Gas-, Wasser-, Brauchwasser-, Abwassersysteme einschließlich Regenrückhaltebecken.
2. Überwachung aller Bestimmungen, die die Nutzung des Gewerbeparks und aller Mietobjekte regeln.
3. Übernahme aller wiederkehrenden Lasten aus Anlagen, Gebäuden und Einrichtungen, soweit sie nicht direkt mit dem Mieter verrechnet werden können für
   a) Grundlast und Verbrauch von Strom, Gas, Wasser, Abwasser,
   b) Müllerfassung, -verdichtung und -beseitigung, soweit für einzelne Baukörper keine andere Regelung vorgesehen ist,
   c) TÜV-Kosten, VDE-Kosten und Versicherungsauflagen,
   d) feuerpolizeiliche, gewerbeaufsichtsamtliche Auflagen,
   e) Kosten der Kaminkehrer,
   f) Wartungs- bzw. Ersatzbeschaffungskosten für Rauchmelder und ähnliche Einrichtungen,
   g) öffentliche Gebühren und Beiträge, soweit sie mit dem Grundstück in Zusammenhang stehen,
   h) Brand-, Haftpflicht-, Leitungswasser-, Einbruch-, Diebstahl- bzw. Einrichtungsversicherung, Globaldeckung übergreifender Feuerschäden, Sturmversicherung und sonstige sich als notwendig erweisende Versicherungen,
   i) Grundsteuern und sonstige Steuern, soweit sie das Objekt zur Besteuerungsgrundlage haben und sofern sie erhöht oder neu eingeführt werden nach Übernahme der einzelnen Objekte,
   j) Übernahme von Belastungen und Mehrbelastungen aus Behördenauflagen, zusätzlichen Bauleistungen oder zusätzlichen Versicherungen, welche durch mietspezifische Nutzung verursacht werden oder wurden (Umweltschutz, Gefahrerhöhung, Nachbarschaftseinsprüche etc.),
   k) sonstige wiederkehrende, mit der Nutzung in Zusammenhang stehende Aufwendungen.
4. Planung und Durchführung von Gemeinschaftswerbemaßnahmen, die mit den Werbebeiträgen der Mieter finanziert werden. Dies geschieht gemäß § 13 des Gesellschaftsvertrages in Abstimmung mit dem Mieterbeirat.

§ 3
Die ... (Verwaltungsgesellschaft) wird die von ... (Mobilienbesitzgesellschaft) angeschafften Geräte für die Hausmeisterei anmieten, wobei sich die ... (Mobilienbesitzgesellschaft) verpflichtet, die Geräte nach Ablauf der betriebsgewöhnlichen Nutzungsdauer unter Neuabschluß eines Mietvertrages zu erneuern, um die Liquidität der ... (Verwaltungsgesellschaft) mit diesen Investitionen nicht zu belasten.

§ 4
Die ... (Verwaltungsgesellschaft) wird alle übernommenen und die bei ihr entstehenden Kosten auf die Mieter umlegen. Die ... (Verwaltungsgesellschaft) ist verpflichtet, bei der Durchführung ihrer Aufgaben die Gesetze wirtschaftlicher Betriebsführung zu

wahren. Gewinne sollen nur insoweit entstehen, um eine angemessene Verzinsung des Stammkapitals und der Einlagen der stillen Gesellschafter sicherzustellen. Sämtliche Kosten, die durch Zähler, Meßgeräte oder durch andere Maßstäbe eindeutig einem Mieter zuzurechnen sind, werden unmittelbar mit diesem abgerechnet. Zur Umlage bestimmter Kostenarten kann die ... (Verwaltungsgesellschaft) Abrechnungsgebiete festlegen, z. B. Gewerbeblocks, Bürohäuser usw.
Alle anderen, nicht einzelnen Mietern oder Abrechnungsgebieten, wie z. B. Gewerbeblocks, unmittelbar zurechenbaren Kosten werden nach einem Umlageschlüssel auf alle Mieter verteilt. Der oder die Umlageschlüssel werden vom Beirat der Gesellschaft genehmigt.
Selbstverständlich hat die ... (Generalmieter) als Generalmieterin der Eigentümergesellschaft die Kosten zu übernehmen, die noch nicht vermieteten Flächen anzurechnen sind.

§ 5
Der Verwaltervertrag ist erstmals kündbar zum ... . Das Recht auf außerordentliche Kündigung nach den gesetzlichen Bestimmungen bleibt davon unberührt. Der ... (Generalmieter) steht insbesondere dann ein außerordentliches Kündigungsrecht zu, wenn die ... (Verwaltungsgesellschaft) die in diesem Vertrag festgelegten Bedingungen nicht mit der Sorgfalt eines ordentlichen Kaufmannes erfüllt bzw. mit ihren Zahlungsverpflichtungen in Verzug gerät oder wenn über das Vermögen der ... (Verwaltungsgesellschaft) das Konkurs- oder Vergleichsverfahren eröffnet wird.
Nach Ablauf der vereinbarten Frist verlängert sich der Verwaltervertrag um jeweils zehn Jahre, wenn er nicht mindestens zwei Jahre vor Ablauf der jeweiligen Frist schriftlich gekündigt wird.

§ 6
Änderungen dieses Vertrages bedürfen der Zustimmung des Beirats der ... (Verwaltungsgesellschaft).

... (Generalmieter)   ... (Verwaltungsgesellschafter)

Annex 7: Beispiel eines Mietvertragstextes mit Anlagen (Datenblatt)

	Variable Mietvertragsdaten
Speichername:	
Gebäude/Geschoß:	
Mietvertrag:	❏ (alt) Standard ❏ (neu) Umsatzsteuer
Name des Mieters:	
Straße:	
PLZ/Ort:	
Anschrift im Gewerbepark:	Im Gewerbepark
Nutzung:	
Firmenbezeichnung:	
Branche:	
Termin der Bereitstellung der Mieträume:	
Der Mietzins ist zu zahlen ab:	Bereitstellung der Mieträume
Nachfrist von:	Monaten
Mieter vorsteuerabzugsberechtigt:	
Merkblatt Umsatzsteuer:	
Miete pro Monat:	0,00 DM
Miete in Worten:	DM
Nettomiete:	0,00 DM
Staffelbedingungen:	
Werbekosten 1,5 % (von Bruttomiete):	0,00 DM
Indexhöhe: 10 % Indexbeginn:	Termin der Bereitstellung der Mieträume
Vertragsende:	
kündbar zum:	
Kündigungsfrist:	12 Monate
Auflösung alter Vertrag:	nein
Verpfändete Gegenstände:	keine
Bonität:	
Bürgschaft über:	DM
Vertragsergänzungen in § 28:	
Anlage 1 Grundrißplan	
Anlage 2 Baubeschreibung Grundausstattung	
Anlage 3 Baubeschreibung Zusatzausstattung	
Anlage 3a Elektro-Standardbeschreibung	
Anlage 4 Verwaltervertrag	
Anlage 5 Nutzungsordnung	
Anlage 6 Gesellschaftsvertrag	
Anlage 7 Nebenkostenverteilung	
Anlage 8 Heizkosten-/Wasser-/Abwasservorschüsse	

Annex 7

Sätze (MWSt.-frei/MWSt.-pflichtig) streichen	❏ ja	❏ nein
Anlage 9 Einzugsermächtigung		
Anlage 10 Vertrag über eine stille Gesellschaft mit Zinsverzichtserklärung Anteil	DM	
Anlage 11 Erklärung zur Umsatzsteuer		

Variable Daten Nebenkostenabrechnung
Mieter vorsteuerabzugsberechtigt

Nebenkosten je Schlüsselzahl	DM
Sondernebenkosten je m^2	DM
zahlbar ab:	Bereitstellung der Mieträume
Art der Räume	Größe in m^2
Büros/Praxen	
Schulungs-/Tagungsräume	
Ausstellungsflächen	
Einzelhandelsmärkte/Gaststätten	
Lagerflächen	
Sportanlagen	
Produktions- und Handwerksflächen	
Läden	
Freiflächen	0,00
Gesamtfläche:	
Ausgedruckt am:	
für Änderungen in § 28:	

**Die Eintragungen in dieses Vertrags-
datenblatt werden automatisch durch das
EDV-Programm in den Vertragstext
übernommen.**

Annex 7

MIETVERTRAG

zwischen der

… (Generalmieter)

- in der Folge Vermieterin genannt -

und

…
…

- in der Folge Mieterin genannt -

Annex 7

Präambel

Die Firma … (Generalmieter) hat von der … (Besitzgesellschaft) bürgerlichen Rechts in Regensburg sämtliche vermietbaren Flächen im Gewerbepark … angemietet. Sie ist berechtigt, mit Mietern ihrer Wahl Mietverträge abzuschließen.

Dies vorausgeschickt, schließen die Vertragsparteien nachstehenden Mietvertrag für gewerbliche Räume ab.

§ 1 – Mieträume

1. Die Firma … (Generalmieter) vermietet an

    …
    …

    nachfolgend beschriebene und im beiliegenden Plan, der wesentlicher Bestandteil dieses Mietvertrages ist – Anlage 1 –, eingetragene Räumlichkeiten bzw. Flächen im Gewerbepark … (Adresse: … zur ausschließlich gewerblichen Nutzung.
2. Sofern bei der Miethöhe oder der Berechnung der Mietnebenkosten auf die Quadratmeterzahl der Mietfläche Bezug genommen wird, liegt hierbei folgende Mietraumflächenberechnung zugrunde:
   Als Begrenzung der Mietfläche gilt die Innenkante der Außenmauer.
   Die Grundfläche der Trennwände zwischen benachbarten Mieteinheiten wird je zur Hälfte den Mietflächen zugerechnet.
   Zwischenwände und Stützen innerhalb der Mieteinheit werden nicht in Abzug gebracht.
3. In Erfüllung der Stellplatzverordnung der Stadt … und der Garagenordnung nach dem Baugesetzbuch wird die Eigentümerin Parkplätze erstellen.
   Die Nutzung der Parkplätze ist in der Nutzungsordnung für den Gewerbepark, die diesem Vertrag als Anlage 5 beigefügt ist, festgelegt.
4. Die Anlage 1 ist der Mieterin bekannt und wurde dieser übergeben.

§ 2 – Ausstattung der Mieträume

1. Grundausstattung
   Die Mieterin erhält von der Vermieterin eine Baubeschreibung, aus der detailliert ersichtlich ist, welchen Leistungsumfang die Vermieterin übernimmt. Diese Baubeschreibung wird dem Mietvertrag als Anlage 2 beigefügt. Diese Anlage ist wesentlicher Bestandteil des Mietvertrages.
   Die Baubeschreibung wurde der Mieterin ausgehändigt.
2. Zusatzausstattung
   Die Vermieterin wird auf Kosten der Eigentümerin die aus einer weiteren Baubeschreibung – Anlage 3 – ersichtliche Zusatzausstattung zur Grundausstattung er-

stellen. Diese Anlage ist ebenfalls wesentlicher Bestandteil des Mietvertrages. Die weitere Baubeschreibung wurde der Mieterin ausgehändigt.

§ 3 – Sortiment/Nutzung

1. Die in § 1 bezeichneten Mieträume werden an die Mieterin zu nachstehender Nutzung abgegeben:
Die Mieterin wird die Firma unter folgender Bezeichnung führen: ......
2. Die Mieterin verpflichtet sich, das Sortiment bzw. die Nutzung entsprechend der vorstehend angegebenen Beschreibung einzuhalten. Abweichungen von diesem Sortiment bzw. dieser Nutzung bedürfen der schriftlichen Zustimmung der Vermieterin. Die Vermieterin wird bei ihrer Entscheidung die Interessenlage des Gewerbeparks berücksichtigen.
3. Der Mieterin wird keine Ausschließlichkeit hinsichtlich der Nutzung bzw. ihres Sortiments innerhalb des Gewerbeparks zugesichert. Die Auswahl der Mieter sowie die Festlegung von deren Sortimenten oder Nutzungen sind ausschließlich in das Ermessen der Vermieterin gestellt.

§ 4 – Beginn und Ende des Mietverhältnisses

1. Die Mietzeit beginnt mit Bereitstellung der angemieteten Mieträume mit der laut § 2 beschriebenen Ausstattung. Diese werden voraussichtlich bereitgestellt ab ...
Die Mieterin ist verpflichtet, die Mieträume zum Bereitstellungstermin zu übernehmen.
2. Sofern die Mieträume nicht fristgerecht bereitgestellt werden können, aus welchen Gründen auch immer (z.B. Verzögerungen aus den behördlichen Genehmigungsverfahren, bauliche Gegebenheiten, Ausfall eines am Bau oder Umbau beteiligten Unternehmens oder sonstige, nicht vorhersehbare Gründe), kann die Mieterin daraus keine Schadensersatzforderungen ableiten. Dies gilt nicht bei grober Fahrlässigkeit oder Vorsatz der Vermieterin.
3. Sollten nach einer Nachfrist von **... Monaten** die Mieträume erneut nicht bereitgestellt werden können, steht der Mieterin ein Rücktrittsrecht von diesem Vertrag zu, wobei auch hier beide Vertragsparteien auf Schadensersatzansprüche verzichten. Dies gilt nicht bei grober Fahrlässigkeit oder Vorsatz der Vermieterin.
Die Mieterin verpflichtet sich, der Vermieterin alle zum Ausbau notwendigen Informationen rechtzeitig zur Verfügung zu stellen.
4. Der Mietzins ist zu zahlen ab **Bereitstellung der Mieträume**.
Die Nebenkosten sind zu zahlen ab **Bereitstellung der Mieträume**.
5. Die Mieterin ist verpflichtet, ihre Geschäftstätigkeit bis spätestens drei Monate nach Übernahme der Mieträume aufzunehmen.
6. Dieser Vertrag ist erstmals kündbar zum ...
7. Wird das Mietverhältnis nicht **zwölf Monate** vor Ablauf dieser Zeit mittels Einschreiben mit Rückschein gekündigt, so wird das Mietverhältnis unbefristet weitergeführt und kann dann mit einer Frist von zwölf Monaten jeweils zum ... gekündigt werden.

Annex 7

§ 5 – Mietzins

1. Die Miete für die in § 1 bzw. Anlage 1 zu diesem Vertrag beschriebenen Mieträume beträgt pro Monat **... DM**

    in Worten: „... DM".

    Gibt die Mieterin eine Erklärung wie in Absatz 2 beschrieben ab, so enthält die obige Miete die Umsatzsteuer von derzeit 16 %, d.h., die monatliche Nettomiete beläuft sich auf insgesamt **... DM**.

2. Die Vermieterin verzichtet auf Wunsch der Mieterin gemäß § 9 Abs. 2 UStG auf die Steuerbefreiung der Vermietungsumsätze gemäß § 4 Nr. 12 a UStG (Option). Dieser Verzicht setzt voraus, daß die Mieterin eine Erklärung abgibt, wonach sie berechtigt ist, im Falle der Option die mit der Miete in Rechnung gestellte Umsatzsteuer als Vorsteuer in vollem Umfang abzuziehen.
Im Falle der Option enthält obige Miete die gesetzliche Umsatzsteuer von derzeit 16 %.
Die Mieterin hat diese Erklärung (siehe Anlage 11), die zum Ausweis der Umsatzsteuer führt, bei Vertragsabschluß sowie auf Verlangen der Vermieterin auch an späteren Zeitpunkten abzugeben.

3. Weist die Vermieterin die Umsatzsteuer gesondert aus und wird während der Vertragslaufzeit der Umsatzsteuersatz erhöht, so ändert sich die vereinbarte Miete entsprechend.

4. Sollten sich bei der Mieterin die Voraussetzungen für den Abzug der Vorsteuer verändern, so hat die Mieterin diese Tatsachen unverzüglich nach Bekanntwerden der Vermieterin mitzuteilen. Für den Fall, daß eine unzutreffende oder unterbliebene Erklärung bei der Vermieterin zu Steuernachforderungen führt, ist die Mieterin schadensersatzpflichtig.

5. Die Miete ist monatlich bis zum Fünften eines jeden Monats im voraus fällig.

6. Die Mieterin erteilt schon jetzt der Vermieterin die Ermächtigung zum Einzug der fälligen Miete sowie sämtlicher Nebenkosten und der stillen Gesellschafteranteile (siehe § 21) mittels Lastschrift bzw. durch Abbuchung gemäß beigefügtem Abbuchungsauftrag (Anlage 9).

§ 6 – Indexbindung

1. Die Miete ist an den amtlichen Lebenshaltungskostenindex für alle privaten Haushalte in der Bundesrepublik Deutschland gebunden, den das Statistische Bundesamt ermittelt und veröffentlicht. Basisjahr ist 1991 = 100 Punkte.

Ändert sich der Lebenshaltungskostenindex um mehr als 10 % nach dem **Termin der Bereitstellung der Miträume**, so werden die Mieten automatisch im gleichen prozentualen Verhältnis der Änderung zur vorhergehenden Basis erhöht oder gesenkt. Die Vermieterin nimmt entsprechende Mietneu- bzw. -nachberechnungen jeweils nach Veröffentlichung der Indexreihe vor. Die Veränderung wird zum Ersten des auf den Stichtag folgenden Monats wirksam.
2. Nach einer weiteren Änderung des Lebenshaltungskostenindexes um mehr als 10 %, bezogen auf den Tag der letzten Feststellung der Miete, erfolgt eine weitere Anpassung entsprechend Absatz 1.
3. Die vereinbarte Indexbindung der Miete bedarf der Genehmigung durch die Landeszentralbank. Sollte diese Genehmigung versagt werden, so vereinbaren die Parteien, daß sie sich verpflichten, einvernehmlich eine Änderung der Miete durchzuführen, die in ihrer Größenordnung wirtschaftlich der automatischen Veränderung, wie sie in Absatz 1 und 2 dieses Paragraphen vorgesehen ist, entspricht.

§ 7 – Nebenkosten

1. Nebenkosten sind in der in § 5 vereinbarten Miete nicht enthalten. Die Nebenkosten sind monatlich bis zum Fünften eines jeden Monats fällig.
2. a) Die Abwicklung der Müllabfuhr ist grundsätzlich Mietersache. Sofern die Mieterin die Müllabfuhr über das städtische Versorgungsunternehmen wünscht, wird diese über die … (Verwaltungsgesellschaft) organisiert. Die Kosten werden an die Mieterin weiterberechnet.
   b) Die Kosten der Stromversorgung für die Miträume werden direkt von … (Energieversorgungsunternehmen) an die Mieterin berechnet.
   c) Die Kosten des Wasserverbrauchs und die Kanalgebühren werden der Mieterin entsprechend dem jeweils gültigen Tarifblatt des städtischen Versorgungsunternehmens sowie der Gebührenordnung der Stadt … in Rechnung gestellt (Vorschüsse gemäß Anlage 8).
   Die Anlage 8 wurde der Mieterin ausgehändigt.
   d) Die Heizkosten werden nach den Bestimmungen der jeweils gültigen Heizkostenverordnung abgerechnet (Vorschüsse gemäß Anlage 8).
   e) Die übrigen Nebenkosten werden von der … (Verwaltungsgesellschaft) gemäß Verwaltervertrag getragen und auf die Mieter umgelegt. Die Kostenarten, die im Rahmen der übrigen Nebenkosten umgelegt werden, sind im Verwaltervertrag Anlage 4, § 2 festgelegt (Pauschalen gemäß Anlage 7).
   Die Anlage 7 wurde der Mieterin ausgehändigt.
3. Wenn durch Sonderveranstaltungen oder durch die besondere Art des Geschäftsbetriebes der Mieterin besondere Aufwendungen der allgemeinen Verwaltung entstehen, so sind diese von der Mieterin zu übernehmen.
4. Auf alle Nebenkosten kann die … (Verwaltungsgesellschaft) angemessene Monatsvorschüsse erheben, welche die Vorjahresverhältnisse oder aktuelle Besonderheiten zur Grundlage haben.

Annex 7

§ 8 – Werbekostenpauschale

Die ... (Verwaltungsgesellschaft) übernimmt gemäß Gesellschaftsvertrag die Gemeinschaftswerbung für die Firmen im Gewerbepark ... (Gesellschaftsvertrag, Anlage 6, § 2 und § 13). Zur Finanzierung dieser Aufgaben wird von der Vermieterin neben der Miete ein Werbekostenbeitrag in Höhe von 1,5 % der aktuellen Bruttomiete (derzeit ... **DM**) erhoben und der Verwaltungsgesellschaft zur Verfügung gestellt.

Der Werbungskostenbeitrag ist monatlich bis zum Fünften eines jeden Monats im voraus fällig.

§ 9 – Baumaßnahmen

1. Falls die Mieterin beabsichtigt, die Mieträume oder die technischen Einrichtungen nach eigenen Vorstellungen zu verändern, so hat dies auf eigene Rechnung zu erfolgen und ist mindestens einen Monat vor Beginn der beabsichtigten Maßnahme der Vermieterin unter Vorlage detaillierter Zeichnungen und einer genauen Baubeschreibung anzuzeigen. Soweit für diese Maßnahmen behördliche Genehmigungen notwendig sind bzw. behördliche Auflagen erfüllt werden müssen, sind diese von der Mieterin auf deren Kosten zu beschaffen und zu erfüllen. Mit den Ausbauarbeiten darf erst begonnen werden, wenn die schriftliche Zustimmung durch die Vermieterin vorliegt. Eine Haftung der Vermieterin, gleich welcher Art, für die bautechnische Richtigkeit wird mit der Zustimmung nicht übernommen.
2. Soweit Investitionen von der Mieterin vorgenommen werden und sie wesentlicher Bestandteil des Gebäudes werden, gehen diese gemäß § 951 BGB ohne Entschädigung in das Eigentum der Vermieterin bzw. Eigentümerin über. Soweit es sich um Zubehör handelt, bleiben sie im Eigentum der Mieterin.
3. Der Mieterin ist bekannt, daß im Gewerbepark ... weiterhin Neubauprojekte, Erweiterungs- und Umbaumaßnahmen sowie Instandhaltungs- und Instandsetzungsarbeiten durchgeführt werden. Auch innerhalb der Gebäude können Baumaßnahmen für weitere Aus- und Umbaumaßnahmen nötig werden. Die Mieterin wird wegen der hierbei unvermeidlichen Geräusch- und Staubimmissionen keine Schadensersatzforderungen ableiten oder Wertminderungen geltend machen. Die Vermieterin wird sich bemühen, die Beeinträchtigungen möglichst gering zu halten.
4. Ausbesserungsarbeiten, Renovierungen und andere Arbeiten, die zur Erhaltung der Anlage notwendig oder zweckmäßig sind, bedürfen nicht der Zustimmung der Mieterin und werden, soweit zumutbar, außerhalb der Geschäftszeiten durchgeführt.
5. Soweit durch die Nutzungsart der Mieterin behördliche Auflagen, z. B. der Feuerpolizei, des Gewerbeaufsichtsamtes und nutzungsbedingte Behördenauflagen, notwendig werden, ist dies Angelegenheit der Mieterin, das heißt, Erfüllung und Kostenübernahme gehen zu Lasten der Mieterin. Dies gilt auch, soweit sich nach Übergabe der Mietsache rechtliche Bestimmungen ändern.
6. Aufwendungen, die die Mieterin im Interesse der Mietsache tätigt, sind der Vermieterin einen Monat vorher schriftlich anzukündigen und von dieser schriftlich zu ge-

nehmigen. In dringenden Ausnahmefällen ist eine Abweichung von dieser Frist möglich, falls eine Informierung der Vermieterin nicht bzw. nicht rechtzeitig möglich wäre. Die Kosten der Ausführung trägt die Vermieterin nur dann, wenn die Aufwendungen unverzüglich, jedoch spätestens einen Monat nach Beendigung der Maßnahme geltend gemacht werden.
Unabhängig davon behält sich die Vermieterin vor, die Maßnahmen auf ihre Notwendigkeit hin zu überprüfen.

7. Baumaßnahmen sind fachmännisch im Rahmen der allgemein anerkannten Regeln der Bautechnik auszuführen. Für die Einhaltung haftet die Mieterin, soweit sie nach Absätzen 1, 5 und 6 hierfür zuständig ist.
Wird die Elektroinstallation durch die Mieterin durchgeführt, stimmt diese zu, daß die Vermieterin nach Fertigstellung der Elektroinstallation diese durch einen unabhängigen Sachverständigen überprüfen läßt. Etwaig festgestellte Mängel wird die Mieterin auf ihre Kosten beseitigen lassen. Die Vermieterin ist berechtigt, die Mängelbeseitigung selbst zu veranlassen, wenn die Mieterin dieser Verpflichtung, nach Setzen einer angemessenen Nachfrist, nicht nachkommt.
Die Kosten der Überprüfung und der etwaigen Mängelbeseitigung trägt die Mieterin.

8. Soweit Mieterin oder Vermieterin Baumaßnahmen durchführen, sind diese nach Möglichkeit so zu gestalten, daß der Geschäftsbetrieb von Mietern und Vermieter nicht unzumutbar gestört wird und Mieter nicht unnötig Schaden erleiden bzw. belästigt werden.

9. Sollten durch bauliche Maßnahmen (Umbauten, Modernisierungen etc.) Staub oder sonstige Beeinträchtigungen zu befürchten sein, so sorgt die Mieterin dafür, daß an ihren Waren kein Schaden entsteht. Bei Vernachlässigung ihrer Pflichten ist Schadensersatz seitens der Bauherrin und/oder der Vermieterin ausgeschlossen.

10. Bei Gefahr im Verzug ist die Vermieterin bzw. die Bauherrin jederzeit berechtigt, Vorsorgemaßnahmen gegen Bauschäden durchzuführen. Der Termin für die endgültige Behebung derartiger Bauschäden wird mit der Mieterin rechtzeitig abgesprochen.

11. Die Vermieterin ist berechtigt, bei Bedarf unter der Decke der Miträume (bei abgehängter Decke über dieser) Leitungen zur Versorgung anderer Miträume durchzuführen (z. B. Elektroleitungen, Abwasserrohre, Lüftungsrohre, Heizungsrohre).
Die Leitungen sind so auszuführen und gegebenenfalls zu isolieren, daß keine Störungen wie Geräusche, Wärme, Geruch von ihnen ausgehen. Soweit Decken oder andere Einrichtungen beschädigt werden, wird der alte Zustand bzw. ein entsprechender Neuzustand hergestellt.

§ 10 – Regelungen bezüglich Vertragsende und Kündigung

1. Setzt die Mieterin den Gebrauch der Miträume nach Ablauf der Mietzeit fort, so gilt das Mietverhältnis nicht als stillschweigend verlängert. § 568 BGB findet keine Anwendung.
Mietausfall für die Dauer eventuell nötiger Umbauarbeiten trägt die Mieterin.

2. Bei Beendigung des Mietverhältnisses hat die Mieterin die Mieträume in sauberem Zustand zurückzugeben. Alle notwendigen Instandsetzungs- und Instandhaltungsarbeiten sowie Schönheitsreparaturen sind von der Mieterin bei Beendigung des Mietverhältnisses auf ihre Kosten durchzuführen. Dies bezieht sich auch auf Fassadenreparaturen, sofern diese durch das Entfernen von Werbeanlagen oder ähnlichem notwendig werden.
3. Die Mieterin hat die von der Vermieterin für die Dauer der Mietzeit ausgehändigten Schlüssel und solche, die sie sich auf eigene Kosten hat anfertigen lassen, nach Beendigung des Mietverhältnisses kostenlos an die Vermieterin zu übergeben.
4. Gibt die Mieterin die Mietsache bei Auszug nicht entsprechend dem vertragsgemäßen Zustand zurück, kann die Vermieterin die erforderlichen Arbeiten und Maßnahmen auf Kosten der Mieterin nach angemessener Fristsetzung vornehmen lassen. Die Mieterin haftet dann für den der Vermieterin entstehenden Schaden; insbesondere für Reparaturen sowie für den Mietausfall. Die Verjährungsfrist des § 558 BGB beginnt erst ab dem Zeitpunkt der Beseitigung der Maßnahmen durch die Vermieterin zu laufen.
5. Bei Beendigung des Mietverhältnisses steht es der Vermieterin frei, die von der Mieterin investierten Einbauten, die nicht wesentlicher Bestandteil sind (Trennwände, Einbauschränke und ähnliches), ganz oder teilweise gegen Ablösung zu übernehmen (Ablösungshöchstbetrag = Investition ./. AfA). Davon unberührt bleiben die Vereinbarungen in § 9 Absatz 2.
6. Die Vermieterin kann verlangen, daß Änderungen, die über die Grundausstattung hinausgehen und von der Mieterin durch Zusatzausstattung, durch Umbauten oder Einbauten veranlaßt oder vorgenommen wurden, nach Beendigung des Mietverhältnisses, aus welchem Grund auch immer, auf Kosten der Mieterin beseitigt werden und der vertragsgemäße Zustand wiederhergestellt wird. Dies kann von der Vermieterin selbst dann verlangt werden, wenn sie zu den Änderungen ihre Zustimmung erteilt hat.
7. Sollte der Mietvertrag vor Ablauf der vereinbarten Frist aus Gründen, welche die Vermieterin nicht zu vertreten hat, aufgelöst werden, so ist von der Mieterin in jedem Falle eine Ablösung (Investition ./. AfA), der aufgrund Baubeschreibung Anlage 3 auf Wunsch der Mieterin investierten Zusatzausstattung zu bezahlen.
8. Nach Beendigung des Mietverhältnisses oder nach außerordentlicher Kündigung gemäß § 17 ist die Vermieterin berechtigt, eventuell zu diesem Zeitpunkt noch in den Mieträumen lagernde Gegenstände der Mieterin auf deren Kosten herauszunehmen und zwischenzulagern.

§ 11 – Reparaturen/Ersatzbeschaffungen/Verkehrssicherungspflicht

1. Sämtliche Erhaltungs- und Ersatzbeschaffungsaufwendungen an Dach und Fach trägt die Vermieterin.
2. Schönheitsreparaturen und Beseitigung von Glasschäden in den Mieträumen und von Glasschäden an den Fenstern der Mieträume gehen zu Lasten der Mieterin.

Schönheitsreparaturen sind im ortsüblichen Turnus durchzuführen. Glasschäden sind sofort zu beheben.
3. Wartung, Reparatur und Ersatzbeschaffungskosten von zu der Mieteinheit gehörenden Einrichtungen wie z.B. Aufzüge, Rolltore, Lagertore, Eingangsanlagen, Schiebetüren, Jalousien, Heizungsanlagen, Einrichtungen der Strom-, Gas- und Wasserversorgung und Abwasserentsorgung, der sanitären Einrichtungen, Böden, Decken, Wände, Ladenfassaden und Türen sind von der Mieterin zu tragen.
Ersatzbeschaffung geht nur zu Lasten der Mieterin, soweit diese auf nicht sachgemäße Handhabung zurückzuführen ist.
Die Vermieterin schließt für alle Heizungsanlagen und Thermen Vollwartungsverträge ab. Die Kosten hierfür werden im Rahmen der Heizkostenabrechnung umgelegt. Dies bezieht sich sowohl auf Einzelheizungen für je eine Mieterin als auch auf Gemeinschaftsheizungen.
4. Die Erfüllung und Wahrung der allgemeinen Verkehrssicherungspflicht für die an die Mieterin vermieteten Räumlichkeiten und die dort befindlichen technischen Anlagen obliegen der Mieterin. Die Mieterin stellt die Vermieterin und Eigentümerin wegen eventueller Ansprüche aus Verletzung der Verkehrssicherungspflicht frei.
5. Die Mieterin haftet der Vermieterin für alle Schäden, die durch die Mieterin, ihre Angestellten, Lieferanten oder im Rahmen sonstiger mit ihr in Geschäftsbeziehung stehender Personen an dem Mietobjekt verursacht werden.
6. Schäden an der Fassade oder sonstigen Einrichtungen des Mietgegenstandes durch Vandalismus, der sich offensichtlich gegen die Nutzung der Mieterin richtet, sind von dieser auf deren Kosten zu beseitigen.

§ 12 – Ersatzansprüche Mieterin gegenüber Vermieterin

1. Die Vermieterin haftet der Mieterin für etwaige Schäden, soweit diese im Rahmen der bestehenden Haftpflichtversicherung der Vermieterin bzw. Eigentümerin gedeckt sind oder weitergegeben werden können. Vorstehende Haftungsbegrenzungen gelten nicht bei Vorsatz oder grober Fahrlässigkeit der Vermieterin oder Eigentümerin.
2. Soweit die in den vorhergehenden Paragraphen aufgeführten Arbeiten zu dulden sind, darf der Mietzins nicht gemindert oder zurückbehalten werden. Schadensersatz wird, außer bei Vorsatz oder grober Fahrlässigkeit, ausgeschlossen. Werden die Mieträume durch die vorzunehmenden Arbeiten in der Weise betroffen, daß der Geschäftsbetrieb ganz oder teilweise eingestellt wird, so wird der Mietzins von der Vermieterin für die Zeit der Beeinträchtigung reduziert, gegebenenfalls erlassen. Die Einstellung des Betriebs muß zwischen den Parteien abgesprochen werden.
3. Sollte das Gebäude, in dem sich die Mieträume befinden, zerstört werden, so entfällt die Miete mit dem Tag der Zerstörung. Der Mieterin und der Vermieterin steht für diesen Fall ein außerordentliches Kündigungsrecht zu.
Der Mieterin steht das außerordentliche Kündigungsrecht nicht zu, wenn die Vermieterin innerhalb eines Monats nach Zerstörung erklärt, das Gebäude wiederherzustellen und den Wiederaufbau zügig durchzuführen.

Annex 7

§ 13 – Untervermietung

1. Generell ist eine Untervermietung auch von Teilflächen nicht gestattet.
2. Ausnahmen sind nur durch schriftlich zu erteilende Zustimmung der Vermieterin möglich, die jederzeit aus wichtigem Grund widerrufen werden kann.
3. Für den Fall einer Untervermietung tritt die Mieterin schon jetzt ihre Ansprüche gegenüber der Untermieterin an die Vermieterin zur Sicherung der Ansprüche aus dem Hauptmietvertrag ab. Die Vermieterin ist berechtigt, der Untermieterin diese Forderungsabtretung anzuzeigen. Bei Untervermietung steht ein eventueller Mietmehrerlös der Vermieterin zu. Die Vermieterin kann eine Offenlegung der Untermietverträge verlangen.
4. Die Regelungen des § 549 Abs. 1 Satz 2 BGB finden keine Anwendung.

§ 14 – Versicherungen

1. Die Vermieterin schließt für die Gebäude eine Grundbesitzhaftpflicht- sowie eine Gebäude-Allgefahrenversicherung ab.
Sollte die Mieterin durch Einbringung besonders feuer- und explosionsgefährlicher Gegenstände eine Erhöhung dieser Brandversicherung bedingen, so gehen diese zusätzlichen Kosten zu Lasten der Mieterin. Die Mieterin verpflichtet sich, der Vermieterin die vorgenannten Erhöhungsgründe schriftlich mitzuteilen.
2. Die Mieterin ist verpflichtet, folgende Risiken ausreichend abzudecken:
   a) Betriebshaftpflicht:
   Mindestdeckungssumme für Personenschäden 2.000.000,00 DM
   Mindestdeckungssumme für Sachschäden 500.000,00 DM
   b) Feuer, Leitungswasser und Sturm in Höhe des Wiederbeschaffungswertes der Warenvorräte und Einrichtung.
   c) Schäden, die entstehen können durch Lagerung oder Verarbeitung von Gütern, die die Umwelt belasten.
3. Die Mieterin tritt mit Vertragsunterschrift dem bereits bestehenden Global-Versicherungsabkommen gegen übergreifende Feuerschäden bei. Die Kosten hierfür werden im Rahmen der allgemeinen Nebenkosten von der Mieterin übernommen.
4. Die Kosten für die gemäß Versicherungsbedingungen notwendigen Überprüfungen der elektrischen Licht- und Kraftanlagen der Mieterin sind von der Mieterin zu tragen.

§ 15 – Aufrechnung, Minderung, Zurückbehaltung

1. Aufrechnung oder Zurückbehaltung des Mietzinses ist nur wegen Mängeln der Mietsache und der Kosten, die die Beseitigung dieser Mängel verursacht haben, möglich. Ausgeschlossen ist eine Aufrechnung aufgrund zurückliegender Minderung bzw. Nebenkosten oder Folgeschäden.
2. Voraussetzung für die Aufrechnung ist, daß die Forderungen der Mieterin gegen die Vermieterin als unbestritten oder rechtskräftig festgestellt sind, die Mieterin mit den

Mietzahlungen nicht im Rückstand ist und die Aufrechnung einen Monat vor Geltendmachung angekündigt ist.
3. Die Mieterin kann eine Minderung des Mietzinses, gleich aus welchem Rechtsgrund, nur dann vornehmen, wenn der Anspruchsgrund und die Höhe des Minderungsbetrages von der Vermieterin schriftlich anerkannt oder rechtskräftig festgestellt ist.

§ 16 – Betretungsrecht der Vermieterin

1. Der Vermieterin oder ihren Beauftragten steht in angemessenen Abständen oder aus besonderem Anlaß die Besichtigung der Mieträume zu verkehrsüblicher Tageszeit an Werktagen frei. Die Mieterin ist davon vorher zu unterrichten. In Fällen drohender Gefahr kann die Vermieterin die Mieträume zu jeder Tages- und Nachtzeit betreten.
2. Sollten Baumaßnahmen durchzuführen sein, werden sich Mieterin und Vermieterin abstimmen. Sollte eine Einigung innerhalb angemessener Frist nicht zustande kommen, so hat die Vermieterin zwei Wochen nach Ankündigung das Recht, die Miträume zu betreten (vgl. § 9) und Baumaßnahmen durchführen zu lassen.

§ 17 – Außerordentliche Kündigung

Der Vermieterin steht das Recht zu, den Mietvertrag fristlos zu kündigen, wenn

1. über das Vermögen der Mieterin oder eines wesentlichen Gesellschafters der Mieterin das Konkurs- oder Vergleichsverfahren beantragt wird,
2. die Mieterin ihre Unternehmung dem äußeren Anschein nach verkommen läßt oder betrügerische Geschäfte tätigt,
3. die Mieterin mit Mietzahlungen und Nebenkostenzahlungen mit mindestens zwei Monatsmieten im Rückstand ist,
4. die Mieterin ihren sonstigen aus diesem Vertrag resultierenden Verpflichtungen in wesentlichem Umfang nicht nachkommt,
5. die Mieterin ihren sonstigen Zahlungsverpflichtungen aus diesem Vertrag (insbesondere Mieterindarlehen, Mietkautionen, Ablösungen, Umbaubeiträge etc.) nicht oder nicht ordnungsgemäß nachkommt,
6. durch den Betrieb der Mieterin von den Miträumen Emissionen oder sonstige Beeinträchtigungen ausgehen, die nach öffentlichem Recht unzulässig sind oder nach zivilrechtlichen Bestimmungen von Nachbarn nicht entschädigungslos geduldet werden müssen.

Das Recht zur fristlosen Kündigung gemäß Nr. 4 setzt voraus, daß die Vermieterin der Mieterin ergebnislos schriftlich eine angemessene Nachfrist zur Erfüllung ihrer Verpflichtungen gesetzt hat.

§ 18 – Schadensersatz bei vorzeitiger Vertragsauflösung

Wird das Mietverhältnis seitens der Vermieterin aufgrund der in diesem Vertrag aufgezeigten Möglichkeiten wegen eines Verschuldens der Mieterin gekündigt oder aus anderen Gründen von der Mieterin vorzeitig beendet, so behält sich die Vermieterin Schadensersatzansprüche für entgangene Miete und Nebenkosten dieses Vertrages bis zur Wiedervermietung vor.
Dies gilt ebenso für die Kosten der Wiederherstellung der Räumlichkeiten.
Schadensersatz ist auch zu leisten für Mieterausbauten in Höhe des Restbuchwertes gemäß § 2 Absatz 2 und deren Beseitigung.

Falls die Neuvermietung nicht zu den gleichen Bedingungen wie bei der Vorvermietung erfolgen kann, ist die Vormieterin der Vermieterin gegenüber für den Mietausfall bis zum Ablauf des ursprünglichen Mietvertrages schadensersatzpflichtig.

Wird das Mietverhältnis seitens der Mieterin oder ihrer eventuellen Rechtsnachfolger aufgrund eines gesetzlichen oder außerordentlichen Kündigungsrechtes aufgelöst, so stehen der Vermieterin die gleichen Schadensersatzansprüche zu, wie sie in Absatz 1 und 2 dieses Paragraphen beschrieben sind, es sei denn, daß die Vermieterin den Kündigungsgrund zu vertreten hat.

Auf die Bedingungen des § 10 Absatz 6 und 7 wird in diesem Zusammenhang ausdrücklich hingewiesen.

§ 19 – Personenmehrheit als Mieterin

1. Mehrere Personen als Mieter haften für alle Verpflichtungen aus dem Mietvertrag als Gesamtschuldner.
2. Willenserklärungen eines Mieters sind auch für die anderen Mieter des gleichen Mietvertrages verbindlich. Kündigungen sind nur von allen Mietern gemeinsam möglich, insoweit gilt das in Satz 1 Gesagte nicht.
3. Für die Rechtswirksamkeit einer Erklärung der Vermieterin genügt es, wenn sie gegenüber einem der Mieter abgegeben wird. Die Mieterin erkennt an, daß die Erklärung eines Mieters gegenüber der Vermieterin auch für die anderen Mieter des gleichen Mietvertrages verbindlich ist. Die Mieter bevollmächtigen sich hiermit gegenseitig zur Abgabe und Entgegennahme solcher Erklärungen. Die Vollmacht ist für die Dauer des vorliegenden Mietvertrages unwiderruflich.
4. Tatsachen, die für eine Mieterin eine Verlängerung oder eine Verkürzung des Mietverhältnisses herbeiführen oder für oder gegen sie einen Schadensersatz oder sonstigen Anspruch begründen, haben für die anderen Mieter die gleiche Wirkung.

§ 20 – Gerichtsstand und Erfüllungsort

1. Für alle Streitigkeiten aus diesem Mietvertrag und über das Zustandekommen des Mietvertrages wird mit der Mieterin, die im Inland keinen allgemeinen Gerichtsstand hat oder die Vollkaufmann im Sinne des Handelsgesetzbuches ist, … als Gerichtsstand vereinbart.
2. Erfüllungsort für alle sich aus diesem Vertrag ergebenden Verpflichtungen ist … .

§ 21 – … (Verwaltungsgesellschaft)

1. Die Verwaltung des Gewerbeparks obliegt nach Maßgabe des Verwaltervertrages, der als Anlage 4 beigefügt ist, der … (Verwaltungsgesellschaft). Die Anlage 4 wurde der Mieterin ausgehändigt.
Die Verwaltungsgesellschaft hat ferner die Aufgabe, die Gemeinschaftswerbung der Mieter zu organisieren, Öffentlichkeitsarbeit für den Gewerbepark zu betreiben und geeignete Schritte einzuleiten zum besseren Verständnis und zur besseren Zusammenarbeit der Mieter untereinander.
2. Mit Abschluß des Mietvertrages verpflichtet sich die Mieterin, der … (Verwaltungsgesellschaft) als stille Gesellschafterin beizutreten.
Die Einzelheiten über die stille Gesellschaft regeln der Gesellschaftsvertrag (Anlage 6) sowie der Vertrag über eine stille Gesellschaft zwischen der … (Verwaltungsgesellschaft) und der Mieterin (Anlage 10).
Die Anlagen 6 und 10 wurden der Mieterin ausgehändigt.
3. Die Mieterin unterwirft sich allen von der … (Verwaltungsgesellschaft) satzungsgemäß beschlossenen Maßnahmen auch dann, wenn sie dieser Verwaltungsgesellschaft für die Dauer des Mietverhältnisses nicht mehr als stille Gesellschafterin angehören sollte. Für diesen Fall hat die Vermieterin das Recht, die von der Verwaltungsgesellschaft erhobenen Beiträge von der Mieterin zu fordern und an die Verwaltungsgesellschaft weiterzuleiten.
4. Die Vermieterin wird die Verwaltungsgesellschaft zu sparsamer Wirtschaftsführung anhalten.

§ 22 – Nutzungsordnung

Für den Gewerbepark … besteht eine Nutzungsordnung. Sie ist diesem Vertrag als Anlage 5 beigefügt und wurde der Mieterin ausgehändigt.

Mit der Unterzeichnung des Mietvertrages erkennt die Mieterin die in der Nutzungsordnung festgelegten Einzelheiten als für sich verbindlich an.

§ 23 – Behördliche Genehmigungen

Die Mieterin ist verpflichtet, sich alle zum Betrieb ihres Gewerbes notwendigen behördlichen Genehmigungen selbst zu beschaffen.

Annex 7

§ 24 – Pfandrecht der Vermieterin an eingebrachten Sachen

Für sämtliche Forderungen aus dem Mietverhältnis hat die Vermieterin ein gesetzliches Pfandrecht an den eingebrachten Sachen der Mieterin. Die Mieterin erklärt, daß die beim Einzug in die Mieträume eingebrachten Sachen ihr freies Eigentum und nicht gepfändet oder verpfändet sind mit Ausnahme folgender Gegenstände:

(keine)

Zum Zwecke der Ausübung ihres Pfandrechts ist die Vermieterin oder ein Beauftragter derselben berechtigt, die Mieträume jederzeit allein oder in Begleitung eines Zeugen zu betreten.

§ 25 – Sicherheitsleistungen

Die Mieterin stellt der Vermieterin zur Sicherung ihrer Ansprüche aus diesem Mietvertrag spätestens 14 Tage nach Vertragsunterschrift folgende Sicherheiten zur Verfügung:

Selbstschuldnerische, unwiderrufliche, unbefristete Bürgschaft einer angesehenen deutschen Bank in Höhe von … DM.

Wenn die Übergabe der Mieträume schon vor Ablauf von 14 Tagen nach Vertragsabschluß erfolgen soll, so ist die Sicherheitsleistung in jedem Fall vor Übergabe der Mieträume beizubringen.

Falls die Mieterin die Sicherheitsleistung nicht zeitgerecht erbringt, kann die Vermieterin die Ausbauleistungen gemäß Anlage 3 unterbrechen bzw. zurückstellen. Dadurch bedingte Verzögerungen hat die Mieterin zu vertreten.

Mietzahlungsbeginn ist der Tag, zu dem die Mieträume ohne die hierdurch verursachte Verzögerung bereitgestellt worden wären.

Die Vermieterin behält sich vor, von dem Vertrag zurückzutreten, wenn die Sicherheit in der vereinbarten Zeit nicht geleistet wird.

§ 26 – Rechtsnachfolge

1. Die Mieterin hat in Fällen von Rechtsnachfolgeänderungen bzw. Betriebsveräußerungen dies der Vermieterin rechtzeitig schriftlich anzuzeigen.
   Der Vermieterin steht ein Zustimmungs- bzw. Ablehnungsrecht ohne besondere Angabe von Gründen in derartigen Fällen zu.
2. Sofern nach Zustimmung der Vermieterin der/die Rechtsnachfolger in diesen Mietvertrag eintritt (eintreten), hat die Mieterin, sofern keine anderslautenden Vereinbarungen getroffen werden, sicherzustellen, daß dieser Vertrag von dem(n) Rechts-

nachfolger(n) in vollem Umfang übernommen wird und insbesondere die Verpflichtungen des § 25 – Sicherheitsleistung – eingegangen werden.
3. Der Vertrag bleibt auf seiten der Vermieterin in Fällen von Rechtsnachfolge verbindlich.

§ 27 – Sonstige Bestimmungen

1. Sollten mit anderen Mietern von diesem Vertrag abweichende Vereinbarungen getroffen werden, so kann die Mieterin hieraus für sich nicht die gleichen Rechte ableiten.
2. Nebenabreden, Änderungen und Ergänzungen dieses Mietvertrages sind nur wirksam, wenn sie schriftlich vereinbart werden.
3. Sollte eine Vertragsänderung unwirksam sein, so wird ausdrücklich vereinbart, daß der bisherige Vertrag gültig bleibt.
4. Sollte eine Bestimmung dieses Vertrages unwirksam sein oder werden, so wird hierdurch die Wirksamkeit des Mietvertrages im übrigen nicht berührt. Die Vertragsparteien werden in einem solchen Fall die unwirksame Bestimmung durch eine rechtlich wirksame Regelung ersetzen oder die Bestimmung so ergänzen oder umdeuten, daß der mit der unwirksamen Bestimmung beabsichtigte wirtschaftliche Zweck erreicht wird. Entsprechend ist zu verfahren, wenn sich bei Durchführung des Mietvertrages eine ergänzungsbedürftige Lücke herausstellen sollte.
5. Aus der Nichtvermietung eines Teils der im Gewerbepark ... errichteten Flächen kann die Mieterin kein Kündigungsrecht oder eine Wertminderung ihrer Mietsache ableiten.

§ 28 – Vertragsergänzungen bzw. -änderungen

Vermieter und Mieter haben den Vertrag inklusive der Anlagen in allen Einzelheiten durchgesprochen. In gegenseitigem Einvernehmen werden darüber hinaus folgende Vertragsänderungen/Vertragsergänzungen aufgenommen:

§ 29 – Anlagen

Die Mieterin hat den Inhalt der nachstehend aufgeführten Vertragsanlagen zur Kenntnis genommen und stimmt diesen vollinhaltlich zu.

Die nachfolgenden Anlagen sind wesentlicher Bestandteil des Mietvertrages.

Anlage 1	Grundrißplan
Anlage 2	Baubeschreibung Grundausstattung
Anlage 3	Baubeschreibung Zusatzausstattung
Anlage 3a	Elektrostandardbeschreibung
Anlage 3b	Daten-Verkabelungssystem
Anlage 4	Verwaltervertrag

Annex 7

Anlage 5   Nutzungsordnung
Anlage 6   Gesellschaftsvertrag
Anlage 7   Nebenkostenverteilung
Anlage 8   Heizkosten-, Wasser- und Abwasserpauschal
Anlage 9   Einzugsermächtigung
Anlage 10   Vertrag über eine stille Gesellschaft
               (mit Zinsverzichtserklärung)
Anlage 11   Erklärung zur Umsatzsteuer

_____, den _____   _…, den_____

_____   _____
Rechtsgültige Unterschrift   Vermieterin
Mieterin

Annex 7

Anlage 3a

ELEKTROSTANDARDBESCHREIBUNG

für Büroeinheiten in Bürogebäuden
des Gewerbeparks ...

- **Beleuchtung**
  - Einbauleuchten mit blendfreien Hochglanzrastern, Grenzausstrahlungswinkel maximal 60°, in den Büroräumen. Bestückung mit Leuchtstofflampen je nach Bedarf ein- oder zweiflammig.
  - Einbauleuchten mit weißem Raster für Nebenräume, WC-Anlagen, Flure, Teeküchen, Aufenthaltsräume und Lagerflächen. Bestückung mit Leuchtstofflampen je nach Bedarf ein- oder zweiflammig.
  - Nurglasleuchten als Aufbauleuchten in untergeordneten Räumen wie Putzräumen, Abstellräumen und Technikräumen. Bestückung mit Standardglühlampe.
  - Die Beleuchtungsstärke wird nach DIN 5035 Teil 2 ausgelegt, in den Büroräumen entsprechend DIN 5035 Teil 7 mindestens 500 Lux mittlere Beleuchtungsstärke.

- **Anschlüsse**
  - Elektrowandverteiler in der Mieteinheit, Größe nach Erfordernis und Anzahl der Stromkreise, Platzreserve ca. 30 %, Stromzähler im Hausanschlußraum im Kellergeschoß.
  - Die Kabelführung erfolgt generell im Hohlraumboden, im Erdgeschoß über Fensterbank- bzw. Sockelkanäle oder Unterflurkanal-System.
  - Im Bereich der Fensterfront ca. alle 3 m ein Fußbodeneinbautank (Elektrant) mit einer Zweifach-Schukosteckdose und weiteren vier Anschlußmöglichkeiten für Telefon- und Datenverkabelung.
  - In Bereichen mit Brüstungskanal ca. alle 3 m eine Doppelsteckdose (Zweifach-Schukosteckdose) sowie eine Leerdose (ohne Kabel) für Telefon- oder Datenanschluß.
  - In allen Räumen (außer WCs) unterhalb des Lichtschalters eine Steckdose als „Putzsteckdose".
  - In den Fluren Steckdosen unterhalb der Lichtschalter im Abstand von ca. 10 m.
  - Sofern eine Teeküche vorgesehen wird, drei Steckdosen.
  - Ausführung des Schaltermaterials als Standardprogramm cremeweiß.

- **Schwachstromverbindungen**
  - Die Übergabepunkte für Telefon- und Breitbandkabelanschluß sind im Hausanschlußraum vorhanden.
  - Die Verlegung der Verbindungsleitungen zur Mieteinheit ist im Bereich der Installations-Steigtrasse möglich.

Annex 7

- **Stromkreise**
  - Als Anschlußwert werden pro 100 m² Mietfläche 3 kW vorgesehen.
  - Pro ca. 100 m² Bürofläche wird ein Steckdosenstromkreis einpolig vorgesehen.
  - Die Stromkreisaufteilung für Beleuchtungsanlagen erfolgt nach Erfordernis.
  - Zur Wahrung der Schutzmaßnahme wird ein Fehlerstromschutzschalter eingesetzt. Auf Wunsch und Kosten des Mieters kann hier eine feinere Unterteilung der Stromkreise auf verschiedene Fehlerstromschutzschalter vorgesehen werden.
  - Sofern eine Teeküche vorgesehen wird: drei Stromkreise einpolig (falls vorhanden).
  - Sofern Warmwasserspeicher als Sonderwunsch eingesetzt werden: je ein Stromkreis.
  - Ein Stromkreis für Kopierer.

- **Klingel, Gegensprechanlage, Türöffner (nur in den Obergeschossen)**
  - Anschluß an die vorhandene Haustür-Gegensprechanlage einschließlich Zuweisung eines Klingeltasters.
  - Im Eingangsbereich der Mieteinheit wird eine Klingel- und Gegensprechanlage als Wandapparat installiert, welche die Funktionen Klingelzeichen, Gegensprechen zur Haustür und elektrische Türöffnung der Hauseingangstür erfüllt. Neben der Mieteingangstür wird außerdem ein Klingeltaster angebracht. Es erfolgt eine automatische Ruftonunterscheidung an der Sprechanlage.
  - Eine zusätzliche Gegensprechstelle an der Mieteingangstür außen ist auf Wunsch und Kosten des Mieters möglich, ebenso erweiterte Funktionen wie Türöffnung der Mieteingangstür oder Aufschaltung auf eine vorhandene Telefonanlage. Es besteht die Möglichkeit, den Wandapparat in ein variables Tischgerät umzuwandeln.

- **Mehrkosten durch zusätzliche Ausstattung sind vom Mieter zu tragen.**

Annex 7

Anlage 3b

Anwendungsneutrales Daten-Verkabelungssystem nach der Europäischen Norm EN 50173 im Gewerbepark ...

Die informationstechnische Verkabelung bietet:
- einen anwendungsunabhängigen, universell einsetzbaren Verkabelungsstandard,
- ein flexibles Verkabelungssystem, in dem sich Änderungen leicht und wirtschaftlich durchführen lassen,
- ein Verkabelungssystem, das aktuelle Produkte unterstützt und eine Basis für zukünftige Produktentwicklung bildet,
- ein Verkabelungssystem, das eine breite Palette von Diensten unterstützt, wie Sprache, Daten, Text, Stand- und Bewegtbild etc.

Das Verkabelungssystem besteht aus:
- Etagenverteiler für jede Mieteinheit, den Rangierverteilern im Etagenverteiler, den informationstechnischen Anschlußdosen (RJ45) in der Mieteinheit,
- der Verkabelung mit symmetrischen Kupferkabeln nach der Netzanwendungsklasse D und der Kategorie 5 (+).
- Es ist davon auszugehen, daß das universelle Verkabelungssystem nach dieser Europäischen Norm eine Lebenserwartung von mehr als zehn Jahren hat.

Technische Daten:
- Kabeltyp: KS-02YSCeY 4x2xAWG 22/1 PiMF, 100 Ohm, 300 MHz, Kategorie 6.
- Einsatzbereich: Teritär-Arbeitsplatz, Geräteanschluß, Rangierfeld, nach Kategorie 5, nach SP 2840, TSB 36, ISO/IEC 11801, EN 50173, EN 50167, EN 50169, IEEE 802.3 10 BASE T, IEEE 802.5 IEEE 802.12, IEEE 802.30, FDDI auf Kupfer, ISDN, B-ISDN, ATM, DQDB, Video.

Verbindungstechnik:
- Rangierfeld: 19"-Wandgehäuse für jede Mieteinheit, abschließbar, geschirmte achtpolige RJ45 Anschlußtechnik, 100 MHz.
- Arbeitsplatz: Zwei geschirmte achtpolige RJ45 Anschlußdosen, 100 MHz, (ein und zwei Anschlußports). Pro Fußbodeneinbautank drei Kommunikationsanschlüsse an geschirmten achtpoligen RJ45 Anschlußdosen. (Pro 15 m^2 Bürofläche **drei** Kommunikationsanschlüsse.)
- Verbindungen: Die Verbindung der Rangierfelder mit den aktiven Komponenten der Telefon-, Daten- oder Signalanlagen erfolgt mittels sogenannter Patchkabel (Verbindungskabel mit beidseitig aufgebrachtem RJ45-Stecker), sinnvollerweise in verschiedenen Farben. Diese Patchkabel sind nicht im Lieferumfang enthalten.

Annex 7

Varianten:
Es besteht die Möglichkeit, auf Kosten des Mieters, das System mit Siemenskomponenten in ICCS-Technik auszuführen. Diese Variante wird insbesondere dann empfohlen, wenn **mehr als drei** Anschlüsse pro Arbeitsplatz benötigt werden. Dabei läßt sich die Leitungsmenge und somit der Platzbedarf um durchschnittlich 40 % verringern. Ebenso wird dieses empfohlen, wenn kein Hohlraumboden für die Installation vorhanden ist (Erdgeschoßbereiche). Hier wird die Brandlast in den Decken erheblich verringert.

Das System unterscheidet sich lediglich dadurch, daß jeweils zwei Kommunikationsanschlüsse auf eine Datenleitung aufgeschalten werden. Hierzu sind sogenannte SML-Einsätze notwendig, durch welche die jeweilige Anschlußart festgelegt wird (z.B. bei einer Dose 1x Tel und 1x Dat.). Bei späterer Änderung der Belegung ist hier eventuell ein neuer SML-Einsatz erforderlich.

Anlage 4: Verwaltervertrag (siehe Annex 6, Seite 425ff.)

Annex 7

Anlage 4

VERWALTERVERTRAG

Zwischen … (Generalmieter) und … (Verwaltungsgesellschaft wird folgender Vertrag geschlossen:

Präambel

… (Besitzgesellschaft) ist Eigentümerin des Grundstücks und aller Gebäude und Aufbauten im Gewerbepark … (Generalmieter). … (Generalmieter) hat von … (Besitzgesellschaft) folgende Aufgaben übernommen:
Sie ist Generalmieter aller Flächen, Gebäude, Aufbauten und Einrichtungen. Sie erarbeitet die Konzeption, führt die Vermietung durch und hat die Anlage zu verwalten.
Um eine klare Trennung zwischen den Funktionen des Aufbaus und der Vermarktung der Gebäude von der Verwaltung der vermieteten Flächen und der Gemeinschaftseinrichtungen herbeizuführen, um eine klare Kostenabgrenzung zu erreichen und um die Mieter an den Entscheidungen der Verwaltung beteiligen zu können, wird eine Verwaltungsgesellschaft gegründet.
Die Verwaltungsgesellschaft firmiert unter der Bezeichnung …

Der Verwaltungsgesellschaft treten die Mieter im Gewerbepark als stille Gesellschafter bei.
Dies vorausgeschickt, wurde zwischen … (Generalmieter) und der … (Verwaltungsgesellschaft) ein Verwaltervertrag geschlossen.

§ 1 – Vertragsgegenstand
Die Verwaltungsgesellschaft übernimmt die Verwaltung des Gewerbeparks Regensburg nach Maßgabe der nachstehenden Bestimmungen.

§ 2 – Vertragsumfang
Betreuung aller Gemeinschaftsflächen und -einrichtungen im Gewerbepark, soweit sie nicht Einzelmietern der … (Generalmieter) zuzurechnen sind.
Mit der Betreuung sind folgende Verpflichtungen verbunden:

1. Aufbau und Übernahme aller Kosten einer Hausmeisterei mit dem Ziel:
   a) Unterhaltung, Reparatur, Markierung, Reinigung, Beleuchtung, Schneeräumung, Streuung, eventuelle Bewachung und Verkehrsregelung aller Parkplätze, Straßen, Ladehöfe bzw. Ladestraßen, Schädlingsbekämpfung,
   b) Pflege, Unterhaltung und Neubepflanzung von allen Bepflanzungen und Grünanlagen,
   c) Pflege, Unterhaltung, Reparatur und Ersatzbeschaffung aller sonstigen Gemeinschaftseinrichtungen wie Heizungen, Strom-, Gas-, Wasser-, Brauchwasser-, Abwassersysteme einschließlich Regenrückhaltebecken.

Annex 7

2. Überwachung aller Bestimmungen, die die Nutzung des Gewerbeparks und aller Mietobjekte regeln.
3. Übernahme aller wiederkehrenden Lasten aus Anlagen, Gebäuden und Einrichtungen, soweit sie nicht direkt mit dem Mieter verrechnet werden können für
   a) Grundlast und Verbrauch von Strom, Gas, Wasser, Abwasser,
   b) Müllerfassung, -verdichtung und -beseitigung, soweit für einzelne Baukörper keine andere Regelung vorgesehen ist,
   c) TÜV-Kosten, VDE-Kosten und Versicherungsauflagen,
   d) feuerpolizeiliche, gewerbeaufsichtsamtliche Auflagen,
   e) Kosten der Kaminkehrer,
   f) Wartungs- bzw. Ersatzbeschaffungskosten für Rauchmelder und ähnliche Einrichtungen,
   g) öffentliche Gebühren und Beiträge, soweit sie mit dem Grundstück in Zusammenhang stehen,
   h) Brand-, Haftpflicht-, Leitungswasser-, Einbruch-, Diebstahl- bzw. Einrichtungsversicherung, Globaldeckung übergreifender Feuerschäden, Sturmversicherung und sonstige sich als notwendig erweisende Versicherungen,
   i) Grundsteuern und sonstige Steuern, soweit sie das Objekt zur Besteuerungsgrundlage haben und sofern sie erhöht oder neu eingeführt werden nach Übernahme der einzelnen Objekte,
   j) Übernahme von Belastungen und Mehrbelastungen aus Behördenauflagen, zusätzlichen Bauleistungen oder zusätzlichen Versicherungen, welche durch mietspezifische Nutzung verursacht werden oder wurden (Umweltschutz, Gefahrerhöhung, Nachbarschaftseinsprüche etc.),
   k) sonstige wiederkehrende, mit der Nutzung in Zusammenhang stehende Aufwendungen.
4. Planung und Durchführung von Gemeinschaftswerbemaßnahmen, die mit den Werbebeiträgen der Mieter finanziert werden. Dies geschieht gemäß § 13 des Gesellschaftsvertrages in Abstimmung mit dem Mieterbeirat.

§ 3
Die ... (Verwaltungsgesellschaft) wird die von ... (Mobilienbesitzgesellschaft) angeschafften Geräte für die Hausmeisterei anmieten, wobei sich die ... (Mobilienbesitzgesellschaft) verpflichtet, die Geräte nach Ablauf der betriebsgewöhnlichen Nutzungsdauer unter Neuabschluß eines Mietvertrages zu erneuern, um die Liquidität der ... (Verwaltungsgesellschaft) mit diesen Investitionen nicht zu belasten.

§ 4
Die ... (Verwaltungsgesellschaft) wird alle übernommenen und die bei ihr entstehenden Kosten auf die Mieter umlegen. Die ... (Verwaltungsgesellschaft) ist verpflichtet, bei der Durchführung ihrer Aufgaben die Gesetze wirtschaftlicher Betriebsführung zu wahren. Gewinne sollen nur insoweit entstehen, um eine angemessene Verzinsung des Stammkapitals und der Einlagen der stillen Gesellschafter sicherzustellen. Sämtliche Kosten, die durch Zähler, Meßgeräte oder durch andere Maßstäbe eindeutig ei-

nem Mieter zuzurechnen sind, werden unmittelbar mit diesem abgerechnet. Zur Umlage bestimmter Kostenarten kann die … (Verwaltungsgesellschaft) Abrechnungsgebiete festlegen, z. B. Gewerbeblocks, Bürohäuser usw.

Alle anderen, nicht einzelnen Mietern oder Abrechnungsgebieten, wie z. B. Gewerbeblocks, unmittelbar zurechenbaren Kosten werden nach einem Umlageschlüssel auf alle Mieter verteilt. Der oder die Umlageschlüssel werden vom Beirat der Gesellschaft genehmigt.

Selbstverständlich hat die … (Generalmieter) als Generalmieterin der Eigentümergesellschaft die Kosten zu übernehmen, die noch nicht vermieteten Flächen anzurechnen sind.

§ 5

Der Verwaltervertrag ist erstmals kündbar zum … . Das Recht auf außerordentliche Kündigung nach den gesetzlichen Bestimmungen bleibt davon unberührt. Der … (Generalmieter) steht insbesondere dann ein außerordentliches Kündigungsrecht zu, wenn die … (Verwaltungsgesellschaft) die in diesem Vertrag festgelegten Bedingungen nicht mit der Sorgfalt eines ordentlichen Kaufmannes erfüllt bzw. mit ihren Zahlungsverpflichtungen in Verzug gerät oder wenn über das Vermögen der … (Verwaltungsgesellschaft) das Konkurs- oder Vergleichsverfahren eröffnet wird.

Nach Ablauf der vereinbarten Frist verlängert sich der Verwaltervertrag um jeweils zehn Jahre, wenn er nicht mindestens zwei Jahre vor Ablauf der jeweiligen Frist schriftlich gekündigt wird.

§ 6

Änderungen dieses Vertrages bedürfen der Zustimmung des Beirats der … (Verwaltungsgesellschaft).

… (Generalmieter)   … (Verwaltungsgesellschafter)

Annex 7

Anlage 5

NUTZUNGSORDNUNG
für den Gewerbepark ...

Der Gewerbepark ... ist ein Einkaufszentrum für die Industrie, den Handel, das Handwerk und die Großverbraucher. Der Erfolg aller Anbieter im Gewerbepark ist auch abhängig davon, ob sich die gesamte Anlage in einem guten Zustand präsentiert und ein Mieter Rücksicht auf die Interessen des oder der anderen Mieter nimmt. Damit zwischen den Mietern untereinander, zwischen Mieter und ... (Verwaltungsgesellschaft) und Mieter und Vermieter bzw. Eigentümer klare und geordnete Verhältnisse herrschen, wird diese Nutzungsordnung erlassen, die für alle Beteiligten verbindlich ist.

§ 1 – Allgemeiner Grundsatz

1. Der Mieter verpflichtet sich, die Gebäude, die Mieträume, die Betriebseinrichtungen und die Gemeinschaftsanlagen wie Parkplätze, Grünzonen, Bepflanzungen usw. sorgfältig zu behandeln. Er muß bestrebt sein, jegliche Schäden zu vermeiden.
2. Der Mieter muß dafür Sorge tragen, daß sich seine Mitarbeiter, Lieferanten, Kunden usw. an den in Absatz 1 definierten Grundsatz halten.
3. Entstandene oder erst später sichtbare Schäden, insbesondere auch solche, die auf die Bauausführung zurückzuführen sind, sind dem Vermieter sofort zu melden.

§ 2 – Haftung des Mieters

Der Mieter haftet für alle Schäden, die durch seine Angestellten, Kunden, Lieferanten oder sonstige mit ihm im Verkehr stehende Personen an seinem Mietobjekt verursacht werden.
Ansprüche des Vermieters gegen den Schädiger bleiben hiervon unberührt.

§ 3 – Schadenbeseitigung

Sämtliche Schäden sind unverzüglich zu beseitigen. Die Beseitigung der Schäden oder Mängel ist, soweit sie durch den Mieter zu erfolgen hat, dem Vermieter anzuzeigen. Schäden, für deren Beseitigung der Vermieter verantwortlich ist, können nur mit dessen Zustimmung beseitigt werden.

§ 4 – Abfallbeseitigung

1. Abfälle und Unrat müssen an den dafür vorgesehenen Plätzen in die vom Mieter zu beschaffenden Tonnen abgelagert werden. Die Abfalltonnen werden von der städtischen Müllabfuhr geleert, soweit nichts anderes vereinbart ist.
2. Abfälle, die nicht der normalen Müllabfuhr übergeben werden dürfen, sind vom Mieter auf seine Kosten unverzüglich an die von den Behörden ausgewiesenen

Sondermülldeponien zu verbringen. Die gesetzlichen Bestimmungen bzw. Satzungsbestimmungen zur Beseitigung von Müll, der nicht der normalen Müllabfuhr übergeben werden kann, sind zu beachten.
3. Nach § 16 der Abfallsatzung der Stadt ... sind gewerbliche Abfälle nach folgenden Fraktionen zu trennen und in den dafür bestimmten Anlagen und Einrichtungen einzuliefern:
   a) Papier und Kartonagen
      Die Papier- und Kartonagenentsorgung wird im Gewerbepark zentral (Papierentsorgung derzeit kostenlos/Kartonagenentsorgung per Entsorgungsschecks) über die ... (Verwaltungsgesellschaft) organisiert.
   b) verwertbare Folien
   c) Styropor, nicht verschmutzt, unbeklebt, ohne Farben und Lacke und ohne Fremdsubstanzen
   d) Lose-Fill-Verpackungschips, schmutzfrei und ohne Fremdsubstanzen
   e) Glas (zentrale Glasentsorgung im Gewerbepark)
   f) Metall
   g) unbehandeltes Holz
   h) kompostierbare Gartenabfälle
   i) sonstige Gewerbeabfälle
   j) Straßenaufbruch ohne bituminöse Stoffe
   k) bituminöser Straßenaufbruch
   l) Bauschutt, bestehend aus Beton-, Ziegel-, Stein- und Mörtelbrocken mit unvermeidlich anhaftenden Farb-, Tapeten-, Fliesen- und Holzresten sowie Kabel- und Leitungsresten
   m) Bau- und Abbruchholz
   n) Problemabfälle
   o) Kunststoffe, Metalle (gelbe, grüne Säcke)
      Seit 01.01.1993 sind auch Gewerbebetriebe gehalten, sogenannte Verkaufsverpackungen aus Kunststoff wie Kunststoffhohlkörper, Folien, Milchproduktebecher sowie Metalle und Verbunde wie Dosen, Milchtüten etc. über die gelben und grünen Wertstofsäcke getrennt zu sammeln. Die ... (Verwaltungsgesellschaft) hat ein Sammelsystem installiert.

Wir bitten Sie, das neue Trennsystem zu nutzen, zumal es auch für Gewerbebetriebe kostenlos ist und zudem in den meisten Fällen eine erhebliche Restmüllmenge und damit auch erhebliche Kosten eingespart werden können.

§ 5 – Reinigung der Mieträume

1. Jeder Mieter ist verpflichtet – auch im Interesse der Wirkung der Gesamtanlage Gewerbepark ... –, seine Mieträume im Innenbereich wie auch an der Außenfassade sauber zu halten.
2. Insbesondere besteht die Pflicht der Außenreinigung von Fenstern, Fensterbänken, Jalousetten und Vordächern.

Annex 7

§ 6 – Behördliche Genehmigungen

1. Jeder Mieter ist verpflichtet dafür Sorge zu tragen, daß die behördlichen Anordnungen eingehalten werden.
2. Sollten durch das Verhalten eines Mieters Beanstandungen erfolgen, die eine Erhöhung von Versicherungsprämien auslösen, so haftet der Mieter für den ganzen dadurch entstandenen Schaden auch den anderen Mietern gegenüber.
3. Sollte durch Nichtbeachtung der behördlichen Anordnungen ein Schadensfall eintreten, so haftet der Mieter für den entstandenen Schaden.

§ 7 – Verkehrs- und Parkplatzordnung

Auf sämtlichen Straßen, Parkplatzzufahrten, Parkplätzen, Parkhäusern, Tiefgaragen, Ladestraßen und Ladehöfen innerhalb des Geländes gelten die Regelungen der StVO. Die angebrachten Verkehrsschilder sind zu beachten.
Der Vermieter hat Parkplätze entsprechend den Auflagen der Stadt … errichtet. Im Interesse einer maximalen Umschlagshäufigkeit der Parkplätze und zum Nutzen aller Mieter und ihrer Kunden werden grundsätzlich keinem Mieter bestimmte Parkplätze zugewiesen. Jedem Mieter wird gestattet, die für seinen Betrieb im Gewerbepark benötigten Betriebsfahrzeuge und die Fahrzeuge seiner Mitarbeiter auf dem Gelände abzustellen. Den Kunden der Firmen sollen in unmittelbarer Nähe der Geschäftseingänge immer ausreichend Parkflächen zur Verfügung stehen. Aus diesem Grunde wurden Kurzzeitparkplätze ausgewiesen.
Deshalb verpflichtet sich der Mieter, dafür Sorge zu tragen, daß sowohl die Betriebsfahrzeuge als auch die Mitarbeiterfahrzeuge auf Parkplätzen abgestellt werden, die, ohne andere Mieter zu stören, weiter entfernt von den jeweiligen Eingängen in die Geschäftsräume liegen können. Die Mieter verpflichten sich, ihre Mitarbeiter in den Anstellungsverträgen bzw. in einem Nachtrag hierzu auf die Einhaltung dieser Regelung festzulegen.

§ 8 – Werbung

Werbung ist sehr wichtig. Deshalb verpflichtet sich der Mieter, eine dem Niveau der Gesamtanlage und des Baukörpers entsprechende Außenwerbung anzubringen.
Dabei gilt als Grundsatz, daß die Werbung eines Mieters die Werbung seines Nachbarn nicht negativ beeinträchtigen soll. Andererseits soll die Werbung aber so wirksam bleiben wie nur irgend möglich. Damit im Interesse aller Mieter dieses Ziel eingehalten wird, ist jegliche von außen sichtbare Werbeschrift, bevor sie angebracht wird, vom Vermieter zu genehmigen. Das eventuell notwendige Genehmigungsverfahren bei der Stadt … ist vom Mieter auf seine Kosten zu betreiben. Das Bekleben von Fenstern ist grundsätzlich nicht gestattet. Außerhalb der Mietfläche ist das Aufstellen von Informations-, Verkaufs- und Werbeeinrichtungen nur mit Genehmigung der … (Verwaltungsgesellschaft) gestattet.

§ 9 – Ladezonen, Ladehöfe bzw. Ladestraßen

Bei der Verkehrsplanung für den Gewerbepark wurde bereits Wert darauf gelegt, soweit wie möglich zu vermeiden, daß die Ladezonen von den Straßen aus einsehbar sind. Die optische Attraktivität des Gewerbeparks soll durch unordentliche und unter Umständen ungepflegte Ladehöfe oder Ladezonen nicht beeinträchtigt werden. Jeder Mieter hat das Recht, an sein Mietobjekt mit Fahrzeugen aller Art über die Ladehöfe bzw. Ladestraßen anzufahren, um Waren zu be- und entladen. Im Interesse einer reibungslosen Abwicklung der Be- und Entladevorgänge in den Ladezonen bzw. Ladestraßen ist es nicht erlaubt, Fahrzeuge in diesen Gebieten zu parken oder länger als notwendig abzustellen. Eine Ablagerung von Arbeitsmaterialien, Behältnissen für Arbeitsmaterialien und Gegenständen aller Art wird in Ladezonen und Ladehöfen bzw. Ladestraßen nicht gestattet. Die Mieter werden angehalten, diese Verpflichtungen auch ihren Lieferanten und Kunden, die diese Ladehöfe bzw. Straßen frequentieren, aufzuerlegen.

§ 10 – Umweltbelastungen

Es soll sichergestellt sein, daß kein Mieter einen anderen Mieter oder die Einwohner in angrenzenden Wohngebieten durch Lärm-, Geruch- und Staubimmissionen sowie Abwasser unzumutbar beeinträchtigt. Hinsichtlich der Regelung über die Geruch- und Staubimmissionen sowie der Bestimmungen über die Einleitung von Abwasser wird jeder Mieter angehalten, sich über die jeweils neuesten gesetzlichen Bestimmungen und Richtlinien zu informieren und diese einzuhalten.
Es ist nicht gestattet, daß vom Betrieb des Mieters/vom Mietgegenstand Emissionen oder sonstige Beeinträchtigungen ausgehen, die nach öffentlichem Recht unzulässig sind oder nach zivilrechtlichen Bestimmungen vom Nachbarn nicht entschädigungslos geduldet werden müssen.

Das Gesamtgelände ist baurechtlich in ein Mischgebiet und in ein Gewerbegebiet aufgeteilt.

Für die einzelnen Baugebiete gelten folgende höchstzulässige Lärmwerte:

	tagsüber 7.00 – 22.00 Uhr	nachts 22.00 – 7.00 Uhr
Mischgebiet	60 dB (A)	45 dB (A)
Gewerbegebiet	65 dB (A)	50 dB (A)

Bei der Lärmentwicklung ist darauf zu achten, daß im nördlich angrenzenden Wohngebiet tagsüber maximal 55 dB (A) und nachts maximal 40 dB (A) Geräusche hörbar sein dürfen.

§ 11 – Allgemeine Durchführungsbestimmungen

Wir sind der Ansicht, daß die Einhaltung der Nutzungsordnung für den Gewerbepark mit dazu beiträgt, die Attraktivität der Gesamtanlagen zu erhalten bzw. zu steigern. Deshalb müssen wir uns als Vermieter im Interesse aller anderen Nutzer der Anlage vorbehalten, Mietverhältnisse aufzukündigen, wenn die/der Mieter nicht gewillt sind/ist, sich trotz Fristsetzung an die für alle gültigen Nutzungsregeln im Gewerbepark zu halten. Die Kündigung erfolgt nach den Bestimmungen des § 18 des Mietvertrages.

§ 12 – Änderungen

Der Vermieter ist aufgrund seiner Erfahrungen berechtigt, die Nutzungsordnung zu ergänzen oder zu erweitern. Er wird alle Mieter von den jeweiligen Veränderungen schriftlich in Kenntnis setzen. Nur in begründeten Fällen steht den Mietern ein Einspruchsrecht zu, das innerhalb von einem Monat geltend zu machen ist. Bei vertragserheblichen Meinungsverschiedenheiten entscheidet der Beirat der … (Verwaltungsgesellschaft) endgültig.

Anlage 6

GESELLSCHAFTSVERTRAG
... (Verwaltungsgesellschaft)

§ 1 – Name und Sitz der Gesellschaft
Die Firma lautet ... (Verwaltungsgesellschaft).
Der Sitz der Gesellschaft ist ... .

§ 2 – Gegenstand des Unternehmens
Verwaltung und Betreuung des Gewerbeparks ... .
Die Gesellschaft kann weitere Aufgaben übernehmen, die durch die Gesellschafterversammlung bestimmt werden.

§ 3 – Dauer der Gesellschaft und Geschäftsjahr
Die Gesellschaft ist für unbestimmte Zeit gegründet.
Das Geschäftsjahr ist das Kalenderjahr.
Das erste Geschäftsjahr beginnt mit Errichtung der Gesellschaft und endet am 31.12.1981.

§ 4 – Kapitalverhältnisse
Das Stammkapital der Gesellschaft beträgt ..., in Worten ... .

Gesellschafter sind:

- ...
- ...
- ...
- ...

Die Einlagen der Gesellschafter sind voll erbracht.

§ 5 – Organe der Gesellschaft
Die Organe der Gesellschaft sind:

1. die Geschäftsführer,
2. die Gesellschafterversammlung,
3. der Beirat.

§ 6 – Geschäftsführer
1. Die Geschäftsführer haben die Gesellschaft nach Maßgabe der gesetzlichen Vorschriften und dieser Satzung zu leiten.
2. Die Geschäftsführung kann aus einer Person oder aus mehreren Mitgliedern bestehen.

§ 7 – Vertretung
Die Gesellschaft hat einen oder mehrere Geschäftsführer.
Sind mehrere Geschäftsführer bestellt, so wird die Gesellschaft entweder durch zwei Geschäftsführer gemeinsam oder durch einen Geschäftsführer zusammen mit einem Prokuristen vertreten. Ist nur ein Geschäftsführer vorhanden, so vertritt er die Gesellschaft allein.
Durch Beschluß der Gesellschafter kann einem Geschäftsführer die Befugnis zur alleinigen Vertretung erteilt werden.

§ 8 – Genehmigungspflichtige Rechtsgeschäfte
Die Geschäftsführer haben die Genehmigung der Gesellschafterversammlung zur Vornahme nachstehender Geschäfte einzuholen:

a) Erwerb, Veräußerung, Belastung von Liegenschaften, Gebäuden, Grundstücken und grundstücksgleichen Rechten,
b) Bestellung von Prokuristen und Handlungsbevollmächtigten,
c) Gründung, Erwerb und Veräußerung anderer Unternehmen oder Beteiligung an solchen,
d) Veräußerung des Unternehmens als Ganzes,
e) Aufnahme von Bankkrediten jeder Art sowie das Eingehen von Verbindlichkeiten in Höhe von 50.000,– DM und mehr,
f) bei allen sonstigen in ihrer Tragweite und Bedeutung für das Unternehmen wichtigen Geschäften,
g) zu einer Kündigung des mit … (Generalmieter) abgeschlossenen Verwaltervertrages,
h) zu einer Kündigung der mit der Firma … (Generalmieter) oder … (Besitzgesellschaft) abzuschließenden Mietverträge.

Darüber hinaus kann die Gesellschafterversammlung noch andere Rechtsgeschäfte bestimmen, welche einer Genehmigung bedürfen und zu deren Einhaltung die Geschäftsführer verpflichtet sind.

§ 9 – Stille Gesellschafter
Die Gesellschaft kann stille Gesellschafter aufnehmen.
Stille Gesellschafter können nur Mieter im Gewerbepark … werden. Jeder stille Gesellschafter muß mindestens einen Gesellschaftsanteil im Wert von 100,– DM übernehmen. Er kann für je angefangene 50 m^2 Bürofläche, 100 m^2 Ausstellungs- und Lagerfläche bzw. 200 m^2 Freifläche jeweils einen weiteren Anteil als stiller Gesellschafter übernehmen. Bei Beendigung des Mietvertrages sind die Gesellschaftsanteile sofort zur Rückzahlung fällig. Die stillen Gesellschafter sind am Verlust der … (Verwaltungsgesellschaft) nicht beteiligt, ebensowenig am Firmenwert und an eventuell stillen Reserven. Sie erhalten eine Mindestverzinsung ihrer Kapitaleinlage von 6 % entsprechend ihrem Kapitalanteil zu Beginn des jeweiligen Geschäftsjahres. Die Auseinandersetzung erfolgt immer zum Bilanzwert, wobei der in der letzten Bilanz vor dem Aus-

scheidungstermin festgestellte Wert maßgebend ist und unter Berücksichtigung eventueller Gewinnausschüttungen im laufenden Geschäftsjahr an den ehemaligen Gesellschafter zur Auszahlung gelangt.

§ 10 – Gesellschafterversammlung
Innerhalb eines Jahres nach Abschluß des Geschäftsjahres findet eine ordentliche Gesellschafterversammlung statt. Die Geschäftsführung hat die Gesellschafter mindestens zwei Wochen vor dem vorgesehenen Termin mit Einschreibebrief zu der Gesellschafterversammlung zu laden.

§ 11 – Stimmrechte
Je 1.000,– DM (eintausend) eines Geschäftsanteils gewähren eine Stimme.

§ 12 – Gegenstand der Gesellschafterversammlung
Die ordentliche Gesellschafterversammlung hat zu beschließen über

a) Festlegung der Jahresbilanz, die Genehmigung des Jahresabschlusses,
b) die Verteilung des Reingewinns,
c) die Entlastung der Geschäftsführer,
d) die Wahl des Abschlußprüfers,
e) die im § 8 aufgeführten Punkte.

Diese Beschlüsse bedürfen stets einer Mehrheit der insgesamt abgegebenen Stimmen.

§ 13 – Beirat
Der Geschäftsführung der … GmbH wird ein Beirat zugeordnet. Der Beirat setzt sich zusammen aus dem Vertreter der … (Generalmieter) und Vertretern der stillen Gesellschafter. Die Zahl der Beiräte beträgt mindestens fünf Personen, wovon eine Person von … (Generalmieter) und vier Personen von den stillen Gesellschaftern gewählt werden.

Die Beiratsmitglieder sind in folgender Weise zu wählen:
Die stillen Gesellschafter schlagen aus ihrer Mitte mindestens vier Kandidaten für den Beirat vor. Die Wahl erfolgt mit einfacher Mehrheit der in der Versammlung vertretenen stillen Gesellschaftsanteile. Jeder stille Gesellschaftsanteil von 100,– DM gewährt eine Stimme. Der Vertreter der … (Generalmieter) wird zu diesem Zeitpunkt benannt. Die Wahl der Beiratsmitglieder erfolgt für einen Zeitraum von zwei Jahren. Wiederwahl ist möglich.

Der Beirat hat die Aufgabe, die Geschäftsführung zu unterstützen und zu kontrollieren. Insbesondere hat der Beirat das Recht, über folgende Punkte abschließend zu entscheiden:

a) Änderung der Abrechnungsgebiete und Umlageschlüssel, nach denen die Kosten der Verwaltungsgesellschaft und die von ihr übernommenen Lasten auf die einzelnen Mieter umgelegt werden.
b) Festlegung des Werbeplans für die Gemeinschaftswerbung der Mieter im Gewerbepark.
c) Festlegung der Einzelheiten der Öffentlichkeitsarbeit für den Gewerbepark.
d) Änderung des zwischen der … GmbH und der Vermietungsgesellschaft … (Generalmieter) geschlossenen Verwaltervertrages.
e) Entscheidung über vertragserhebliche Meinungsunterschiede zwischen … (Generalmieter) und Mietern über Änderung der Nutzungsordnung.

Des weiteren hat der Beirat das Recht, in die Buchführung, Bilanzen und Gewinn- und Verlustrechnungen der … GmbH Einblick zu nehmen.
Der Beirat tagt mindestens in sechsmonatigen Intervallen.
Die Einberufung des Beirats erfolgt schriftlich durch die Geschäftsführung der … GmbH mit einer Einladungsfrist von zwei Wochen.
Der Beirat wird nach außen von seinem Vorsitzenden oder seinem Stellvertreter vertreten. Den Vorsitzenden wählen die von den stillen Gesellschaftern gewählten Beiratsmitglieder aus ihrer Mitte. Stellvertreter ist der Vertreter der … (Generalmieter).
Der Beirat ist beschlußfähig, wenn der Vertreter der … (Generalmieter) anwesend ist. Jedes Beiratsmitglied, das von den stillen Gesellschaftern gewählt wurde, hat eine Stimme. Der Vertreter der … (Generalmieter) hat immer so viele Stimmen, wie Beiratsmitglieder von den stillen Gesellschaftern bestimmt werden. Beiratsmitglieder können sich auf den Versammlungen durch andere Beiratsmitglieder vertreten lassen. Eine Vertretung durch dritte Personen ist ausgeschlossen. Falls während der Wahlzeit ein Beiratsmitglied ausscheidet, so wird ein Ersatzmitglied von den stillen Gesellschaftern bei der nächsten Jahresversammlung gewählt, während … (Generalmieter) berechtigt ist, ein neues Beiratsmitglied zu benennen.
Der Beirat ist gehalten, einstimmige Beschlüsse zu fassen.
Mehrheitsbeschlüsse sind möglich. Bei Stimmengleichheit ist der strittige Punkt von der Tagesordnung abzusetzen und in einer neuen Beiratssitzung, die spätestens einen Monat nach dem ersten Termin stattzufinden hat, erneut zu behandeln.
Bei erneuter Stimmengleichheit gibt die Stimme des Vertreters der … (Generalmieter) den Ausschlag.

§ 14 – Aufstellung des Jahresabschlusses
Die Geschäftsführer haben in den ersten fünf Monaten nach Schluß des Geschäftsjahres für das vergangene Geschäftsjahr den Jahresabschluß (Bilanz und Gewinn- und Verlustrechnung) nebst einem Geschäftsbericht aufzustellen und nach Prüfung durch einen Abschlußprüfer (Steuerberater oder vereidigter Buchprüfer) mit einem Vorschlag über die Gewinnverteilung der ordentlichen Gesellschafterversammlung zur Genehmigung vorzulegen.

§ 15 – Verwendung des Reingewinns
Der aus der Bilanz sich ergebende Reingewinn wird wie folgt verwendet:

1. Zunächst sind mindestens 5 und höchstens 10 % einer Rücklage zuzuführen, bis diese 50 % des Stammkapitals erreicht hat. Diese Rücklage dient zur Deckung etwaiger sich aus der Bilanz ergebender Verluste und ist nach der Inanspruchnahme wieder in gleicher Weise aufzufüllen.
2. Der danach verbleibende Reingewinn wird an die Gesellschafter im Verhältnis ihrer Geschäftsanteile verteilt, soweit nicht die Gesellschafterversammlung eine anderweitige Verwendung, wie etwa zum Zweck der Vornahme zusätzlicher Abschreibungen oder der Bildung von Rücklagen oder eines Gewinnvortrags, beschließt.

§ 16 – Liquidation der Gesellschaft
Im Fall der Auflösung der Gesellschaft erfolgt die Liquidation durch die Geschäftsführer, soweit sie nicht durch Beschluß der Gesellschafter anderen Personen übertragen wird.

§ 17 – Bekanntmachung der Gesellschaft
Bekanntmachungen der Gesellschaft erfolgen im Bundesanzeiger.

§ 18 – Versammlung aller stillen Gesellschafter
Der Vorsitzende des Beirates hat jährlich eine Versammlung aller stillen Gesellschafter einzuberufen. Hierzu sind auch alle Beiratsmitglieder, der Geschäftsführer der … GmbH und deren Gesellschafter einzuladen.

Gegenstand dieser Versammlung sind:

1. die Wahl des Beirates, soweit veranlaßt,
2. die Entlastung des Beirates,
3. Bericht über die Tätigkeit des Beirates.

Weitere Beschlüsse können von dieser Versammlung nicht gefaßt werden.
Das Stimmrecht in dieser Versammlung richtet sich nach § 13 Abs. 2 Satz 4.

Annex 7

Anlage 7

NEBENKOSTENVERTEILUNG

,
,

a) Allgemeine Nebenkosten

Gemäß Beschluß des Beirates der ... (Verwaltungsgesellschaft) werden die Nebenkosten nach einem Schlüssel umgelegt, der die Nutzfläche je nach Nutzungsart mit einem bestimmten Faktor gewichtet. Die hierdurch ermittelte Schlüsselzahl ist Grundlage für die Kostenverteilung.

Nutzungsart	m^2	Faktor	Schlüsselzahl
Büros/Praxen		1,2	
Schulungs-/Tagungsräume		1,0	
Ausstellungsflächen		0,8	
Einzelhandelsmärkte/Gaststätten		1,4	
Lagerflächen		0,8	
Sportanlagen		1,0	
Produktions- und Handwerksflächen		1,0	
Läden		1,2	
Freiflächen		0,0	
Gesamt:	...		...

Die Nebenkostenbelastung pro Schlüsselzahl beträgt zur Zeit ... DM

Daraus ergibt sich eine monatliche Pauschale für die allgemeinen Nebenkosten in Höhe von:

... x ... DM = **... DM**

----

b) Sondernebenkosten für mehrgeschossige Anlagen

In den Bürohäusern fallen zusätzlich für Treppenhausreinigung, Aufzugswartung, Strom für den Aufzug etc. pro m^2 Mietfläche Kosten in Höhe von **... DM** an.

Monatliche Pauschale für die Sondernebenkosten:

... m^2 x ... DM = **... DM**

Monatliche Pauschale gesamt: ... DM
zu zahlen ab Bereitstellung der Mieträume
==

Die Pauschale beinhaltet die gesetzliche Mehrwertsteuer.

Die allgemeinen und Sondernebenkosten werden jährlich der Kostenentwicklung angepaßt.

Annex 7

Anlage 8

HEIZKOSTEN-, WASSER- UND ABWASSERPAUSCHALE

1. Heizkostenverteilung

Die Ermittlung des Wärmemengenverbrauchs erfolgt durch Gaszähler, elektronische Heizkostenverteiler oder Wärmemengenzähler.

a) Die Gaszähler, elektronischen Heizkostenverteiler und Wärmemengenzähler werden mindestens einmal jährlich (Jahresende) abgelesen und abgerechnet.
Die elektronischen Heizkostenverteiler und Wärmemengenzähler werden über einen Mietservicevertrag (regelmäßige Wartung und Eichung enthalten) angemietet. Die Kosten werden gemäß § 7 Heizkostenverordnung im Rahmen der Abrechnung auf die Nutzer umgelegt.
b) Als Abschlagszahlung werden … DM pro m² Mietfläche monatlich erhoben.
c) Die monatliche Abschlagszahlung wird jährlich entsprechend der Jahresabrechnung über den tatsächlichen Verbrauch angepaßt.
Dies setzt voraus, daß die Mietzeit eines Mieters in einer Mieteinheit mindestens zwölf Monate betragen hat.
d) Die … (Generalmieter) hat eine eigene Gasübergabestation geschaffen. Die interne Wärmeversorgung der einzelnen Mieteinheiten wird durch die Vermieterin organisiert. Die Heizkostenabrechnung erfolgt nach den gültigen gesetzlichen Bestimmungen (Heizkostenverordnung).
In diese Abrechnung fließen die Gasverbrauchskosten entsprechend dem jeweils gültigen Tarifblatt und der Verordnung über Allgemeine Bedingungen für die Gasversorgung von Tarifkunden in der jeweils gültigen Fassung des Versorgungsunternehmens mit ein.

2. Wasser-/Abwasserkosten

a) Die Wasserzähler werden mindestens einmal jährlich (Jahresende) abgelesen und abgerechnet.
Die Wasserzähler werden über einen Mietservicevertrag (regelmäßige Wartung und Eichung enthalten) angemietet. Die Kosten werden im Rahmen der Verbrauchsabrechnung auf die Nutzer umgelegt.
b) Als Abschlagszahlung werden … DM pro m² Mietfläche monatlich erhoben.
c) Die monatliche Abschlagszahlung wird jährlich entsprechend der Jahresabrechnung über den tatsächlichen Verbrauch angepaßt.
Dies setzt voraus, daß die Mietzeit eines Mieters in einer Mieteinheit mindestens zwölf Monate betragen hat.
d) Die Kosten des Wasserverbrauchs und die Kanalgebühren werden entsprechend dem jeweils gültigen Tarifblatt und den ergänzenden Bestimmungen zu der Verordnung über Allgemeine Bedingungen für die Versorgung mit Wasser des städtischen Versorgungsunternehmens abgerechnet.

e) Sofern der Wasserverbrauch des Mieters sich auf WC und Teeküche beschränkt, werden die Wasserkosten flächenmäßig umgelegt. Für Mieter, die darüber hinaus Brauchwasser benötigen, wird der Wasserverbrauch über einen Zwischenzähler erfaßt und nach Verbrauch abgerechnet.

Anlage 9: Einzugsermächtigung (hier nicht beigefügt)

Anlage 10

VERTRAG ÜBER EINE STILLE GESELLSCHAFT

zwischen der

… (VERWALTUNGSGESELLSCHAFT)

und

…
…

(als stiller Gesellschafter)

PRÄAMBEL:

Die … (Generalmieter) hat mit (hier: stiller Gesellschafter) mit Datum vom … einen Mietvertrag über Flächen im Gewerbepark … abgeschlossen.

In diesem Mietvertrag (§ 21) wird darauf hingewiesen, daß die … (Generalmieter) die … (Verwaltungsgesellschaft) mit der Verwaltung des Gewerbeparks … beauftragt hat.

Der Mieter verpflichtet sich in diesem Mietvertrag, der … (Verwaltungsgesellschaft) als stiller Gesellschafter beizutreten.

Der Gesellschaftsvertrag der … (Verwaltungsgesellschaft) und der Verwaltervertrag sind dem Mietvertrag als Anlage 6 bzw. Anlage 4 beigefügt.

Dies vorausgeschickt, schließen die Vertragsparteien nachstehenden Vertrag über eine stille Gesellschaft ab.

§ 1 Einlage des stillen Gesellschafters

(1) Der stille Gesellschafter beteiligt sich an der … (Verwaltungsgesellschaft) als stiller Gesellschafter mit einer Einlage von **… DM**.

(2) Die Einlage ist mit Unterzeichnung des vorliegenden Vertrages zur Einzahlung auf das Konto … fällig oder wird bei Vorliegen der Einzugsermächtigung abgebucht.

§ 2 Bezugnahme auf den Gesellschaftsvertrag der ... (Verwaltungsgesellschaft)

Die Geschäftsführung und Vertretung, die Gewinn- und Verlustverteilung, die Überwachungsrechte des stillen Gesellschafters sowie die Regelungen bei der Auseinandersetzung bestimmen sich nach den §§ 9, 13 und 18 des Gesellschaftsvertrages der Hauptgesellschaft, welcher den Vertragsparteien vorliegt.

§ 3 Dauer der stillen Gesellschaft

Die stille Gesellschaft beginnt mit Unterzeichnung dieses Vertrages und besteht während der Dauer des Mietverhältnisses des in der Präambel genannten Mietvertrages. Die stille Gesellschaft endet automatisch mit dem Ablauf des Mietverhältnisses zwischen dem stillen Gesellschafter und der ... (Generalmieter)

§ 4 Nichtigkeit von Vertragsbestimmungen

(1) Sollten einzelne Bestimmungen dieses Vertrages nicht wirksam sein, so soll der Vertrag möglichst so ausgelegt werden, daß der mit der betreffenden Bestimmung verfolgte Zweck erreicht wird.

(2) Sollte eine Auslegung im Sinne des Absatzes 1 nicht möglich sein, so soll durch die Unwirksamkeit einzelner Vertragsbestimmungen die Gültigkeit anderer Bestimmungen nur dann berührt werden, wenn anzunehmen ist, daß diese ohne die unwirksame Bestimmung nicht getroffen worden wären.

_____, den _____   _____, den _____

_____   _____
Rechtsgültige Unterschrift   ... (Verwaltungsgesellschaft)
Stiller Gesellschafter

Annex 7

Zinsverzichtserklärung

1. In § 9 des Gesellschaftsvertrages der ... (Verwaltungsgesellschaft) ist definiert, daß die stillen Gesellschafter eine Mindestverzinsung ihrer Kapitaleinlage von sechs Prozent entsprechend ihrem Kapitalanteil zu Beginn des jeweiligen Geschäftsjahres erhalten. Diese Zinsauszahlung wurde in der Vergangenheit nach Ende des laufenden Geschäftsjahres an die stillen Gesellschafter überwiesen.
   Die jährliche Zinsbearbeitung mit Steuernachweis und Ausweisung der Kapitalertragsteuer, Ausstellung, Aussendung der Formulare und anschließender Verbuchung löst bei der Verwaltung Gewerbepark und bei den einzelnen Mietern sehr viel Verwaltungsaufwand aus.
   Dieser Aufwand ist im Vergleich zu den meist sehr niedrigen Zinsbeträgen nicht gerechtfertigt.
   Die Nebenkosten, die im Rahmen der Umlage der allgemeinen Nebenkosten auf alle Mieter verteilt werden, verringern sich um derzeit ca. 4.000,00 DM für die Verzinsungsbeträge an die stillen Gesellschafter.

2. Aus diesem Grund verzichten die Gesellschafter der ... (Verwaltungsgesellschaft) auf eine Gewinnausschüttung für ihre Gesellschaftseinlage.

3. Hiermit erkläre/n ich/wir als stille/r Gesellschafter mein/unser Einverständnis, ebenfalls auf die Gewinnausschüttung für meine/unsere Anteile an der stillen Gesellschaft für einen Zeitraum von zwei Jahren zu verzichten.
   Erfolgt innerhalb dieses Zeitraums keine anderslautende schriftliche Äußerung meiner-/unsererseits, so verlängert sich die Erklärung stillschweigend jeweils um weitere zwei Jahre.
   Bezüglich der Stimmrechte bei der Versammlung der stillen Gesellschafter ergeben sich daraus keine Änderungen.

_____, den _____

_____
Rechtsgültige Unterschrift/en
Stille/r Gesellschafter

Annex 7

Anlage 11

Erklärung zur Umsatzsteuer

...
...

Hiermit bestätige/n ich/wir, daß ich/wir Unternehmer im Sinne des Umsatzsteuergesetzes bin/sind und als solche/r gemäß § 9 Abs. 2 UStG die gemieteten Räume ausschließlich für Umsätze verwende/n oder zu verwenden beabsichtige/n, die den Vorsteuerabzug nicht ausschließen.

Die entsprechenden Vorschriften des Umsatzsteuergesetzes und der Erlaß des Bundesministeriums der Finanzen IV C 4 - S 7198 - 51/94 vom 30.12.1994 sind mir/uns bekannt.

_____, den _____

_____
Rechtsgültige Unterschrift/en
Mieterin/nen

Annex 8: Beispiele für manipulierte Miete

Fall I: Barzahlung an den Mieter

Investitionen: 10 Mio. DM (Herstellkosten des Bauherren)
Am Markt erzielbare Miete = 700.000,- DM
Bewertung des Objektes beim Verkauf, z. B. zum 15fachen der
Jahresmiete[1] = 6,6 % Rendite.
Manipulation des Verkäufers bei der Miete:
Erhöhung der Miete um 30 % und Auszahlung eines Barbetrages von 10 x 210.000,00 DM = 2.100.000,00 DM an den Mieter, die dieser über die Vertragslaufzeit als erhöhte Miete wieder zurückzahlt.

Der Mieter hat den Vorteil
a) der Liquidität,
b) eines Zinsgewinns, weil er den bei Mietbeginn erhaltenen Barbetrag über zehn Jahre verteilt in Beträgen von 210.000,00 DM durch erhöhte Miete zurückzahlt.

Marktmiete	700.000,00 DM	
	p.a. (Multiplikator 15)	= 10.500.000,00 DM
Manipulierte Miete (+ 30 %)	910.000,00 DM	
	p.a. (Multiplikator 15)	= 13.650.000,00 DM
Werterhöhung (manipuliert)		= 3.150.000,00 DM
Barzahlung an Mieter		= 2.100.000,00 DM
Gewinn aus Manipulation der Miete		= 1.050.000,00 DM

Schaden für den Investor
Die um 30 % über dem Marktniveau liegende Miete wird bei Auslaufen der Mietverträge vermutlich nicht mehr zu erzielen sein. Wurde während der Laufzeit des Vertrages ein Inflationsausgleich gezahlt, so wird die Miete fallen, wenn der Inflationsausgleich unter 30 % lag, gleichbleiben bei ca. 30 % inflatorischem Ausgleich oder nur begrenzt – um die Differenz von 30 % zur höheren Inflation – steigen.

Der tatsächliche Verlust stellt sich in niedrigeren Mieten in der Zeit nach der ersten Vertragslaufzeit von zehn Jahren ein. Ohne Inflation beträgt der Vermögensverlust dann 3,1 Mio. DM.

Fall II: Mietfreie Zeit

Herstellwert 10 Mio. DM; Marktmiete 700.000,00 DM p.a.
Manipulation: 20 % Mieterhöhung durch mietfreie Zeit von 20 Monaten:

---

[1] Der Multiplikator 15 bedeutet, daß die Immobilie mit einer Rendite von 6,6 % veräußert wurde (100 % : 15 = 6,6 %).

Annex 8

Miete für Restlaufzeit (100 Monate)	840.000,00 DM p.a.	
Wert des Gebäudes (Marktmiete)	700.000,00 DM x 15	10.500.000,00 DM
Manipulierte Miete	840.000,00 DM x 15	12.600.000,00 DM
Werterhöhung durch Manipulation		2.100.000,00 DM
Entgangene Miete		1.400.000,00 DM
Erschwindelter zusätzlicher Wert		700.000,00 DM

Der Mieter hat den Liquiditäts- und den Zinsvorteil.
Den Nachteil trägt der Immobilienerwerber.
Der Schaden für den Erwerber durch die vorweggenommene Wertentwicklung der Immobilie beträgt 2,1 Mio. DM.

Annex 9: Generalmietvertrag

GENERALMIETVERTRAG

zwischen der

… (Besitzgesellschaft)
– NACHSTEHEND VERMIETERIN GENANNT –

UND DER

… (Generalmieter)
– NACHSTEHEND MIETERIN GENANNT –

Annex 9

Präambel
Die ... (Besitzgesellschaft) ist Eigentümerin des Geländes ... (Beschreibung). Diese Gesellschaft hat die ...(Generalmieter) beauftragt, auf diesem Gelände einen Gewerbepark zu konzipieren, die notwendigen Maßnahmen zur Erschließung des Geländes, angepaßt an die Konzeption, durchzuführen, Objekte zu planen und zu vermieten bzw. sich um eine Vermietung von Freiflächen zu bemühen.

Zwischen der ... (Besitzgesellschaft) und der ... (Generalmieter) ist vereinbart, daß die ... (Generalmieter) bei einer Vergütung durch die ... (Besitzgesellschaft) für ihre Entwicklungsleistungen auch einen Anteil an den jeweils erzielten Mieterträgen bekommt.

Dies vorausgeschickt, schließen die ... (Besitzgesellschaft) und die ... (Generalmieter) den nachfolgenden Mietvertrag.

§ 1 – Mietgegenstand
Die ... (Besitzgesellschaft) vermietet ihre sämtlichen ... (Ortsbeschreibung) gelegenen Grundstücke und Gebäude an die ... (Generalmieter).

§ 2 – Ausstattung der Miträume
Soweit die Gebäude bereits vorhanden sind, werden sie in dem Zustand übernommen, in dem sie sich zum Zeitpunkt des Mietvertragsabschlusses befinden. In der Projektierung befindliche Gebäude werden so gestaltet, daß sie den Wünschen der Untermieter der ... (Generalmieter) entsprechen.

§ 3 – Sortiment/Nutzung
Der Mieter ist berechtigt, sämtliche ihm genehm erscheinende Firmen als Untermieter aufzunehmen.

Der Mieter wird darauf achten, daß die Ziele, die in der Konzeption für den Gewerbepark ... entwickelt wurden, bei der Auswahl der Mieter weitgehend berücksichtigt werden.

§ 4 – Beginn des Mietverhältnisses
Der Mietvertrag wird wirksam mit Unterzeichnung durch die Vertragsparteien.

Der Mietzins ist zu zahlen ab dem Termin, an dem die ... (Generalmieter) ihrerseits die Mieteinnahmen erzielt.

§ 5 – Mietzins
Der Mieter ist verpflichtet, 95 % der ihm zufließenden Mieterträge aus zeitlich unbefristeten Untermietverträgen bzw. aus Verträgen mit einer Laufzeit von mehr als zwölf Monaten an den Vermieter abzuführen. Soweit Flächen noch nicht vermietet sind oder noch keine Mietzahlung fällig ist, sind selbstverständlich auch seitens des Mieters keine Mieten an den Vermieter abzuführen.

Soweit der Mieter Untermietverträge mit befristeten Laufzeiten unter zwölf Monaten abschließt, sind hieraus keine anteiligen Mieten an den Grundstückseigentümer abzuführen.

Soweit die … (Generalmieter) auf eigenes Risiko Gebäude errichtet, wird sie für die im Zusammenhang mit dem Gebäude benötigten Grundstücksflächen marktübliche Mietzahlungen übernehmen. Einzelheiten sind in speziell für solche Zwecke abzuschließenden Pachtverträgen zu regeln.

Die abzuführende Miete ist monatlich bis zum 15. eines jeden Monats an den Vermieter zu überweisen.

§ 6 – Nebenkosten/Werbekostenpauschale
Dem Vermieter ist bekannt, daß in den Mieteinnahmen der … (Generalmieter) keine Nebenkosten enthalten sind. Die Untermieter werden ihre Nebenkosten unmittelbar an die … (Verwaltungsgesellschaft) überweisen und an die … (Generalmieter) lediglich eine Werbekostenpauschale in Höhe von 1,5 % der Bruttomiete anweisen, die die … (Generalmieter) weiterzuleiten hat an die … (Verwaltungsgesellschaft).

Soweit die Mieterin für noch nicht untervermietete Flächen Nebenkosten zu übernehmen hat, ist sie berechtigt, diese Kosten von den abzuführenden Mieterträgen in Abzug zu bringen. Soweit die Vermieterin berechtigt ist, ihr entstehende Kosten weiterzubelasten, ist die Mieterin verpflichtet, diese Belastungen an die … (Verwaltungsgesellschaft) oder an die Untermieter direkt vorzunehmen und die entsprechenden Beträge abzuführen.

§ 7 – Baumaßnahmen
Dem Vermieter ist bekannt, welche Vereinbarungen der Mieter mit den Untermietern hinsichtlich der Durchführung von Baumaßnahmen innerhalb des Objektes trifft. Der Vermieter billigt die vom Mieter getroffenen Absprachen vollinhaltlich als auch ihm gegenüber gültig.

§ 8 – Vertragsende und Kündigung
1. Der Vertrag endet mit dem … .
2. Wird das Mietverhältnis nicht zwölf Monate vor Ablauf dieser Zeit mit eingeschriebenem Brief gekündigt, so verlängert sich das Mietverhältnis um jeweils fünf Jahre.
3. Die vom Mieter mit den Untermietern in § 10 Abs. 3ff. vereinbarten Regelungen gelten vollinhaltlich als vereinbart zwischen Mieter und Vermieter.

§ 9 – Reparaturen/Ersatzbeschaffungen/Verkehrssicherungspflicht
Die vom Mieter mit den Untermietern vereinbarten Regelungen läßt der Vermieter gegen sich gelten.

§ 10 – Ersatzansprüche
Die Regelungen zwischen Mieter und Untermieter gelten auch zwischen der ... (Besitzgesellschaft) und der ... (Generalmieter) vollinhaltlich.

§ 11 – Untervermietung
Der Mieter ist berechtigt, an jeden ihm genehm erscheinenden Mieter weiterzuvermieten. Der Vermieter billigt ausdrücklich die vom Mieter bereits abgeschlossenen Mietverträge hinsichtlich aller darin getroffenen Vereinbarungen.

§ 12 – Versicherungen
Der Vermieter verpflichtet sich, die üblichen Brandversicherungen sowie eine Haushaftpflichtversicherung abzuschließen. Die sonstigen, vom Mieter in den Untermietverträgen aufgenommenen Passagen in § 14 gelten auch für diesen Mietvertrag.

§ 13 – Aufrechnung/Abtretung
Als Sicherheit für die Zahlungsverpflichtungen gegenüber dem Vermieter tritt der Mieter die ihm zustehenden Mietforderungen uneingeschränkt in voller Höhe an den Vermieter ab. Der Mieter verzichtet auf eine Aufrechnung von Forderungen gegenüber dem Vermieter mit fälligen Mietzahlungen.

§ 14 – Betretungsrecht der Vermieterin
Die vom Mieter mit den Untermietern getroffenen Vereinbarungen erkennt der Vermieter uneingeschränkt an.

§ 15 – Außerordentliche Kündigung
Der Vermieterin steht das Recht zu, den Vertrag fristlos zu kündigen, wenn

1. über das Vermögen des Mieters oder eines wesentlichen Gesellschafters des Mieters das Konkurs- oder Vergleichsverfahren beantragt wird,
2. der Mieter seine Unternehmung dem äußeren Anschein nach verkommen läßt bzw. betrügerische Geschäfte tätigt,
3. der Mieter mit Mietzahlungen oder sonstigen Zahlungsverpflichtungen aus diesem Vertrag (insbesondere Nebenkosten, Mieterdarlehen, Mietkautionen, Ablösungen, Umbaubeiträge etc.) mit mindestens zwei Monatsmieten im Rückstand ist,
4. der Mieter seinen sonstigen aus diesem Vertrag resultierenden Verpflichtungen nicht oder nicht ordnungsgemäß nachkommt,
5. der Mieter seinen finanziellen Verpflichtungen gegenüber der ... (Verwaltungsgesellschaft) in wesentlichem Umfang nicht oder nicht ordnungsgemäß nachkommt.

Das Recht zur fristlosen Kündigung gemäß Absatz 4 und 5 setzt voraus, daß der Vermieter dem Mieter ergebnislos schriftlich eine angemessene Nachfrist zur Erfüllung seiner Verpflichtungen gesetzt hat.

Durch die eventuelle Kündigung des Mietvertrages zwischen Vermieter und Mieter werden die Untermietverhältnisse nicht berührt. Der Vermieter wird uneingeschränkt in die Vereinbarungen in den Untermietverhältnissen eintreten.

§ 16 – Sonstige Bestimmungen
Sollte eine Bestimmung dieses Vertrages unwirksam sein oder werden, so wird hierdurch die Wirksamkeit des Mietvertrages im übrigen nicht berührt. Die Vertragsparteien werden in einem solchen Fall die unwirksame Bestimmung durch eine rechtlich wirksame Regelung ersetzen oder die Bestimmung so ergänzen oder umdeuten, daß der mit der unwirksamen Vorschrift beabsichtigte wirtschaftliche Zweck erreicht wird. Entsprechend ist zu verfahren, wenn sich bei Durchführung des Mietvertrages eine ergänzungsbedürftige Lücke herausstellen sollte.

Fallbeispiele Gewerbeparks

Fallbeispiel 1: Gewerbepark Regensburg

Fallbeispiel 1

1. Die Wirtschaftsregion

Regensburg ist die drittgrößte Stadt Bayerns und gilt innerhalb der Bundesrepublik als Wirtschaftsraum mit besonders aktiver Wirtschaftsentwicklung. Die relativ späte Fertigstellung der Autobahnverbindungen Anfang der achtziger Jahre hat der Region viele Entwicklungsimpulse gegeben mit sehr wesentlichen Industrieansiedlungen, die besonders gefördert wurden durch eine aktive Kommunalpolitik. Der Wirtschaftsraum rund um Regensburg hat ca. 500.000 Bewohner; in Regensburg selbst konzentrieren sich über 110.000 Arbeitsplätze bei einer Bevölkerung von ca. 140.000. In unmittelbarer Nachbarschaft liegt die sehr aktive Stadt Neutraubling mit ca. 6.000 Beschäftigten und 7.000 Bewohnern. Alle Industrieansiedlungen sind junge Industrien mit jungen Produkten: Autos, Chips, Computer, Autoelektronik, elektrische Großschaltgeräte, Maschinenfabrik mit Abfüllanlagen für Getränke etc. mit geringer Konjunkturempfindlichkeit.

2. Der Immobilienmarkt

Vor Errichtung des Gewerbeparks Regensburg gab es im Regensburger Immobilienmarkt nur sporadische Anbieter für gewerbliche Flächen und Kleinprojekte im Bürobereich. Restflächen aus Eigenbedarfserstellung, die weitervermietet wurden, insbesondere durch Versicherungen, waren das wesentliche Angebot. Sonstige gewerbliche Flächen kamen vor allem aus der Freistellung nicht mehr benötigter Altgewerbeflächen. Die Absorptionsrate für Büroflächen war 1980 ca. 2.000 bis 3.000 m² jährlich. Die sonstige Gewerbeflächenabsorptionsrate ist nicht bekannt. Die durchschnittliche Absorptionsrate für Büroflächen Mitte der neunziger Jahre liegt bei ca. 15.000 bis 20.000 m² jährlich. Die Zukunftsperspektiven des Wirtschaftsraums Regensburg sind günstig. Die erlangten Standortvorteile durch den Bau der Autobahnen und des Rhein-Main-Donau-Kanals sind noch nicht ausgeschöpft, auch deshalb, weil die Nord-Süd-Autobahn im Raum Hof noch nicht an die große Nord-Süd-Achse angebunden ist. Die Ostöffnung, insbesondere der Beitritt Österreichs zur EU, ist ein weiteres Potential für die Entwicklung des Wirtschaftsraums.

Die Beruhigung des Konflikts in Jugoslawien und das Erstarken der Wirtschaftsleistung der östlichen Länder sind positiv zu sehen, so daß über Jahrzehnte ein sehr dynamischer Markt zu erwarten ist. Der Wirtschaftsraum hat keine Altindustrien und somit keine daraus resultierenden Strukturprobleme. Die Konkurrenz von Altflächen aus aufgegebenen Industrieanlagen ist gering. Der zusätzliche Bedarf wird daher voll wirksam werden.

3. Der Gewerbepark Regensburg

Der Gewerbepark Regensburg ist als gemischt gewerblicher Gewerbepark konzipiert mit Flächen für Gewerbe, leichte Produktion, Ausstellung, Dienstleister und Büros. Die erste Konzeption sah eine gesamtvermietbare Fläche von ca. 110.000 m^2 mit einem Büroanteil von 10.000 bis 15.000 m^2 vor. Der Markt zeigte jedoch einen starken Bedarf für Bürobauten, also höherwertige Nutzungen, was es erlaubte, die Parkplätze in Parkhäusern unterzubringen und somit eine höhere Ausnutzung zu erreichen. Mit Fertigstellung Ende 1998 werden ca. 154.000 m^2 vermietbare Flächen mit einem Büroanteil von annähernd 50 % geschaffen sein.

Beim Erwerb des Grundstücks war das Gelände ohne Bebauungsplan. Es handelte sich um ein altes Industriegelände mit 220.000 m^2. Die Nähe zu einem Wohngebiet wurde durch Schaffung eines Grünstreifens als Puffer befriedigend gelöst. Der Bebauungsplan gibt mehr Baurechte als wirtschaftlich genutzt werden können und sieht mindestens 15 % der Fläche als Grünanlage vor. Mit Fertigstellung des Gewerbeparks wird die Grünfläche jedoch größer sein, weil der Entwickler Grünflächen als ein besonders wichtiges Merkmal einer hochwertigen Gewerbeparkentwicklung sieht. Der Bebauungsplan macht keine besonderen städtebaulichen Auflagen.

4. Erschließungen

Als altes Industriegelände befindet sich das Areal mitten in der Stadt mit Bahnanschluß, an einer vierspurig ausgebauten Straße, in unmittelbarer Nähe zum ebenfalls vierspurigen nördlichen Erschließungsring von Regensburg und mit störungsfreiem Zugang zu den Autobahnen. Das Gelände liegt an weiteren zwei Seiten an sehr leistungsfähigen und hochfrequentierten Straßen. Mit dem Bau des Gewerbeparks wurden diese Straßen weiter ausgebaut.

Die üblichen Anliegerkosten wurden berechnet, allerdings als Fördermaßnahme gestundet; sie wurden erst mit dem kontinuierlichen Ausbau fällig. Die gesamte innere Erschließung mit Straßen, Abwasser, Wasser wurde durch den Entwickler selbst durchgeführt und blieb im Privateigentum. Die Kapazitäten aller Erschließungs- und Versorgungseinrichtungen sind ausreichend und können jeden zukünftigen Bedarf decken. Mit der Liberalisierung des Kommunikationsmarktes wurden, um die moderne Entwicklung in den Kommunikationstechniken aufzunehmen, im Gelände alle notwendigen Verkabelungen mit Glasfaser durchgeführt. Der Anschluß an mehrere Netzbetreiber ist möglich.

5. Architektur und Landschaftsgestaltung

Von vornherein war es die Absicht der Entwickler, gute Architektur möglichst zeitlos zu erstellen, damit der langfristige Bestand und die Werterhaltung gesichert sind. Um eine möglichst gute Nutzung des Gesamtgeländes zu erreichen, wurde ein beschränkter Wettbewerb unter sechs Architekten für die bauliche Nutzung und die Erschließung mit Straßen ausgeschrieben. Die Ergebnisse dieser Wettbewerbe wurden sodann zu einem Gesamtkonzept zusammengefaßt. Zur architektonischen Gestaltung einzelner Gebäude wurden neben hausinternen Architekten verschiedene renommierte Architekten der Region herangezogen. Zur Gestaltung der Außenanlage wurde ein Büro für Landschaftsgestaltung eingeschaltet. Außen- und Grünanlagen werden aufwendig bepflanzt und gärtnerisch gepflegt.

6. Funktionalität

Das Gelände grenzt an drei Seiten an leistungsfähige Straßen. Zu diesen Straßen gibt es ausreichend Aus- und Einfahrten, um den Verkehr reibungslos abzuwickeln. Innerhalb des Geländes wurde eine Ringstraße erstellt, an die alle Parzellen angrenzen und durch die sie erschlossen werden.

Das Gelände ist erschlossen mit Wasser und Abwasser, Strom, Gas, Telekommunikation einschließlich Glasfaser. Die Kapazitäten sind so ausgelegt, daß ein zukünftiges Wachstum abgedeckt werden kann.

Die Gebäude wurden nach modernsten Gesichtspunkten errichtet und berücksichtigen besonders die gewerbliche Nutzung, einerseits durch die Traglasten der Konstruktion, aber auch andererseits durch Aufzüge und Versorgungsschächte.

Um eine reibungslose gewerbliche Anlieferung zu gewährleisten, sind allen Gebäuden, die es benötigen, ausreichend Lieferzonen zugeordnet.

Unabhängig von den Auflagen durch die Stellplatzordnung der Stadt wurden für jedes Gebäude ausreichend Parkplätze erstellt. Im wesentlichen wurden die Langzeitparker, insbesondere die Belegschaft, in Parkhäusern

Fallbeispiel 1

oder in Unterkellerungen untergebracht. Insgesamt stehen für 4.500 Beschäftigte 3.500 Parkplätze zur Verfügung. Die ebenerdigen Parkplätze dienen zum großen Teil für Kurzzeitparker, um den regen Besucherverkehr (ca. 14.300 pro Tag) ausreichend mit Parkplätzen zu versorgen.

7. Serviceeinrichtungen

Um die Attraktivität des Gewerbeparks als Ganzes zu erhöhen, wurde besonderer Wert darauf gelegt, Serviceeinrichtungen vorzusehen, die den Unternehmen dienen. Es sind vorhanden: Tagungsräume, Schreibbüros, Restaurants, Kleindruckereien, Rechtsanwaltskanzleien, Steuerberater, Werbeagenturen, Hotel etc.

Die Qualität des Standorts wird aber auch dadurch gehoben, daß für die Belegschaft besondere Serviceeinrichtungen vorgesehen werden. Die vorhandenen Grünanlagen sind so gestaltet, daß sie während der Pausen genutzt werden können; es gibt Spazierwege und Ruhebänke. Alle Fenster sind zu öffnen; der Schattenwurf durch andere Gebäude ist gering, so daß die Arbeitsplätze Licht und Luft haben. Durch die geringe Verkehrsbelastung innerhalb des Gewerbeparks kann auch bei offenem Fenster ohne Lärmbelästigung gearbeitet werden. Zur Versorgung der Belegschaft sind eine Kantine, Restaurants, Cafés eingerichtet. Ein Nahversorgungszentrum mit Supermarkt, Bäcker, Metzger, Drogeriemarkt, Obst- und Gemüseladen und Bank erlaubt es der Belegschaft, während der Arbeitspausen notwendige Dinge des täglichen Lebens zu erledigen. Zusätzlich sind vorhanden: Ärzte, Friseur und Sporteinrichtungen. Die letzteren werden weniger von der Belegschaft, sondern von einer anderen Klientel genutzt.

8. Vermarktung

Von vornherein wurde der Gewerbepark Regensburg als Anlage konzipiert, in der nur Mietflächen angeboten werden. Es wurden weder Einzelobjekte noch im Wege des Sondereigentums Teileinheiten veräußert. Die Vermietung wird durch ein eigenes Team betrieben. Die unterstützende Werbung wird sowohl über Werbeagenturen als auch inhouse durch die eigene Werbeabteilung erstellt.

Da das Konzept ein gemischt genutzter Gewerbepark ist, ist die Palette der möglichen Nutzer sehr groß. Der überwiegende Flächenanteil ging an Großnutzer von Büros und an Gewerbetriebe. Weitere Marktsegmente waren Großhandelsbetriebe, ein Sportpark, ein Ärztehaus. Einen großen Anteil im Gewerbepark Regensburg hat auch der nicht innenstadtorientierte Einzelhandel, z. B. mit technisch ausgerichteten Angeboten wie Fliesen, Küchen, Sauna etc., aber auch Tauchausrüstung, Angelsportbedarf, Sondersportausrüstung, z. B. für Football und Baseball, Sortimente für den Bereich Musik und elektronische Musik etc.

Mit dem Bau der Gebäude wurde meist schon begonnen, ohne daß sie vorvermietet waren. Es wurde jeweils ein Gebäudekomplex ohne Vorvermietung errichtet. Wenn abzusehen war, daß er vermietet ist, wurde ein nächster Gebäudekomplex gebaut. In Einzelfällen wurden ganze Gebäude für Einzelnutzer erstellt, z. B. für Nixdorf Siemens. Diese Gebäude sind dennoch multifunktional und sehr flexibel gebaut, da sie bei Beendigung des Erstmietverhältnisses zum Bestand der vermietbaren Flächen dazukommen und wie diese vermarktet werden müssen.

Der Gewerbepark Regensburg wurde 1979 gestartet, 1981 wurden die ersten Mietflächen angeboten, 1998 sind 145.000 m^2 errichtet, mit Fertigstellung Ende 1998 werden es 154.000 m^2 Flächen sein.

9. Erfahrungen

War ursprünglich geplant, im Gewerbepark Regensburg innerhalb von zehn Jahren 110.000 m^2 zu bauen, so wurde als Reaktion auf den Markt ein größeres Angebot an Büroflächen erstellt, wodurch eine um 50.000 m^2 höhere Bauausnutzung möglich war und die Zeitspanne für die Fertigstellung sich um acht Jahre verlängert hat.

Die wichtigste Erkenntnis in diesem Zusammenhang ist, daß die Planung von Anfang an so flexibel wie möglich sein muß, und zwar sowohl bei der Auslegung der Straßen und der Bildung von Bauquartieren als auch bei der Finanzierung, damit Reaktionen auf den Markt in diesem Umfang möglich sind.

Die Übernahme eines aufgelassenen Industriegeländes hat Risiken, die von vornherein kaum abzuschätzen sind. Sie liegen vor allem in Fundamenten im Boden, in der nicht mehr ungestörten Baugrundqualität und in Bodenkontaminationen; alles zusammen hat im Fall des Gewerbeparks Regensburg zu erheblichen zusätzlichen Kosten geführt (ca. 24 Mio. DM).

Eine weitere wichtige Erkenntnis bei Projekten mit einer langen Abwicklungszeit ist, daß mit zunehmendem Alter eines Gewerbeparks erhebliche Flächen zusätzlich zu vermarkten sind, die aus auslaufenden Verträgen an-

Fallbeispiel 1

fallen, d. h., bei der Weiterentwicklung ist zu berücksichtigen, daß im Markt auch Flächen unterzubringen sind, die bereits gebaut sind, so daß das Neubauvolumen sich den Vermarktungsmöglichkeiten anzupassen hat.

Bei Freiwerden und Wiedervermietung von Altflächen wird erkennbar, daß bei der Herstellung in der baulichen Form und besonders beim Erstausbau Lösungen gewählt werden sollten, die einen späteren Umbau bzw. eine Anpassung an neue Nutzer kostengünstig möglich machen. Mieter mit Sonderwünschen für Einbauten müssen dazu verpflichtet werden, die Kosten für die Beseitigung dieser Einbauten nach Beendigung des Mietverhältnisses zu übernehmen. Die Wiedervermietung ist oft mit erheblichen Kosten für Aus- und Umbauten aus der Vorvermietung belastet.

Der Gewerbepark Regensburg hat einen qualitativ guten Standort für Verwaltung, Gewerbe und Spezialhandel geschaffen und wird als wertvolle gewerbliche Investition im Raum Regensburg angesehen.

Projektdaten

Grundstücksinformationen:	
Grundstücksfläche	220.000 m^2
Grünflächen	40.000 m^2
Erschließungsflächen	20.000 m^2
Bauflächen (überbaute Flächen) GRZ	80.000 m^2
Sonstige Flächen – Parkplatz, Anlieferungen	80.000 m^2
Geschoßflächen:	
Vermietbare Fläche bei Fertigstellung	154.000 m^2
Flächen im Bau	8.200 m^2
Parkplätze	3.500
davon ebenerdig	1.300
Parkplatzrelation m^2 Mietfläche je Parkplatz	45,00
Nutzer vermieteter Flächen (1996)	vgl. Anlage
Anzahl der Gebäude	40
Größtes Gebäude	13.000 m^2
Kosten:	
Grunderwerbskosten in DM	ca. 41.000.000,00 DM
Erschließungsmaßnahmen: Straßen, Abwasser etc., in DM	ca. 7.726.000,00 DM
Anliegerbeiträge, Anschlußkosten: Wasser, Gas etc., in DM	ca. 888.000,00 DM
Grundstückskosten insges. (ohne Zinsen) in DM	ca. 49.614.000,00 DM

Kosten je m² bebaubare Fläche in DM/m²	ca. 636,00 DM
Bisheriger Herstellungsaufwand für Gebäude (ohne Außenanlagen) ohne Grund	ca. 173.715.000,00 DM
Durchschnittliche Baukosten für Bürogebäude ohne Grund in DM/m²	ca. 1.400,00 DM – 2.000,00 DM
Durchschnittliche Baukosten für Gewerbeflächen ohne Grund in DM/m²	ca. 900,00 DM – 1.100,00 DM ohne Ausbau
Parkhaus: Baukosten je Stellplatz ohne Grund	ca. 15.000,00 DM
Tiefgaragen in Gebäuden je Stellplatz ohne Grund	ca. 12.000,00 DM
Parkplätze ebenerdig je Stellplatz ohne Grund	ca. 1.800,00 DM
Vermietungsinformationen (1998):	
Büroflächen von/bis:	14,50/22,00 DM/m²
Gewerbeflächen von/bis:	11,00/15,00 DM/m²
Ebenerdige Ausstellungsflächen von/bis:	14,00/18,00 DM/m²
Einzelhandelsflächen von/bis:	18,00/35,00 DM/m²
Hauptmieter:	
DeTeImmobilien Siemens AG, Automobiltechnik Siemens AG HTB-Hotel und Tagungszentrum Siemens Nixdorf Informations Dr. Vielberth Verwaltungsges. mbH Lewald Claus/Klien Volker Grau GmbH Rhein-Main-Donau AG Siemens AG Infrastrukturdienste	
Architekten:	
Gewerbeplan Regensburg	
Architekturbüro Hanns Huber, Regensburg	
Architekten Schmid, Mehr & Eckl, Regensburg	
Gartenarchitektur Merkl	
Gartenarchitektur Sußebach, Köfering	
Management:	
Gewerbepark Regensburg GmbH Im Gewerbepark C 25 93059 Regensburg Tel.: (09 41) 40 08 - 1 31	

Fallbeispiel 1

Zahlen, Daten, Fakten
Stand 1998

- **Grundstücksfläche:** 220.000 m²

- **Grünflächen:** 40.000 m²

- **Bebaute Nutzfläche:** 154.000 m²

- **Parkplätze:** 3.500 Mitarbeiterparkplätze und Kundenparkplätze, davon 1.838 Stellplätze in 2 Parkhäusern und 4 Tiefgaragen

- **Mietpartner:** ca. 300 Firmen oder selbständige Gewerbetreibende mit Nutzflächen zwischen 16 m² bis 19.000 m²

- **Beschäftigte im Park:** 4.500 Mitarbeiter

- **Tagesfrequenz:** 14.300 (derzeit täglich)

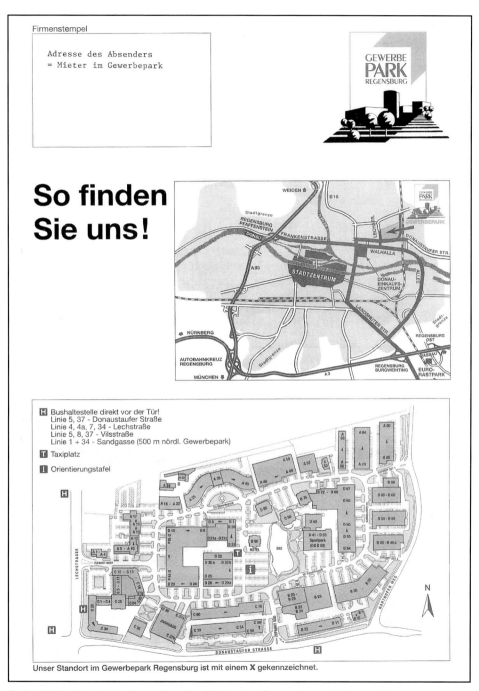

Beispiel für Kundeninformation der Mieter im Gewerbepark Regensburg

Fallbeispiel 1

Fallbeispiel 1

Fallbeispiel 1

Fallbeispiel 1

Mietvolumen nach Branchen
Gewerbepark Regensburg
Stand: 10. Januar 1996

Anlage

Branche	Mieter	Mieter % v. Gesamt	Verträge	Verträge % v. Gesamt	m²	m² % v. Gesamt	Mietvolumen DM/Monat	Mietvolumen % v. Gesamt	Mietvolumen DM/m²
Wohnungen (u. div. Industrie)	13	4,1	14	4,1 %	794	0,6	11.204	0,58	13,04
Ind.Vert.Vertrieb	9	2,9	11	3,2 %	12.126	9,7	145.001	7,46	11,96
Handwerk	9	2,9	11	3,2 %	5.651	4,5	87.821	4,52	15,54
Großh./Ind.vertrieb	29	9,2	30	8,7 %	6.333	5,1	83.262	4,28	13,15
Einzelhandel	47	15,0	50	14,6 %	18.243	14,6	227.405	11,69	12,03
Gastronomie	35	11,1	39	11,4 %	13.116	10,5	203.074	10,44	25,05
Sport	7	2,2	7	2,0 %	1.879	1,5	31.899	1,64	16,98
Dienstleistungen	6	1,9	6	1,7 %	4.613	3,7	46.012	2,37	9,97
Freiberufler	113	36,0	119	34,7 %	31.128	25,0	532.518	27,38	16,85
öffentliche Hand	18	5,7	21	6,1 %	2.920	2,3	56.506	2,91	19,35
Bürotechnik	17	5,4	24	7,0 %	23.965	19,2	456.410	23,47	19,04
Spedition	1	0,3	1	0,3 %	82	0,1	1.394	0,07	17,00
sonstiges	1	0,3	1	0,3 %	117	0,1	2.106	0,11	18,00
	9	2,9	9	2,6 %	3.723	3,0	60.020	3,09	14,78
Gesamt	314	100,0 %	343	100,0 %	124.690	100,0 %	1.944.632	100,00 %	15,60

Leerstand wurde nicht berücksichtigt.

Fallbeispiel 2: Hansapark Düsseldorf-Oberkassel

Lage:	Düsseldorf-Oberkassel Hansaallee
Grundstück:	ca. 80.000 m^2
Gebäude:	ca. 60.000 m^2 davon: 53 % Büro 44 % Lager 3 % Service ca. 900 Parkplätze
Ausnutzung:	GRZ: ca. 0,55 GFZ: ca. 0,75
Bauzeit:	sieben Bauabschnitte von 1984 bis 1989
Mieter:	deutsche und internationale Unternehmen u.a.: TOSHIBA OKI ÖRAG LIESEGANG PERKIN-ELMER ALFA LAVAL
Branchenschwerpunkte:	EDV Elektronik Handel

Quelle: Calliston Gesellschaft für Projektentwicklung mbH, Niederlassung Düsseldorf, April 1998

Fallbeispiel 2

Fallbeispiel 2: Wahler Park Düsseldorf-Rath

Lage:	Düsseldorf-Rath Wahler Straße
Grundstück:	ca. 46.000 m²
Gebäude:	ca. 34.000 m² davon: 42 % Büro 58 % Lager ca. 440 Parkplätze
Ausnutzung:	GRZ: ca. 0,55 GFZ: ca. 0,75
Bauzeit:	vier Bauabschnitte von 1987 bis 1990
Mieter:	deutsche und internationale Unternehmen u. a.: Debitel Federal Express Unisource Rentokil Howmedica Motorola
Branchenschwerpunkte:	Telekommunikation EDV Elektronik

Quelle: Calliston Gesellschaft für Projektentwicklung mbH, Niederlassung Düsseldorf, April 1998

Fallbeispiel 2

Fallbeispiel 2: Hilden Park Hilden

Lage:	Hilden Walder Straße/Itterpark
Grundstück:	ca. 32.000 m²
Gebäude:	ca. 30.000 m² davon: ca. 65 % Büro ca. 10 % Service ca. 25 % Lager ca. 435 Parkplätze
Ausnutzung:	GRZ: ca. 0,55 GFZ: ca. 0,95
Bauzeit:	vier Bauabschnitte von 1991 bis 1997
Mieter:	deutsche und internationale Unternehmen u. a.: IBM Tandem Artemide Omron RWK Kalk Memorex Telex ICI Commerzbank Phonet Telecom
Branchenschwerpunkte:	EDV Elektronik/Elektrotechnik Handel Telekommunikation

Quelle: Calliston Gesellschaft für Projektentwicklung mbH, Niederlassung Düsseldorf, April 1998

Fallbeispiel 2

Fallbeispiel 3: Preußen Park Ludwigsfelde

Developer und Investor:	EMG Entwicklungs- und Management-Gesellschaft für Immobilien und Beteiligungen m.b.H., Stadt Ludwigsfelde, Westdeutsche Immobilienbank, eine Tochter der Westdeutschen Landesbank, ein Tochterunternehmen einer bayerischen Industrie-Holding
Gesamtgröße:	1.200.000 m²
Erschließungsfläche:	800.000 m²
Verkehrs-, Grün- und Wasserfläche:	480.000 m²
Nettosiedlungsfläche:	600.000 m²
Erweiterungsfläche:	200.000 m²
gewerbliche Fläche:	430.000 m²
davon GE II-Ausweisung: (GRZ 0,8/GFZ zw. 1,4 u. 2,4)	300.000 m²
davon GI-Ausweisung: (Baumassenzahl 6)	130.000 m²
Mischgebiet:	20.000 m²
Wohngebiet:	150.000 m²

Fallbeispiel 3

Zeitlicher Ablauf

Beginn der Planung:	1992/1993
Baubeginn:	1994
Belegungsgrad:	80 % der bebaubaren Fläche
Zahl der angesiedelten Unternehmen:	50
vertretene Branchen:	Produktion High-Tech, Baustoffe, Werkzeuge Großhandel Sicherheitstechnik, Pflanzen, Blumen, Floristenbedarf, Bautechnik, Baustoffe, Kfz-Bedarf, Druckmaschinen Dienstleistung Entsorger, Bautechnik Handwerk Kfz, Gartenbautechnik, Sanitär, Baubereich Handel Kfz, Elektronik, Food und Non-Food, Wohn- und Küchenbedarf, Steinzeug Entertainment Bowlingbahn, Gastronomiebetriebe
Marketingkonzeption:	• Nutzung von Synergieeffekten • Zusammenfassung von Branchen

Fallbeispiel 3

	• Verwirklichung der Idee Wohnen und Arbeiten
Infrastruktur:	• Autobahnanschluß
	• Personennahverkehr
	• interne Busverbindung
	• ab 1999 direkter vierspuriger Anschluß an den inneren Autobahnring der Stadt Berlin
technische Infrastruktur:	• Straßenanschluß
	• Stromversorgung
	• Wasserversorgung
	• Gasversorgung
	• Abwasserversorgung
	• Müllentsorgung

Lage bzw. Siedlungsanreize:

Das Gebiet liegt im direkten Anschluß an das Stadtzentrum des Mittelzentrums Ludwigsfelde (z. Z. ca. 25.000 Einwohner). Direkter Anschluß an die Autobahn A 10/Berliner Ring. Ab 1999 direkte Anbindung an den Flughafen Berlin-Tempelhof mit vier- bzw. sechsspuriger Straße. Im direkten Umfeld haben sich große Unternehmen mit Produktionsbetrieben angesiedelt. Mercedes-Benz (Lkw-Produktion), DASA/MTU, BMW/Rolls-Royce (Flugmotorenproduktion). Die Flughäfen Schönefeld (25 km) und Tegel (30 km) sind über Autobahnanbindung direkt zu erreichen.

Quelle: EMG Entwicklungs- und Management-Gesellschaft für Immobilien und Beteiligungen m.b.H., Berlin, Mai 1998

Fallbeispiel 4: Brandenburg Park Berlin

Fallbeispiel 4

1. Die Wirtschaftsregion

Der südliche Berliner Ring, auch "Speckgürtel" genannt, bietet ideale Voraussetzungen für eine dynamische Wirtschaftsentwicklung. Die unmittelbare Lage zur Bundeshauptstadt Berlin sowie exzellente Verkehrsanbindungen machen den Brandenburg Park zu einem hervorragenden Standort für ein breites Branchenspektrum.

Die Region wird von den Autobahnen A 9, A 10 und A 13 flankiert. Die Berliner Flughäfen Tegel (45 min.), Tempelhof (30 min.) und Schönefeld (20 min.) sind bequem zu erreichen.

Die Stadt Ludwigsfelde bildet mit 22.000 Einwohnern den Kern dieser wachsenden Wirtschaftsregion. Hier fand nach der Wende durch Gewerbeansiedlung ein enormer Technologietransfer statt, der die bisherige Wirtschaftsstruktur ersetzte. Zu den wirtschaftlichen Aushängeschildern der neu angesiedelten Unternehmen in der Region zählen Coca-Cola, BMW/Rolls-Royce, MTU Motoren- und Turbinen Union, Thyssen, Mercedes.

2. Der Immobilienmarkt

Die gesamte Region um den südlichen Berliner Ring ist durch ein hohes Angebot an Gewerbeflächen gekennzeichnet. Nach der Wiedervereinigung entstanden hier zahlreiche Gewerbegebiete und Gewerbeparks, von denen sich bis heute jedoch nur einige als Wirtschaftsstandorte etabliert haben. Zu den erfolgreichen Projekten gehören neben dem Brandenburg Park der PreußenPark in Ludwigsfelde sowie die Gewerbeansiedlung BMW/Rolls-Royce in Dahlewitz. Für die Dynamik der Region spricht, daß im südlichen Berliner Umland 1996 und 1997 über 10.000 m^2 Gewerbeflächen an Investoren verkauft wurden.

Die Zukunftsperspektiven des Wirtschaftsraumes südlicher Berliner Ring sind äußerst positiv. Die Errichtung des Großflughafens Berlin-Brandenburg International in Schönefeld, der Umzug der Bundesregierung in die Hauptstadt und der weitere Ausbau der Infrastruktur werden weitere Impulse für ein schnelles Wachstum geben.

3. Der Brandenburg Park

Es war von Beginn an beabsichtigt, den Brandenburg Park zur ersten Geschäftsadresse im Berliner Umland zu machen. Dies ist u. a. dadurch erreicht worden, daß das traditionelle Konzept eines deutschen Gewerbegebietes durch völlig neue Überlegungen ergänzt wurde. Die Mehrzahl dieser innovativen Ideen geht auf Erfahrungen zurück, die in Business Parks in Europa und Nordamerika gesammelt wurden. Einige davon wurden den Marktbedingungen in Deutschland angepaßt, andere wiederum sind hierzulande neu, z. B. die Begutachtung der Entwurfsvorschläge der einzelnen Interessenten durch den Entwickler TrizecHahn Europe vor der notariellen Beurkundung des Kaufvertrages. Dadurch lassen sich Vorstellungen, die das ästhetische Gesamtkonzept des Parks beeinträchtigen würden, rechtzeitig revidieren. Gleichzeitig sichert das Verfahren den Wertzuwachs der Immobilie und schafft neue Investitionsanreize. Eine weitere Neuerung ist der hohe Wert, den TrizecHahn der Aufrechterhaltung der ästhetischen und ökologischen Standards des Parks beimißt. Dadurch erreicht der Brandenburg Park sein wichtigstes Ziel als Business Park: eine Umgebung zu schaffen, in der Unternehmer und Angestellte ihrer Geschäftätigkeit optimal nachgehen können und sich außerdem wohl fühlen, was der eigentlichen Philosophie eines Business Parks entspricht. Erreicht wird das durch großzügig angelegte Grünzonen sowie durch ein Netz von Fuß- und Radwegen entlang der Straßen und Seen.

4. Erschließungen

Die Erschließung des Brandenburg Parks wurde in mehrere Bauphasen aufgeteilt. Der erste Bauabschnitt (52 ha) mit Anschluß an die BAB 100 wurde bereits 1994 voll erschlossen und ist heute zu 85 % vermarktet.

Im zweiten Bauabschnitt (40 ha) sind 24 % der Flächen verkauft. In den verbleibenden Bauabschnitten wurde die Primärinfrastruktur im Dezember 1996 fertiggestellt. Arbeiten an der Sekundärinfrastruktur haben begonnen. Das Areal grenzt direkt an den südlichen Berliner Autobahnring und die neue vierspurige B 101.

Investoren können im Brandenburg Park individuell zugeschnittene, voll erschlossene Grundstücke erwerben. Baugenehmigungen werden in der Regel binnen drei Monaten erteilt.

5. Architektur und Landschaftsgestaltung

Bezüglich der Architektur und Funktionalität der Gebäudekomplexe wird den Investoren von seiten des Entwicklers relativ freie Hand gelassen. Vor

Fallbeispiel 4

Abschluß des Kaufvertrages werden die Entwurfsvorlagen jedoch sorgfältig geprüft. Die Landschaftsgestaltung ist eines der wesentlichen Charakteristika des Brandenburg Parks und unterscheidet ihn we-sentlich von anderen Projekten. Durch die Ausweisung von 40 % der Gesamtfläche als Grünfläche sollen folgende Ziele erreicht werden:

Die durch den Bau des Gewerbeparks verursachten Auswirkungen auf die Umwelt, wie z.B. die Oberflächenversiegelung, werden im Park selbst kompensiert. Damit wird den Anforderungen der Umweltbehörden Rechnung getragen.

Die Baufenster sind so in die Grünstruktur eingebettet, daß im Idealfall die vom Bebauungsplan vorgeschriebene 20 %ige Begrünung jedes einzelnen Grundstücks erfüllt werden kann, indem der Käufer einen Teil der bereits existierenden Grünfläche als Teil seines Grundstücks mit erwirbt.

So entsteht ein angenehmes Arbeitsumfeld, geprägt durch das harmonische Landschaftsbild eines Parks mit großflächigen Grünanlagen. Die Vernetzung der einzelnen funktionsfähigen Grünflächen ermöglicht die Schaffung großflächiger Biotope.

6. Funktionalität

Der Brandenburg Park ist in insgesamt 35 Baufenster aufgeteilt. Diese Baufenster können flexibel in Baugrundstücke von 2.500 bis 100.000 m^2 unterteilt werden. Bei Bedarf werden zusätzliche Erschließungsstraßen gebaut. Das gesamte Gelände ist vollständig erschlossen mit Wasser, Abwasser, Strom, Gas, Telekommunikation.

Der Brandenburg Park ist in unterschiedliche Nutzungsbereiche aufgeteilt. Während Speditionen und große Produktionshallen in den Außenbereichen und entlang der Autobahn angesiedelt wurden, finden sich in den höherwertigen inneren Bereichen hauptsächlich Büronutzer, Ausstellungsgebäude und Schulungszentren.

7. Serviceeinrichtungen

Eine Tankstelle, vier Hotels und zwei Restaurants sind bis dato vorhanden.

8. Vermarktung

Die Vermarktung begann 1993 und erfolgte im wesentlichen durch die eigene Marketingabteilung, zum Teil über internationale Maklerunternehmen. Zu den wichtigsten Marketinginstrumenten gehören branchenspezifische Direktmailings. Diese wurden unterstützt von einer intensiven Pressearbeit. Heute sind 552.345 m^2 Fläche an 59 Unternehmen mit ca. 1.200 Beschäftigten verkauft bzw. vermietet.

9. Erfahrungen

Erste Priorität: Bei mittel- und langfristig angelegten Projekten muß die Planung maximale Flexibilität für unterschiedliche Formen der Ansiedlungen bieten. Potentielle Investoren/Endnutzer brauchen Sicherheiten in bezug auf Planung, Erschließung und Eigentum.

Ein langfristig angelegtes Projekt wie der Brandenburg Park benötigt ein qualifiziertes Parkmanagement, das die einmal geschaffene Qualität des Business Parks aufrechterhält.

Um auf Investorenwünsche angemessen reagieren zu können, sind gute Abstimmungsmöglichkeiten mit den zuständigen Behörden und Verwaltungen unabdingbar, da einzelne Anforderungen trotz größtmöglicher Flexibilität der Planung nicht immer vorhergesehen werden können.

Quelle: TrizecHahn (Properties) GmbH, Berlin, März 1998

Fallbeispiel 4

Grundstücksentwicklungsprojekt: Im Brandenburg Park werden voll erschlossene Grundstücke an Eigennutzer verkauft, die im Rahmen der vorgegebenen GRZ und GFZ eigenständig bauen.

Projektdaten

Grundstücksinformationen:	
Grundstücksfläche	2.200.000 m²
Grünflächen	880.000 m²
Erschließungsflächen	100.000 m²
Bauflächen (Überbaute Flächen) GRZ	0,8 der Grundstücksfläche
Sonstige Flächen – Parkplatz, Anlieferungen	/
Geschoßflächen:	Laut B-Plan zwischen 1,6 und 2,4
Kosten:	
Grundstückskosten insges. (ohne Zinsen) DM	175,00/m²
Hauptmieter:	
Investoren/Eigennutzer (Mieter) siehe beigefügte Liste	
Management:	
TrizecHahn Europe (Properties) GmbH Einemstraße 24, 10785 Berlin Brandenburg Park Verwaltungsgesellschaft mbH Pflasterweg 1, 14974 Genshagen	

Quelle: TrizecHahn (Properties) GmbH, Berlin, März 1998

Brandenburg Park – ein Projekt in Zahlen

Lage:	10 km südlich der Berliner Stadtgrenze, an der Kreuzung der Bundesstraße B 101 mit der Autobahn BAB 10 (Berliner Ring)
Größe:	220 ha
Art der Nutzung:	GE (Gewerbegebiet)
Grundflächenzahl: (GRZ)	0,8
Geschoßflächenzahl: (GFZ)	2,4/1,6
Verkaufte Fläche: davon 1. Bauabschnitt:	552.345 m^2 445.000 m^2 (85 %) Stand: März 98
Investoren:	42 Stand: März 98
Mieter:	17 Stand: März 98
1. Bauabschnitt:	52 ha voll erschlossen 3,8 km Straßennetz (Hauptverbindungen) fertiggestellt 6,7 km Fuß- und Radwege angelegt 19.000 m Ver- und Entsorgungsleitungen für Wasser, Abwasser, Erdgas und Strom sowie Telekommunikationsverbindungen in Betrieb genommen
Grünanteil:	40 % der Gesamtfläche begrünt: 60.000 Pflanzen, davon 7.600 Bäume 24.000 m^2 See- und Wasserflächen

Fallbeispiel 4

	75.000 m² Feucht- und Versickerungsgebiete
	70.000 m² begrünte Wege- und Uferböschungen
Investitionsvolumen:	180 Mio. DM bisher seitens Entwickler für Infrastrukturkosten 300 Mio. DM wurden bis Ende 1996 durch Investoren realisiert
Arbeitsplätze:	ca. 1.500 (bisher vertraglich gebunden durch Investoren)
2. Bauabschnitt:	40 ha voll erschlossen

Quelle: TrizecHahn (Properties) GmbH, Berlin, März 1998

Brandenburg Park – eine Chronik

Frühjahr 1990	Gründung einer Niederlassung der kanadischen Horsham Corporation in Berlin, die später als Horsham Properties GmbH eigenverantwortlich für das Genshagener Projekt tätig wird.
Sommer 1991	Erwerb von 220 ha Grund und Boden von der Treuhandanstalt.
September 1991	Vorstellung der ersten Pläne und Entwürfe eines Business Parks in der Gemeinde.
März 1992	Vereinbarung mit der Gemeinde Genshagen über die Zusammenarbeit zwischen Dorf und Business Park.
September 1992	Erteilung der Planungsgenehmigung für den Vorhaben- und Erschließungsplan, südlicher Sektor (ca. 81 ha).
Oktober 1992	Gründung der Brandenburg Park Verwaltungsgesellschaft zur Unterstützung der im Brandenburg Park ansiedelnden Unternehmen.
6. November 1992	Erster Spatenstich für das öffentliche Wasser- und Abwassernetz des Dorfes auf der Grundlage einer privaten Finanzierungsvereinbarung mit Horsham.
März 1993	Beginn der Arbeiten an der Infrastruktur des Parks.
11. Juni 1993	Grundsteinlegung in Anwesenheit vom Horsham-Vorsitzenden Peter Munk und Ministerpräsident Manfred Stolpe.

Fallbeispiel 4

September 1993	Inkraftsetzung des Bebauungsplans für das Gesamtgrundstück (220 ha).
April 1994	Ver- und Entsorgungsleitungen für Wasser, Abwasser, Erdgas und Strom sowie Telekommunikationsverbindungen betriebsfähig.
27. Mai 1994	Offizielle Eröffnung vom Brandenburg Park mit einer Investorenmesse, bei der sich die ersten 23 Investoren im Park vorstellen.
14. März 1995	Ford unterzeichnet Kaufvertrag als erster Investor im nördlichen Sektor.
2. August 1995	Öffentliche Widmung der Straßen, Wege und Plätze im Brandenburg Park.
19. Oktober 1995	Erster Spatenstich für die Neutrassierung der Bundesstraße 101.
November 1996	Fusion der Horsham Corporation mit der Trizec Corporation zur TrizecHahn Corporation, dem zweitgrößten Immobilienunternehmen Nordamerikas. Die Tochtergesellschaft TrizecHahn Europe in Berlin, ehemals Horsham Properties, steht für eine erfolgreiche Wachstumsstrategie in Mittel- und Osteuropa.
Dezember 1996	Fertigstellung der Primärinfrastruktur im nördlichen Sektor.
Dezember 1997	Eröffnung des ersten Teilabschnitts der neuen B 101.
Januar 1998	47 Unternehmen mit insgesamt 1.500 Beschäftigten haben ihren Betrieb im Brandenburg Park aufgenommen.

Quelle: TrizecHahn (Properties) GmbH, Berlin, März 1998

58 Unternehmen haben sich bereits für den Brandenburg Park entschieden:

Investoren	
ADAC	Pannenhilfe/Straßenwacht
All-Mo	Metallverarbeitung
Alsco	Berufsbekleidung
Bäsecke	Elektrogroßhandel
Bassinger	Spedition
Bautec	Brandschutz und Trockenbau
BBS	Beton- und Bautenschutz
Bertram	Vermietung & Service Arbeitsbühnen
Bremer und Gerth	Elektrotechnik
Coca-Cola	Vertrieb/Verwaltung
Elco Klöckner	Heiztechnik
ElectronicPartner	Unterhaltungselektronik/Elektrogeräte
EMS	Kurierdienst
Etap	Hotel
Ford Europe	Vertrieb/Service
Galaxie	B & B Hotel
Grychtol	Fliesenverlegebetrieb
Hager	Elektrotechnik
Hempel	Tief- und Rohrleitungsbau
Höhlschen	Spedition
Ibis Grundstücksverw.	Hotel
Insulinde	Südostasiatische Lebensmittel
Kiehl	Produkte für Gebäudereinigung und -pflege
Layher	Gerüsttechnik
LB Hotelverwaltung	Hotel Formule 1
Lo-Go	Schnell-Lieferservice
Luger, Franz	Lkw-Werkstatt
Maske	Autoreparatur/Service
McDonald's	Drive-In-Restaurant
Niedergesäß/NIEDAX	Kabelverlegesysteme
OKA	Büromöbel
Ortho-Ped	Reha-Technik
Rittal-Werk/Ritto-Werk	Elektrotechnik
Roto Frank	Baubeschlagtechnik/Bauelemente
SAV-Dämmisol	Trockenbaustoffe/Bauelemente
Scania	Lkw-Service-Station
Schmidt Verlag	Druck- und Logistikzentrum
Schneidersöhne	Papiergroßhandel
Shell (ehem. Total)	Tankstelle

Fallbeispiel 4

Trans-o-flex	Schnell-Lieferdienst
Wacker	Baumaschinen
Mieter	
Bertelsmann LEXIKOTHEK	Schulungszentrum
CC Chicken Catering (KFC)	Drive-In-Restaurant
Degi-tec	Hightech/Motortuning
Felke	Edelsteinvertrieb
Haupt Yachting	Schiffe, Boote, Yachten
IBP	Installationsbedarf
ICI	Autoreparaturlacke
Kenngott	Holz – Metall – Steinwerke
Mayer	Spedition
NC-Werbemittel	Werbemittelproduktion
Palux	Ausstatter von Großküchen
Parker Hannifin	Großhandel für Ersatzteile
Schäfer Elektrotechnik	Elektrotechnik
Schwerdtle & Schantz	Papier-, Pappe- und Kunststoffverarbeitung
SIL	Landschaftsbau
UNI-DATA	Computer-Spedition
Vollwert + Diät	Biokost

552.345 m² verkauft - 47 Unternehmen in Betrieb

(Stand: 16.02.98)

Quelle: TrizecHahn (Properties) GmbH, Berlin, März 1998

Fallbeispiel 5: EUROPARC Dreilinden

Fallbeispiel 5

Projektdaten

Bauherr	
EUROPARC-Thyssen-Dreilinden GmbH Geschäftsführer: Lucien Triponel	
Projektentwicklung und -vermarktung	
EUROPARC GmbH	
Investoren	
Groupe Société Générale (SG), Paris Thyssen-Bauträger und Immobilienentwicklungs GmbH	
Grundstücksinformationen:	
Grundstücksfläche	450.000 m^2
Grünflächen	143.000 m^2
Erschließungsflächen	51.000 m^2
Bauflächen (überbaute Flächen) GRZ	130.000 m^2
Sonstige Flächen – Parkplatz, Anlieferungen	65.000 m^2
Geschoßflächen:	
Vermietbare Fläche bei Fertigstellung	200.000 m^2
Parkplätze	2.200
davon ebenerdig	1.800
Parkplatzrelation m^2 Mietfläche je Parkplatz	91,00
Anzahl der Gebäude	30
Größtes Gebäude	15.000 m^2
Kosten:	
Grunderwerbskosten in DM	60.000.000,00 DM
Erschließungsmaßnahmen: Straßen, Abwasser etc. in DM	30.000.000,00 DM
Anliegerbeiträge, Anschlußkosten: Wasser, Strom etc. in DM	20.000.000,00 DM
Grundstückskosten insges. (ohne Zinsen) DM	110.000.000,00 DM
Kosten je m^2 bebaubare Fläche in DM/m^2	480,00 DM
Bisheriger Herstellungsaufwand für Gebäude (ohne Außenanlagen) ohne Grund	31.000.000,00 DM
Durchschnittliche Baukosten für Büro- und Gewerbe- gebäude ohne Grund	1.500,00 DM bis 2.400,00 DM
Parkplätze ebenerdig ohne Grund	1.800,00 DM
Vermietungsinformationen (1998):	
Büroflächen	19,50 DM je m^2
Serviceflächen	16,00 DM je m^2
Lagerflächen	11,50 DM je m^2

Hauptmieter:	
DHL Worldwide Express GmbH	
CineLicht Camera Rental GmbH	
Gahrens und Battermann GmbH	
Harley-Korso Motorrad-Handelsges. mbH	
IBIS	
Otto Korsukewitz GmbH	
Ph. Holzmann AG	
Architekten:	
Piske, Köhler, Gauthier	Masterplan
Steinbeck Architekten	
RKW	
Institut für Umweltstudien, IUS Weiser & Ness GmbH	Grünplanung
u. a.	
Management:	
EUROPARC Service GmbH	

Weitere EUROPARCs
Deutschland:
Dietzenbach – Frankfurt
Kerpen – Köln
Spanien:
Barcelona, Madrid Barajas, Madrid Prado Park
Frankreich:
Aix, Arras, Bordeaux, Caen, Clermont-Ferrand, Paris-Créteil, Dijon, Paris-Gennevilliers, Lille, Lyon, Marseille-Château Gombert, Marseille Fonderies, Metz, Mulhouse, Nancy, Nantes, Paris Nord II, Reimes, Nice-Sofia Antipolis, Rennes, Rouen, Strasbourg, Toulouse, Tours

Quelle: ABC Berlin - Agentur für Kommunikation GmbH (GPRA), Berlin, Juni 1998

Fallbeispiel 5

1. Die Wirtschaftsregion

Durch die Wiedervereinigung und die neue Funktion als Hauptstadt hat Berlin sowohl regional, national als auch international an Bedeutung gewonnen.

Der traditionelle Gewerbe- und Industriestandort Berlin wandelt sich immer stärker zur Dienstleistungskapitale, zum Messe- und Finanzplatz, zum Standort moderner High-Tech-Unternehmen. Mit drei Universitäten, zahlreichen Fachhochschulen und weiteren Bildungs- und Wissenschaftseinrichtungen nimmt die Stadt zudem eine zentrale Funktion im Bereich Forschung und Lehre ein.

Berlin spielt als Brücke zu den östlichen Anrainerstaaten, als moderner Verkehrsknotenpunkt mit dichtem Autobahn- und ICE-Netz und als künftiges Luftkreuz, auch international eine bedeutende Rolle.

2. Der lokale Immobilienmarkt

Zwölf Gewerbeparks mit ca. 640.000 m^2 kombinierter Büro-, Service- und Lagerfläche verteilen sich im Umfeld Berlins. Die Hälfte davon liegt im Südwesten der Hauptstadt. Dieses Gebiet zeichnet sich besonders durch die Nähe zur Innenstadt und den Flughäfen Tegel und Schönefeld sowie durch die gute Autobahnanbindung in Richtung Süden und Westen der Bundesrepublik aus. Der Vermietungsstand bei den Gewerbeparks im Südwesten Berlins liegt derzeit zwischen 30 und 50 % mit steigender Tendenz.

Grundsätzlich ist ein relativ stabiles Mietpreisniveau zu verzeichnen, nominale Bürospitzenmieten liegen im südlichen Umland Berlins bei ca. 23,00 DM/m^2/Monat.

Aufgrund des noch in der Entwicklung befindlichen Marktes lassen sich bisher nur wenige Investmenttransaktionen verzeichnen. Dabei liegt die Nettoanfangsrendite derzeit zwischen 7 und 9 %.

3. EUROPARC Dreilinden

Auf einem parkähnlich angelegten, 45 ha großen Gelände am südwestlichen Stadtrand Berlins entwickelt und vermarktet die EUROPARC GmbH einen Büro- und Gewerbepark mit flexiblen Kombinationen von Büro-, Service- und Hallenflächen. Konzept des EUROPARC ist es, großen und mittelständischen Unternehmen aller Branchen optimale Voraussetzungen für eine Gewerbeansiedlung mit späteren Expansionsmöglichkeiten zu bieten. Bereits jetzt haben sich Unternehmen aus der Medien- und Dienstleistungsbranche sowie vertriebsorientierte Firmen angesiedelt.

Ausgeschlossen sind großflächiger Einzelhandel und Logistikunternehmen.

Eine Investorengruppe, bestehend aus der Société Générale (SG), Paris, und der Thyssen-Bauträger und Immobilienentwicklungs GmbH, finanziert das Projekt mit einem Gesamtinvestitionsvolumen von ca. 1 Mrd. DM bei Fertigstellung. Der Baubeginn des ersten Gebäudes war im Frühjahr 1995, bis zum Jahre 2007 werden insgesamt 30 Gebäude errichtet.

Bereits 130 Mio. DM wurden in den Grundstückserwerb, in Erschließungsarbeiten und die ersten Bauabschnitte investiert. Der EUROPARC wird ohne Förderung des Landes Brandenburg aus eigenen Mitteln des Projektentwicklers realisiert.

Der seit 1995 bestehende rechtskräftige Bebauungsplan gewährleistet die nötige Planungssicherheit. Er beinhaltet ein Gewerbegebiet mit separat ausgewiesenen Grundstücken als Mischkerngebiet für Hotels und ein Boarding-House.

Im Randbereich ist eine zwei- bis dreigeschossige, im Kernbereich des Geländes eine sechsgeschossige Bebauung vorgesehen. Darüber hinaus bestehen keine weiteren städtebaulichen Auflagen.

Mindestens 30 % des Geländes sind Grünflächen, wobei das Areal auf drei Seiten von Wald umgeben ist, der teilweise im Besitz der EUROPARC-Thyssen-Dreilinden GmbH ist.

Mit Fertigstellung bis ca. 2007 werden im EUROPARC mindestens 200.000 m^2 Gebäudefläche entstehen.

Durch die parzellenweise Entwicklung wird verhindert, daß die Mieter jahrelang mit einer Großbaustelle konfrontiert werden. Benötigt ein im EUROPARC expandierendes Unternehmen weitere Flächen, können diese im Zuge der einzelnen Bauabschnitte über mehrere Jahre disponiert werden. Standort und Telefonnummer bleiben dem Unternehmen damit erhalten.

Der Mensch steht im Mittelpunkt der Philosophie des EUROPARC. Ihm bietet der EUROPARC entspanntes Arbeiten im Grünen und gleichzeitig die Nähe zur pulsierenden Innenstadt.

Nach diesem Konzept sind bereits 30 Parks europaweit erfolgreich vermarktet worden.

4. Erschließungen

Die Bundesautobahn A 115 (E 51) führt direkt am Gelände des EUROPARC vorbei. Dank der parkeigenen Autobahnausfahrt Kleinmachnow/ EUROPARC Dreilinden sind der Kurfürstendamm und das Messegelände über die AVUS in 15 Minuten, Berlin-Mitte sowie die Flughäfen Tegel und Schönefeld in 30 Minuten, die Innenstadt Potsdams in zehn Minuten und Potsdam-Babelsberg in fünf Minuten erreichbar.

Im überregionalen Autobahnnetz liegt der EUROPARC an der Schnittstelle zwischen der Nord-Süd-Verbindung Hamburg – Leipzig und der Ost-West-Verbindung Hannover-Magdeburg und Frankfurt/Oder.

Der Bahnhof Wannsee, fünf Minuten vom EUROPARC entfernt, ist Haltestelle der IC- und ICE-Züge der Deutschen Bundesbahn sowie der S-Bahnlinien S 1, S 3 und S 7. Über die S-Bahn ist die Berliner Innenstadt in kürzester Zeit erreichbar. Seit Sommer 1998 verkehrt ein Linienbus zwischen dem EUROPARC und dem S-Bahnhof Wannsee.

Eine zur Zeit stillgelegte Regionalbahn von Magdeburg ins Zentrum Berlins wird im Jahr 2000 wieder in Betrieb genommen. Direkt auf dem EUROPARC-Gelände wird es dazu einen eigenen Bahnhof geben.

Die Erschließungsarbeiten im EUROPARC, vom Entwickler selbst durchgeführt, sind abgeschlossen. Dies gilt sowohl für die Anlage und Gestaltung des Geländes mit Straßen, Grünflächen und dem zentralen Teich als auch für die Versorgung der einzelnen Grundstücke mit Strom, Wasser, Glasfaserkabel etc.

Die Nutzer des EUROPARC profitieren von einer Schnittstelle zwischen Berlin und Brandenburg. Auch wenn das Gelände zum Land Brandenburg zählt, besteht die Möglichkeit, über das vorhandene Teleportsystem eine Berliner Telefonnummer zu erhalten.

5. Architektur und Landschaftsgestaltung

Die Architektur des EUROPARC Dreilinden folgt einem homogenen, städtebaulichen Konzept. Ein harmonisches Erscheinungsbild wird durch repräsentative, zeitlose Gebäude erreicht.

Bei der Gestaltung der Außenanlagen war „Arbeiten und Wohlfühlen im Grünen" oberste Richtlinie. In die weiträumige Grünanlage (über 30 % der Gesamtanlage) mit regionaltypischer Bepflanzung (u. a. Eichen, Birken und Sandrasen) ist ein 6.000 m^2 großer Teich gebettet. Zwei denkmalgeschützte

Sanddünen aus der Eiszeit sind in die Anlage integriert. Eine ringförmig verlaufende Allee mit großkronigen Bäumen bildet die Haupterschließungsachse des Geländes.

6. Funktionalität

Die Architektur gewährleistet ein Höchstmaß an ökonomischer Flächenausnutzung. Raumaufteilung und -ausstattung können nach den speziellen Bedürfnissen des Nutzers geplant, Büro-, Service- und Lagerflächen individuell kombiniert werden. Generell sind die Gebäude auf Energieersparnis und Flächeneffizienz ausgelegt. Im EUROPARC wird nach völlig neuen Kriterien gebaut. Durch optimal geschnittene Räume wird eine Flächenersparnis bis zu 20 % pro Arbeitsplatz erreicht.

Ist ein Büro mehr als 5,5 m vom Fenster entfernt, ist es auch am Tag dunkel und damit schlecht nutzbar. Die Raster – die kleinsten teilbaren Flächen, die zu Büroräumen zusammengelegt werden – werden genau bemessen, um eine hohe Kostenersparnis zu erreichen.

Den einzelnen Gebäuden sind ausreichende Lieferzonen zugeordnet. Sie gewährleisten eine reibungslose gewerbliche Andienung.

Selbstverständlich stehen genügend Pkw-Stellplätze zur Verfügung.

7. Serviceeinrichtungen

Der EUROPARC bietet ein umfassendes Facility-Management, das vom Wachschutz über die Verwaltung bis hin zur Gebäudereinigung reicht. Ein großer Konferenzbereich steht den „Parc'lern" für Veranstaltungen und Tagungen zur Verfügung. Neben den Büro- und Serviceflächen wird die komplette Infrastruktur einer Kleinstadt errichtet. Mittelfristig werden neben dem z. Z. im Bau befindlichen Hotel Restaurants, ein Familienfreizeitzentrum, verschiedene Einkaufsmöglichkeiten, eine Tankstelle usw. gebaut werden. Das EUROPARC-Bistro versorgt bereits jetzt die Mieter.

In unmittelbarer Nachbarschaft zum Gelände liegen die bevorzugten Wohngegenden Berlin-Zehlendorf und Kleinmachnow, die umfangreiche Einkaufs- und Dienstleistungsmöglichkeiten bieten.

„Arbeiten und Wohlfühlen im Grünen", die Prämisse des EUROPARC, bietet den Nutzern des Geländes ausgedehnte Ruheplätze, Rad - und Wanderwege, Joggingpfade durch den Wald, Tischtennisplätze sowie eine Boule-Bahn.

Fallbeispiel 5

Der 20 m breite, begrünte Erdwall zur Autobahn hin bildet einen optimalen Schallschutz.

8. Vermarktung

Dank seiner hervorragenden Lage und der Flexibilität seiner Flächen ist der EUROPARC besonders für Unternehmen aus der Medien-, Dienstleistungs-, Wissenschafts-, Medizintechnik- sowie für Firmen der Forschungs- und Entwicklungsbranche interessant (vgl. Tabelle auf S. 527).

Der EUROPARC bietet sowohl Mietflächen in vorhandenen Gebäuden als auch schlüsselfertige Neubauten an. Die Gebäude können gekauft oder gemietet werden. Des weiteren stehen Grundstücke ohne Bebauung zum Verkauf, wobei deren Architektur und Nutzung mit der EUROPARC GmbH abgestimmt werden müssen. Die EUROPARC GmbH vermarktet das Projekt in Eigeninitiative und mit Hilfe von Maklern. Über den Mietvertrag hinaus betreut das EUROPARC-Team die Unternehmen vor Ort. So wird aus einer Hand das ganzheitliche Konzept gewährleistet.

Die sukzessive Erstellung einzelner Vorratsbauten bietet den Vorteil, daß sich EUROPARC bei jeder einzelnen Gebäudekonzeption konkret an der Nachfrage am Markt orientieren kann.

9. Erfahrungen

Der Rückbau der alten Grenz- und Kontrollpunktanlagen sowie die Renaturierung des Geländes sind mit einem großen Zeit- und Kostenaufwand betrieben worden.

Auf die zögerliche Entwicklung des Berliner Immobilienmarktes reagiert EUROPARC durch nachfrageorientierte Bebauung. Die Verwaltung eines kostenintensiven Leerstands wird dadurch vermieden.

Die Erfahrung aus den anderen EUROPARCs lehrt, wie wichtig es ist, die Gebäude multifunktional und sehr flexibel auszustatten. Die Flächen müssen so gestaltet sein, daß sie sich parallel zu den unternehmerischen Aktivitäten der Mieter mitverändern.

Die Vermietungserfolge der ersten beiden Vermarktungsjahre zeigen, daß der EUROPARC Dreilinden dank seiner hervorragenden Lage und seines flexiblen Flächenangebotes ein optimaler Standort für expandierende Unternehmen im Ballungsraum Berlin ist.

Quelle: ABC Berlin – Agentur für Kommunikation GmbH (GPRA), Berlin, Juni 1998

Fallbeispiel 5

Stand: 18.05.1998

Branche	m² Bürofläche	m² Servicefläche	m² Hallenfläche	m² Gesamt	Mietzins Bürofläche	Mietzins Servicefläche	Mietzins Hallenfläche
MEDIEN:							
Dienstleistung Medien	144		585	729	24,00	16,00	11,00
Dienstleistung Cameratechnik	515	319	896	1.730	24,00	16,00	11,00
DIENSTLEISTUNG:							
Gemeinschaftsbüro versch. Branchen	689	108		797	24,50		
Versandservice	287	295		582	19,00	15,07	
Projektplanung	245			245	24,50		
Industrievertretungen	408			408	19,50		
Veranstaltungen	224			224	19,50		
Verwaltung	381			381	24,50		
Baustoffe	62	935		997	19,50	16,00	
Werbung	435			435	19,50		
GROSSHANDEL:							
Großhandel Technik	147	104	601	852	23,00	16,00	11,00
Lebensmittelbranche	212			212	19,50		
Großhandel Zubehör	706		2.745	3.451	17,00		9,85
Musikgroßhandel	1.710	998		2.708	19,50	16,00	
MEDIZINTECHNIK:							
Medizintechnik	498	915		1.413	19,50	16,00	
KOMMUNIKATIONSTECHNIK:							
Elektronikbranche	433	160		593	19,50	16,00	
EDV	1.054			1.054	19,00		
Software	245			245	24,50		
SONSTIGES:							
Lagerung	40	182		222			
Messebau	1.043			1.043	18,50	16,00	
Ausstellung	49	177		1.269*	19,50	16,00	
Gastronomie	339	81		420			
TOTAL	9.866	4.274	5.870	20.010			
Flächen in % von fertiggestellten Gebäuden	49,31 %	21,36 %	29,34 %	100,00 %			

Anmerkung: Leerstand ist nicht berücksichtigt.
Die Daten basieren auf den drei fertiggestellten Gebäuden.
Bis zur Endausbaustufe des Parks werden 30 Gebäude entstehen.

Mietvolumen nach Branchen – EUROPARC Dreilinden
Quelle: ABC Berlin – Agentur für Kommunikation GmbH (GPRA), Berlin, Juni 1998

Literaturverzeichnis

DIP Deutsche Immobilien-Partner: Markt & Fakten, 1995/1996.

DTZ Debenham Thorpe Research: Special Report – Business Parks, Juli 1993.

DTZ Debenham Thorpe Research: Business Parks – Halfway House or Home, Special Report, 1996.

EHI, Handel aktuell, 1994.

EHI, Handel aktuell, 1995.

Ellis, Richard: European Office Market Bulletin, London, Juli 1997.

Frankfurter Allgemeine Zeitung, 03.01.1997.

Gömmel, R.: Realeinkommen in Deutschland. Ein internationaler Vergleich (1810 – 1914), Nürnberg 1979.

Immobilienzeitung, 25.07.1996.

NJW 1978, Heft 47.

Stadt Regensburg, Stellplatzrichtlinien 1982.

Statistisches Bundesamt Wiesbaden, Indexreihen.

ULI – The Urban Land Institute (Hrsg.): Office Development Handbook, 3. Auflage, Washington D.C. 1988.

ULI – the Urban Land Institute (Hrsg.): Business and Industrial Park Development Handbook, 2. Auflage, Washington D.C. 1989.

Urban Land, Bd. 46, Aug. 1987.

Literaturverzeichnis

Urban Land, Bd. 54, Jan. 1995.

Viehbacher, Alfons: Ein Vergleich deutscher Gewerbeparks mit englischen Business Parks – unter Berücksichtigung bedeutender Kriterien, Diplomarbeit, Fachhochschule Nürtingen, 1996/97.

Stichwortverzeichnis

A

Abbruch, 206
Abfall(-), 426, 453
   -entsorgung, Planung, 258
Ablaufpläne, 200
Ablösungen, 206
Abluft, 230, 232
Abrechnung
   - Bauleistungen, 236, 237
   - nach Aufmaß, 199
   - nach Plan und LV, 199
   - Vorbereitung der, 198
Abschirmung (von) Funktionsflächen, 183, 266
Abschlagszahlungen, 237
Abschreibung, 395
   - Parkhaus, 297
Absorptionsrate, 115, 311
Abstandsflächen, 209
Abwasser(-), 186, 232, 426
   - Kostenpauschale, 465
   -satzung, 215
   -system, Unterhalt, 426
AfA, 159
Agglomerationseffekte, 56, 67, 88
Alarmanlage, Parkhaus, 292
All-inclusive-Miete, 344
Altlasten: siehe Kontamination, 129
Angebot(s-)
   -abgabe, Bauleistungen, 196
   -auswertung, 196
   - Bauleistungen, 193
   - marktgerechtes, 313
Anlieferung, 229, 455
   - Planung, 256
Annoncenwirkung, 50, 124, 126, 314, 324
Antizyklische Investition, 305
Antizyklisches Verhalten, 170
Anwälte, 47
Anzeige, 331
Apotheke, 91
Arbeitsbedingungen, 61, 74, 179
Arbeitslose, 110

Arbeitsmarkt, 73, 92, 110
Arbeitsplätze, 71, 73
   - qualifizierte, 74, 110
Architekten(-), 191, 235
   -honorare, 100, 145
Architektur(-), 179
   -büro(s), 147, 192
   - Planung, 182
   - Qualität, 224
Ärzte, 51, 68, 91
Auflagen, behördliche, 169, 426
Aufmaß, Abrechnung nach, 199
Aufnahmefähigkeit des Marktes, 311, 313
Auftragsvergabe, 197
Aufzüge, 232, 235
Ausbau, 234, 235
   - nutzerspezifisch, 225
   - siehe auch Einbauten, 225
Ausbauten, 436
Ausbildung, 110
Außenanlagen
   - Detailplanung, 255
   - Planung, 181
   - Wartung und Pflege, 268
Außenbereich: siehe Außenanlagen, 255
Ausgaben, 163
Ausschreibung, 193, 236
   - Rücklauf, 195
   - Versand, 195
Ausstattung, kostenfreie, 350
Ausstellung(s-), 244
   -räume, 229
Auswertung Angebote, 196
Autobahnausfahrt, 125

B

Bäckerei, 91
Bank als Investor, 60
Banken, 51, 91, 156
Barrückflüsse, 350
Bauabrechnung
   - nach Aufmaß, 199
   - nach Plan und LV, 199

Stichwortverzeichnis

- Vorbereitung der, 198
Bauauflagen, 389
Bauauftrag, 197
Baubeschreibung, 236
Bauen, wirtschaftliches, 223, 235, 237
Baugenehmigung
 - Kosten, 145
 - nach Bebauungsplan, 134
 - nach §§ 34 und 35 Baugesetzbuch, 134
Baugesetzbuch, 127, 227
 - §§ 34, 35, 133
Baugrund
 - Ausnutzung, 180
 - Qualität, 128
Baukosten(-), 145
 - Budget, 236
 -index, 361
 - konstruktionsbedingt, 237
 - materialbedingt, 237
 -mehrung, 199
Baulastenbuch, 287
Bauleistungen
 - Abrechnung, 236, 237
 - kostengünstiger Einkauf, 235
 - Vergabe, 236, 237
Bauleitung, 198
Bauliches Konzept, 47, 223
Baumaßnahmen, 436
Baumaterial
- kostengünstiger Einkauf, 235
Bäume, 261
Bauparzellen, 181
Bauquartier, 207, 208
Baurecht(s-), 99, 127, 133, 169
 -beschaffung, 224
 - Stellplatzauflagen, 283
 -verhandlungen, 167
Baureife, 387
Baustelle, Pflege, 325, 326
Baustoffe, 183, 237
Bautafel, 324
Bauunterhalt, 341
Bauvertrag, 193
Bebauungsplan, 114, 127, 133, 286
 - Änderung, 135
 - Erstellung, 135
 - qualifizierender, 133

- textliche Festlegungen, 136
Bedarf
 - Stellplätze, 277
 - Strom, 218
 - Wasser, 217
Behörden, 98
 - Zusammenarbeit mit, 200
Belegschaft(s-), 61, 315
 - Stellplatzbedarf, 278, 414
 -stellplätze, 273, 290
Beleihung(s-), 153
 -höhe, 156, 171
 -summe, 160
Beleuchtung, 240
 - Parkhaus, 292
Belüftung, Parkhaus, 292
Benzinabscheider, 217
Bereitstellungskosten, Wasser, 217
Beschäftigte(n-), 177
 -befragung, 416
Beschilderung, 325
Besitzgesellschaft, 425, 432, 459, 473
Besucherfreundlichkeit, 315
Beteiligung, 155
Betriebsansiedlung, 71
Betriebskosten, 146, 239, 316
 - Parkplätze, 299
Bevölkerung, Daten, 110
Bewässerung Grünanlagen, 217
Bezirksregierung, 98, 114, 323
Bildungsangebot, 110
Biotop, 206
Bodenbelastung: siehe Kontamination, 206
Bonität, 338
Brandenburg Park Berlin, Fallbeispiel, 505
Brandschutz, 227
Brandversicherung, 239, 342
Brauchwasser, 186
Brunnen, 217, 262
Bruttogeschoßfläche, Herstellkosten, 144
Bruttorentabilität, 146
Budget, 100
 - Baukosten, 236
Bürgerinitiative, 98, 112, 113
Bürodienst, 91
Bürohaus, 396
 - Erschließungskern (Skizzen), 230, 231

- Grundrißoptimierung, 227
- Parkplatzkalkulation, 295
- Stellplatzbedarf, 279
- "Stern" (Beispiel, Skizze), 250
- "Turm" (Beispiel, Skizze), 252
- Unterkellerung, 232

Büromarktdaten, Tabelle, 311
Büronutzer, 47, 50, 89
Büronutzung, 244, 245
Büropark, 50, 90
 - Investition für Parkplätze, 294
 - Lage, 80, 124
 - Stellplätze, 274
Buslinie, 281

C
Café, 91
Cafeteria, 91
 - Stellplatzbedarf, 284
Cash-flow, 146, 159, 160, 163, 345
CD-ROM, 331
Computer-
 -firmen, 68
 -service, 91
Corporate Identity, 323

D
Definition Gewerbepark, 43
Denkmalschutz, 206
Detailplanung, Außenanlagen, 255
Deutschland
 - Gewerbeparks, 30
 - Gewerbeparks, Nutzung, Tabelle, 57, 58, 59
 - Immobilienmärkte, Tabelle, 312
Developer: siehe Entwickler, 59
Dienstbarkeit, 388
Dienstleister, 47, 51, 52, 83, 91, 243, 245
 - Mietkalkulation, 298
Doppelböden, 233
Drogerie, 91
Druckerei, 91
Durchführungsplanung, 180

E
Effizienz, volkswirtschaftliche, 69, 399
Eigenbestand Immobilien, 152

Eigenkapital(-), 151, 152, 153, 158
 -rendite, 146
Eigenmittel(-), 161
 -rendite, 160
Eigentümer, 338
 - als Vermieter, 335
Einbauten, 234, 235, 436
 - siehe auch Ausbau, 226
Einfahrt(en), 181, 255, 324
Eingänge, 183, 229, 238
Eingrünung, Parkplätze, 265
Einheitswert, 239
Einkommen(-), 113
 -steuer, 154, 158, 336
Einkünfte
 - aus Gewerbebetrieb, 336
 - aus Vermietung und Verpachtung, 336, 338
Einkunftsarten, 336
Einlappungseffekt, 279
Einnahmen, 158, 163
Einzelhandel, 47, 50, 89, 90, 229
 - Spezialsortimente, 47
 - Stellplatzbedarf, 277
Eisenbahn, 112, 125
Elektranten, 233
Elektrizität, 426
 - siehe Stromversorgung, 185
Elektrostandardbeschreibung, Beispiel, 448
Elektrotechnik, 240
Emissionen, 48, 49, 124, 456
Endabrechnung, 194, 199
Endfinanzierung, 153
Energie(-)
 -sparen, 240
 -versorgungsunternehmen, 218, 219
Entsorgung, 206
Entwickler, 59, 152, 167
 - Mitarbeiterteam, 191
Erbschaftsteuer, 239
Erdgeschoß, 229
Erfolg, wirtschaftlicher, 172
Ersatz(-)
 -ansprüche, 439
 -beschaffung, 439
Erscheinungsbild, 92, 259, 314, 327
Erschließung(s-), 81, 92, 168, 213, 224

Stichwortverzeichnis

-beiträge, Kanal, 215
- Finanzierung der, 157
-gewinn, 158
- innere technische, 230
-kern, 228
-kern Bürohaus (Skizzen), 230, 231
Erschließungskosten, 100, 129, 130, 142, 148, 209, 405
   -öffentliche Straßen, 213
   -interne Straßen, 215
Erstvermietung, 225, 226, 343
Ertrag, 152, 158, 168
Ertragskraft, Immobilien, 159
Erwerbskosten Grundstück, 130
EuroParc Dreilinden, Fallbeispiel, 517
Eventualpositionen, 197
Expansion, 70, 82

F
Fachbüros, 177, 191
Fachzeitschriften, 324
Fahrgemeinschaften, 281
Fallstudie Gewerbepark Regensburg, 485
Fassade(n), 183, 229, 234, 238, 242
   - Parkhaus, 291
Fenster(-), 228, 237
   -bänder, 183, 228
Fernsehen, 331
Fernwärme(-), 186
   - Gewerbepark als Großabnehmer, 220
   -versorgung, Planung, 219
Fertigungsbetrieb, 243
Fettabscheider, 216
Finanzberater, 91
Finanzierung(s-), 68, 100, 101, 119, 151, 170, 309, 395
   -bereitschaft, 171
   - der Erschließung, 157
   - Gebäude, 158
   - Grunderwerb, 157
   - Kapitalmarkt, 155
   - Konditionen, 153
   -kosten, 145, 146
   - kurzfristig, 160
   - langfristig, 160
   - Mietobjekte, 159
   -modell(e), 101, 152

- objektbezogen, 152
- Projektphase, 157
-rechnung, Beispiele, 161
- Risiken, 171
- Risiko, 172
-überschuß, 161
- Umfang der, 157
Finanzplanung, 162
Flächenaufteilung, flexible, 226, 228
Flächenbedarf Parkplätze, 274
Flächennutzungsplan, 114, 127, 133
   - Änderung 127, 135
Flexibilität, 82, 184, 224, 226
Fluchtweg, 227
   - Parkhaus, 293
Flughafen, 112
Flugplatz, 125
Flur, 206
Flurstück(s-), 207
   -bildung, 207
   -teilung, 209
Fond(s), 60, 92, 101, 154, 338
Forschungs- und Entwicklungsparks, 53
Forschungspark, Lage, 80
Freiberufler, 47
Freizeitangebot, 111
Fremdkapital, 151, 153
   - kurz- und mittelfristig, 153, 158
Fremdmittel, 161
Friseur, 51, 91
Fühlungsvorteil(e), 67, 88, 315, 341
Funktionalität, 92, 178
   - Gebäude, 82, 315
Funktionsfläche(n), 227
   - Außenplanung, 266
Fußweg, 255, 256, 281, 293

G
Gas(-), 186, 426
   - Gewerbepark als Großabnehmer, 219
   -system, Unterhalt, 426
   -versorgung, Planung, 219
Gastronomie, 47, 51, 229
   - Stellplatzbedarf, 284
Gebäude(-), 177
   - Finanzierung, 158
   - Flexibilität, 82

Stichwortverzeichnis

- Flurstücksbildung für, 209
- Funktionalität, 82, 315
- Herstellkosten, 168
- industrielle Nutzung, 396
-kalkulation, 144
-kalkulation, Beispiel, 407
-kalkulation, Kennzahlen, 144
-konzeption, Prinzipien, 223
-kosten, 100
-kosten, laufender Betrieb, 239
-kosten, wertabhängige, 239
- multifunktional, 47
- Multifunktionalität, 82
-planung, 180, 183, 223, 394
- technische Ausstattung, 237
-typen, 181
-typen, Beispiele, 242
- Vorkalkulation, 100

Gebühren, 115, 146, 426
- Grunderwerb, 206

Gedinge, 206
Geh- und Fahrtrecht(e), 206, 207
Gelände, Präsentation, 325
Gemeinde(n), 61
- Bereitstellung gewerblicher Grundstücke durch die, 32, 37, 127
- Planungshoheit, 133
- Planungsziele, 178
-rat, 98
- Steuerbasis, 73

Gemeinschaftsanlagen, zentrale, 229
Gemeinschaftseinrichtungen, 425
Gemüseladen, 91
Genehmigung(s-)
-behörde, 133
- behördliche, 168, 169
- Stellplätze, 284, 286
- Wertsicherungsklauseln, 368

Generalmieter, 338, 425, 431, 458, 467
Generalmietvertrag, 338
- Beispiel, 473

Gerätehaus, 241
Gesamtfinanzierung, 162
Gesamtimmobilienkosten, 238
Gesamtkalkulation, 141
- Beispiel, 405

Gesamtnutzungskosten des Mieters/der Mieter, 238, 344

Gesamtplan, Finanzierung, 163
Gesamtprojektplan, 177, 188
Geschoßfläche, 143, 406
Geschoßflächenzahl, 143, 179, 295
Gewerbeansiedlung, 71, 91
Gewerbeblock
- A (Beispiel, Skizze), 243
- B (Beispiel, Skizze), 244
- C (Beispiel, Skizze), 245

Gewerbegebiet, 32, 127
- ungeplant, 23, 43, 72, 91

Gewerbepark Regensburg, 32, 37, 89, 119, 169, 181, 223, 243, 273, 274, 279, 287, 317, 323, 393, 403, 411, 425, 429, 453
- Fallbeispiel, 481
- Parkplatzanalyse, 411
- Tabelle, 313

Gewerbepark
- Definition, 43
- für Leichtindustrie, 49
- gemischt genutzt, 46
- gemischt genutzt, Gebäude, 243
- gemischt genutzt, Investition für Parkplätze, 294
- gemischt genutzt, Stellplätze, 274
- historische Entwicklung, 23
- spezialisierter, 52
- Verkauf, Gewinnermittlung, 174
- Verwaltung, 425

Gewerbeparks
- Deutschland, 30, 33
- Deutschland, Nutzung, Tabelle, 57, 58, 59
- Erscheinungsbild, 92
- Fallbeispiele, 479
- Großbritannien, 25
- Typisierung, 45
- Vereinigte Staaten, 27, 29, 30
- Vereinigte Staaten, Nutzung, 46
- Vorteile, 91

Gewerbeparkspezifische Gebäudetypen, 242
Gewerbesteuer, 73, 115, 154, 336
Gewerbevorschriften, 227
Gewerbliche Flächen
- Altbestand, 116, 307

533

Stichwortverzeichnis

- Angebot, 91, 92, 313
- Bedarf an, 35, 115
- Bestand, 115
- Markt für, 307, 309

Gewerbliche Grundstücke
- Bedarf, 115
- Bestand, 115

Gewinn(-), 159, 387, 390
-anteil, 348
-aufschlag, 343, 348
-ermittlung, 173

Großabnehmer
- Fernwärme, 220
- Gas, 219
- Strom, 218
- Wasser, 217

Großbritannien
- frühe Gewerbeparks, 24
- moderne Gewerbeparks, 25

Größe, 80, 107, 117, 224, 303
- Gewerbepark, 108
- Grundstück, 128

Großhandel, 229
- Spezialsortimente, 47

Großmieter, 230

Grünanlagen, 182
- Bewässerung, 217, 269
- Kosten, 261
- Pflege, 261
- Planung, 187, 259
- Unterhalt, 425

Grund und Boden
Einsatz, wirtschaftlicher, 69, 91, 400

Grundbuch, 206, 287
- Bereinigung, 209

Gründerpark, 52

Grunderwerb(s-), 100, 205, 224
- Finanzierung, 157
-kosten, 142, 206
-steuer, 206

Grundriß, Optimierung, 226

Grundsteuer, 115, 239, 426

Grundstück(s-), 99, 107, 127, 205, 207
-anteil, 145, 294
- Aufteilung nach Funktionen, 180, 181
- Ausnutzung, 180
- Bauparzellen, 181

- Bereitstellung durch die Kommune, 32, 127
- Erschließung, 168, 213
- Erwerbskosten, 130
-flächen, Abtretung von, 206
- Flächenberechnungen, 143
- Flächenberechnungen, Beispiel, 406
- Flächenverplanung, 181
- Form, 128
- frühere Nutzung, 129
- Größe, 43, 128
- Kalkulation, 100, 142, 405
- Kalkulation für Parkplätze, 295
- Kauf, 168, 169
- Kaufpreis, 128
- Kontamination, 206
- Kosten, 100, 130, 142, 206, 405
-kostenanteil, kalkulatorisch, 143
-markt, 36, 117
- Marktpreis, 145, 387, 407
- Parzellen, 49
- Parzellen, Verkauf, 37, 387
-preis, 124
-preis, kalkulatorisch, 143, 215, 406
- Recycling, 37, 125, 128
- Topographie, 128
- Verkauf, Gewinnermittlung, 173
- Vermarktungspotential, 324
-wert, 179
- Zuschnitt, 224

Grünfläche, 294, 295
Grünordnungsplan, 264
Grünstreifen, 265
Gültigkeit Wertsicherungsklauseln, 368
Güterverteilzentrum, 54

H
Hafen, 112, 125
Haftpflichtversicherung, 342
Halle, multifunktionale, 225
Haltestelle ÖPNV, 281
Handel, 89, 90
Handwerk, 47, 89
Hansapark Düsseldorf-Oberkassel, Fallbeispiel, 496
Hauptnutzung, 89
Hausmeisterei, 337, 425

Stichwortverzeichnis

- Gebäude, 241
Haustechnik, 240
Hausverwaltung, 336
Hebeanlage, 216
Heizenergie, Planung, 186
Heizkosten, 240
Heizung, 232
    - Kapazität, 233
    - Kostenpauschale, 465
    - Unterhalt, 426
Heizwerk, 219
Herstellkosten, 144, 160, 167, 169, 172
    - ebenerdiger Stellplatz, 274, 297
    - Stellplatz, 293
    - Stellplatz im Parkhaus, 274, 297
    - Stellplatz Tiefgarage, 276
High-Tech-Park, 54
Hilden Park, Hilden, Fallbeispiel, 500
HOAI, 192, 235
Hochhaus, 227
Hohlraumböden, 233
Honorar(e), 100, 145, 192, 235
    - Entwickler, 154
Hotel, 47, 91
    - Stellplatzbedarf, 285
Hypothekenbanken, 156

I

Image, 85, 88, 263, 318, 322, 337
Imbiß, 91
Immissionen, 48, 49, 125, 456
Immobilie(n-), 173
    - Eigenbestand, 152
    - Erwerb, 376
-fond, 60, 155
    - Kaufpreis, Tabellen, 378, 379
-makler, 321
-markt, 92, 98, 115, 169, 304, 309
-markt, Aufnahmefähigkeit, 311
-markt, Entwicklung, 172
-markt, gewerbliche Mietobjekte, 37, 38
-märkte, Deutschland, Tabelle, 312
- Marktwert, 380
-preise, 170
- siehe auch Gebäude, 183
- Vermietung, Gewinnermittlung, 173
-verwaltungsgesellschaft, 321

- Wert, 179, 394, 395
- Wertentwicklung, 376
-zyklus, 304
Index(-)
-bindung, 435
-bindung: siehe Indexierung, 360
- für Einzelhandelspreise, 364
- für Lebenshaltungskosten: siehe Lebenshaltungskostenindex, 356, 357
-klausel, 365
-klausel, Beispiel, 367
-klauseln, verschiedene, 377
- reduzierter, 350
-regelungen, Mietvertrag, 365
-reihe, 365
Indexierung, 358, 360
    - Genehmigung, 359, 368
    - Nebenkosten, 340
    - rechtliche Zulässigkeit, 367
Indizes
    - verschiedene, 360
    - verschiedene, Tabellen, 363, 364
Industrie- und Handelskammern, 98
Industrie(-)
-anlagen, Konversion, 393
-anlage, Verwertung stillgelegter, 397
-ansiedlung, 71
-bauten, 159
-gebiet, ungeplant, 43
-gelände, 393
-immobilien, Management, 398
-park, 48, 90
-parks, Vereinigte Staaten, 28
Industrielle Fertigung, 47
Inflation(s-), 355
-verlust, 361, 366, 370
-verlust teilindexierter Mieten, Tabelle, 377
Information(s-)
-pavillon, 326
-veranstaltungen, 329
Infrastruktur, 307
    - Industrieanlage, 396
Ingenieurbüro(s), 147, 192
Ingenieure, 191, 235
-Honorare, 100, 145
Inhouse-Team, 191

535

Stichwortverzeichnis

Innovationen, 87
Installationsschächte, 230
Investition, 92
   - antizyklisch, 305
   - Gesamtvolumen, 100
   - Parkplätze, 274, 293
Investitionsentscheidung, 102, 118, 142, 144, 147, 171, 287, 343
   - Timing, 305
Investor, 60, 70, 101, 152, 155, 174, 380

J
Journalisten, 328

K
Kalkulation, 206, 236
   - Baugenehmigungskosten, 145
   - Betriebskosten, 146
   - Entwicklung und Vermarktung, 145
   - Erschließungskosten, 142, 148
   - Finanzierungskosten, 145, 146
   - Gebäude, 144
   - Gebäude, Beispiel, 407
   - Gesamtprojekt, 141
   - Gesamtprojekt, Beispiel, 405
   - Grunderwerbskosten, 142
   - Grundstück, 100
   - Honorare, 145
   - laufende, 144
   - Leerstandskosten, 148
   - Managementkosten, 148
   - Miete, 101
   - Miete für Parkplätze, 297
   - Mieteinnahmen, 146
   - Mieteinnahmen, Beispiel, 409
   - Parkhaus, 296
   - Parkhaus, Beispiel, 296
   - Parkplatzkosten, 145
   - Parkplätze, 294
   - Parkplätze, Beispiel(e), 295, 421
   - Reparaturkosten, 146
   - Tiefgarage, 297
   - Vorlaufkosten, 142
Kammern, 98, 114, 324
Kanal(-)
   -anschluß, 215
   -anschlußgebühren, 215

   - Erschließungsbeiträge, 215
   -gebühren, 218
   -gebühren, Parkhaus, 216
   -gebühren, Regenwasser, 216
   - Mischsystem, 186
   - Trennsystem, 186
Kanalisation, Planung, 186, 215
Kantine, Stellplatzbedarf, 284
Kapazität
   - Heizung, 233
   - Strom, 218, 233
   - Wasserversorgung, 217
Kapital(-)
   -anlage, 39, 92
   -ausstattung, 151
   -einsatz, 69
   -markt, 155
   -rendite, 239
   -rentabilität, Berechnung, 345
   -verzinsung, 159
Kartell, 196
Kaufangebot, notarielles, 205
Käufer, 61, 319, 327, 389
Kaufpreis
   - Grundstück, 128
   - Immobilie, Tabellen, 378, 379
Kaufverhandlung Grundstück, 205
Kaufvertrag, Abschluß, 321
Keller, 232
Kennzahlen
   - Grundstückskalkulation, 215
   - Kalkulation, 143, 406
   - Stellplätze, Beispiel, 408
Kindergarten, 91
Kindertagesstätte, 91
Kläranlage, 216
Klimaanlage, 232
Kommunalverwaltung, 98, 114
Kommune, 62, 323
   - Bereitstellung gewerblicher Grundstücke, 32, 37, 127
   - Planungshoheit, 133
   - Planungsziele, 178
   - Politik, 98, 306
   - Steuerbasis, 73
   - Stellplatzrichtlinien, 283
Konditionen

- Finanzierung, 153
- Mietpreis, 348
Konferenzräume, 47, 51
Konjunktur, 74, 103, 118, 169, 304
- Risiko, 172
Konkurrenz(-), 170
  -analyse, 116
  -analyse, Anbieter, 310
  -analyse, Produkte und Preise, 310
  -ausschluß, 341
  -fähigkeit, 314
Kontamination, 129, 206
- Parkplätze, 291
Konversion, 393
Konzept, 43, 60, 67, 79, 92, 102, 168, 178, 191, 193, 223, 286, 319, 337, 338, 387, 388
- Parkplätze, 289
- Weiterentwicklung, 337
Kosten(-)
- Erschließung, 100, 130
- Gebäude, 100
- Grünanlagen, 261
- Grundstück, 100, 130
- konstruktionsbedingte, 237
- Konversion, 397
- materialbedingte, 237
-miete, kalkulatorische, 343
- niedrige, 167, 224
-pauschale, Nebenkosten, 465
- Planungs-, Projekt-, Ingenieurkosten, 100
- Projektprüfung, 97
-reduzierung, 55
- Straßenausbau, 126
- Verkehrsanbindung, 130
- Vermarktung, 319
- Vorlauf, 100
Kreuzung(en), 181, 213, 255, 324
Kulturangebot, 111
Kundenorientierung, 124
Kundenstellplatzbedarf, 277
Kundenstellplätze, 273, 290

L
Labors, 243
Ladehöfe, Unterhalt, 425

Ladezone: siehe auch Ladehöfe, Anlieferung, 455
Lage, 80, 92, 107, 124, 205, 314
- Büropark, 50
- gemischt genutzter Gewerbepark, 47
- Gewerbepark für Leichtindustrie, 49
- Industriepark, 48
- Lager- und Speditionspark, 52
- Zentrumsnähe, 47
Lager, 243, 244, 245
Lager- und Speditionspark, 52, 55
- Lage, 80, 124
Lagerung und Spedition, 47, 89
Landschaftsplanung, 187, 259
- Akzente, 262
- Parkplätze, 264
- See, 185
Laufzeit, 338, 343, 350, 367
Lebenshaltungskosten(-), 111
  -index, 358, 360
  -index, Tabellen, 356, 357
Lebensmittelhandel, 51
Leerstand(s-), 348
  -kosten, 148
  -quote, 168, 311
Leichtindustrie, 49, 90
Leistungsverzeichnisse, 193
Leitungsführung, 187
Leitungsrecht, 207
Lieferbereich, 256
Lieferhof, 255, 293
- Planung, 256
Liquidität, 153, 158, 170
Lkw-Service, 52
Logo, 323
Lokalpolitik, 98, 113, 306
Löschwasseranforderungen, 185, 217

M
Mailing-Büro, 91
Mailings, 331
Makler(-), 321
  -kosten, 206
Makroanalyse, 107
Management(-), 43, 48, 70, 80, 92
- Aufgaben, 86
- Auflagen, 389

Stichwortverzeichnis

- des Industrieparks, 49
-gesellschaft, 337
-gesellschaft, Vermietung und Verwaltung durch, 337
- Industrieimmobilien, 398
-kosten, 148
-vertrag, 337
-vertrag: siehe Verwaltervertrag
Marktanalyse, 98, 107
   - Inhalt, 108
   - Umfang, 108
Marktanteil, 313
Markteinfluß, Vermarktung, 306
Markteinschätzung, 102
Marktentwicklung, 170
Marktgebiet, 43, 92, 98, 108, 119
   - Entwicklung, 307
   - Wirtschaftsleistung, 113
Marktmiete, 343, 358, 361
Marktpotential, 107, 117
Marktpreis, Grundstück, 145, 387, 407
Marktuntersuchung, 98, 305, 309
Marktwert Immobilie, 160, 380
Maschinenpark, Räume für, 241
Masterplan, 187
Medien(-), 327
   -arbeit, 328
   -park, 54
   -unternehmen, 68
Merchandising, 323, 326
Metzgerei, 91
Mietanpassung, 358
Miete, 238, 344, 434
   - Aufrechnung, Minderung, Zurückbehaltung, 441
   - Indexierung, 358, 360
   - manipulierte, 471
   - manipulierte, Beispiel, 473
   - Wertsicherung, 355
Mieteinheiten, 226
Mieteinnahmen, 159, 227, 336, 380
   - Kalkulation, 146
   - Kalkulation, Beispiel, 409
Mieter(-), 61, 319, 327
   -betreuung, 337
   - Haftung, 453
   - Standortwahl, 411

-veranstaltungen, 329
-wechsel, 184, 229, 233
Mietflächen
   - Bestand, 115
   - Markt für, 37, 38, 66
   - Nutzung, 339
   - Überangebot, 314, 347, 349
   - Vergleichbarkeit, 344
   - Vergrößerung, 70, 82
   - Verkleinerung, 70, 82
   - Vorteile, 38, 70
Mietfreiheit, Zeiten, 349
Mietgebäude, Planung, 184
Mietkalkulation, 101
   - Parkplätze, 297
Mietkonditionen, 348
Mietnachlaß, 349
Mietniveau, 170, 224, 344, 346, 349
Mietobjekte
   - Finanzierung, 159
   - Verkauf, 162
Mietpreis(-), 66, 116, 146, 298, 310, 315, 343
   - Berechnungsarten, 344
-entwicklung, 172, 305, 344
-entwicklung, bei Indexierung, 369
-entwicklung bei Indexierung, Tabellen, 372, 373, 374, 375
-gestaltung, 348
   - Reduzierung, 349
-verfall, 314, 347, 349
Miettäume, 432
Mietreduzierung, verdeckte, 349
Mietverhältnis, Beginn und Ende, 433
Mietvertrag, 226, 335, 338, 357, 368, 376
   - Abschluß, 321
   - Abschluß, Tabelle, 313
   - Änderung, 368
   - außerordentliche Kündigung, 441
   - Beispiel, 429
   - Beispiel für Indexklausel, 367
   - indexierter, 360
   - Indexregelungen, 365
   - Regelungen, 339
   - Vertragsende, Kündigung, 438
   - vorzeitige Vertragsauflösung, 442
Mikroanalyse, 123
Militärische Konversionsflächen, 116, 308

Stichwortverzeichnis

Mittelstand, 67
Modernisierung, 159
Modezentrum, 54
Modul, 183
Montagebühne, 230
Müll, 426, 453
   - siehe Abfall, 258
Multi-Use-Development, 51, 152
Multifunktionalität, 47, 82, 184, 224, 225
Multiplexkino, 90
Multiplikator(en), 160, 162, 319, 323, 377

N
Nachbarschaft(s-), 124, 129, 136, 179, 209
   -rechte, 137
Nachkalkulation, 144, 147
Nachtragsangebote, 194, 237
Namensgebung, 322
Naßinstallation, 230
Nebenfläche, 227
Nebenkosten, 238, 316, 338, 340, 344, 389, 435
   - Gebäudekalkulation, 145
   - Grundstück, 130
   - Umlageschlüssel, 427
   - Verteilung, 463
Nebennutzung, 178
   - siehe auch Nutzung ergänzende
Netto-Netto-Netto-Miete, 239, 344
Nettogeschoßfläche, Herstellkosten, 144
Nettomiete, 159, 160, 377
Nettorendite, 162, 377
Netzbeiträge, Strom, 218
Nutzer, 61, 319, 327
   - Herkunft, 317
   - Motive, 318
   - Prestige, 323
   - Standortvorteil Parkplätze, 273
   - Struktur, 317
   - Werbefaktor, 332
Nutzfahrzeuge, Stellplatzbedarf, 282
Nutzfläche, 227
   - Herstellkosten, 144
Nutzung(s-), 44, 89, 103, 118, 143, 177, 178, 389, 395, 426, 433
   -änderung, 282, 285, 288
   - Büroparks, 50

- Differenzierung, 54
- ergänzende, 89, 91
- Einfluß auf Mietkalkulation, 298
- frühere, des Grundstücks, 129
- gemischt genutzte(r) Gewerbepark(s), 47, 89
- Gewerbeblock A, 243
- Gewerbeblock B, 244
- Gewerbeblock C, 245
- Gewerbepark für Leichtindustrie, 49
- Gewerbeparks, Deutschland, Tabelle, 57, 58, 59
- Gewerbeparks Vereinigte Staaten, 46
- hochwertig(e), 48, 346, 348
- Industriepark, 48
-konzept, 396
-kosten, Mieter, 238
- Nachbargrundstücke, 137
- Optimierung, 224
-ordnung, 48, 49, 51, 53, 339, 443
-ordnung, Beispiel, 453
- Stellplatzbedarf, 277, 278, 284, 415
- Typisierung von Gewerbeparks nach, 45

O
Occupancy cost, 238
Öffentliche Hand, 61
Öffentlicher Personennahverkehr, 112, 278, 280, 286
Öffentlichkeit, 61, 113, 136, 319, 327,
Öffentlichkeitsarbeit, 83, 327
Ökonomische Gebäude, 238
Ökonomisches Bauen: siehe Bauen, wirtschaftliches, 237
Öl, 186, 219
ÖPNV: siehe öffentlicher Personennahverkehr, 278
Optimierung Grundriß, 226
Option, 342, 366
Ostöffnung, 308

P
Parkbuchten (Skizzen), 265
Parkhaus, 182, 290
   - Einlappungseffekt, 280
   - Kalkulation, 296
   - Kalkulationsbeispiele, 296

Stichwortverzeichnis

- Planung, 291
Parkhäuser, Flurstücksbildung für, 208
Parkplatzanalyse, 413
Parkplätze, 112, 182, 273, 318, 339, 455
   - Absenkung, 266
   - Anforderungen an die, 289
   - bauliche Gestaltung, 290
   - Betriebskosten, 299
   - ebenerdig, 182
   - ebenerdig, Kalkulation, 294
   - ebenerdig, Planung, 290
   - Flächenbedarf, 274
   - Flurstücksbildung für, 208
   - Investitionsbedarf, 274
   - Kalkulation, 294
   - Kalkulationsbeispiel(e), 295, 421
   - Kosten, 293
   - Lage, 289, 290
   - landschaftsgärtnerische Gestaltung, 264, 290
   - Mietkalkulation, 297
   - Planung, 289
   - siehe auch Stellplätze, 143
   - Unterhalt, 425
   - Zugangskontrollen, 299
Parkplatz-
   -kosten, 145
   -kosten Kalkulation, Beispiel, 407
   -versorgung, Tabelle, 275, 276
Parteien, 98, 114
Parzelle(n), 49, 207
   - Parkplätze, 287
   - Verkauf, 183, 387
Pauschalangebote, Abrechnung nach, 199
Pauschalierung, Nebenkosten, 340
Pflanzen, 261
Pflege, 183
   - Außenanlagen, 268, 341
   - Gebäude, 240
   - Grünanlagen, 261
Planung(s-), 92, 193, 236
   - Abfallsammelplätze, 258
   - Akzente Außenanlagen, 262
   - Anlieferung, 256
   - Architektur, 182
   - Außenanlagen, 181, 255
   - Fernwärmeversorgung, 219

- Funktionsflächen außen, 266
- Gasversorgung, 219
- Gebäude, 183, 223
- Grünanlagen, 187, 259
- Heizenergie, 186
- interne Straßen, 181, 214, 255
- Kanalisation, 186
- Koordination, 200
- konvertible Industrieanlagen, 393
-kosten, 100, 142
- landschaftsgärtnerische Gestaltung, Parkplätze, 264
- Mietgebäude, 184
- öffentliche Straßen, 213
- Parkhaus, 291
- Parkplätze, 289
-sicherheit, 169
- Stromversorgung, 185, 218
- technische, 184
- Telefon und Telekommunikation, 220
- Telekommunikation, 187
- vorausschauende, 394
- Wasserversorgung, 185
-ziele der Gemeinde, 178
Politik, 113
PR
   -Agentur, 322
   -Veranstaltungen, 328
Preisabsprachen, 196
Preisindex: siehe Index, 364
Preispolitik, Vermietung, 346
Presse(-), 324, 328
   -dokumentation, 329
   -echo, 329
   -veranstaltungen, 329
Prestige, 124
PreußenPark Ludwigsfelde, Fallbeispiel, 502
Produktion, 47, 48, 89, 245, 394
   - leichte, 89
Projekt(-)
   -durchführung, 191
   -kosten, 100
   -phase, Finanzierung, 157
   -prüfung, 97, 169, 287
   -prüfung, Baurechte, 135
   -prüfung, Kosten, 97
   -steuerung, 200

-vorstellung, 319
Projektverwirklichung,
 - Entscheidung, 102
Public Relations, 85, 327, 340

Q
Qualifikation, 110
Qualität, Vermarktungsargument, 314

R
Radio, 331
Radweg, 255, 256, 281
Rampen, 243, 256
Rasen, 261
Rastermaß, 237, 243
Raumaufteilung
 - siehe auch Flächenaufteilung, 234
 - variable, 234
Räume, technische, 241
Raumlösung, optimierte, 316
Rechtsanwälte, 91
Rechtsfragen, 82
Recycling(-)
 -betrieb, 47
 - gewerblicher Grundstücke, 37, 125, 128
Refinanzierung, 163
Regenwasser(-), 186
 -rückhaltung, 216
Regiearbeiten, 194, 237
Reinigung, Gebäude, 240
Rendite, 376
 - Einfluß der Steuer, 380
Rentabilität(s-), 92, 101, 154, 160, 167, 223, 308, 345
 -berechnung, 146, 408
Reparaturen, 159, 183, 242, 337, 439
Reparaturkosten, 146
Reservierung Stellplätze, 280, 281
Restaurant, 91
Rigipswände, 234
Risiko(-), 167
 -absicherung, Vermarktung, 308
 - finanzielles, 153, 154, 155, 157, 306
 -minderung, 172
 -streuung, 68
 - unternehmerisches, 169
Rohstoffgewinnung und -verwertung, 47

Rückbau, 235
Rücklagen, 159
Rückstellungen, 159

S
Schächte, 230
 - (Skizze), 232
Schadensbeseitigung, 453
Schallisolierung, 234
Schenkungssteuer, 239
Schichtarbeit, 278
Schulungsräume, 47
Schwerindustrie, 47, 48, 90
Scienceparks: siehe Forschungs- und Entwicklungsparks, 53
See, 185, 263
Servicebetriebe, 47
Sicherheitsauflagen, 342
Skulpturen, 263
Sonderabschreibung(en), 224, 226
Sondereinbauten, 234
Sondermüll, 258
Sozioökonomische Daten, 110
Spannweite, 237
Spedition(s-), 47, 89
 -büros, 52
Spekulation, 153
Spezialisierter Gewerbepark, 52
Spezialisierung, 55
Sportanlagen, 51
 - Stellplatzbedarf, 285
Squash-Center, 159, 225, 397
Städtebau(-), 72
 -förderungsgesetz, 127
Städtebauliche Entwicklungsmaßnahme, 127
Städtebaulicher Wettbewerb, 182
Stadtplanung(s-), 24, 72, 91
 -behörde, 114
Stadtrat, 98
Staffelmiete, 359, 371
Ständerwände, Rigips, 234
Standort(-), 205
 -analyse, 80, 123
 - Aufwertung, 223
 -faktoren, 411
 -faktoren „harte", 80

Stichwortverzeichnis

-faktoren „weiche", 83
- Image, 85, 182
- Parkplätze, 273
-qualität, 43, 56, 81, 346
-sicherheit, 82
-vorteile, 67, 88
-wahl, 123
- Zukunftssicherung, 49, 87
Stellplatz(-)
  -auflagen, 283
  -auflagen, Änderung, 285, 288
  -bedarf, 182, 277, 414
  -bedarf Nutzfahrzeuge, 282
  -bedarf, Reduzierung, 280
  -bedarf Veranstaltungen, 279
  -bedarf, zukünftiger, 282
  -belegung, 415
  -bestand, 415
  - ebenerdig, Herstellkosten, 274
  - Herstellkosten, 293
  - Kosten, 244
  -nachweis, 287
  - Parkhaus, Herstellkosten, 274
  -richtlinien, 283, 414
  - Tiefgarage, Herstellkosten, 276
Stellplätze, 273
  - Ablösung, 285
  - Anzahl, 143, 208, 413
  - Büropark, 274
  - gemischt genutzter Gewerbepark, 274
  - Reservierung, 281
  - Restriktionen, 286
Steuerbasis, 91
  - der Gemeinde, 73
Steuerberater, 47, 91
Steuern(-), 115, 336
  - Einfluß auf Rendite, 380
  -zahlung, 163
Straßen(-), 111
  - Anbindung an öffentliche, 126
  - Anschluß an öffentliche, 181, 214, 255
  -ausbau, Kosten, 126
  -bau, 168
  -erschließungskosten, 213
  - Flurstücksbildung für, 207
  -führung, interne, 214, 255
  - interne, 214, 255

  - interne, Planung, 181, 255
  - öffentliche, 213
  - Unterhalt, 425
  - vorhandene, 129
Strom(-)
  -bedarf, 218
  - Gewerbepark als Großabnehmer, 218
  -kapazität, 218, 233
  -kosten, 240
  -system, Unterhalt, 426
  -versorgung, Planung, 185, 218
Studios, 229
Subvention, 114
  - Forschungs- und Entwicklungsparks, 53
  - gewerbliche Grundstücke, 32
  - Gründerparks, 52
Süd-West-Park Nürnberg, 37, 119, 169, 223, 243, 286
Supermarkt, 91
  - Mietkalkulation, 298
Synergieeffekt, 56, 67, 88, 315

T
Tagungsräume, 51, 91
Tankstellen, 52
Technologieparks: siehe Forschungs- und Entwicklungsparks, 53
Teilindexierung, 369
Teilpläne, fachspezifische, 180
Telefon
  - Installation, 233
  - Planung, 220
Telekommunikation
  - Installation, 233
  - Planung, 187, 220
Terminpläne, 200
Tiefgarage, 182, 244, 245, 247, 290
  - Kalkulation, 297
Tilgung, 146, 151, 159, 163
Toiletten, 229
Topographie Grundstück, 128
Transformatorenstation, 185
Trassenpläne, 187
Treppenhaus, 227, 230
  - (Skizze), 232
Türen, 242
Typ

- des Gewerbeparks, 118
- von Gewerbepark, 102, 107, 108, 124
Typisierung von Gewerbeparks, 45

U
Überbaubarkeit, 143, 179
Übergabestationen, 187
Überschuldung, 153, 158
Überschuß, 159
Umbau, 235, 342, 393
Umbauten, 436
Umsatzmiete, 341, 360
Umstrukturierung der Wirtschaft, 113, 307
Umwelt(-), 92, 125, 129, 179
    -schutz, 114
Umzugshilfen, 350
Unterhalt(s-), 183
    - Gemeinschaftseinrichtungen, 425
    -kosten, 239
Unternehmensgründer, 52, 67, 70, 73, 317
Untervermietung, 340, 440

V
Veranstaltungen, 328
    - Stellplatzbedarf, 279
Veräußerungsgewinn, 154, 336
Vereinigte Staaten
    - Gewerbeparks, 27, 29, 30
    - Gewerbeparks, Nutzung, 46
    - Industrieparks moderne, 28
Vergabe, Bauleistungen, 197, 236, 237
Verkabelung, Beispiel, 450
Verkauf(s-), 60, 153, 154, 170
    - Gewerbepark, Gewinnermittlung, 174
    - Grundstück, Gewinnermittlung, 173
    - Mietobjekte, 162
    - Parzellen, 37, 183, 387
    -pavillon, 326
    -preis, 162, 387
    -strategie, 387
    -vertrag, Grundstück, 388
Verkehr(s-), 125, 177
    -ampel, 125
    -anbindung, 81, 124
    -anbindung, Kosten, 130
    -anlagen, 255
    -fläche, 227

-günstigkeit, 318
-infrastruktur, 35
-lage, gemischt genutzter Gewerbepark, 47
-lage, Industriepark, 49
-netz, 111
-netz, Planung, 112, 126
-netz, regional, 111, 126
-netz, überregional, 111, 126
-orientierung, 124, 125
-sicherungspflicht, 439
-verlagerung, 126
Verlust, 152
    - Projektprüfung, 169
Vermarktung(s-), 171, 172, 303, 347, 387
    - Ablauf, 319
    - Analysen, 309
    -fähigkeit, 317
    -instrumente, 320
    -instrument Veranstaltungen, 328
    -konzept, 320
    - Kosten, 319
    -potential Gelände, 324
    - Strategie, 305, 318
Vermieter, 335
Vermietung(s-), 170, 228, 335
    - Gewinnermittlung, 173
    -strategie, 371
Vermögen(s-)
    -ansammlung, 152
    -verwaltung, 154
    -verwaltung, Pensionsgesellschaften, 92
    -verwaltung, private, 60, 92
    -zuwachs, 101, 380
Versicherung(en), 91, 342, 426, 440
    - als Büronutzer, 47
    - als Finanzier, 156
    - als Investor, 60, 92, 101, 154, 155
Versorgung(s-)
    -einrichtungen, 184
    -leitungen, 230
    -trassen, 208
    -unternehmen, Wasserwerk, 217
Vertragsparteien, Mietvertrag, 335
Vertrieb(s-)
    -förderung, 322
    - indirekter, 323

Stichwortverzeichnis

-organisation, 320
Verwaltervertrag, 338
 - Beispiel, 425, 452
Verwaltung, 336, 389
 - Aufgaben, 86, 337
 - Behörden, 113
 - Gewerbepark, 425, 443
 - siehe auch Management, 86
Verwaltungen als Büronutzer, 47, 50
Verwaltungsgesellschaft, 337, 425, 443, 467
 - Gesellschaftsvertrag, Beispiel, 458
Verzinsung, 160
Video-, 331
 -kamera, Parkhaus, 292
Volkswirtschaft, 69, 399
Vordächer, 183
Vorhaben- und Erschließungsplan, 127, 133, 134
 - Durchführung, 135
Vorkalkulation, 99, 141, 147, 169
 - Gebäude, 100
 - Miete, 343
Vorlaufkosten, 100, 142, 169, 405

W

Wahler Park Düsseldorf-Rath, Fallbeispiel, 498
Wände, 234
Wartung
 - Außenanlagen, 268
 - Gebäude und Technik, 240
Waschanlagen, 52
Wasser(-), 229, 232, 426
 -anschluß, zweiter, 217
 -bedarf, 217
 - Gewerbepark als Großabnehmer, 217
 - Kostenpauschale, 465
 -system, Unterhalt, 426
 -versorgung, Kapazität, 217
 -versorgung, Planung, 185, 217
 -werk, 217
Weitervermietung, 230
Werbeagentur(en), 91, 322, 330
Werbegemeinschaft der Nutzer, 332
Werbekostenpauschale, 436
Werbemittel, 330
Werbeunterlagen, 322

Werbung, 83, 330, 337, 340, 455
 - Gemeinschaftswerbung, 426
 - indirekte, 329
Werkplanung, 193, 236
Werkstatt für Maschinenpark, 241
Werkstätten, 243, 244
Wertentwicklung, 173, 179
 - Immobilien, 376
Werterhaltung, 71
 - Immobilien, 223, 355
Wertgutachten, 174
Wertsicherung(s-)
 -klauseln, Genehmigung, 368
 - Methoden der, 358
 - Miete, 355
Wertsteigerung, 173, 390
 - Grundstück, 158, 388
 - Immobilien, 355
 - Immobilie, Beispiele, 380
Wertverzehr, 159
Wertzuwachs, 153
Widmung, öffentliche, von Straßen, 207
Wiedervermietung, 226, 229, 347
Winterdienst, 241
Wirtschaftlichkeit, 224
 - Gebäude, 235
 - Vermarktungsargument, 315
Wirtschaftsförderung, 114, 323
Wirtschaftsraum, 113, 118
 - Struktur, 113
Wohnbebauung, 90
Wohngebiet, 124, 125, 267, 278
Wohnungssituation, 111

Z

Zeitdauer der Gewerbeparkentwicklung, 102, 119, 156, 169, 303, 312
Zeitschriften, 324
Zeitungen, 324
Zentrale Leittechnik, 240, 241
Zentrale Gemeinschaftsanlagen, 229
Zielgruppe, 90
 - Büropark, 50
 - gemischt genutzter Gewerbepark, 47
 - Industriepark, 48
 - Werbung, 330
Zins, auflaufend, 153, 158

Zinsen, 156, 163, 171
Zinszahlung, 151
Zubringerstraße, 125

Zufahrten, Flurstücksbildung für, 208
Zugangskontrollen, Parkplätze, 299
Zwischenwände, 234